Elektromobilität – ein Ratgeber für Entscheider, Errichter, Betreiber und Nutzer

Olaf Schulze

Elektromobilität – ein Ratgeber für Entscheider, Errichter, Betreiber und Nutzer

Facetten zu Ladeinfrastruktur, Subventionsregeln, Kosten und Handling

Olaf Schulze
Erfurt, Deutschland

ISBN 978-3-658-32610-4   ISBN 978-3-658-32611-1 (eBook)
https://doi.org/10.1007/978-3-658-32611-1

Die Deutsche Nationalbibliothek verzeichnet diese Publikation in der Deutschen Nationalbibliografie; detaillierte bibliografische Daten sind im Internet über http://dnb.d-nb.de abrufbar.

Springer
© Der/die Herausgeber bzw. der/die Autor(en), exklusiv lizenziert durch Springer Fachmedien Wiesbaden GmbH, ein Teil von Springer Nature 2022
Das Werk einschließlich aller seiner Teile ist urheberrechtlich geschützt. Jede Verwertung, die nicht ausdrücklich vom Urheberrechtsgesetz zugelassen ist, bedarf der vorherigen Zustimmung des Verlags. Das gilt insbesondere für Vervielfältigungen, Bearbeitungen, Übersetzungen, Mikroverfilmungen und die Einspeicherung und Verarbeitung in elektronischen Systemen.
Die Wiedergabe von allgemein beschreibenden Bezeichnungen, Marken, Unternehmensnamen etc. in diesem Werk bedeutet nicht, dass diese frei durch jedermann benutzt werden dürfen. Die Berechtigung zur Benutzung unterliegt, auch ohne gesonderten Hinweis hierzu, den Regeln des Markenrechts. Die Rechte des jeweiligen Zeicheninhabers sind zu beachten.
Der Verlag, die Autoren und die Herausgeber gehen davon aus, dass die Angaben und Informationen in diesem Werk zum Zeitpunkt der Veröffentlichung vollständig und korrekt sind. Weder der Verlag noch die Autoren oder die Herausgeber übernehmen, ausdrücklich oder implizit, Gewähr für den Inhalt des Werkes, etwaige Fehler oder Äußerungen. Der Verlag bleibt im Hinblick auf geografische Zuordnungen und Gebietsbezeichnungen in veröffentlichten Karten und Institutionsadressen neutral.

Einbandabbildung: © iaremenko / stock.adobe.com

Planung: Dr. Daniel Fröhlich
Springer ist ein Imprint der eingetragenen Gesellschaft Springer Fachmedien Wiesbaden GmbH und ist ein Teil von Springer Nature.
Die Anschrift der Gesellschaft ist: Abraham-Lincoln-Str. 46, 65189 Wiesbaden, Germany

*So eine Arbeit wird eigentlich nie fertig,
man muss sie für fertig erklären,
wenn man nach Zeit und Umständen
das Mögliche getan hat.*

Johann Wolfgang von Goethe
(*Italienische Reise*, 1786–1788)

Vorwort

Der Ratgeber Elektromobilität berücksichtigt den Stand der Gesetzgebung, Rechtsprechung und Literatur, aber auch Marktgegebenheiten Ende 2020/Anfang 2021.

Seither hat sich der Gesetzgeber wiederholt gemeldet, die Energiepreise sind extrem gestiegen, und Elektromobilität ist sicht- und erlebbar geworden, für jedermann.

Für mich ist gewiss, dieses Tempo zieht noch an, und es bleibt weiter spannend.

Ich glaube an Mobilität und an deren Vereinbarkeit mit dem Klimaschutz und deutliche Unterstützung für die Reduktion der Treibhausgasemissionen!

Erfurt, Deutschland Olaf Schulze
August 2021

Inhaltsverzeichnis

1	Elektromobilität in Deutschland		1
2	Elektrofahrzeug und Elektromobilität		9
	2.1	Was ist ein Elektrofahrzeug: BEV, PhEV, FCEV	12
	2.2	E-Kennzeichnung der Elektrofahrzeuge	14
	2.3	Besonderheiten von Elektrofahrzeugen	15
		2.3.1 Angebot von Elektrofahrzeugen und Nutzervorteil	16
		2.3.2 Finanzierung Ladeinfrastruktur und Parkraumbewirtschaftung	19
		2.3.3 Stromlademöglichkeiten	20
		2.3.4 Ladezeit	23
		2.3.5 Reichweite	24
		2.3.6 Ladestromverbrauch	25
		2.3.7 Das Herzstück des Elektrofahrzeugs – die Batterie	26
		2.3.8 Zuverlässigkeit und Gebrauchswert	29
		2.3.9 Wartungs- und Reparaturmöglichkeit	30
		2.3.10 Anschaffungskosten und Wiederverkauf	32
		2.3.11 Verbrauchskosten	33
		2.3.12 Umweltvorteil	41
	2.4	Wohin mit den Elektrofahrzeugantriebsbatterien am Lebensende?	43
	2.5	Versicherung, Schutzbrief und besonderes Risiko	45
		2.5.1 Kfz-Versicherung und Versicherungspflicht	45
		2.5.2 Höhe der Versicherungsprämie	47
		2.5.3 Brandrisiko eines Elektrofahrzeugs und dessen Versicherung	49
		2.5.4 Haftung für Schäden an anderen Rechtsgütern durch Brand eines Elektrofahrzeugs	51
		2.5.5 Empfehlung: Batterieversicherung, EV-Schutzbrief u. a. m.	53
	2.6	Parken auf Elektrofahrzeug-Ladeplätzen	55
		2.6.1 Unzulässiges Parken auf Elektrofahrzeugparkplätzen	56
		2.6.2 Eigenes Bußgeld und Verwaltungskosten gegen den Fahrzeug-Halter	61
		2.6.3 Abschleppmaßnahme	61

2.7		Geschwindigkeitsbeschränkungen gelten auch für Elektrofahrzeuge	63
2.8		Autofrei ist auch elektroautofrei	64
2.9		Elektromobilität für den Güter- und Personentransport	64

3 Ladepunkt und Stromnetzanschluss ... 69

3.1		Wie funktioniert das Laden eines Elektrofahrzeugs am Ladepunkt?	71
3.2		Anforderungen an Ladepunkte	72
	3.2.1	Öffentlich zugängliche und nicht öffentliche Ladepunkte	73
	3.2.2	Normal- und Schnellladepunkte	75
	3.2.3	AC/DC – Laden	76
3.3		Punktuelles Aufladen	83
3.4		Vertragsbasiertes Laden	84
3.5		eRoaming	84
3.6		Gemeinsame Schnittstelle der Ladepunkte und einheitliches Bezahlsystem, OCPP und DIN EN 63110	85
3.7		Anzeigepflichten und Kompetenzen der BNetzA	89
3.8		Planungshilfe für E-Ladestationen an Gebäuden – die VDI 2166	90
3.9		Anschaffungskosten für Ladepunkte	91
3.10		Netzanschluss	94
	3.10.1	Eigener Netzanschluss für Ladepunkt	95
	3.10.2	Anschluss am vorhandenen Netzanschluss	96
	3.10.3	Anpassung der Verteilnetzstrukturen an den Rollout	97
3.11		Anspruch auf Aufstellung für Ladepunkte	99
	3.11.1	Erfordernis einer Baugenehmigung?	99
	3.11.2	Erlaubnis bei Denkmalschutz	100

4 Haftung der Betreiber von Ladepunkten ... 103

4.1 Schadensersatz für schuldhafte Rechtsverletzungen	103
4.2 Gefährdungshaftung nach Haftpflichtgesetz	104
4.3 Gefährdungshaftung nach dem Produkthaftungsgesetz	109

5 Ladepunkte in der Wohnungseigentümergemeinschaft, Wohnraummiete und in Großgaragen ... 113

5.1		Errichtung einer Ladestation auf dem eigenen Stellplatz durch Wohnungseigentümer	113
	5.1.1	Früher war die Zustimmung der WEG-Gemeinschaft erforderlich	113
	5.1.2	Freie Fahrt für Elektrofahrzeuge durch WEG 2020?	115
5.2		Anspruch des Mieters auf Errichtung einer Ladestation	119
	5.2.1	Errichtung einer Ladestation durch den Mieter	119
	5.2.2	Errichtung einer Ladestation durch den Vermieter	121
5.3		Elektromobilitätsinfrastruktur in Parkgaragen	123

Inhaltsverzeichnis

6 Ladepunkte und Beachtung des Mess- und Eichrechts. 125
    6.1   Notwendigkeit einer geeichten Messung. 125
    6.2   Geeichte Messung für gesamten Abrechnungsprozess 126
    6.3   Übergangsfrist für Herstellung der Eichrechtskonformität 128
    6.4   Eichfrist und Eichkosten 129

7 Ladelastmanagement 131
    7.1   Lastmanagement wegen Limitierung der vorhandenen Netzanschluss- und Transformatorkapazität 131
    7.2   Sondernetzentgelte bei aktiven Lastmanagement 133
    7.3   Lastmanagement zur Begrenzung der Stromnetzentgelte 135
    7.4   Sondersituation im Haushalts- und Kleinkundenbereich. 137

8 Elektrisch Laden: private nicht öffentliche und öffentliche Ladepunkte . . . 139
    8.1   Home-Charging – Zu-Hause-Laden. 140
            8.1.1   Was ist „Zu-Hause-Laden"?. 140
            8.1.2   Die eigene Wallbox 142
            8.1.3   Welche Ladeleistung? 145
            8.1.4   Wallbox und Smart Home 146
            8.1.5   Zu-Hause-Laden ohne eigenen Stellplatz 147
    8.2   Workplace-Charging – Laden am Arbeitsplatz 147
            8.2.1   Aufladen von Dienstfahrzeugen. 148
            8.2.2   Aufladen von Mitarbeiterfahrzeugen 148
            8.2.3   Mitarbeiter-Fahrstrom 150
    8.3   On-the-Way-Charging/Das Unterwegs-Laden. 153
            8.3.1   Destination-Charging: Laden als Geschäftszweck – Lade-Hubs und Tankstellen. 154
            8.3.2   Destination Charging und konventionelle Tankstellen 155
            8.3.3   Destination Charging als öffentliche Aufgabe. 157
            8.3.4   Park & Charge, Parkplätze und Parkhäuser. 159
            8.3.5   Opportunity Charging 161
    8.4   Ladepunkte am und im Gebäude – Risikoerhöhung und Versicherungsschutz. 166
            8.4.1   Risiko: Ladestation an und in Gebäuden. 167
            8.4.2   Schadensverursachung durch den Ladepunkt 169
            8.4.3   Besteht eine Mitteilungspflicht der Errichtung der Wallbox an den Versicherer? 170
            8.4.4   Obliegenheiten des Versicherungsnehmers 172

9 Betrieb von Ladepunkten – Schadensbilder und Prävention 175
    9.1   Anfahrschutz für Ladepunkte 175
    9.2   Gefahrenquelle angeschlagenes Kabel 178

		9.2.1	Stolperfalle angeschlagenes Kabel	178
		9.2.2	Ausplatzen des Ladesteckers	179
		9.2.3	Überfahren des Ladekabels	179
	9.3	Ladeparkplatzbreite		181
	9.4	Ver- und Entriegelung der Ladebuchse		183
	9.5	Beschädigter Fahrzeug-Ladebuchsenverschluss		184
	9.6	Stolperfalle Fahrzeug-Ladekabel		185
	9.7	Zugang zur Ladeeinrichtung		187
	9.8	Erdleitungsschäden an der Strom- und Datenkabelzuführung.		188
10	**Rechtspflicht zum Aufbau von Ladepunkten**			**191**
	10.1	EU-Gebäude-Gesamtenergieeffizienz-Richtlinie 2018/844 EPBD		191
	10.2	Errichtungspflicht im Neubau und größere Renovierung		192
	10.3	Verpflichtung für Bestandsgebäude ohne Renovierung		193
	10.4	Ausnahmen		193
	10.5	Umsetzung in Deutschland – das Gebäude-Elektromobilitätsinfrastruktur-Gesetz (GEIG)		195
11	**Der Ladestrom am Ladepunkt**			**199**
	11.1	Strombeschaffung für den Ladepunkt		201
		11.1.1	Home-Charging und Strompreis	201
		11.1.2	Stromvertrag gegenüber Grundversorgung und Kostenoptimierung	203
		11.1.3	Ladestrom-Beschaffung durch Unternehmen – Workplace-Charging	205
		11.1.4	Strombeschaffung für Ladestrom bei eigenem Netzanschluss ...	208
	11.2	Strompreisentwicklung in der Zukunft		210
		11.2.1	Kurzfristige Strompreisentwicklung	210
		11.2.2	Leistungspreis für Haushalte?	212
	11.3	Flexible Preise		213
	11.4	Fahrstrom aus erneuerbarer Energie		215
		11.4.1	Fahrstrom aus der eigenen Photovoltaikanlage	215
		11.4.2	Grünstrombezug für Fahrstrom	216
	11.5	Augen auf beim Laden mit EEG-Strom.		218
		11.5.1	Grundsatz: volle EEG-Umlage	219
		11.5.2	Vollständige Reduktion auf null für Stromerzeugung bis 10 kWp Nennleistung	220
		11.5.3	Ausnahme: 40 % EEG-Umlage für Eigenstromerzeugung	221
		11.5.4	Kein Eigenverbrauch bei Aufladen von Kunden- und Mitarbeiterfahrzeugen	223
		11.5.5	Abgrenzung Eigenverbrauch und Fremdverbrauch	224

Inhaltsverzeichnis

12 Ladestrompreise, Ladestromvertrag, App und Services **231**
  12.1 Gratisladen 231
  12.2 Laden gegen Entgelt – Entgeltkalkulation 232
  12.3 Die Rollen der Marktakteure Charge Point Operator (CPO) und Electro Mobility Provider (EMP) im Fahrstromladeprozess 235
  12.4 Heterogenität der E-Ladesäulenpreise und Preismodelle 237
  12.5 Preistransparenz am Ladepunkt 242
  12.6 Fahrstromvertrag 244
  12.7 Abrechnungsverfahren 245
  12.8 Identifizierung und Erreichbarkeit der Ladepunkte 247
  12.9 Mit dem Elektrofahrzeug durch Europa 249

13 Dekarbonisierung der Mineralölwirtschaft durch Elektromobilität **251**
  13.1 Treibhausgasminderungspflichten der Mineralölunternehmen durch CO_2 Zertifikate aus Fahrstrom 251
  13.2 Zusatzerlöse und Vorteile für CPO und BEV 255
  13.3 Schnellladepunkte der Mineralölwirtschaft als Dekarbonisierungsmaßnahme 256

14 Förderung, Subventionen und Rabatt-Aktionen **257**
  14.1 Förderung von öffentlich zugänglicher Ladeinfrastruktur 257
    14.1.1 Ladepunkte und Zubehör 257
    14.1.2 Fördervoraussetzungen 260
    14.1.3 Fördervoraussetzung: erneuerbare Energie 261
  14.2 Förderung privater Ladeinfrastruktur 263
    14.2.1 Fördervoraussetzungen 263
    14.2.2 Fördervoraussetzung: erneuerbare Energie 265
  14.3 Förderung von Ladeinfrastruktur für Gewerbetreibende 266
  14.4 Förderrichtlinien der Länder 267
  14.5 Förderung Anschaffung Elektrofahrzeuge 268
    14.5.1 Neufahrzeugförderung 268
    14.5.2 Gebrauchtwagenförderung 270
    14.5.3 Sonstige Förderung 270
    14.5.4 Höhe der Förderung 271
    14.5.5 Sonstige Fördervoraussetzungen 273
    14.5.6 Förderrichtlinien der Länder 273

15 Förderung und Steuerprivilegien für Elektrofahrzeuge und Elektroinfrastruktur **275**
  15.1 Steuerprivileg aus der Einkommenssteuer 275
    15.1.1 Reduzierter geldwerter Vorteil bei Nutzung von Elektrofahrzeugen 275

       15.1.2 Steuerfrei Strom-Laden von Arbeitnehmer-Elektrofahrzeug 277
       15.1.3 Steuerfreie Überlassung betriebliche Ladevorrichtung zur privaten Nutzung 278
       15.1.4 Steuerbegünstigte Übereignung einer Elektroladestation – Home-Charging durch Arbeitgeber. 278
       15.1.5 Erstattung privater Stromladekosten für Elektro-Dienstfahrzeuge 279
       15.1.6 Steueroptimierung durch Sonderabschreibung 280
       15.1.7 Optimierung mit Handwerkerbonus für Ladepunktinstallation zu Hause 282
  15.2 Steuerprivileg aus der Kfz-Steuer 282
       15.2.1 Steuerbefreiung für BEV 282
       15.2.2 Steuerermäßigung für PhEV 283
  15.3 Mautbefreiung für Elektrofahrzeuge 284
       15.3.1 Mautbefreiung für Elektro-Lkw auf Bundesfernstraßen 284
       15.3.2 Mautbefreiung für Benutzung der Bundesfernstraßen durch Pkw 286
  15.4 Reduktion der Stromsteuer für Ladestrom. 287
  15.5 EEG-Umlage sinkt bis 2022 288
  15.6 Keine Brennstoffemissionszertifikate für Elektrofahrzeuge 289

16 Nachwort 291
  16.1 Mein Weg zur Elektromobilität – die Lernkurve 291
  16.2 Das Elektrofahrzeug – die ersten Kilometer 293
  16.3 Resümee nach 60.000 km 295
  Fazit. 300

17 Kuriositäten aus dem (Elektro-)Fahreralltag. 301

Weiterführende Literatur. 307

Abkürzungsverzeichnis

ABl	Amtsblatt EU
AbLaV	Verordnung zu abschaltbaren Lasten vom 16.08.2016 (BGBl. I S. 1984) i. d. F. vom 22.12.2016 (BGBl. I S. 3106)
AEUV	Vertrag über die Arbeitsweise der Europäischen Union (AEUV) i. d. F. vom 26.10.2012, ABl C 326/49
AKB	Allgemeine Bedingungen für die Kraftfahrtversicherung
AltfahrzeugVO	Altfahrzeug-Verordnung vom 21.06.2002 (BGBl. I S. 2214) i. d. F. vom 18.11.2020 (BGBl. I S. 2451)
AReV	Anreizregulierungsverordnung vom 29.10.2007 (BGBl. I S. 2529) i. d. F. vom 23.12.2019 (BGBl. I S. 2935)
AVAS	Acoustic Vehicle Alerting System
BAFA	Bundesamt für Wirtschaft und Ausfuhrkontrolle
BAnz	Bundesanzeiger
BattG	Batteriegesetz vom 25.06.2009 (BGBl. I S. 1582) i. d. F. vom 03.11.2020 (BGBl. I S. 2280)
BayStrWG	Bayerisches Straßen- und Wegegesetz (BayStrWG) i. d. F. vom 24.07.2019 (GVBl. S. 408)
BDEW	Bundesverband der Energie- und Wasserwirtschaft e.V., Berlin
BEHG	Brennstoffemissionshandelsgesetz vom 12.12.2019 (BGBl. I S. 2728) i. d. F. vom 03.11.2020 (BGBl. I S. 2291)
BetrKV	Betriebskostenverordnung vom 25.11.2003 (BGBl. I S. 2346, 2347) i. d. F. vom 03.05.2012 (BGBl. I S. 958)
BEV	Battery Electrical Vehicle
BFstrMG	Bundesfernstraßenmautgesetz vom 12.07.2011 (BGBl. I S. 1378) i. d .F. vom 29.06.2020 (BGBl. I S. 1528)
BGB	Bürgerliches Gesetzbuch vom 02.01.2002 (BGBl. I S. 42, 2909; 2003 I S. 738) i. d. F. vom 12.11.2020 (BGBl. I S. 2392)
Bh	Benutzungsstunden
BHO	Bundeshaushaltsordnung vom 19.08.1969 (BGBl. I S. 1284) i. d. F. vom 19.06.2020 (BGBl. I S. 1328)

BImSchG	Bundes-Immissionsschutzgesetz vom 17.05.2013 (BGBl. I S. 1274) i. d. F. vom 09.12.2020 (BGBl. I S. 2873)
38. BImSchV	Verordnung zur Festlegung weiterer Bestimmungen zur Treibhausgasminderung bei Kraftstoffen vom 08.12.2017 (BGBl. I S. 3892) i. d. F. vom 21.05.2019 (BGBl. I S. 742)
BKatV	Bußgeldkatalog-Verordnung vom 14.03.2013 (BGBl. I S. 498) i. d. F. vom 20. April 2020 (BGBl. I S. 814)
BMF	Bundesministerium für Finanzen
BMVI	Bundesministerium für Verkehr und digitale Infrastruktur
BMWi	Bundesministerium für Wirtschaft und Energie
BNetzA	Bundesnetzagentur
BT	Bundestag
CNG	Compressed Natural Gas
CO_2	Kohlenstoffdioxid
CO_2-e	Kohlenstoffdioxid-Äquivalent
CPO	Charge Point Operator
Drs	Drucksache
DSchG NRW	Denkmalschutzgesetz NRW vom 11.03.1980 (GVBl NRW 1980, 226; 716) i. d. F. vom 15.11.2016 (GVBl. NRW 2016, 934)
EEG	Erneuerbare-Energien-Gesetz vom 21.07.2014 (BGBl. I S. 1066) i. d. F. vom 21.12.2020 (BGBl. I S. 3138)
EEV	Erneuerbare-Energien-Verordnung vom 17.02.2015 (BGBl. I S. 146) i. d. F. vom 21.12.2020 (BGBl. I S. 3138)
eKFV	Elektrokleinstfahrzeuge-Verordnung vom 06.06.2019 (BGBl. I S. 756)
ElektroG	Elektro- und Elektronikgerätegesetz vom 20.10.2015 (BGBl. I S. 1739) i. d. F. vom 03.11.2020 (BGBl. I S. 2280)
EMoG	Elektromobilitätsgesetz vom 05.06.2015 (BGBl. I S. 898) i. d. F. vom 19.06.2020 (BGBl. I S. 1328)
EMP	Electro Mobility Provider
EnergieStG	Energiesteuergesetz vom 15.07.2006 (BGBl. I S. 1534; 2008 I S. 660, 1007) i. d. F. vom 19.06.2020 (BGBl. I S. 1328)
EnWG	Energiewirtschaftsgesetz vom 07.07.2005 (BGBl. I S. 1970, 3621) i. d. F. vom 03.12.2020 (BGBl. I S. 2682)
EPBD	Energy Performance of Buildings Directive 2018/844 DES EUROPÄISCHEN PARLAMENTS UND DES RATES vom 30.05.2018, ABl. L 156/75
EStG	Einkommensteuergesetz vom 08.10.2009 (BGBl. I S. 3366, 3862) i. d. F. vom 09.12.2020 (BGBl. I S. 2770)
ETS	Emission Trading System
EV	Electrical Vehicle
FCEV	Fuel Cell Electric Vehicle

FeV	Fahrerlaubnis-Verordnung vom 13.12.2010 (BGBl. I, S. 1980) i. d. F. vom 09.12.2020 (BGBl. I, S. 2905)
FStrG	Bundesfernstraßengesetz vom 28.06.2007 (BGBl. I S. 1206 i. d. F. vom 03.12.2020 (BGBl. I S. 2694
FZV	Fahrzeug-Zulassungsverordnung vom 03.02.2011 (BGBl. I S. 139) i. d. F. vom 29.06.2020 (BGBl. I S. 1528)
GDV	Gesamtverband der Deutschen Versicherungswirtschaft
GEG	Gebäudeenergiegesetz vom 08.08.2020 (BGBl. I S. 1728)
GEIG	Gebäude-Elektromobilitätsinfrastruktur-Gesetz vom 18.03.2021 (BGBl. I S. 354
GewStG	Gewerbesteuergesetz vom 15.10.2020 (BGBl. I S. 4167) i. d. F. vom 21.12.2020 (BGBl. I S. 3096)
GHD	Gewerbe, Handel, Dienstleistungen
GWB	Gesetz gegen Wettbewerbsbeschränkungen vom 26. Juni 2013 (BGBl. I S. 1750, 3245) i. d. F. vom 26.11.2020 (BGBl. I S. 2568)
HPC	High Power Charger
HaftPflG	Haftpflichtgesetz vom 04.01.1978 (BGBl. I S. 145) i. d. F. vom 17.07.2017 (BGBl. I S. 2421)
HessGaV	Hessische Garagenverordnung vom 17.11.2014 (GVBl. S 286)
HkRNDV	Herkunfts- und Regionalnachweis-Durchführungsverordnung vom 08.11.2018 (BGBL. I S. 1853) i. d. F. vom 21.12.2020 (BGBl. I S. 3138)
HwK	Handwerkskammer
InfrAG	Infrastrukturabgabengesetz vom 08.06.2015 (BGBl. I S. 904) i. d. F. vom 20.11.2019 (BGBL. I S. 1626
KBA	Kraftfahrtbundesamt
KfW	Kreditanstalt für Wiederaufbau
KraftStG	Kraftfahrzeugsteuergesetz vom 26.09.2002 (BGBl. I S. 3818) i. d. F. vom 16.10.2020 (BGBl. I S. 2184)
KMU	Kleine und mittlere Unternehmen
KSG	Bundes-Klimaschutzgesetz vom 12.12.2019 (BGBl. I S. 2513)
KWK	Kraft-Wärme-Kopplung
KWKG	Kraft-Wärme-Kopplungsgesetz vom 21.12.2015 (BGBl. I S. 2498) i. d. F. vom 21.12.2020 (BGBl. I S. 3138)
KVBG	Kohleverstromungsbeendigungsgesetz vom 08.08.2020 (BGBl. I S. 1818) i. d. F. vom 03.12.2020 (BGBl. I S. 2682)
LBauO	Landesbauordnung
LNG	Liquified Natural Gas
LPG	Liquified Petroleum Gas
LSV	Ladesäulen-Verordnung vom 09.03.2016 (BGBl. I S. 457) i. d. F. vom 01.06.2017 (BGBl. I S. 1520)
Lkw	Lastkraftwagen

MaLo-ID	Marktlokations-Identifikationsnummer
MeLo-ID	Messlokations-Identifikationsnummer
MessG	Mess- und Eichgesetz vom 25.07.2013 (BGBl. I S. 2722, 2723) i. d. F. vom 20.11.2019 (BGBl. I S. 1626)
MessEV	Mess- und Eichverordnung vom 11.12.2014 (BGBl. I S. 2010, 2011) i. d. F. vom 28.04.2020 (BGBl. I S. 960)
MessEGebV	Mess- und Eichgebührenverordnung vom 24.03.2015 (BGBl. I S. 330) i. d. F. vom 18.11.2020 (BGBl. I S. 2504)
MS	Mittelspannung
MsbG	Messstellenbetriebsgesetz vom 29.11.2016 (BGBl. I S. 2034) i. d. F. vom 20.11.2019 (BGBl. I S. 1626)
NAV	Niederspannungsanschlussverordnung vom 01.11.2006 (BGBl. I S. 2477) i. d. F. vom 30.10.2020 (BGBl. I S. 2269)
NEFZ	Neuer Europäischer Fahrzyklus
NS	Niederspannung
NSHV	Niederspannungshauptverteilung
OCPP	Open Charge Point Protocol
ÖPNV	Öffentlicher Personennahverkehr
PAngV	Preisangabenverordnung vom 18.10.2002 (BGBl. I S. 4197) i. d. F. vom 17.07.2017 (BGBl. I S. 2394)
PflVG	Pflichtversicherungsgesetz vom 05.04.1965 (BGBl. I S. 213 i. d. F. vom 06.02.2017 (BGBl. I S. 147)
PhEV	Plug-in hybrid Electric Vehicle
Pkw	Personenkraftwagen
ProdHaftG	Produkthaftungsgesetz vom 15.12.1989 (BGBl. I S. 2198) i. d. F. vom 17.07.2017 (BGBl. I S. 2421)
RefE	Referentenentwurf
RFID	Radio-Frequency Identification
SchnellLG	Schnellladegesetz-Entwurf vom 14.12.2020
SFC	Super Fast Charger
SoC	State of Charge
SteuVerG	Steuerbare-Verbrauchseinrichtungen-Gesetz – Entwurf vom 22.12.2020
StromGVV	Stromgrundversorgungsverordnung vom 26.10.2006 (BGBl. I S. 2391) i. d. F. vom 14.03.2019 (BGBl. I S. 333)
StromNEV	Stromnetzentgeltverordnung vom 25.07.2005 (BGBl. I S. 2225) i. d. F. vom 30.10.2020 (BGBl. I S. 2269)
StromNZV	Stromnetzzugangsverordnung vom 25.07.2005 (BGBl. I S. 2243) i. d. F. vom 21.12.2020 (BGBl. I S. 3138)
StromStG	Stromsteuergesetz vom 24.03.1999 (BGBl. I S. 378; 2000 I S. 147) i. d. F. vom 19.06.2020 (BGBl. I S. 1328)

StVG	Straßenverkehrsgesetz vom 05.03.2003 (BGBl. I S. 310, 919) i. d. F. vom 26.11.2020 (BGBl. I S. 2575)
StVO	Straßenverkehrs-Ordnung vom 06.03.2013 (BGBl. I S. 367) i. d. F. vom 18.12.2020 (BGBl. I S. 3047)
StVZO	Straßenverkehrs-Zulassungs-Ordnung vom 26.04.2012 (BGBl. I S. 679) i. d. F. vom 26.11.2019 (BGBl. I S. 2015)
TEHG	Treibhausgasemissionshandelsgesetz vom 21.07.2011 (BGBl. I S. 1475) i. d. F. vom 08.08.2020 (BGBl. I S. 1818)
ThürBO	Thüringer Bauordnung vom 13.03.2014 i. d. F. vom 29.03.2018 (GVBl. S. 297)
UBA	Umweltbundesamt
UStG	Umsatzsteuergesetz vom 21.02.2005 (BGBl. I S. 386) i. d. F. vom 29.06.2020 (BGBl. I S. 1512)
VBG	Allgemeine Wohngebäude Versicherungs-Bedingungen
VDE	Verband der Elektrotechnik Elektronik Informationstechnik e.V., Frankfurt
VDI	Verein Deutscher Ingenieure e.V., Düsseldorf
VO	Verordnung
VVG	Versicherungsvertragsgesetz vom 23.11.2007 (BGBl. I S. 2631) i. d. F. vom 10.07.2020 (BGBl. I S. 1653)
WEG	Wohnungseigentumsgesetz i. d. F. vom 16.10.2020 (BGBl. I S. 2187)
WEMoG	Wohnungseigentumsmodernisierungsgesetz vom 16.10.2020 (BGBl. I S. 2187)
WLTP	Worldwide harmonized Light vehicles Test Procedure

Elektromobilität in Deutschland

1

Der Verkehrssektor ist für 25 % der Kohlendioxydemissionen in der EU und für 20 % in Deutschland verantwortlich.[1] Der Verkehr verursacht daneben vor allem Stickoxid- und Feinstaub-Emissionen und insbesondere durch Verbrennungsmotoren auch viel Lärm. Außerdem sind der Flächenverbrauch und die Flächenversiegelung für Straßen und Infrastruktur von Relevanz.

Die Einführung und der Erfolg der Elektromobilität sind eine Grundvoraussetzung für die Verringerung der Treibhausgasemissionen und für die Zielerreichung der Energiewende maßgebliche erfolgskritische Faktoren.

Elektrofahrzeuge können einen wichtigen Beitrag zur Senkung der CO_2-Emissionen und damit zur Begrenzung der Folgen des Klimawandels sowie zur Reduzierung lokaler Schadstoff- und Lärmemissionen leisten.

Die Bedeutung von Elektromobilität wird auch durch ein enormes Maß und eine hohe Frequenz an Gesetzgebung und Regulierung belegt. Derzeit (Anfang 2021) befinden sich u. a. das SchnellLG (Schnellladegesetz), das SteuVerG (Steuerbare-Verbrauchseinrichtungen-Gesetz) und das Gesetz zur Weiterentwicklung der Treibhausgasminderungs-Quote in Vorbereitung, die Änderung des BImSchG (Bundes-Immissionsschutzgesetz), der BKatV (Bußgeldkatalog-Verordnung), NAV (Netzanschluss-Verordnung) und der LSV (Ladesäulenverordnung) sind angekündigt. Die relevante VO zu § 14a EnWG (Energiewirtschaftsgesetz) bedarf einer Umsetzung. Als erster Schritt wird das SteuVerG (Steuerbare-Verbrauchseinrichtungen-Gesetz) auf den Weg gebracht, und irgendwann sollte auch das InfrAG (Infrastrukturabgabengesetz) über die Pkw-Maut europarechtlich korrekt geändert werden und Anwendung finden. In 2020 wurden mit Bezug oder Reflex auf die Elektromobilität u. a. das WEG (Wohnungseigentumsgesetz) und das BGB

---

[1] Emissionen des Verkehrs, https://www.umweltbundesamt.de/daten/verkehr/emissionen-des-verkehrs#minderungsziele-der-bundesregierung, letzter Aufruf 20.12.2020.

© Der/die Autor(en), exklusiv lizenziert durch Springer Fachmedien Wiesbaden GmbH, ein Teil von Springer Nature 2022
O. Schulze, *Elektromobilität – ein Ratgeber für Entscheider, Errichter, Betreiber und Nutzer*, https://doi.org/10.1007/978-3-658-32611-1_1

(Bürgerliche Gesetzbuch) sowie das EEG (Erneuerbare-Energien-Gesetz) und das BEHG (Brennstoffemissionshandelsgesetz) geändert, sodass ab 01.01.2021 eine CO_2-Bepreisung von fossilen Treibstoffen erfolgt, und sodann im März 2021 das GEIG (Gebäude-Elektromobilitätsinfrastruktur-Gesetz) erlassen.

In Deutschland werden im Verkehrssektor jährlich etwa 100 Mio. Tonnen CO_2 emittiert. Die Klimawirkungen sind enorm, und der Verkehr, die Mobilität der Bevölkerung und die Lieferlogistik, werden in den nächsten Jahren weiter zunehmen.

Aktuell ist der Straßenverkehr für mehr als 95 % der verkehrsbedingten Treibhausgasemissionen in der Bundesrepublik Deutschland verantwortlich. Pkw verursachen ca. 60 % dieser Emissionen. Von 1995 bis 2018 hat der Pkw-Verkehr um 14 % zugenommen, die Emissionen absolut um 3,7 %. Die Emissionen des Lkw-Verkehrs erhöhten sich im gleichen Zeitraum, trotz erheblichen technischen Fortschritts, wegen des deutlich erhöhten Verkehrsaufkommens um 22 %![2] (vgl. Abb. 1.1)

Das KSG (Bundes-Klimaschutzgesetz) sieht bis zum Jahr 2030 für den Verkehrssektor eine Reduktion der Treibhausgasemissionen in Höhe von 42 % gegenüber dem Basisjahr 1990 als ein gesetzgeberisches Ziel vor. Zur Zielerreichung hält es die Bundesregierung ausweislich des Klimaschutzprogramms 2030 für erforderlich, dass bis zum Jahr 2030 sieben bis zehn Mio. Elektrofahrzeuge in Deutschland zugelassen sind[3] (vgl. Abb. 1.2).

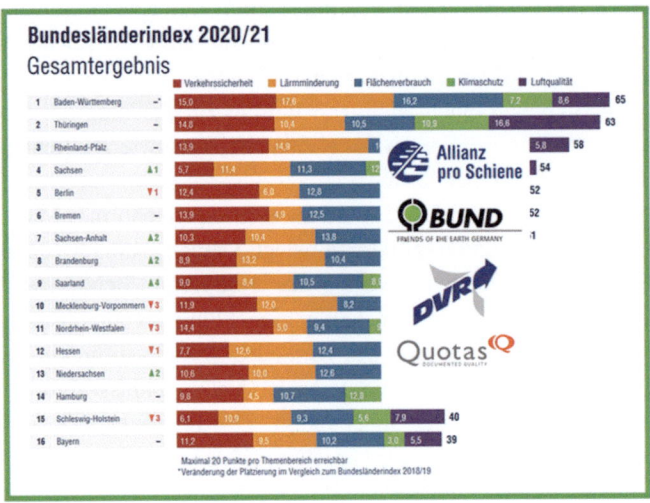

Abb. 1.1 Nachhaltigkeit im Verkehr, Ranking der deutschen Bundesländer. (Quelle: Allianz pro Schiene 10/2020)

---

[2] Emissionen des Verkehrs, https://www.umweltbundesamt.de/daten/verkehr/emissionen-des-verkehrs#minderungsziele-der-bundesregierung, letzter Aufruf 20.12.2020.

[3] Klimaschutzprogramm 2030 der Bundesregierung zur Umsetzung des Klimaschutzplans 2050, https://www.bundesregierung.de/resource/blob/975226/1679914/e01d6bd855f09bf05cf7498e06d0a3ff/2019-10-09-klima-massnahmen-data.pdf?download=1, letzter Aufruf 02.12.2020.

1 Elektromobilität in Deutschland

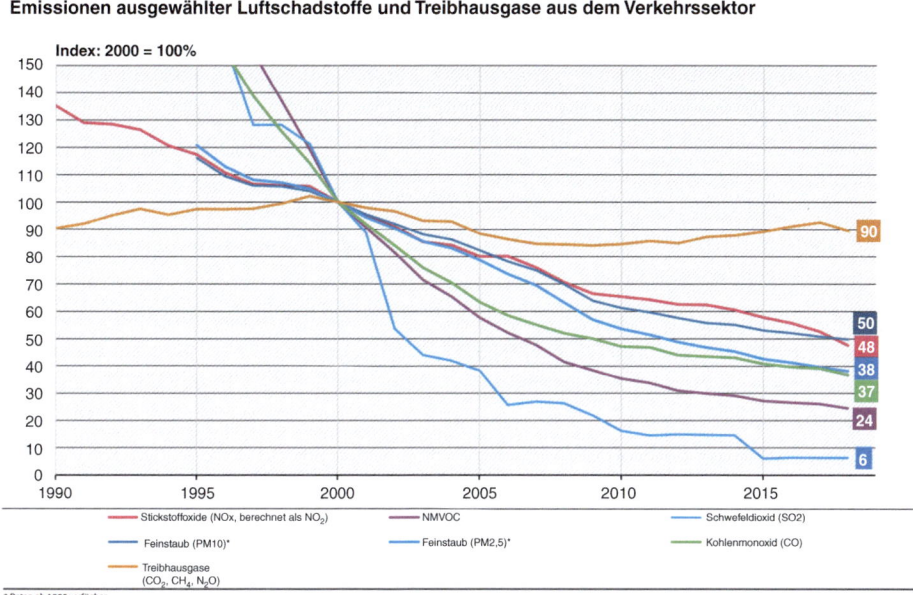

Abb. 1.2 Emissionen ausgewählter Luftschadstoffe und Treibhausgase aus dem Verkehrssektor, Quelle: Umweltbundesamt 2020: Emissionen Verkehr (Verkehr belastet Luft und Klima, https://www.umweltbundesamt.de/daten/verkehr/umweltbelastungen-durch-verkehr#verkehr-belastet-luft-und-klima, letzter Aufruf 20.12.2020)

Wesentliche Voraussetzungen für das Erreichen der energie- und klimaschutzpolitischen Ziele Deutschlands 2030, nämlich die Treibhausgasemissionen um 55 % gegenüber 1990 zu senken und im Verkehrssektor jene Reduktion um 40 bis 42 % zu erreichen,[4] sind unter der Voraussetzung, dass Mobilität und auch Individualverkehr gewährleistet bleiben und nicht regulativ beschränkt werden,

1. die Umstellung der Energiebasis des Verkehrs auf Strom,
2. die Erzeugung des Stroms aus emissionsfreien Technologien,
3. die Einführung innovativer Antriebstechnologien.

Es ist auch nicht absehbar, dass sich die konventionelle Mobilität und der Ressourcenverbrauch etwa durch Vermeidung, d. h. schlichtweg freiwillig weniger Fahren, oder aufgrund von Druck durch Marktmechanismen, z. B. einer groben Verteuerung von Mobilität

---

[4] Masterplan Ladeinfrastruktur der Bundesregierung, Ziele und Maßnahmen für den Ladeinfrastrukturaufbau bis 2030, Seite 1 masterplan-ladeinfrastruktur.pdf (bmvi.de), letzter Aufruf 20.12.2020; Nachhaltigkeit im Verkehr: Ranking zeigt große Unterschiede zwischen Bundesländern, https://www.allianz-pro-schiene.de/presse/pressemitteilungen/nachhaltigkeit-im-verkehr-ranking-zeigt-grosse-unterschiede-zwischen-bundeslaendern/, letzter Aufruf 20.12.2020.

durch Steuern und Abgaben, sowie durch technischen Fortschritt der Verbrennungstechnologie soweit verändern und verbessern, dass hierdurch ganz entscheidende Beiträge zur Reduktion der CO_2-Emissionen geleistet werden können. Mobilität, insbesondere auch die Transport- und Zustelllogistik wird im Gegenteil weiter steigen.

Daneben hat die Stärkung der Elektromobilität auch einen volkswirtschaftlichen Nutzen, denn sie führt zu einer zunehmenden Unabhängigkeit von einem Import fossiler Brennstoffe[5] und stärkt somit die Energiesicherheit Deutschlands und Europas. In 2018 musste Deutschland 97,2 % des Mineralöls und 96,2 % der Naturgase importieren. Ebenso entscheidet die Elektromobilität zusammen mit der Industrie 4.0 über die Zukunft der Automobilindustrie.[6] Die Automobilindustrie befindet sich wie das Automobil selbst in einem deutlichen Strukturwandel. Elektromobilität ist insgesamt ein Jobmotor und bringt viele neue und auch zusätzliche, nachhaltige und hinsichtlich der Digitalisierung auch gut dotierte Arbeitsplätze hervor.[7]

Auslöser sind die Digitalisierung, die Automatisierung und neue Antriebstechnologien als Antwort auf die Regulierung von Schadstoff- und CO_2- Emissionen. Hinzu kommt, dass diverse Länder den Ausstieg aus der Zulassung von Verbrennungsmotoren angekündigt haben oder die Entscheidungen dafür vorbereiten, z. B. Großbritannien, die Niederlande; China, Indien und Israel schon für das Jahr 2030,[8] Norwegen bereits 2025, Taiwan 2040 und Deutschland ab 2050.[9] Japan rechnet ab 2035 mit einem Verbrennungsmotor-Verbot.[10] Elektromobilität ist daher ein wesentlicher Baustein der Mobilitätswende, neben der Vernetzung durch Smart Cars, der intelligenten Steuerung von Verkehrsflüssen und „Mobility as a Service"[11] einerseits sowie der

---

[5] BMWi – Nettoimportabhängigkeit nach Energieträgern 2018, https://www.bmwi.de/Redaktion/DE/Infografiken/Energie/Energiedaten/Energiegewinnung-und-Energieverbrauch/energiedaten-energiegewinnung-verbrauch-05.html, letzter Aufruf 20.12.2020.

[6] Vgl. Schäuble (Wickert), Sapin (Seux), Anders gemeinsam, Ein deutsch-französisches Gespräch, Hoffmann und Campe 2016, S 243, 244.

[7] Clinton, Bill; Es gibt viel zu tun - Warum wir kluge Politik für eine starke Wirtschaft brauchen, Plassen Verlag 2012, S. 195, 196; E-Autos doch keine Jobkiller?, tagesschau.de vom 26.12.2020, https://www.tagesschau.de/wirtschaft/technologie/e-autos-doch-keine-jobkiller-101.html, letzter Aufruf 29.12.2020.

[8] Johnson will wohl Elektromobilität erzwingen, NTV vom 18.11.2020, https://www.n-tv.de/wirtschaft/Johnson-will-wohl-Elektromobilitaet-erzwingen-article22175880.html, letzter Aufruf 19.12.2020.

[9] Ab wann verbieten welche Länder Benzin- und Dieselautos? Focus online vom 21.09.2018, https://www.focus.de/auto/elektroauto/verbrenner-verbote-weltweit-2025-bis-2050-focus-online-zeigt-wann-welches-land-benziner-und-diesel-verbietet_id_9632138.html, letzter Aufruf 19.12.2020.

[10] Japan erwartet Verbrenner-Verbot ab 2035. NTV vom 03.12.2020 https://www.n-tv.de/politik/Japan-erwartet-Verbrenner-Verbot-ab-2035-article22211014.html, letzter Aufruf 19.12.2020.

[11] Chancen für Mobility-as-a-Service-Geschäftsmodelle, https://www.bitkom.org/Bitkom/Publikationen/Chancen-fuer-Mobility-as-a-Service-Geschaeftsmodelle.html, letzter Aufruf vom 19.12.2020.

Automatisierung des Verkehrs- und Transportsektors und der Erleichterung des Zugangs zu Mobilität andererseits.[12]

Elektromobilität im weiteren Sinne bezeichnet die Elektrifizierung des Transportsektors. Vom Elektrofahrrad, das auch für Normalanwender wesentlich höhere Reichweiten ermöglicht als ohne den elektrischen Hilfsmotor, oder Lastenfahrrad, das es gerade in urbanen Lagen ermöglicht, auch schwerere Lasten zu transportieren und zuzustellen, sowie den Elektrorollern und Kleinmotorrädern[13] für den Individualverkehr, um gerade in den Städten schnell Kurzstrecken emissionsfrei bewältigen zu können, gehen heute schon starke Impulse aus. Beide tragen dazu bei, dass weniger konventioneller Personenverkehr stattfindet, der Emissionen, Lärm und Flächenverbrauch verursacht, und letztlich Transporte reduziert werden.

In den derzeitigen Anwendungen ist jedoch das Hauptfeld der Elektromobilität der Pkw- und Kleintransporter-Bereich. Hierfür steht ausreichend Technologie zur Verfügung, vor allem auch Batteriekapazitäten, sodass sinnvolle Nutzlasten und Nutzungen ähnlich wie bei den konventionellen Antrieben möglich sind. Deshalb werden vor allem Pkw-Anwendungen und Kleintransporter nachgefragt und staatlich gefördert.

Für mittelschwere und schwere Nutzfahrzeuge werden extrem große Batterien benötigt, die wiederum zu geringen Nutzlasten führen und im Gebrauchswert, in der Energiebilanz und im Handling deutlich nachteiliger gegenüber konventionellen Antrieben sind. Hierbei muss auch Berücksichtigung finden, dass konventionelle Antriebe im Lkw-Bereich ebenfalls einer dynamischen Entwicklung unterliegen, etwa durch CNG (compressed natural gas) und LNG[14] (liquified natural gas) oder Brennstoffzellenanwendungen mit Wasserstoff. Deshalb erscheint es nicht sinnvoll, in Langstrecken-Lkw mit Elektroantrieb zu investieren, sondern die Dekarbonisierung der Lkw wird wohl über einen Reduktionspfad auf dem Gebiet von Erdgasanwendungen und später der Brennstoffzellentechnologie stattfinden.[15]

CNG und insbesondere LNG führen zu großen Reichweiten gerade bei schweren Lkw und weisen deutlich reduzierte Emissionen, keinen Feinstaub, kaum Stickoxide und weniger Lärm auf,[16] sodass die Hürden für die Anwendung von Elektromobilität sehr hoch sind. Allerdings werden der technische Fortschritt einerseits und die Umweltanforderungen

---

[12] Kagermann, Die Mobilitätswende: Die Zukunft der Mobilität ist elektrisch, vernetzt und automatisiert in CSR und Digitalisierung, Hildebrandt/Landhäußer (Hrsg), Springer Gabler 2017, S. 357, 359, 360.

[13] Elektro-Schwalbe | Test-Überblick zum Elektroroller vom 10.05.2018, https://www.homeandsmart.de/elektro-schwalbe-retro-roller-mit-elektroantrieb, letzter Aufruf 19.12.2020.

[14] Vgl. Bränzel/Engelmann/Geilhausen/Schulze, Energiemanagement, Springer Vieweg 2. Aufl. 2019, S. 214 f.

[15] Die Brennstoffzelle soll Daimlers nächstes großes Ding werden, SZ vom 30.06.2020, https://www.sueddeutsche.de/wirtschaft/daimler-brennstoffzelle-1.4951246, letzter Aufruf 19.12.2020.

[16] Schulze, Mobilität gegen den Klimawandel. Das Mobilitätskonzept der METRO, in Klimawandel in der Wirtschaft, Alexandra Hildebrandt (Hrsg), Springer Gabler 2020, S. 157 ff., S. 160.

im verdichteten Besiedlungsbereich für Zulieferverkehr andererseits sicher die eine oder andere wettbewerbliche Anwendung von Elektromobilität in den nächsten Jahren aufzeigen. Die Zeit des Brennstoffzellenantriebs kommt erst noch und wird gerade im schweren (bis 40 t) und mittelschweren (12 bis 18 t) Nutzfahrzeugbereich deutlich zur Emissionsreduktion beitragen.[17]

Deshalb wird in Abgrenzung der verschiedenen Anwendungen die „Elektromobilität im engeren Sinne" auf die derzeit praktikablen und auch sichtbaren Anwendungen und Massenfertigungen von Pkw und Transportern, d. h. von kleinen Nutzfahrzeugen, und deren Infrastruktur beschränkt. Die in diesem Ratgeber beschriebene Elektromobilität im engeren Sinne ist daher das System aus

1. dem Elektrofahrzeug, das mit Strom angetrieben wird,
2. der Ladeinfrastruktur, die den benötigten Strom in die Batterie lädt,
3. sodann dem physischen Strom, d. h. dem Strombezugsvertrag, möglichst aus erneuerbaren Energiequellen, der in die Batterien geladen wird
4. und anschließend die notwendigen oder gebotenen Services, u. a. der jeweils „digitalen" Preisangabe, der Abrechnung, des Auffindens und Freischaltens des Ladepunktes, der Markierung und Reservierung des Ladeparkplatzes und diverser Informationen über den Ladezustand des Elektrofahrzeugs (Abb. 1.3).

Die Festlegung auf das Konzept Elektromobilität ist nicht unumstritten und wird sehr kontrovers diskutiert, auch einzelne Facetten davon. So sei die Ökobilanz von Elektrofahr-

Abb. 1.3 Schema – Das Konzept Elektromobilität

---

[17] Brennstoffzellen-Lkw: kritische Entwicklungshemmnisse, Forschungsbedarf und Marktpotenzial, https://www.bmvi.de/SharedDocs/DE/Artikel/G/MKS/teilstudie-brennstoffzellen-lkw.htm, letzter Aufruf 19.12.2020.

zeugen zum heutigen Zeitpunkt nicht wesentlich besser als die von Fahrzeugen mit Verbrennungsmotor, auch weil Elektrofahrzeuge wegen der Batterie schwerer seien als konventionelle Fahrzeuge und sich überdies der Feinstaub durch Reifenabnutzung erhöhe.[18] – Allerdings wird sich der Strommix im Stromnetz in den nächsten Jahren durch den Ausstieg aus der Kohlestromproduktion bis 2038 nach § 2 Abs. 2 Nr. 3 KVBG (Kohleverstromungsbeendigungs-Gesetz) und dem Zubau von erneuerbaren Energieanlagen deutlich verbessern. Offensichtlich ist zudem, dass es weniger Lärm, eine unterschätzte Umweltwirkung vor allem auf die Gesundheit und Tierwelt, und deutlich weniger lokale Emissionen durch Elektromobilität gibt.

Treibhausgase, die während der Fahrzeugproduktion entstehen, sollen gegenwärtig doppelt so hoch sein wie für die Herstellung eines Verbrenners. Das liegt daran, dass sich die Batterieproduktion größtenteils in Asien, insbesondere China, befindet, wo der dazu benötigte Industriestrom noch immer hauptsächlich aus Kohle gewonnen wird.[19] Doch auch in China findet ein deutliches Umdenken statt, u. a. auch durch Einführung einer CO_2-Zertifikatepflicht[20] ähnlich dem EU ETS (Emission Trading System) des TEHG (Treibhausgasemissionshandels-Gesetz), das seit 2005 in der EU besteht. Wenn Strom aus erneuerbaren Energien dazu verwendet wird, schneidet die Elektromobilität in der Klimabilanz schon heute besser ab. Eine Lösung wäre, dass die Batteriezellenfertigung auch nach Europa verlagert wird.[21]

Gerade die Elektromobilität macht uns die Komplexität von Lieferketten, aber auch Handlungsmöglichkeiten bewusst. Kritik über die Lieferkette und die Produktion im Irgendwo zu widrigen Umweltbedingungen ist jedoch nicht genug – wir müssen handeln, verbessern und ändern![22]

Der „Wettkampf um mehr Reichweite" und damit größere Batterien sind für den Klimaschutz kontraproduktiv,[23] denn während beim konventionellen Antrieb maximal ca. 60 l Treibstoff herumgefahren werden, handelt es sich beim elektrischen Antrieb um mehrere

---

[18] Feinstaub in der Luft: Aus diesem Grund sollen es E-Autos noch verschlimmern, e-fahrer.chip.de vom 16.12.2020, https://efahrer.chip.de/news/feinstaub-in-der-luft-aus-diesem-grund-sollen-es-e-autos-noch-verschlimmern_103762, letzter Aufruf vom 26.12.2020.

[19] Wie umweltfreundlich sind Elektroautos?, https://www.bmu.de/fileadmin/Daten_BMU/Pools/Broschueren/elektroautos_bf.pdf, letzter Aufruf 25.09.2021.

[20] Alexandra Hildebrandt, Interview Schulze: Klimaschutz: Aufgaben und Ziele der Task Force for Carbon Pricing in Europe vom 13.11.2020, https://dralexandrahildebrandt.blogspot.com/2020/11/klimaschutz-aufgaben-und-ziele-task.htm, letzter Aufruf 19.12.2020.

[21] Ingenieure sehen 100 Prozent Elektroautos als Irrweg, Managermagazin vom 02.11.2020, https://www.manager-magazin.de/unternehmen/autoindustrie/elektroauto-vdi-kritisch-zur-klimabilanz-a-5be4f6e4-e998-43ba-870b-8b9a745c2a16, letzter Aufruf 19.12.2020.

[22] Vgl. Al Gore, Eine unbequeme Wahrheit Random House 2006, S. 296; Schellnhuber, Selbstverbrennung, Bertelsmann 2015, S. 627, 629.

[23] Vgl. Ingenieure sehen 100 Prozent Elektroautos als Irrweg, Managermagazin vom 02.11.2020, https://www.manager-magazin.de/unternehmen/autoindustrie/elektroauto-vdi-kritisch-zur-klimabilanz-a-5be4f6e4-e998-43ba-870b-8b9a745c2a16, letzter Aufruf 19.12.2020.

hundert Kilogramm Hochvoltbatterie, die auch – im Gegensatz zum Treibstoff – mit dem (Strom-)verbrauch nicht leichter wird. Es ist deshalb wichtig, Elektromobilität als Konzept zu denken und zu betrachten: Es passt nicht für jede Anwendung, aber es passt für viele Anwendungen. Statt in Höchstgeschwindigkeit und absoluter Reichweite zu denken, sollte in den Kategorien *Umweltschutz, übliche Reichweite, erreichbare Stromlademöglichkeiten* dort, wo das Elektrofahrzeug steht, und viele *digitale Lösungen*, welche die partiellen oder temporären Nachteile der Elektromobilität kompensieren, gedacht werden. Es ist besser, eine kleinere Batterie, die aber schnell an überall und zahlreich habhaften Ladeeinrichtungen aufgeladen werden kann, als viele hundert Kilogramm Mehrgewicht für große Nonstop-Reichweiten ohne jeden weitergehenden Zusatznutzen herumzufahren. Und am langen Ende muss sich Elektromobilität natürlich auch im Kosten- und Leistungswettbewerb gegen jede andere Art von Mobilität bewähren. Der billigste Kilometer ist und bleibt derjenige, der nicht gefahren wird, die billigste Kilowattstunde Strom ist jene, die nicht produziert oder verbraucht wird, egal, ob aus einem konventionellen – aus heutiger Sicht möglicherweise hocheffizienten – Kraftwerk oder aus erneuerbarer Energie.

Elektromobilität ist ein Konzept und eine Chance für eine integrierte Klima-, Energie- und Mobilitätsstrategie,[24] auf geht's!

---

[24] Kagermann, Die Mobilitätswende: Die Zukunft der Mobilität ist elektrisch, vernetzt und automatisiert, in CSR und Digitalisierung, Hildebrandt/Landhäußer (Hrsg.), Springer Gabler 2017, S. 357, 359.

Elektrofahrzeug und Elektromobilität

2

Elektromobilität impliziert die Mobilität von Personen, Sachen und Gütern durch elektrisch angetriebene Fahrzeuge – im Gegensatz zu den konventionellen Fahrzeugen mit Verbrennungsmotor, die mit Diesel, Benzin, Autogas oder Erdgas betrieben werden. Elektromobilität entwickelt sich zu einem Megatrend. Kein Tag vergeht ohne Meldungen und Artikel in Nachrichten, Zeitungen und Internet zu Elektrofahrzeugen und deren Betrieb.

Größere Flottenbestellungen von Elektrofahrzeugen schaffen es, gleich tagelang in den Schlagzeilen zu bleiben: Ein großer Automobilhersteller will 35 Mrd. € in Elektromobilität investieren.[1] Ein Versandhändler bestellte 1800 Elektro-Vans, davon 1200 eSprinter und 600 eVitos.[2]

Ein Hersteller will bis 2025 jedes dritte Fahrzeug als Elektrofahrzeug verkaufen.[3] Ein anderer will bis 2022 acht Elektrofahrzeugtypen BEV (Battery Electric Vehicle) und PhEV (Plug-in Hybrid Electric Vehicles) im Markt haben.[4]

---

[1] 35 MILLIARDEN EURO FÜR E-AUTOS: VW nimmt das Rennen mit Tesla in der Elektromobilität auf, faz.net vom 14.11.2020, https://www.faz.net/aktuell/wirtschaft/auto-verkehr/vw-investiert-35-milliarden-euro-in-elektromobilitaet-17051526.html, letzter Aufruf 26.12.2020.

[2] Elektrovans für Lieferflotte, Daimler schließt Rekord-Deal mit Amazon ab, ntv vom 28.08.2020, https://www.n-tv.de/wirtschaft/Daimler-schliesst-Rekord-Deal-mit-Amazon-ab-article22001146.html, letzter Aufruf 19.12.2020.

[3] BMW zieht Motorenproduktion für Verbrenner aus Deutschland ab, Handelsblatt vom 18.11.2020, https://www.handelsblatt.com/unternehmen/industrie/autoindustrie-bmw-zieht-motorenproduktion-fuer-verbrenner-aus-deutschland-ab/26636434.html, letzter Aufruf 19.12.2020.

[4] „Electric First" Mercedes lässt E-Welle anrollen, ntv vom 14.12.2020, https://www.n-tv.de/auto/Mercedes-laesst-E-Welle-anrollen-article22234064.html, letzter Aufruf 17.12.2020.

Die Tesla-, nicht Mega-, sondern Giga-Factory,[5] in der allein im ersten Bauabschnitt neben Batterien 500.000 Elektrofahrzeuge gefertigt werden sollen, schafft es wöchentlich mit jedem Genehmigungsdetail in die Nachrichten.

Auch gibt es nahezu täglich Berichte über neue BEV oder PhEV, die in den Markt kommen und dann sogar deutlich weiter als 40 km batterieelektrisch fahren.[6] Die Elektromobilität steht allerdings in Deutschland immer noch am Anfang, sie wird langsam sichtbar, befindet sich aber noch immer in einer Nische.

Hintergrundinformationen
Unter den 65,8 Mio. Kraftfahrzeugen, die in Deutschland Ende 2019 zugelassen waren,[7] befinden sich überwiegend 47,7 Mio. Pkw, 4,5 Mio. Motorräder, 3,3 Mio. Lkw und weitere 2,3 Mio. Zugmaschinen[8] – allesamt haben das Potenzial für den Elektroantrieb, dazu kommen Boots- und Flugzeugantriebe.

Bei den Pkw sind Benzin (65,9 %) und Diesel (31,7 %) die häufigsten Kraftstoffarten. Eine deutliche Steigerung erfolgte gegenüber dem Vorjahr für die alternativen Antriebsarten, nämlich Elektro- (+64,3 %) und Hybridfahrzeuge (+58,0 %). Der Anteil an Elektro-Pkw (BEV) stieg von 0,2 % (83.175 Pkw) auf 0,3 % (136.617 Pkw) und der an Hybrid-Pkw von 0,7 % (341.411 Pkw) auf 1,1 % (539.383 Pkw) an.

Die Anzahl an Plug-in-Hybrid-Fahrzeugen (PhEV) wuchs von 66.997 auf 102.175 (+52,5 %) an. Ihr Anteil verdoppelte sich auf 0,2 %.

Damit gab es Ende 2019 in Deutschland lediglich 238.792 Elektrofahrzeuge i. S. des EMobG[9] (Elektromobilitäts-Gesetz), allerdings steil ansteigend.

Von den alternativen Kraftstoffen gibt es sodann noch flüssiggasgetriebene Pkw (371.472/−6,1 %) mit einem Anteil von 0,8 % und erdgasangetriebene Pkw (82.198/+1,8 %) mit einem Anteil von 0,2 %. Der alternative Antrieb Wasserstoff stieg bei den Pkw von 374 (01.01.2019) auf 507 Pkw (+35,6 %) an, fängt also auch – wie die Elektromobilität vor einigen Jahren – sehr klein an, wird aber wohl der Antrieb der ferneren Zukunft sein und zumindest mittelfristig einen gewichtigeren Anteil am Fahrzeug- und Antriebsmix in Deutschland erhalten.

---

[5] Tesla mischt Brandenburg auf – Was bringt die „Gigafactory"? BR24 vom 13.12.2020, https://www.br.de/nachrichten/wirtschaft/tesla-mischt-brandenburg-auf-was-bringt-die-gigafactory, SI-yMRNg, letzter Aufruf 19.12.2020.

[6] Hoch auf dem Hybrid – der Mercedes GLE 350de 4Matic im Handelsblatt-Autotest, Handelsblatt vom 11.11.2020, https://www.handelsblatt.com/auto/test-technik/plug-in-hybrid-suv-hoch-auf-dem-hybrid-der-mercedes-gle-350de-4matic-im-handelsblatt-autotest/26582200.html, letzter Aufruf 19.12.2020; Durchbruch des Elektroautos. Und es hat Boom gemacht, spiegel.de vom 30.12.2020, https://www.spiegel.de/auto/fahrkultur/elektroautos-neuheiten-von-tesla-audi-bmw-vw-und-co-fuer-2021-a-36f56d16-e615-4543-96e3-208ee1372237, letzter Aufruf 30.12.2020.

[7] KBA, Bestandsübersicht zum 01.01.2020, https://www.kba.de/DE/Statistik/Fahrzeuge/Bestand/Jahresbilanz/b_jahresbilanz_inhalt.html;jsessionid=A11D2C713E3A42A470F95A05F1F39BB2.live11292?nn=2598042, letzter Aufruf 19.12.2020.

[8] KBA, Bestandsübersicht zum 01.01.2020, https://www.kba.de/DE/Statistik/Fahrzeuge/Bestand/FahrzeugklassenAufbauarten/fz_b_fzkl_aufb_thema_im_Ueberblick/2020_b_fzkl_eckdaten_pkw_dusl.html?nn=2598042, letzter Aufruf 19.12.2020.

[9] KBA, Bestandsübersicht zum 01.01.2020, https://www.kba.de/DE/Statistik/Fahrzeuge/Bestand/Jahresbilanz/b_jahresbilanz_inhalt.html;jsessionid=A11D2C713E3A42A470F95A05F1F39BB2.live11292?nn=2598042, letzter Aufruf 19.12.2020.

2 Elektrofahrzeug und Elektromobilität

Die Anzahl der Pkw mit der derzeit besten Emissionsklasse *Euro 6* stieg um +24,5 % auf rund 15,4 Mio. Einheiten an, wovon 89.019 Einheiten bereits die Euro-6d- und 3.526.861 die Euro-6d-temp-Norm erfüllten. Der Anteil der Pkw mit Euro-Emissionsklasse 6 wuchs somit auf 32,3 % und stellt den größten Euro-Anteil dar. Der Anteil von Pkw mit der Emissionsklasse Euro 4 und 5 reduzierte sich auf 25,9 % (−7,4 %) beziehungsweise auf 25,8 % (−3,6 %) und wird Fahrzeugalter- bedingt zügig abnehmen.

Allerdings stieg das durchschnittliche Alter der am 01.01.2020 zugelassenen Pkw erneut leicht an: Waren es 2019 noch 9,5 Jahre, betrug es am 01.01.2020 schon 9,6 Jahre.

Dies bedeutet, dass selbst dann, wenn alle Neuzulassungen Elektrofahrzeuge wären, mindestens 10 Jahre benötigt würden, bis die überwiegende Mehrheit der Pkw elektrifiziert ist.

Der Marktanteil von Elektrofahrzeugen wird in 2020 von 3 % auf ca. 10 % steigen,[10] getrieben durch die Nachfrage der Fahrzeugkäufer, die wiederum durch Kaufprämien motiviert werden, aber auch durch die Regulierung, dass seit 01.01.2020 die Emissionen der Fahrzeugflotten der Pkw-Hersteller nach Art. 1 Abs. 3 der EU-VO zur Festsetzung von CO_2-Emissionsnormen für Pkw[11] nur 95 g/km betragen dürfen. Ab 2030 darf der Flottenausstoß sogar nur noch 59,4 g/km betragen. Derzeit liegt der CO_2-Flottenausstoß für Pkw bei 130 g/km, leichte Nutzfahrzeuge dürfen im Schnitt 175 g/km emittieren.[12]

Die Anzahl der Pkw, die älter als 30 Jahre waren, stieg um rund 100.000 (+13,3 %) auf 857.039 Fahrzeuge.

Ursprünglich hätten schon 2020 eine Million Elektrofahrzeuge in Deutschland fahren sollen. Dieser Plan der Bundesregierung wurde aus verschiedenen Gründen verfehlt, mittlerweile kann die Automobilindustrie aber offensichtlich auch ausliefern: Nach Schätzungen der Nationalen Plattform Elektromobilität sollen bis 2025 zwischen 1,7 Mio. und 3,1 Mio. Fahrzeuge mit rein elektrischem Antrieb am Verkehr teilnehmen,[13] die rasant auf 14,8 Mio. Elektrofahrzeuge in 2030 anwachsen könnten.[14]

---

[10] VW und Daimler verfehlen CO_2-Ziele deutlich, Managermagazin vom 12.10.2020, https://www.manager-magazin.de/unternehmen/vw-und-daimler-verfehlen-CO2-ziele-deutlich-transport-and-environment-studie-a-16044870-3198-492e-91d8-418f06ad629a, letzter Aufruf 19.12.2020.

[11] VERORDNUNG (EU) 2019/631 des EUROPÄISCHEN PARLAMENTS UND DES RATES vom 17.04.2019 zur Festsetzung von CO_2-Emissionsnormen für neue Personenkraftwagen und für neue leichte Nutzfahrzeuge (ABl. L 111/13 vom 25.04.2019).

[12] EU-Staaten billigen verschärfte CO_2-Vorgaben, Auto Motor und Sport 16.04.2019, https://www.auto-motor-und-sport.de/verkehr/CO2-grenzwerte-eu-staaten-billigen-verschaerfte-vorgaben/, letzter Aufruf 19.12.2020.

[13] Handelsblatt vom 24.01.2020, Was auf Besitzer von Wohnungen zukommt.

[14] Nationale Leitstelle Ladeinfrastruktur, MVI- Ladeinfrastruktur nach 2025/2030: Szenarien für den Markthochlauf von 2020, https://www.now-gmbh.de/wp-content/uploads/2020/11/Studie_Ladeinfrastruktur-nach-2025-2.pdf, Seite 4.

In der ersten Jahreshälfte 2020 waren 3,5 % aller in Europa neu zugelassenen Pkw PhEV[15]. Auch in Deutschland ist der Zuwachs bei den PhEV enorm: Allein im dritten Quartal 2020 gab es einen Zuwachs von 466 % auf über 56.000 verkaufte Fahrzeuge. Eine Ursache sind die Subventionen der Bundesregierung für PhEV und BEV. Insgesamt legte der Verkauf aller drei Elektrofahrzeugbauarten, BEV, PhEV und Hybridfahrzeuge im dritten Quartal auf fast 207.000 Fahrzeuge zu, ein Anstieg um 168 %.[16]

Hamburg, Baden-Württemberg und Berlin haben in Deutschland die höchsten Anteile an BEV und PhEV. Zum 01.10.2020 machten diese beiden Fahrzeugkategorien in Hamburg immerhin schon 1,26 % aller Pkw aus; sodann mit je 1,08 % Baden-Württemberg und Berlin.

Die niedrigsten Anteile finden sich noch in Sachsen-Anhalt mit 0,39 %, Mecklenburg-Vorpommern mit 0,41 % und Sachsen mit 0,49 %.[17]

Im Gegensatz zu den Pkw spielen elektroalternative Antriebe für Lkw noch keine Rolle. Immer mehr Hersteller bieten – auch im Kontext der EU-VO zur Festsetzung von CO_2-Emissionsnormen – die Einführung einer Elektro-Nutzfahrzeug-Palette[18] an, sodass künftig niemand mehr zumindest an der Abwägung herumkommt, sich ein Elektrofahrzeug zuzulegen. Umgekehrt gibt es regulatorische Bestrebungen, konventionelle Verbrennungsantriebe aus dem Markt zu drängen, sei es durch Zulassungsverbote, Einfahrtverbote in bestimmte Städte und Gebiete und sonstige politische Entscheidungen.[19] Damit ist unabhängig von den Erwägungen zu Handling und Reichweite inzidiert, dass die Zukunft den BEV gehört und PhEV eine notwendige Übergangstechnologie zum Einstieg in die Elektromobilität sind, aber mehr auch nicht. Je schneller BEV in den Markt drängen, umso eher wird die notwendige und tunliche Übergangslösung der PhEV beendet sein.

2.1   Was ist ein Elektrofahrzeug: BEV, PhEV, FCEV

Nicht alles, was irgendwie elektrisch fährt, ist auch ein Elektrofahrzeug im Rechtssinne. Das EMoG (Elektromobilitätsgesetz) beschreibt, welche Kraftfahrzeuge als Elektrofahrzeuge gelten, welche Bedingungen sie technisch erfüllen müssen und wie

---

[15] Die miese Klimabilanz der Hoffnungsträger, Spiegel vom 28.09.2020, https://www.spiegel.de/auto/plug-in-hybride-verbrauchen-zwei-bis-viermal-so-viel-wie-angegeben-icct-studie-a-041deaa5-c8b7-435b-a978-23577915d868, letzter Aufruf 19.12.2020.

[16] Plus 466 Prozent – dieser Antrieb boomt in Deutschland, t-online vom 29.10.2020, https://www.t-online.de/auto/elektromobilitaet/id_88825488/studie-plus-466-prozent-plugin-hybride-boomen-in-deutschland.html, letzter Aufruf 19.12.2020.

[17] Anteil an Elektroautos: Hamburg macht das Rennen, strom-magazin vom 23.11.2020, https://www.strom-magazin.de/strommarkt/anteil-an-elektroautos-hamburg-macht-das-rennen_223823.html, letzter Aufruf 19.12.2020.

[18] PSA elektrifiziert alle Nutzfahrzeuge, ntv vom 24.06.2020, https://www.n-tv.de/auto/PSA-elektrifiziert-alle-Nutzfahrzeuge-article21868327.html, letzter Aufruf 19.12.2020.

[19] Setzt sich die E-Mobilität per Verbot durch?, ntv vom 06.11.2020, https://www.n-tv.de/auto/Setzt-sich-die-E-Mobilitaet-per-Verbot-durch-article22148562.html, letzter Aufruf 07.11.2020.

diese gekennzeichnet werden müssen, um in den Genuss der Privilegien für Elektrofahrzeuge zu kommen.

Elektrisch betriebene Fahrzeuge im Sinne des § 2 EMoG sind

- reine Batterieelektrofahrzeuge, auch BEV (battery electrical vehicle) genannt,
- Fahrzeuge, die über ein von außen anzubringendes Ladekabel geladen werden, wie Plug-In-Hybridfahrzeuge, auch PhEV (plug-in hybrid electrical vehicle) genannt, und
- Brennstoffzellenautos, auch FCEV (fuel cell electrical vehicle) genannt.

Demzufolge sind Straßenbahnen sowie andere Oberleitungsfahrzeuge und Hybridfahrzeuge, in welchen die Batterie allenfalls durch den Diesel- oder Benzinmotor und nicht von außen aufgeladen wird, keine Elektrofahrzeuge i. S. des EMoG.

Für Elektrofahrzeuge sind nach § 3 Abs. 1 EMoG Bevorrechtigungen in der Teilnahme am Straßenverkehr möglich und vorgesehen. Für PhEV gelten nach § 3 Abs. 2 EMoG Bevorrechtigungen nur, wenn das Elektrofahrzeug

- eine CO_2-Emission von höchstens 50 g/km hat oder
- dessen Reichweite unter ausschließlicher Nutzung der elektrischen Antriebsmaschine mindestens 40 km beträgt.

Ein PhEV sollte schon aus Gründen der nachhaltigen Mittelverwendung staatlicher Förderung und der sinnvollen Nutzung im Straßenverkehr eine elektrische Reichweite von wesentlich mehr als 40 km haben, die sich durch vorausschauende Fahrweise und einige Kilometer aus Rekuperation,[20] d. h. Energierückgewinnung beim Rollen oder Bremsen, ausweiten lässt (Abb. 2.1).

PhEV ermöglichen einen deutlich erhöhten elektrischen Fahrtradius als sog. Vollhybrid-Fahrzeuge, die eben nicht durch ein externes Ladekabel aufgeladen werden können, sondern nur durch Rekuperation. Sie stellen eine – oftmals kritisierte – Brückentechnologie zwischen dem Vollhybrid und dem BEV dar und kombinieren die Vorteile von elektrischem und konventionellem Antrieb, können kleine bis mittlere Strecken rein elektrisch zurücklegen und unter Einsatz des konventionellen Verbrennungsmotors dennoch große Gesamtreichweiten erzielen.

Sie werden mit Hochvolt-Batterien mit einer Kapazität von i. d. R. 10 bis 20 kWh ausgerüstet.[21] In die PhEV müssen neben den konventionellen Komponenten die Hochvolt-

---

[20] Rekuperation im Auto – wie zerronnen, so gewonnen, t-online vom 15.05.2012, https://www.t-online.de/auto/technik/id_56437650/auto-technik-so-funktioniert-die-rekuperation.html, letzter Aufruf vom 19.12.2020.

[21] Vgl. Volvo V60 T 8 = 10,4 kWh, https://autophorie.de/2019/07/02/volvo-v60-t8-twin-engine-fahrbericht/, letzter Aufruf 19.12.2020;

Mercedes E 300de = 13,5 kWh, Mercedes-Benz E 300 de T-Modell Plug-in Hybrid: Preis, Reichweite & Lieferzeit – EFAHRER.com (chip.de), letzter Aufruf 19.12.2020;

VW Passat GTE = 13 kWh, https://www.electrifiedmagazin.de/hybrid/vw-passat-gte-erhaelt-groessere-batterie/4186/, letzter Aufruf 19.12.2020.

Abb. 2.1 PhEV mit 50 km rein elektrischer Fahrtstrecke, 08/2020

batterie, die Ladeelektronik, also AC-DC-Konverter, das oder die Ladekabel und eine Steuer-, Überwachungs- und Kommunikationselektronik eingebaut werden, sodass sie zum Teil deutlich schwerer sind als die vergleichbaren konventionellen Fahrzeuge. Wegen der Batterie ist außerdem teilweise ein geringeres Platzangebot im Kofferraum vorhanden.

Die BEV haben eine wesentlich größere Batterie als PhEV, weil sie die Reichweite nicht über einen zweiten Antrieb erweitern können, aber der Antrieb komplett elektrisch ist. Moderne BEV erreichen mittlerweile schon gut 500 km Reichweite.

2.2 E-Kennzeichnung der Elektrofahrzeuge

Nach § 4 Abs. 1 EMoG dürfen die in § 3 EMoG aufgeführten Bevorrechtigungen nur für Fahrzeuge gewährt werden, die mit einer deutlich sichtbaren Kennzeichnung versehen sind. Seit dem 26.09.2015 können Halter von Elektrofahrzeugen im Rechtssinne ein neues Kennzeichen beantragen, das hinter dem herkömmlichen Kennzeichen mit einem „E" gekennzeichnet ist. Damit ist für jedermann ersichtlich: Dies ist ein Elektrofahrzeug.

Wer also ein Elektrofahrzeug führt, bei dem sich warum auch immer kein „E" am Ende des Kennzeichens befindet, mag zwar ein Elektrofahrzeug fahren, darf jedoch nicht die Privilegien in Anspruch nehmen.

Nach § 9a StVZO (Straßenverkehrs-Zulassungs-Ordnung) wird auf Antrag für ein Elektrofahrzeug ein E-Kennzeichen für entsprechende Fahrzeuge zugeteilt. Für BEV ist dies selbstredend, für PhEV erfolgt dies nur, wenn die Voraussetzungen des § 3 Ab. 2

i. V. m. § 5 Abs. 2 EMoG erfüllt sind, also max. 50 g/km CO_2-Ausstoß oder mindestens 40 km elektrische Reichweite.

Das Kennzeichen ist das nach § 8 Abs. 1 StVZO (in Verbindung mit § 9 Abs. 2 und 3) zugeteilte Kennzeichen. Es führt den Kennbuchstaben E als amtlichen Zusatz hinter der Erkennungsnummer, der von der Zulassungsbehörde auch in der Zulassungsbescheinigung Teil I und Teil II zu vermerken ist. Wird ein Wechselkennzeichen nach § 8 Abs. 1a StVZO zugeteilt, ist der Kennbuchstabe E auf dem fahrzeugbezogenen Teil anzubringen.

Wer ein E-Kennzeichen beantragt, benötigt trotzdem zusätzlich eine Umweltplakette, um auch in Umweltzonen der Städte einfahren zu dürfen. Das vollständige Kennzeichen inklusive E muss auf der Plakette eingetragen sein. Auch für BEV gibt es dafür keine Ausnahmeregelung.

Wer ohne Umweltplakette in eine Umweltzone nach Zeichen 270.1 StVO einfährt, hat ein Bußgeld i.H.v. 100 € nach Tatbestand Nr. 153 BKV[22] (Bußgeldkatalog-Verordnung) verwirkt.

2.3 Besonderheiten von Elektrofahrzeugen

Als limitierende Faktoren des Markteintritts von Elektrofahrzeugen sind – neben der bislang teilweise begrenzten Lieferfähigkeit der Automobilindustrie – bisher folgende Gründe identifiziert:

- Angebot von Elektrofahrzeugen nebst Nutzungsvorteil,
- Stromlademöglichkeiten,
- Reichweite,

---

[22] OLG Düsseldorf Beschluss vom 26.02.2020, Az: 2 RBs 1/20.

- Zuverlässigkeit und Gebrauchswert,
- Anschaffungs- und Betriebskosten,
- Umweltvorteil.

Die eigentliche Begründung für die Einführung der Elektromobilität sind die Umweltwirkungen der herkömmlichen Verbrennungsfahrzeuge. Folglich müsste der Umweltvorteil, soweit er besteht, der Haupttreiber sein. Politisch scheint das nachvollziehbar zu sein, für den Käufer und Fahrer eines Elektrofahrzeugs steht allerdings der Nutzungsvorteil im Vordergrund. Er benötigt ein (Elektro-)Fahrzeug für die Erledigung von Verpflichtungen, Arbeitswege, Urlaubs- und Freizeitaktivitäten oder zur Erbringung von Dienstleistungen.

Die Elektromobilität wird sich neben dem Neugier- und Innovationsdrang nur dann durchsetzen, wenn sie dem Nutzer mehr als nur unwesentliche Gebrauchs- und Kostenvorteile bringt oder umgekehrt z. B. regulativ konventionelle Antriebe benachteiligt werden.

Volkswirtschaftlich lässt sich für die Elektromobilität noch das Argument gewinnen, dass Strom, ggf. abgesehen von den Rohstoffen, in Deutschland hergestellt wird und nicht importiert werden muss und der Anteil erneuerbarer Energie stetig ansteigt. Das verringert langfristig die Abhängigkeit von Lieferanten und Lieferländern fossiler Treibstoffe und reduziert somit den Einfluss politischer und Weltmarkt-Risiken.[23]

2.3.1 Angebot von Elektrofahrzeugen und Nutzervorteil

Staatlich deutlich gefördert (vgl. Kap. 14) bietet mittlerweile jeder Fahrzeughersteller eine immer breitere Palette von BEV und PhEV an.[24] Sie werden einerseits als Stadtauto angepriesen, klein, wendig und mit ausreichender Reichweite,[25] andererseits als für jede Fahrzeugklasse erhältlich beworben.[26] Gerade für PhEV gibt es für die Mittel- und Oberklasse immer parallel zum konventionellen Antrieb einen Elektroantrieb.

In der Regel werden Produktpaletten sowohl mit konventionellen Antrieben, sodann mit BEV als auch PhEV angeboten, sodass selbst innerhalb der Fahrzeugmarke die Wahl möglich ist, für welchen Antrieb man sich entscheidet. Allein für BEV gibt es auch Spezialanbieter, die mit anderen Antriebsarten teilweise nicht in Erscheinung treten. Im

---

[23] Bränzel/Engelmann/Geilhausen/Schulze, Energiemanagement, Springer Vieweg 2. Aufl. 2019, S. 142–153.

[24] Elektroautos 2020, Alle Elektroauto- und Plug-in-Hybrid-Modelle im Überblick. Vergleichen Sie Preise, Reichweiten, Ladezeiten sowie die wichtigsten Fahrzeugdaten, efahrer-chip.de, https://efahrer.chip.de/elektroautos#hersteller=0&modell=0&preis_ab=0&preis_bis=100000&reichweite=0&sitze=0&sort=beliebtheit&offerType=al, letzter Aufruf 19.12.2020.

[25] Renault Twingo Electric – nur für die Stadt?, ntv vom 03.11.2020, https://www.n-tv.de/auto/Renault-Twingo-Electric-nur-fuer-die-Stadt-article22142550.html, letzter Aufruf 19.12.2020.

[26] Elektroautos 2020 – 5 neue E-Autos für jeden Anspruch, https://www.vehiculum.de/magazin/leasing/neue-elektroautos-2020, letzter Aufruf 19.12.2020.

2.3 Besonderheiten von Elektrofahrzeugen

Abb. 2.2 ARI Motors, Borna, 07/2020 (a), Deutsche Post Aschersleben 12/2020 (b)

Fall von TESLA® weiß jeder, dass nur BEV verkauft werden, und mit dem TESLA 3[27] soll sogar ein Massenmarktmodell in Deutschland produziert werden. Allerdings wird die breite BEV-Fahrzeugpalette noch immer angekündigt und soll erst in den nächsten Jahren auf dem Markt erscheinen.

Eine nahezu vollständige Übersicht der angebotenen Elektrofahrzeugtypen in Deutschland führt die BAFA[28] (Bundesamt für Wirtschaft und Ausfuhrkontrolle), auch wenn dort nur die förderfähigen Elektrofahrzeuge aufgeführt sind. Fahrzeuge mit einem Nettolistenpreis von über 65.000 € sind nicht förderfähig, diese gibt es also zusätzlich zu der BAFA-Liste am Fahrzeugmarkt, und diese Modelle dürften dann zum Oberklassesegment gehören. In der BAFA-Liste sind 480 BEV-Typen von 38 Herstellern, 356 PhEV von 23 Herstellern und ein FCEV von Hyundai benannt, sodass kein Mangel an Wahlmöglichkeiten besteht.

Neben der breiten Bandbreite von Elektro-Pkw gibt es für Spezialanwendungen natürlich auch Elektrotransporter, etwa, um in Innenstädte zu fahren oder für den Nah-Auslieferungsverkehr (vgl. Abb. 2.2).

Die Städte und Gemeinden haben nach § 3 Abs. 4 EMoG die Möglichkeit, für Elektrofahrzeuge Sonderrechte zu erlauben und damit einen regulativen Nutzungsvorteil einzuräumen. Von Gesetzes wegen mögliche Bevorrechtigungen sind:

1. für das Parken auf öffentlichen Straßen oder Wegen, z. B. die Nutzung kostenfreier Parkplätze zum Laden oder umgekehrt, Ausnahmen von einem eingeschränkten Halteverbot während des Parkens (Abb. 2.3),

---

[27] Tesla: Kommen bald günstige Elektroautos aus Grünheide?, Computerbild vom 27.08.2020, https://www.computerbild.de/artikel/cb-News-Connected-Car-Neues-Model-3-Gigafactory-Berlin-27414655.html, letzter Aufruf 19.12.2020.

[28] BAFA-Liste der förderfähigen Elektrofahrzeuge, Stand 1.1.2021, https://www.bafa.de/SharedDocs/Downloads/DE/Energie/emob_liste_foerderfaehige_fahrzeuge.pdf , letzter Aufruf 6.1.2022.

Abb. 2.3 a eingeschränktes Halteverbot während des Ladens, Rheinsberg 10/2020; b kostenfreies Parkprivileg während des Ladevorgangs, Malchow 10/2020

2. die Nutzung von für besondere Zwecke bestimmten öffentlichen Straßen oder Wegen oder Teilen von diesen, u. a. das Befahren von Sonderfahrstreifen, z. B. von Busspuren mit Elektrofahrzeugen.[29]
3. Zulassen von Ausnahmen von Zufahrtbeschränkungen oder Durchfahrtverboten, etwa in Kurgebieten während der Nachtstunden, die andernfalls aus Lärmgründen für Verbrennungsmotoren gesperrt sind.
4. Freiheiten in der Erhebung von Gebühren für das Parken auf öffentlichen Straßen oder Wegen, beispielsweise die Nutzung kostenfreier Parkplätze.

Nach § 39 Abs. 10 StVO (Straßenverkehrsordnung) kann zur Bevorrechtigung elektrisch betriebener Fahrzeuge das Sinnbild – Pkw mit Kabel als Inhalt eines Zusatzzeichens angeordnet sein.

---

[29] Vgl. Umweltspur Düsseldorf, Auch rechtswidrige Verkehrsschilder sind verbindlich, rp-online.de vom 24.10.2019, https://rp-online.de/nrw/staedte/duesseldorf/umweltspur-duesseldorf-regeln-bussgelder-schilder-das-ist-zu-beachten_aid-46707479, letzter Aufruf 26.12.2020.

2.3 Besonderheiten von Elektrofahrzeugen

Hintergrundinformationen
Nach Anlage 2 zu § 41 Abs. 1 StVO i. V. m. § 39 Abs. 10 StVO kann, nach § 52 StVO befristet bis zum 31.12.2026, gem.

- lfd. Nr. 25.1 das Zusatzzeichen für die Zulassung von Elektrofahrzeugen auf Bus-Sonderfahrstreifen zugelassen werden,
- lfd. Nr. 27.1 mit dem Zusatzzeichen ein Elektrofahrzeug von Verbotszeichen, nämlich Verkehrsverbot für Fahrzeuge aller Art (Zeichen 250), Verbot von Kraftwagen (Zeichen 251), Verbot für Kraftfahrzeuge über 3,5 t (Zeichen 253), Verbot für Motorräder (Zeichen 255) und Verbot für Kraftfahrzeuge (Zeichen 260), ausgenommen werden,
- lfd. Nr. 63.5 durch das Zusatzzeichen zu Zeichen 286 – eingeschränktes Halteverbot – das Parken für Elektrofahrzeuge innerhalb der gekennzeichneten Flächen erlaubt werden,
- lfd. Nr. 64.1 durch das Zusatzzeichen zu Zeichen 290.1 – Beginn eines eingeschränkten Halteverbots für eine Zone – das Parken für Elektrofahrzeuge innerhalb der gekennzeichneten Flächen erlaubt werden.

Dem EMoG lässt sich allerdings keine Pflicht zur ausnahmslosen Bevorzugung von Fahrzeugen mit Elektroantrieb gegenüber anderen Fahrzeugen entnehmen.[30] Das gilt auch für verkehrsrechtliche Geschwindigkeitsbeschränkungen zur Luftreinhaltung. Wenn in den Luftreinhalteplänen der Städte Geschwindigkeitsbeschränkungen zur optimalen Geschwindigkeit aus Emissionsgründen vorgesehen sind, gilt dies für alle Fahrzeuge, auch wenn die Elektrofahrzeuge keine Fahremissionen verursachen. Ausweislich der Gesetzesbegründung des EMoG muss sich die Förderung der Elektromobilität stets in das verkehrsordnungsrechtliche System einfügen, wobei die Sicherheit und Leichtigkeit des Verkehrs zwingend vorgehen.[31]

2.3.2 Finanzierung Ladeinfrastruktur und Parkraumbewirtschaftung

Einerseits ermöglicht § 3 Abs. 4 Nr. 4 EMoG im Hinblick auf das Erheben von Gebühren für das Parken auf öffentlichen Straßen oder Wegen Bevorrechtigungen für Elektrofahrzeuge. Andererseits können die Gemeinden nach § 6a Abs. 6 StVG (Straßenverkehrs-Gesetz) für das Parken auf öffentlichen Wegen und Plätzen und Ortsdurchfahrten, im Übrigen die Träger der Straßenbaulast, Parkgebühren erheben. Für die Festsetzung der Parkgebühren sind Gebührenordnungen zu erlassen. In diesen kann auch ein Höchstsatz festgelegt werden. Die Gemeinden und Träger der Straßenbaulast sind also frei, die Parkgebühren für Elektrofahrzeuge nicht zu vereinnahmen oder als Förderung zweckgebunden für die Finanzierung der Elektromobilität zu verwenden. Denn es besteht keine Zweckbindung für die vereinnahmten Gebühren – diese fließen in den allgemeinen kommunalen Haushalt.[32]

---

[30] VG Stuttgart Urteil vom 18.12.2019, Az: 17 K 99/17.
[31] BT- Drs 18/3418, S. 12.
[32] BT- Drs 18/11295 S. 8.

Soweit ersichtlich, wird der Hebel der Privilegierung der Parkgebühren gerade in den Innenstädten bisher kaum oder sehr wenig genutzt. Beispielsweise bleibt nach der Park-GebOEF (Parkgebührenordnung zur Erhebung von Parkgebühren der Stadt Erfurt[33]) ein Elektrofahrzeug nach wie vor ein normales Kraftfahrzeug, sodass die Möglichkeit der Privilegierung von Elektrofahrzeugen durch eine Parkgebührenreduktion nicht genutzt worden ist. Damit wird in der Parkraumbewirtschaftung eine naheliegende Möglichkeit, zu erschweren, dass Verbrennungsfahrzeuge in die Innenstadt einfahren, nicht genutzt.

Während in der Politik darüber nachgedacht wird, zur Belebung der Innenstädte eine Paketsteuer einzuführen,[34] um einen Innenstadtfonds aufzusetzen, könnten stattdessen schon bisher bestehende Regulierungsinstrumente genutzt werden, womit die Menschen einerseits in die Innenstädte gebracht werden und andererseits die Umwelt geschont wird. Wenn dann noch in den Parkhäusern und Parkplätzen Lademöglichkeiten zu vernünftigen Preisen bestünden, gäbe es einen Anlass mehr, als Gast, Tourist und Kunde in die Innenstädte zu fahren. Allerdings können Städte und Gemeinden bzw. die regionalen Energieversorger generell dafür sorgen, dass der öffentliche Parkraum, für den sie verantwortlich sind, mit Ladeinfrastruktur ausgestattet wird und das Netz der öffentlich zugänglichen Ladepunkte stetig verdichten.[35]

2.3.3 Stromlademöglichkeiten

Ein entscheidender Punkt für die Anschaffung eines Elektrofahrzeugs ist das Vorhandensein von Ladeinfrastruktur und einer Lademöglichkeit. Nach dem Henne-Ei-Prinzip wird es keine Elektrofahrzeuge geben, wenn es keine Lademöglichkeit gibt. Umgekehrt werden keine Lademöglichkeiten entstehen, wenn nicht halbwegs gesichert ist, dass diese auch – mindestens – kostendeckend in Anspruch genommen werden. Derzeit existieren ca. 27.000 öffentliche Ladepunkte in Deutschland.[36] Je nach Ladezeit kann ein Ladepunkt auch mehrere Stunden besetzt sein, sodass ein Laden durch ein weiteres Elektrofahrzeug währenddessen nicht möglich ist. Nur auf einem eigenen Grundstück bzw. Pkw-Abstellplatz mit Stromanschluss kann das Zu-Hause-Laden ermöglicht werden, wobei diese Alternative für viele potenzielle Elektrofahrer nicht zur Verfügung steht. Spätestens mit dem GEIG (Gebäudeelektromobilitätsinfrastruktur-Gesetz), umgesetzt vsl. ab 01.01.2025, wird es in

---

[33] ParkgebOEF = Gebührenordnung zur Erhebung von Parkgebühren (ParkgebOEF) vom 24.01.2020; Drs 2385/19 Stadt Erfurt, https://www.erfurt.de/ef/de/rathaus/stadtrecht/satzungen/115613.html, letzter Aufruf 06.04.2020.

[34] Die Paketsteuer: ein Mittel der Umverteilung, wallstreet-online.de vom 21.12.2020, https://www.wallstreet-online.de/nachricht/13294537-paketsteuer-mittel-umverteilung, letzter Aufruf 26.12.2020.

[35] Vgl. Zarte Fortschritte bei der Elektromobilität, Münchner Merkur vom 02./03.01.2021, S. 33.

[36] Stromtankstellen in Deutschland: Status Quo und Trends, Strommagazin vom 23.06.2020, Ladestationen für Elektroautos Q3 2021 | Statista Die bisherige Quelle ist ab 03.01.2022 abgeschalten.

2.3 Besonderheiten von Elektrofahrzeugen

Deutschland wohl eine ausreichende Ladeinfrastruktur geben. Die Förderprogramme des Bundes und der Länder (vgl. Kap. 14) sorgen schon jetzt dafür, dass viele öffentlich zugängliche Normallade- und Schnellladepunkte errichtet werden (Abb. 2.4 und 2.5).

Ein zentrales Entscheidungskriterium für oder gegen Elektrofahrzeuge betrifft die Versorgung mit Ladestrom. Als Elektrofahrzeugnutzer sollte man über einen eigenen und daher stets freien Ladepunkt verfügen, über den sich Haushaltsstrom im Home-Charging beziehen lässt, der auch in Relation zum On-the-Way-Charging, d. h. Unterwegs-Laden, günstig ist (vgl. Kap. 8). Wenn das Elektrofahrzeug vor allem für Fahrten zur Arbeitsstätte genutzt wird, könnte man auf eine eigene Ladeinfrastruktur verzichten, sofern der Arbeitgeber eine solche als Workplace-Charging zur Verfügung stellt.

In den großen Ballungszentren und Städten gibt es schon ein dichtes Netz an öffentlich zugänglichen Ladepunkten, das sich kurzfristig weiter verdichten wird. Theoretisch ginge es, vor allem in Städten, auch ohne eigenen Ladepunkt, was oftmals allerdings umständlich ist. Trotz des fortschreitenden Ausbaus der Ladeinfrastruktur fehlen vielerorts weiterhin öffentliche Ladesäulen in unmittelbarer Nähe, was dann für lange Wege zwischen Ladepunkt und dem Zuhause sorgt.

Weitere Nachteile öffentlicher Ladepunkte: Sie sind nicht immer verfügbar, und der Strom ist oft deutlich teurer als der aus der eigenen Steckdose.

Abb. 2.4 Schnellladestation mit zwei HPC-Ladepunkten und Pufferspeicher, Erfurt, 11/2020

Abb. 2.5 Schnellladestation mit vier HPC-Ladepunkten und Pufferspeicher, Gotha Abfahrt BAB A4/ B 01/2021/ B 247

Das Vorhandensein von Ladepunkten und deren Betriebsbereitschaft sind eine wesentliche Basis für die Entscheidung, sich ein Elektrofahrzeug anzuschaffen. Für BEV ist die Ladeinfrastruktur unerlässlich. Für PhEV dient sie der Optimierung. Die PhEV-Strombetrieb-Anteile werden sich erhöhen, wenn und soweit Ladepunkte vorhanden sind, die es mehr oder weniger bei jedem Park- und Abstellvorgang ermöglichen, Strom nachzuladen.

> **Merke**
> Die Städte, Gemeinden und die Straßenverwaltung haben generell vielfältige Möglichkeiten, Elektromobilität durch straßenverkehrsrechtliche Maßnahmen zu fördern, z. B. nur für Elektrofahrzeuge
>
> - privilegiertes Parken und Halten,
> - privilegierte Benutzung von Fahrstreifen und Straßenbenutzung,
> - Genehmigung zur Aufstellung von öffentlichen Ladepunkten,
> - Privilegierung bei Parkgebühren in der Parkraumbewirtschaftung.

2.3.4 Ladezeit

Die Ladezeit ist abhängig von den Möglichkeiten des Elektrofahrzeugs zur Leistungsaufnahme, der Menge des zu ladenden Stroms, z. B. soll die Batterie vollgeladen werden oder nur eben nach Hause bringen, und der Leistungsfähigkeit des Ladepunktes.

Moderne BEV benötigen mit Schnellladern immerhin nur noch 30 Minuten, um auf 80 % geladen zu werden.[37] Trotzdem wird die reine Ladezeit noch für lange Zeit wesentlich länger dauern als die acht Minuten an der konventionellen Tankstelle für das Einfüllen des Treibstoffs. Darauf müssen sich Elektroautofahrer einstellen.

Damit sich das Fahrzeug zügig laden lässt, sollte es über einen dreiphasigen Bordlader verfügen.[38] Viele Elektrofahrzeuge haben noch einphasige Lader, insbesondere PhEVs. Die Ladezeit hängt viel häufiger vom Fahrzeug ab, als von der Ladeinfrastruktur. Denn wenn nur einphasiges Laden möglich ist, nützt es überhaupt nichts, wenn die Ladestation viel schneller Strom abgeben könnte.

Wenn die Ladezeit wichtig ist, sollte unbedingt auf die fahrzeugseitigen Voraussetzungen geachtet werden. Die öffentlich zugängliche Ladeinfrastruktur wird in den nächsten drei bis fünf Jahren Quantensprünge an Leistungsfähigkeit und Verfügbarkeit machen. Das Elektrofahrzeug behält man aber bis zum Verkauf, und wenn es nur mit einphasigen Lademöglichkeiten ausgestattet ist, bleibt es bei dem langsamen Laden bis zur Stilllegung bzw. dem (dann schwierigeren) Verkauf des Fahrzeugs. Das kann sehr ärgerlich werden.

Die Ladezeit berechnet sich im Großen und Ganzen, indem die Batteriekapazität durch die Ladeleistung des Elektrofahrzeugs dividiert wird. Die Ladeleistung ist während des Ladevorgangs jedoch nicht konstant, sondern kann abhängig vom Zustand der Batterie und je nach Außentemperaturen variieren. Deshalb wird oft auch in den Fahrzeugbeschreibungen die Dauer bis zum Erreichen eines Ladestandes von 80 % angegeben. Der Ladezustand 100 % wird erst mit einem überproportionalen Zeitzuschlag erreicht.

Eine Komplettbefüllung eines PhEV mit 10–13 kWh Batteriekapazität dauert gut zwei Stunden, an der Schukosteckdose sechs Stunden. Grund dafür ist, dass auch hier wie bei allen Plug-In-Hybriden nur einphasig geladen werden kann.[39]

---

[37] VW ID.3 im ersten Test: Für den Preis hätten wir mehr erwartet, Autobild vom 14.09.2020, https://www.autobild.de/artikel/vw-id.3-1st-max-2020-test-preis-reichweite-17429425.html, letzter Aufruf 19.12.2020.

[38] Warum einphasiges Laden nichts für Eilige ist, vom 09.12.2019,https://www.kfz-betrieb.vogel.de/warum-einphasiges-laden-nichts-fuer-eilige-ist-a-890366/, letzter Aufruf 19.12.2020.

[39] BMW 545e – Plug-in-Hybrid der Oberklasse, ntv vom 12.08.2020, https://www.n-tv.de/auto/BMW-545e-Plug-in-Hybrid-der-Oberklasse-article21965894.html, letzter Aufruf 26.12.2020.

2.3.5 Reichweite

Als ein Nachteil von Elektrofahrzeugen gilt nach wie vor die beschränkte Aktionsreichweite. Vorweg: Wer am Stück mehr als 400 km nonstop mit höchstens einer Minipause fahren muss, wird dem Elektrofahrzeug derzeit keine Vorteile abgewinnen. Reichweitenstarke Elektrofahrzeuge sind aufgrund der großen Batterien meist teuer und vergleichsweise ineffizient. Es gilt allerdings kritisch zu prüfen, ob die Strecke wirklich ohne Pause bewältigt werden muss/kann/darf oder ob am Schnelllader nach 250 km Fahrtstrecke und gebotener Verschnaufpause die 15 Minuten Zeit zum Nachladen möglich sind – nichtsdestotrotz scheint es einen Reichweite-Äquator zu geben: Immer mehr Hersteller kündigen an, Fahrzeuge mit Reichweiten von ca. 400 km auszuliefern,[40] sodass mit den üblichen Nachladezeiten am Schnellladepunkt jede sinnvolle Entfernung erreicht werden kann.

Die Reichweite ist verbunden mit der Lademöglichkeit und Ladezeit ein wesentliches Kriterium. Geringe Reichweite impliziert, dass das Elektrofahrzeug des Öfteren aufgeladen werden muss. Dies sollte dort geschehen, wo das Fahrzeug sowieso steht, etwa im Büro, beim Einkaufen oder zu Hause. Die Reichweite kann wiederum erhöht werden, indem von vornherein eine größere Batteriekapazität mit dem Elektrofahrzeug erworben wird. Das kostet aber im Zweifel Platz, erhöht die Anschaffungskosten und fördert das Eigengewicht – und das verringert wiederum die Reichweite und Fahrzeugeffizienz. Am Ende kommt es auf die persönlichen Nutzungsabsichten und Verwendungszwecke an. Ein Vertreter, der täglich weite Strecken zurücklegt oder terminlich einfach nicht zwischendurch aufladen kann, wird an der Reichweite verzweifeln.

Umgekehrt sind Reichweiten bis zu 400 km allemal für den täglichen Bedarf ausreichend, zumal empfehlenswert ist, nach zwei Stunden Fahrt eine Pause einzulegen und dabei gleich das Auto in wenigen Minuten aufzuladen. Moderne BEV schaffen es, in 10 Minuten Strom für 100 km Reichweite – als Faustformel – aufzuladen.[41] Ein PhEV mit 7 kW Leistungsaufnahme benötigt dagegen eine Stunde Ladezeit für eine Reichweite von gut 25 km.

Die reale Reichweite wird nachhaltig von der Fahrweise, der Nutzung von elektrischen Verbrauchern, wie Heizung oder Klimaanlage, und dem Streckenprofil, aber auch von der Zuladung und Gepäck, das zu transportieren ist, bedingt. Außerdem steht zum Schutz der Batterie häufig nicht deren gesamte Kapazität zur Verfügung.

---

[40] Mercedes V-Klasse: Der neue Elektro-Van kommt, t-online vom 21.09.2020, https://www.t-online.de/auto/neuvorstellungen/id_88596820/mercedes-v-klasse-der-neue-elektro-van-kommt.html, letzter Aufruf 20.12.2020; Tesla 3 configurator, https://www.tesla.com/de_DE/model3/design?redirect=no&utm_source=communication&utm_medium=email&utm_campaign=NewsletterQ2&utm_term=%7Blocale:de_DE;LLC:known;bizUnit:vehicles;SendDate:2019-04-24%7D&utm_content=newsletter&smc_id=29660977#battery, letzter Aufruf 20.12.202.

[41] Diese Reichweite schafft der neue Elektro-SUV BMW iX3, t-online vom 05.11.2020 https://www.t-online.de/auto/neuvorstellungen/id_88873816/elektro-suv-bmw-ix3-startet-im-januar-diese-reichweite-schafft-das-e-auto.html, letzter Aufruf 19.12.2020.

2.3 Besonderheiten von Elektrofahrzeugen

Letztlich hat man als Elektrofahrzeugnutzer viele Möglichkeiten, der Reichweitenproblematik zu entgehen. Wer häufig ein Auto im Langstreckeneinsatz benötigt, sollte das Elektrofahrzeug ggf. nur als Zweitwagen nutzen oder alternativ ein PhEV anschaffen, das auf den vielen kurzen Strecken ausschließlich elektrisch und im Langstreckeneinsatz als Verbrenner genutzt wird. Wer nur wenige Male im Jahr längere Strecken fahren will, kann sich alternativ für diese Fahrten ein Mietfahrzeug nehmen, während im Alltag das eigene BEV oder PhEV eingesetzt wird. Manche Elektrofahrzeughändler bieten eine solche Alternative sogar aktiv an, damit nicht die Wahl eines Elektrofahrzeugs nur wegen der wenigen Zwecke im Jahr verworfen wird, zu welchen das Elektrofahrzeug über seine Grenzen gehen müsste.

2.3.6 Ladestromverbrauch

Die Reichweite eines Fahrzeugs ist maßgeblich davon abhängig, wie hoch der Fahrstromverbrauch ist. Auch beim Vergleich der Reichweiten- und Verbrauchsangaben von Elektrofahrzeugen sind die WLTP-Werte (worldwide harmonized light-duty vehicles test procedure) – wie für konventionelle Fahrzeuge – maßgeblich.[42] Mit der VO (EU) 2017/1151[43] wurde in der EU für alle leichten Pkw und Nutzfahrzeuge eine einheitliche praxisnahe Typprüfung neuer Modelle und neuer Motorvarianten ab dem 1. September 2017 und ab dem 1. September 2018 für neu zugelassene Fahrzeuge eingeführt. Eine Abweichung von den Herstellerangaben um weniger als 10 % stellt nur einen unerheblichen Mangel dar und berechtigt nicht zur Rückabwicklung eines Kaufvertrages,[44] umgekehrt ist ein Abweichen von mehr als 10 % ein Sachmangel eines Fahrzeugs. Dabei ist die Grenze von 10 % keine technische oder physikalische Toleranzgrenze, die sich an Messungenauigkeiten oder Fertigungstoleranzen – etwa der Batterien – orientiert. Entscheidend sind vielmehr die Auswirkungen, die der Strommehrverbrauch für den Käufer im Hinblick auf den Wert des Elektrofahrzeugs hat.[45] Eine Abweichung von 11 % im städtischen Verkehr, 7 % im außerstädtischen Verkehr und 6 % im Durchschnitt der Fahrzyklen stellt daher einen unerheblichen Mangel dar.[46]

---

[42] Je mehr kWh, desto besser? Das macht eine gute E-Auto-Batterie aus, ntv vom 07.10.2020, https://www.n-tv.de/auto/nachhaltige-mobilitaet/Das-macht-eine-gute-E-Auto-Batterie-aus-article22055390.html, letzter Aufruf 20.12.2020.
[43] VERORDNUNG (EU) 2017/1151 DER KOMMISSION vom 01.06.2017 zur Ergänzung der Verordnung (EG) Nr. 715/2007 des Europäischen Parlaments und des Rates über die Typgenehmigung von Kraftfahrzeugen hinsichtlich der Emissionen von leichten Personenkraftwagen und Nutzfahrzeugen (Euro 5 und Euro 6) und über den Zugang zu Fahrzeugreparatur- und -wartungsinformationen (ABl. L 175/1).
[44] BGH Beschluss vom 08.05.2007 Az: VIII ZR 19/05; OLG Brandenburg Urteil vom 27.03.2014, Az: 5 U 70/12.
[45] BGH Beschluss vom 08.05.2007 Az: VIII ZR 19/05, BGHZ 134, 94, 98.
[46] BGH Beschluss vom 08.05.2007 Az: VIII ZR 19/05.

Einerseits variieren die Verbrauchsangaben des Bordcomputers des Elektrofahrzeugs und die Angabe des gelieferten Ladestroms der Ladesäule. Neben sonstigen Ungenauigkeiten könnten die Systeme der Elektrofahrzeuge Ladeverluste nicht erkennen, die beim Aufladen in der vorgelagerten Elektroinstallation und der Ladestation, im Ladegerät an Bord und in der Batterie für den Antrieb entstehen. Dabei sollen Abweichungen von 10–15 % feststellbar sein.[47] Zum anderen unterliegt eine Elektrofahrzeugbatterie einem viel größeren Leistungsverlust im Laufe der Zeit und mit der Anzahl der Ladezyklen als dies in konventionellen Fahrzeugen der Fall ist.

Zu guter Letzt unterliegt der Verbrauch der Fahrweise, der Witterung und den angeschlossenen Verbrauchern wie der Klimaanlage, die neben dem Elektromotor den Stromverbrauch ankurbeln. Wenn schon beim konventionellen Antrieb 10–15 % des Verbrauchs nur für die Klimaanlage verwendet werden, wird dies beim Elektrofahrzeug wohl noch spürbarer sein.[48]

2.3.7 Das Herzstück des Elektrofahrzeugs – die Batterie

Das Herzstück jedes Elektrofahrzeugs ist die Batterie. Sie ist als Hauptkomponente in Relation zum Rest des Fahrzeugs sehr teuer, und bestimmt die Reichweite und Ladezeit maßgeblich. Deshalb sind die Haltbarkeit und Leistungsfähigkeit wichtig, weil diese die Anzahl der Ladezyklen einerseits und die Lebensdauer andererseits implizieren.

Bleibatterien kommen in modernen Elektrofahrzeugen eigentlich nicht vor. Deren niedrige Energiedichte macht die Fahrzeuge schwer und die Reichweite niedrig. Der einzige echte Vorteil sind niedrige Kosten.

Nickel-Cadmium-Batterien weisen eine höhere Energiedichte und viel höhere Ladezyklen auf. Cadmium ist allerdings wie Blei als Schwermetall ein Umweltgift. Sie finden deshalb ebenfalls kaum Anwendung in Elektrofahrzeugen.

Nickel-Metallhybrid-Batterien weisen höhere Energie- und Leistungsdichten auf und haben eine Lebensdauer von zehn Jahren bzw. gut 2000 Ladezyklen.

Natrium-Nickelchlorid-Batterien haben eine hohe Betriebstemperatur und benötigen ein Temperaturmanagement im Fahrzeug, verfügen dafür über eine hohe Energiedichte. Sie haben keine elektrochemische Selbstentladung und einen Wirkungsgrad von 80 %. Ihr Nachteil ist, dass sie bei Nichtnutzung eine zusätzliche Heizung benötigen.

---

[47] E-Autos: Warum der Stromverbrauch oftmals höher ist, t-online vom 25.08.2020, https://www.t-online.de/auto/elektromobilitaet/id_88278646/e-autos-warum-sie-oftmals-mehr-strom-verbrauchen-als-der-bordcomputer-anzeigt.html, letzter Aufruf 20.12.2020.

[48] Klimaanlage und Spritverbrauch: Das sollten Sie darüber wissen, t-online vom 25.07.1016, https://www.t-online.de/auto/technik/id_47612922/klimaanlage-funktion-und-spritverbrauch.html, letzter Aufruf 26.12.2020;

Auto-Klimaanlagen im Test, adac.de vom 22.02.2019, https://www.adac.de/rund-ums-fahrzeug/ausstattung-technik-zubehoer/ausstattung/auto-klimaanlage, letzter Aufruf 26.12.2020.

2.3 Besonderheiten von Elektrofahrzeugen

Die dominierende Lithium-Ionen-Batterie in verschiedenen Technologien bietet höchste Energiedichten, sehr hohe Ladezyklen und Lebensdauern. Sie erreicht dem Vernehmen inzwischen eine Energiedichte von 400 Wh/kg , die es Pkw ermöglicht, bis zu 1,5 Mio. Kilometer zu fahren.[49]

In der Batterietechnologie und -fertigung dürften sich in den nächsten Jahren noch erhebliche positive Überraschungen und ein deutlicher technischer Fortschritt einstellen, der die Elektromobilität neben dem autonomen Fahren revolutionieren wird.

Die Batterien für Elektrofahrzeuge werden aus einer Vielzahl von elektrochemischen Zellen zusammengesetzt.

Zumeist handelt es sich um Lithium-Ionen-Akkus, bei denen die Zellenhersteller einen Spannungsbereich festlegen, in dem die Zelle betrieben werden darf. In der Regel liegt dieser Bereich zwischen 3,0 und 4,2 Volt, je nach Technologie.

Der untere Wert legt den Punkt fest, an dem die Batterie leer ist, der obere definiert die volle Batterie. Dieser Spannungsbereich wird als SoC-Wert (State of Charge) bezeichnet. Das Laden bis auf 4,2 Volt entspricht dem Brutto-Energiegehalt, d. h. SoC = 100 %. Bei 3,0 Volt ist der SoC = 0 %. Zusätzlich zu diesem technischen SoC definiert der Hersteller eines Elektrofahrzeugs noch einen nutzbaren SoC, den allerdings Puffer einschränken, die dem schnellen Altern der Batteriezellen entgegenwirken sollen.

Sehr hohe und sehr niedrige Ladezustände führen auf chemischer Seite zu Alterungsmechanismen, die die Hersteller einschränken müssen. Die Puffergröße hat sogar entscheidende Auswirkung auf die Lebensdauer der Batterie. Je größer der Puffer, desto länger hält die Batterie.

In vielen Fällen wird für den Puffer ca. 10 % der Bruttokapazität genutzt und dieser jeweils hälftig auf den unteren wie oberen SoC verteilt. Wenn man den Puffer hinwegdenkt, bleibt der nutzbare SoC und damit ein Netto-Energiegehalt übrig, der dann bei ca. 90 % des Bruttowerts liegt. Kennt man den relativen Anteil dieser Puffergröße, lässt sich auch ein Nettowert der Batterie definieren, d. h. die Menge an kWh, die tatsächlich für den Fahrstrombetrieb des Elektrofahrzeugs nutzbar ist. Die Größe des Puffers kann zwischen den Autoherstellern und auch zwischen Batteriegrößen variieren. In manchen Fällen sind die per Software definierten Puffer sogar variabel und im Alltagseinsatz besonders großzügig ausgelegt, was grundsätzlich der Lebensdauer der Batterie zuträglich ist. Bewegt sich bei einer Batterie der nutzbare Bereich zwischen 30 und 80 %, steigt ihre Lebensdauer deutlich. Deshalb ist in den Dokumentationen oft auch die Ladezeit auf 80 % der Kapazität angegeben.

---

[49] Tesla: Musk will Batterien mit 50 Prozent mehr Energiedichte bis 2024, t3n vom 28.08.2020, https://t3n.de/news/tesla-musk-batterien-50-prozent-1315533/, letzter Aufruf 20.12.2020;

Neue Akku-Technologie: Tesla meldet Patent für Lithium-Metall-Batterien an, e-fahrer.com vom 14.07.2020, https://efahrer.chip.de/news/neue-akku-technologie-tesla-meldet-patent-fuer-lithium-metall-batterien-an_102628, letzter Aufruf 20.12.2020;

Lithium-Metall-Polymer-Batterie – neue Technologie mit mehr Leistung, https://www.stromtankstellen.eu/Lithium_Metall_polymer_batterie.html, letzter Aufruf 24.12.2020.

In einigen Fällen wird für den Alltagseinsatz die Batterienutzung nur bis zu diesem Bereich ermöglicht, was über einen längeren Zeitraum den Alterungsprozess der Batterie verlangsamt. Wird allerdings mehr Reichweite benötigt, lassen sich die SoC-Bereiche anheben.

Die meisten Hersteller arbeiten mit einer statischen Verfügbarkeit der Batteriekapazität. So sind in der Regel die v.g. 90 % des Akkus und damit z. B. 45 von 50 kWh auch tatsächlich nutzbar. Der Puffer von 10 % ist jedoch keine Notreserve, wenn keine Ladestation erreicht werden kann. Damit soll die Langlebigkeit der Batterie gewährleistet werden.

So gibt es Elektrofahrzeuge, für die verschieden große Akkus bestellt werden können.[50] Um die Laufleistung mit einer kleinen Batterie zu erreichen, steigt über den Lebenszyklus hinweg auch die Zahl der Ladezyklen, was wiederum den Alterungsprozess beschleunigt. Mit größerem Puffer lässt sich diese Ladezyklusalterung verlangsamen. Große Batterien müssen zur Erreichung eines Laufleistungsziels weniger oft geladen werden, weshalb hier der Puffer kleiner ausfallen kann.

Insofern ist es wahrscheinlich, dass bei einem Modell mit mehreren Batteriegrößen im Angebot neben dem Bruttogehalt auch der relative Anteil des Puffers variiert.

Von den neu auf den Markt kommenden BEV werden jedoch Modelle mit verschiedenen Batteriekapazitäten und damit Reichweiten angeboten, sodass der Käufer entscheiden kann, was zu seinem Profil passt.

So soll z. B. der VW ID.3 mit einer Batteriekapazität

- 45 kWh und 330 km Reichweite,
- 58 kWh und 420 km Reichweite und
- 77 kWh und 550 km Reichweite

auslieferbar sein. Diese Fahrzeuge sollen an Schnellladesäulen mit bis zu 100 kW bzw. sogar 125 kW aufladbar sein, sodass 80 % Batterieladezustand in weniger als 30 Minuten erreichbar sind.

Der Normverbrauch beträgt dann je nach Batteriegröße zwischen 13,6 und 14,0 KWh/100km, was dem Eigengewicht geschuldet ist, denn je größer die Batteriekapazität umso schwerer ist das Fahrzeug. Es muss dem Nutzer also wert sein, für 100 km mehr Nonstop-Reichweite auch jeweils 0,2 kWh/100 km Stromverbrauch zu akzeptieren. Bei 300.000 km Fahrtstrecke sind dies 600 kWh bzw. bei 0,3 €/kWh Stromkosten noch 180 €. Allein aus Stromkostensicht ist das ein wohl vernachlässigbarer Betrag.

---

[50] Weltpremiere des ID.4 – VW enthüllt sein erstes Elektro-SUV, t-online vom 24.09.2020, https://www.t-online.de/auto/neuvorstellungen/id_88630966/neuer-id-4-vw-enthuellt-sein-erstes-elektro-suv-520-kilometer-reichweite.html, letzter Aufruf 20.12.2020.

2.3.8 Zuverlässigkeit und Gebrauchswert

Selbstverständlich wird die Akzeptanz eines Kraftfahrzeugs, und insbesondere eines Elektrofahrzeugs, von der Zuverlässigkeit, der ständigen Betriebsbereitschaft und geringen Ausfallraten abhängig sein. Elektrofahrzeuge haben teilweise Limitierungen der Zulade- und Anhängelast. Da die Batterie als solche im Verhältnis zum normalen (befüllten) Benzin- und Dieseltank nebst Auspuffanlage und Getriebe etc. – also allem, was ein Elektrofahrzeug nicht mehr benötigt – trotzdem größer und schwerer ist, wird sich bei gleichen Fahrzeugmaßen das Ladevolumen verringern.[51] Relevant dürfte dies allerdings nur in den Grenzbereichen sein, in denen ein bestimmtes Kofferraumvolumen unbedingt benötigt wird – doch da hilft für die wenigen Ausnahmen eine Dachbox.

Dagegen haben Elektrofahrzeuge tatsächlich geringere Anhängelasten, die gezogen werden können, und dann natürlich eine deutlich geringere Reichweite, weil wesentlich mehr Strom im Anhängerbetrieb benötigt wird. Beim PhEV steht dem aber in der Kombination aus konventionellen und Elektroantrieb ein sehr großes Drehmoment im Verhältnis zur konventionellen Serienfahrzeug gegenüber.

Beworben wird oft dieses hohe Drehmoment, das zügige Beschleunigen und die hohe Endgeschwindigkeit, z. B. von 250 km/h. All das ist wirklich gegeben, aber nur wichtig für den, der es besonders mag. Denn es kostet Reichweite!

Technisch kann am BEV eigentlich nicht viel kaputtgehen.

Da im Elektrofahrzeug wegen der Rekuperation (also der Umwandlung von Energie in elektrische Energie beim Bremsen, die in die Batterie gespeichert wird) Energie umgewandelt wird, verschleißen die Bremsen deutlich geringerer. Sie halten mindestens die doppelte Reichweite im Vergleich zum konventionellen Antrieb. Außerdem benötigt ein BEV weder Auspuffanlagen noch Katalysator, keinen Zylinderblock, Kurbelwelle, Zündkerzen oder Lichtmaschine.[52] Die Wartungsintervalle von Elektrofahrzeugen sind deutlich länger als diejenigen herkömmlicher Fahrzeuge, und die Inspektionen sollen ca. 20 % günstiger sein, weil weniger Teile dem Verschleiß unterliegen.[53]

---

[51] PSA elektrifiziert alle Nutzfahrzeuge, ntv vom 24.06.2020, https://www.n-tv.de/auto/PSA-elektrifiziert-alle-Nutzfahrzeuge-article21868327.html, letzter Aufruf 26.12.2020.
[52] Wie heikel ist eine Panne mit dem Elektroauto?, t-online vom 25.11.2020, https://www.t-online.de/auto/elektromobilitaet/id_88917684/wie-heikel-ist-eine-panne-mit-dem-elektroauto-so-verhalten-sie-sich-richtig.html, letzter Aufruf 26.12.2020.
[53] Warum Elektroautos kaum noch Inspektionen brauchen, e-fahrer.de vom 10.07.2019, https://efahrer.chip.de/e-wissen/warum-elektroautos-kaum-noch-inspektionen-brauchen-1_10933, letzter Aufruf 20.12.2020.

Im PhEV werden beide Systeme benutzt, aber das konventionelle System wird bei einem – anzustrebenden – großen Anteil Strombetrieb viel weniger in Anspruch genommen. Die Haltbarkeit der Verschleißteile dürfte damit deutlich steigen.

2.3.9 Wartungs- und Reparaturmöglichkeit

Wer sich ein Elektrofahrzeug kauft, wird auch sicherstellen wollen, dass im Falle einer Wartung oder Reparatur bei einem Komponentenausfall oder sogar einem Unfall das Fahrzeug auch qualifiziert vor Ort in einer Fachwerkstatt betreut wird. Das ist Sache der Händler und Fachwerkstätten.

Allerdings macht es schon wegen der ständig bereiten elektrischen Spannung einen Unterschied, ob die Mechatroniker am konventionellen Motor oder am Elektromotor oder sogar an der Batterie tätig sind. Für solche Werkstatttätigkeiten ist sowohl in der Ausbildung der Kfz-Mechatroniker als auch der Kfz-Meister mittlerweile Hochvolttechnologie, also das Arbeiten an Spannungen von über 60 V bis 1500 V DC oder über 30 V bis 1000 V AC Lehr- und Lerngegenstand. Das dient dem Wartungs- und Reparaturerfolg, der Sicherheit der Kfz-Mechatroniker und natürlich auch der Sicherheit des Elektrofahrzeugfahrers. In der Kfz-Handwerkspraxis werden daher Fachkundigenschulungen für Arbeiten an Hochvolt-eigensicheren Systemen durchgeführt.

Ein Hochvolt-eigensicheres Fahrzeug bedeutet, dass durch technische Maßnahmen am Elektrofahrzeug ein vollständiger Berührungs- und Lichtbogenschutz gegenüber dem Hochvoltsystem gewährleistet ist. Dies wird insbesondere durch die technisch sichere Abschaltung des Hochvolt-Systems und die automatische Entladung möglicher Energiespeicher vor Erreichung unter Spannung stehender Fahrzeugteile, Kabelverbindungen über Stecker in lichtbogensicherer Ausführung und nicht mehr über Schraubverbindungen sowie durch die sichere Abschaltung von Abdeckungen des Hochvolt-Systems erreicht.[54]

Arbeiten an Hochvolt-Komponenten dürfen daher nur von Personen durchgeführt werden, die Fachkundige für Arbeiten an Hochvolt-eigensicheren Systemen sind (Abb. 2.6).

Umgekehrt ist es diesen Fachkundigen für Elektrofahrzeuge nicht erlaubt, Arbeiten an anderen elektrischen Anlagen, z. B. öffentlichen bzw. Haus- oder Gewerbenetzen durchzuführen.

Während des Ladens eines BEV oder PhEV dürfen keinerlei Arbeiten am Elektrofahrzeug erfolgen.[55] Diese Beachtung gilt dann erst recht für Eigenreparaturen!

---

[54] Vgl. Müller/Steber Hybrid- und Elektroantriebe, Handbuch zur Schulung von Fachkundigen für Arbeiten an HV-eigensicheren Systemen, Hrsg. Akademie des Dt. Kfz.-Gewerbes 4. Aufl. 2014, S. 17.

[55] Vgl. Müller/Steber, Handbuch zur Schulung von Fachkundigen für Arbeiten an HV-eigensicheren Systemen, Hrsg. Akademie des Dt. Kfz.-Gewerbes 4. Aufl. 2014, S. 115.

2.3 Besonderheiten von Elektrofahrzeugen

Zertifikat

Herr █████████████████

hat an der unten genannten Schulung erfolgreich teilgenommen.

FACHKUNDIGER FÜR ARBEITEN AN HV-EIGENSICHEREN SYSTEMEN

in Servicewerkstätten

Schulungsinhalte:
- Fachverantwortung
- Elektrische Gefährdung und erste Hilfe
- Schutzmaßnahmen gegen elektrische Körperdurchströmung und Störlichtbögen
- Sicheres Arbeiten an elektrischen Anlagen und Betriebsmitteln nach BGV A3 und VDE 0105-100
- HV-Konzepte und Fahrzeugtechnik
- Allgemeines praktisches Vorgehen (praktische Anwendung der elektronischen Sicherheitsregeln)

Die Schulung wird auf Grundlage der BGI/GUV-I 8686, Kapitel V Nr.3.1 i.V.m. Anhang 8; Stand: 4/2012 durchgeführt. Das Schulungskonzept wurde unter Federführung des Zentralverbandes Deutsches Kraftfahrzeuggewerbe (ZDK) erarbeitet und abgestimmt mit den zuständigen Fachausschüssen der Deutschen Gesetzlichen Unfallversicherung (DGUV), sowie Vertretern des „Verbandes der Automobilindustrie e.V. (VDA)" und des „Verbandes der Internationalen Kraftfahrzeughersteller e.V. (VDIK)". Wir bestätigen, dass wir zur Durchführung des Lehrgangs durch den Bundesinnungsverband des Kraftfahrzeughandwerks ermächtigt sind.

Schulungsstätte
Handwerkskammer Erfurt
Berufsbildungszentrum
Alacher Chaussee 10
99092 Erfurt

Schulungsdatum
23.11.2018 bis 24.11.2018

_____
Ort/Datum

_____
Unterschrift Lehrgangsleiter

Fort- und Weiterbildung für das Kraftfahrzeuggewerbe

Abb. 2.6 Zertifikat Fachkundiger HV-eigensichere Systeme, Schulung HwK Erfurt

Vor Beginn der Arbeiten ist Spannungsfreiheit herzustellen, zu prüfen und für die Dauer der Verrichtungen sicherzustellen. Die Bewährung dieser Grundregeln wird sich zeigen, wenn die Elektrofahrzeuge als Massenphänomen in die Jahre kommen und sich mancher Laie – hoffentlich nicht – an der Reparatur oder Wartung seines Elektrofahrzeugs selbst versucht.

> **Merke**
>
> Zur Wartung und Reparatur an Hochvolt-Komponenten der Elektrofahrzeuge dürfen nur Fachkundige für Arbeiten an HV-eigensicheren Systemen arbeiten.
>
> Ohne diese Qualifikation dürfen aus Sicherheitsgründen auf keinen Fall Eigenreparaturen durchgeführt werden.

2.3.10 Anschaffungskosten und Wiederverkauf

Mit einer staatlichen Bezuschussung von 9000 € für BEV und 6750 € für PhEV ist die Anschaffung von Elektrofahrzeugen recht attraktiv geworden (vgl. Kap. 14).

Neben der Reichweite und eingeschränkten Möglichkeiten des Nachladens sind die Anschaffungs- und Betriebskosten große Hemmnisse für die Anschaffung eines Elektrofahrzeugs.[56]

Der Kaufpreis von Elektrofahrzeugen ist, auch weil bisher nur kleinere Serien gefertigt wurden, definitiv höher als der vergleichbarer Verbrennungsfahrzeuge. Diese Hürde wird reduziert, weil es Förderprämien für die Anschaffung gibt. Mit dem Konjunkturprogramm 2020 wurden die staatlichen Förderprämien auf 6000 € erhöht und neben der steuerlichen Förderung von Elektroautos sowie der Verbesserung der Ladeinfrastruktur auch ein Programm für den Verkauf von Nutzfahrzeugen aufgesetzt. Insgesamt sind die Anschaffungskosten immer noch teurer als für herkömmliche Verbrennungsfahrzeuge.

Wenn man langfristig denkt, könnte auch ein höherer Wiederverkaufswert eines Elektrofahrzeugs höhere Anschaffungskosten rechtfertigen.

Für BEV scheint eine solche Rechnung aufzugehen, insbesondere wenn es möglich ist, Batterien auszutauschen. Denn wenn der Verbrennungsmotor fehlt, ist die Haltbarkeit deutlich länger als die eines Verbrennungsfahrzeugs.

Für PhEV soll diese Rechnung nicht aufgehen, weil die Nachfrage nach Gebrauchtwagen nicht so stark wächst wie das Angebot am Markt. Die PhEV werden vor allem durch die Dienstwagennutzer mit dem Blick auf den Einkommenssteuervorteil erworben, den private Erwerber eines solchen vormaligen Dienstwagens nicht nutzen können. Ab 2025 soll sich jedoch ein normales Nachfrage- und Angebotsgefüge einstellen, sodass die

---

[56] Sind Sie bereit für ein Elektroauto?, ntv vom 05.07.2020, https://www.n-tv.de/auto/Sind-Sie-bereit-fuer-ein-Elektroauto-article21888956.html, letzter Aufruf 27.12.2020.

2.3 Besonderheiten von Elektrofahrzeugen

Restwertproblematik nur für die nächsten Jahre aufkommt.[57] Da die PhEV einerseits den Einstieg in die Elektromobilität darstellen, viele Ängste bezüglich Reichweiten etc. nehmen und es jedenfalls bis 31.12.2021 auch eine Zweitzulassungs-Subvention gibt, mit der gerade die Restwertproblematik gelöst werden soll, sollten Restwertrisiken nicht bestehen.

Außerdem könnte gerade umgekehrt argumentiert werden, dass immer dann, wenn PhEV auf den Gebrauchtwagenmarkt kommen und von Privatkunden erworben werden, letztere ein hohes Interesse an einem hohen Fahrstromanteil und dem günstigen Home-Charging haben. Das könnte PhEV gerade für Privatkunden attraktiv machen!

Wenn dann noch unterstellt werden kann, dass Privatkunden preissensibler sind als Dienstwagennutzer, dann dürfte das eher für die These sprechen, dass BEV und PhEV sich gut im Gebrauchtwagensegment etablieren. Da Elektrofahrzeuge erst gegenwärtig ihren Markteintritt und -hochlauf erfahren, wird es auch noch drei bis vier Jahre dauern, bis sichtbar wird, wie der Gebrauchtwagenmarkt reagiert.

2.3.11 Verbrauchskosten

Wer ein Elektroauto fährt, tankt in der Regel deutlich günstiger als die Fahrer von Autos mit Benzinantrieb und in vielen Anwendungen auch günstiger als mit Dieselantrieb. Aber es gibt Ausnahmen!

Die Betriebskosten werden auf lange Sicht für das Elektrofahrzeug sprechen, weil im Grundsatz nur Strom benötigt wird, während Benzin und Diesel mit der CO_2-Steuer von umgerechnet 25 €/t ab 2021, steigend auf 55 €/t CO_2 in 2025 nach § 10 Abs. 2 BEHG (Brennstoffemissionshandels- Gesetz) beaufschlagt wird. Zudem ist für neuere Dieselfahrzeuge adblue® zu tanken – während ältere Dieselfahrzeuge mit der hohen Kfz-Steuer beaufschlagt sind.

Die Betriebskosten berechnen sich bei Elektrofahrzeugen grundsätzlich nach dem Verbrauch des Stroms und der spezifischen Stromkosten pro kWh. Die Kfz-Steuer fällt derzeit nicht an.

Die spezifischen Stromkosten sind am günstigsten beim Home-Charging und je nach Struktur der Strombeschaffung im Unternehmen bzw. beim Arbeitgeber, d. h. Workplace-Charging (vgl. Kap. 8). Dagegen steigen die Kosten deutlich beim Unterwegs-Laden (On-the-Way-Charging) und sind teilweise extrem beim Destination-Charging, wenn in kurzer

---

[57] Experten befürchten Restwertverluste bei Plug-in-Hybriden, elektro-auto.news vom 30.10.2020, https://www.elektroauto-news.net/2020/experten-befuerchten-restwertverluste-bei-plug-in-hybriden, letzter Aufruf vom 20.12.2020.

Zeit durch Ultra Fast Charging (</= 150 kW) und High Power Charging (>150 kW) sehr hohe Leistungen bereitgestellt werden.

Wer auf der Autobahn tankt, muss auch mit höheren Literpreisen rechnen als derjenige, der jenseits tankt, aber dafür für einige Kilometer und ggf. viele Minuten von der Autobahn abfahren muss, und dann noch die Marktschwankungen nach unten mitnehmen kann.

Kalkulationsbeispiel: BEV versus Diesel und Benzin

Verglichen werden ein Mittelklassefahrzeug Benzin und Diesel 1600 cm³ vs. BEV, dargestellt ist die Musterkalkulation Betriebskosten Diesel-, Benzin-, BEV:

Betriebskosten/a	Diesel - Fahrzeug		Benzin-Fahrzeug	BEV - Elektrofahrzeug			
	Diesel	Adblue		Home Charging AC	Workplace Charging AC	On-the-way Charging AC/DC	Destination Charging DC UFC/HPC
Verbrauch (l/kWh)/100 km	6	0,15	7			19	
2020 Preis/Einheit l/kWh in €	1,07	0,85	1,23	0,30	0,25	0,50	0,70
2021 CO² Steuer 25 €/to in €/l	0,08	0,00	0,07			0,00	
Preis/Einheit 2021 in € inkl. 25 € CO²-Steuer	1,15	0,00	1,30	0,30	0,25	0,50	0,70
2025 CO² Steuer 55 €/to in €/l	0,17	0,00	0,15			0,00	
Preis/Einheit 2025 in € inkl. 55 € CO²-Steuer ohne sonst. Preissteigerung	1,24	0,00	1,38	0,30	0,25	0,50	0,70
2021 Kosten/100km in ct/kWh	6,90	0,13	9,10	5,70	4,75	9,50	13,30
2021 Kosten/20.000 km/a in €	1406		1820	1140	950	1900	2660
2025 Kosten/100km in ct/kWh	7,44	0,13	9,66	5,70	4,75	9,50	13,30
2025 Kosten/20.000 km/a in €	1514		1933	1140	950	1900	2660
Emission CO²/km	110		120	0			
Kfz-Steuern/a in €	182		73	0			
2021 Jahreskosten in €	1588		1893	1140	950	1900	2660
2021 Kosten in ct/km	**7,94**		**9,47**	**5,70**	**4,75**	**9,50**	**13,30**
2025 Jahreskosten in €	1696		2006	1140	950	1900	2660
2025 Kosten in ct/km	**8,48**		**10,03**	**5,70**	**4,75**	**9,50**	**13,30**
80% Homecharging + 20% On-the-way/Destination Charging in ct/km				6,84			
50% Homecharging + 50% On-the-way/Destination Charging in ct/km				8,55			

◀

2.3 Besonderheiten von Elektrofahrzeugen

Gegen das i. A. günstige Home-Charging und Workplace-Charging ist sowohl der Dieselbetrieb als auch Benzinbetrieb deutlich teurer. Dabei wurde davon ausgegangen, dass das Dieselfahrzeug 6 l/100 km verbraucht und der Dieselpreis 1,07 €/l und Adblue® von 0,85 €/l beträgt, und dass das Benzinfahrzeug 7 l/100 km verbraucht und der Superpreis 1,23 €/l.

Am Beispiel wurde auch die Kfz-Steuer berücksichtigt, welche im Grenzfall für die Profitabilität des BEV sorgt. Während das Dieselfahrzeug 8,48 ct/km reine Betriebskosten aufweist, betragen diese für den Benziner 10,03 ct/km.

Für den BEV-Fahrer kommt es viel deutlicher darauf an, wo er sein Fahrzeug laden kann: Im Home-Charging fallen nur 5,70 ct/km, im Workplace-Charging 4,75 ct/km, und im Mix 80 % Home-Charging und 20 % aus On-the-Way- und Destination-Charging betragen die Verbrauchskosten 6,84 ct/km. Wenn der Anteil des On-the-Way-Chargings/ Unterwegs-Ladens auf ca. 50 % steigt, kann das Dieselfahrzeug ins Geld kommen.

Die Kalkulation ist natürlich abhängig von dem wirklichen Verbrauch des jeweiligen zu vergleichenden Fahrzeugs und den vorhersehbaren Kosten für das Tanken und Laden.

Derjenige, der ganz überwiegend das Unterwegs-Laden, und dabei insbesondere das Destination-Charging an Ladepunkten mit sehr großer Leistung in Anspruch nimmt, zahlt gegenüber dem Dieselantrieb dazu.

Gegen den Benzinantrieb dürfte sich ab 2021, wenn Kraftstoffe mit 25 €/t CO_2 beaufschlagt werden, schon bei dem teuren On-the-Way-Charging eine Gleichpreisigkeit und bereits ab 2022, wenn der CO_2- Preis auf 30 €/t steigt, ein Kostenvorteil zeigen. Beim verbrauchseffizienten Diesel, der auch mit einer wesentlich geringeren Energiesteuer beaufschlagt ist als Benziner, bleibt der Diesel wohl noch einige Zeit günstiger.

Wenn man gleichsam unterstellen kann, dass nicht nur 80 % der Ladevorgänge im Home-Charging und Workplace-Charging[58] stattfinden, sondern auch 80 % der Fahrstrommengen zu den Konditionen für üblichen Haushaltsstrom oder gewerblichen- und Industriestrom verbraucht werden, dann sind BEV sowohl gegenüber Diesel- als auch Benzinfahrzeugen sogar deutlich günstiger in den Verbrauchskosten.

▶ Solange nicht weniger als 50 % des Stroms im Home-Charging und Workplace-Charging geladen werden, und gleichzeitig Destination-Charging keinen höheren Anteil als 25 % am Strombezug erreicht, ist Elektromobilität definitiv nicht teurer als fossile Treibstoffe.

---

[58] Masterplan Ladeinfrastruktur der Bundesregierung S. 3; https://www.bmvi.de/SharedDocs/DE/ Anlage/G/masterplan-ladeinfrastruktur.pdf?__blob=publication, letzter Aufruf 26.12.2020;
E-Autos und Benziner: Viele Verbraucher schätzen Tankkosten falsch ein, verivox.de vom 04.11.2020, https://www.verivox.de/strom/nachrichten/e-autos-und-benziner-viele-verbraucher-schaetzen-tankkosten-falsch-ein-1117627/, letzter Aufruf 26.12.2020.

Weder für fossile Treibstoffe noch für Strombezug gibt es eine Preisgarantie für die Ewigkeit. Aber während Benzin und Diesel u. a. mit dem Rohölpreis deutlich volatil sind und auch während des Tages um teilweise 20 ct/Liter schwanken, gibt es für Stromverträge üblicherweise längerfristige Preisstabilität, da die Stromprodukte i. d. R. Jahresprodukte sind.

Für 2022 eröffnet sich sogar mit der Senkung der EEG- Umlage auf 3,723 ct/kWh eine deutliche Chance auf stabile Strompreise. Damit das Pflänzchen „Elektromobilität" nicht beschädigt wird, scheint es sicher, dass die Politik und Regierung auf die Preisentwicklung achtet und gerade mit der EEG-Umlage und anderen Strompreisbestandteilen, die kaum noch Lenkungswirkung entfalten, genug Möglichkeiten hat, den Ladestrompreis zu stabilisieren.

Da bis 2030 ca. 20 % der Pkw Elektrofahrzeuge sein sollen, wird umgekehrt aus dem Energiesteueraufkommen von 40,6 Mrd.€ (Stand 2019)[59] der 20 %ige Pkw-Anteil entfallen, also ca. 5 Mrd.€. Um diesen Ausfall auszugleichen, könnte entweder die Energiesteuer generell erhöht oder diejenige von Diesel und Benzin angeglichen werden, sodass auch die Diesel-Lkw einen höheren Anteil an der Energiesteuer beitragen. So oder so werden dann die Verbrauchskosten für Diesel und Benziner ansteigen und den Betrieb eines Elektrofahrzeugs in Relation attraktiver machen.

Kalkulationsbeispiel: PhEV versus Diesel
Für den Betriebskostenvorteil eines PhEV wird es darauf ankommen, wie hoch der Stromanteil, d. h. der Utility-Faktor, an der Gesamtfahrleistung ist. PhEV haben den Nachteil, dass sie, da sie beide Betriebssysteme vereinen, schwerer sind als die insoweit baugleichen Benzin- oder Dieselfahrzeuge. Damit verursacht der reine Benzin- oder Dieselbetrieb des PhEV einen höheren Treibstoffverbrauch als das baugleiche konventionelle Fahrzeug.

Mit einer relativ kleinen Batterie können PhEV üblicherweise nur AC-Normalladen. Das teurere, aber schnelle Destination-Charging ist nicht möglich. Preislich ist dies ein nicht beabsichtigter Vorteil. Tendenziell ist das On-the-way-Charging sogar teurer als die für die Wirtschaftlichkeitsberechnung angesetzten 0,5 €/kWh. Die Kfz-Steuern sind beim PhEV nur marginal günstiger als beim baugleichen konventionellen Fahrzeug und somit kein bedeutender Kostenvorteil.

---

[59] Steuereinnahmen des Bundes und der Länder aus Mineralöl- bzw. Energiesteuer von 1950 bis 2019, statista.de, https://de.statista.com/statistik/daten/studie/2478/umfrage/entwicklung-der-einnahmen-aus-mineral%2D%2Denergiesteuer-seit-dem-jahr-1950, letzter Aufruf 26.12.2020.

2.3 Besonderheiten von Elektrofahrzeugen

Beim Kalkulationsmodell Diesel/Diesel-PhEV kann in allen Konstellationen, sowohl mit den eher üblichen 15 % oder 25 % Strombetrieb aber auch bei 50 % Strombetrieb, sowie einem jeweils unterstelltem Verhältnis 80 % Home-Charging und 20 % On-the-Way-Charging – jedenfalls beim angenommenen Preisniveau in 2021 – der PhEV kaum gewinnen. Während der Elektrobetrieb bei den privaten Plug-in-Hybriden im NEFZ-Zyklus (neuer europäischer Fahr-Zyklus) bei durchschnittlich 69 % liegen soll, ist er in einer Fraunhofer-Studie im Realbetrieb in Europa auf 37 % und davon in Deutschland auf nur 43 % beziffert.[60]

Für Dienstwagen liegt der Stromanteil im NEFZ-Zyklus bei 63 %, im Realbetrieb werden dagegen nur 20 % zurückgelegt, davon Dienstwagen in Deutschland nur 18 % und in den Niederlande 24 %.[61] Die Ursache ist das geringere Stromladen: private PhEV werden an drei bis vier Tagen pro Woche und Dienstwagen nur an zwei bis drei Tagen pro Woche geladen.

▶ PhEV stehen aber generell in der Kritik, dass die Testwerte vom realen Fahrbetrieb deutlich abweichen,[62] sie werden zu selten geladen und fahren viel zu wenig im reinen Strombetrieb.

Kalkulationsbeispiel: Diesel/PhEV-Diesel, 2000 cm³, 2021

Dargestellt ist die Musterkalkulation für Betriebskosten Diesel vs. PhEV 2021:

---

[60] Fraunhofer ISI, REALE NUTZUNG VON PLUG-IN-HYBRIDELEKTROFAHRZEUGEN, September 2020, https://www.isi.fraunhofer.de/content/dam/isi/dokumente/cce/2020/PHEV_ICCT_FraunhoferISI_Policy_Brief_DE.pdf, letzter Aufruf 26.12.2020.

[61] Fraunhofer ISI, REALE NUTZUNG VON PLUG-IN-HYBRIDELEKTROFAHRZEUGEN, September 2020, https://www.isi.fraunhofer.de/content/dam/isi/dokumente/cce/2020/PHEV_ICCT_FraunhoferISI_Policy_Brief_DE.pdf, letzter Aufruf 26.12.2020.

[62] So viel verbrauchen Plug-in-Hybride wirklich, spiegel.de vom 23.11.2020, https://www.spiegel.de/auto/plug-in-hybride-so-viel-verbrauchen-volvo-xc60-mitsubishi-outlander-und-bmw-x5-wirklich-a-f1149a9a-fde9-4eb1-83bf-79edcd972ce9, letzter Aufruf 20.12.2020;
So schmutzig ist der Plug-in-Hybrid, t-online vom 24.11.2020, https://www.t-online.de/auto/elektromobilitaet/id_88996484/plug-in-hybrid-so-schmutzig-ist-der-antrieb.html, letzter Aufruf 20.12.2020.

Betriebskosten/a	Diesel-Fahrzeug		PhEV-Fahrzeug				
	Diesel	Adblue	Diesel	Adblue	Home Charging AC	Workplace Charging AC	On-the-way Charging AC
Verbrauch (l/kWh)/100 km	6,5	0,15	7	0,16	23		
2020 Preis/Einheit l/kWh) in €	1,07	0,85	1,07	0,85	0,30	0,25	0,50
2021 CO2 Steuer 25 €/to in €/l	0,08	0,00	0,08	0,00	0,00		
Preis/Einheit 2021 in € inkl. 25 € CO2-Steuer	1,15	0,00	1,15	0,00	0,30	0,25	0,50
2025 CO2 Steuer 55 €/to in €/l	0,17	0,00	0,17	0,00	0,00		
Preis/Einheit 2025 in € inkl. 55 € CO2-Steuer ohne sonst. Preissteigerung	1,24	0,00	1,24	0,00	0,30	0,25	0,50
2021 Kosten/100 km in ct/kWh	7,48	0,13	8,05	0,14	6,90	5,75	11,50
2021 Kosten/20.000 km/a in €	1521		1637		1380	1150	2300
Emission CO2/km	125		42				
Kfz-Steuern/a in €	242		190				
2021 Jahreskosten in €	1763		1827		1570	1340	2490
2021 Kosten in ct/km	8,81		9,14		7,85	6,70	12,45
15 % Strombetrieb (80 % Homecharging + 20 % On-the-way Charging) in ct/km			9,08				
25 % Strombetrieb (80 % Homecharging + 20 % On-the-way Charging) in ct/km			9,04				
50 % Strombetrieb (50 % Homecharging + 50 % On-the-way Charging) in ct/km			8,95				

◄

Der Diesel ist auch bei 50 % Strombetrieb des PhEV noch günstiger. Wenn sich jedoch der Dieselpreis erhöht oder der PhEV vor allem im Home-Charging oder Workplace-Charging billig geladen wird, kippen die Verbrauchskosten zugunsten des PhEV.

Kalkulationsbeispiel: BEV vs. PhEV
Im On-the-Way-Charging (vgl. Kap. 8) kann zwar das teure Schnellladen für PhEV nicht genutzt werden, aber wann immer ein Grundentgelt oder eine Zeitkomponente als Preisbestandteil beim Laden vergütet werden muss, sind die spezifischen Ladestromkosten des PhEV gegenüber dem BEV tendenziell höher.

Ein PhEV mit 7 kW kann eben nur 7 kWh in einer Stunde laden, ein BEV mit 22 kW Ladeleistung könnte 22 kWh und damit dreimal so schnell laden. Die Zeitkomponente

2.3 Besonderheiten von Elektrofahrzeugen

	in €	90 min 22 kW AC	
		PhEV 7 kW	BEV 22 kW
Startpreis	0,37	0,37	0,37
pro Min	0,032	2,88	2,88
pro kWh	0,41	4,31	13,53
geladene kWh		10,50	33,00
Gesamtpreis in €		**7,56**	**16,78**
Preis/kWh in €		0,72	0,51

Abb. 2.7 Screenshot Plugsurfing/LeasePlan-App: „LeasePlan Charging"

kann beim BEV vernachlässigt werden; beim PhEV dagegen ist sie deutlich kostenwirksam. Das Beispiel in Abb. 2.7 vergleicht AC Laden mit gleichen Preiskomponenten BEV/PhEV. Im konkreten Beispiel mit einer Zeitkomponente wäre der On-the-Way-Ladestrompreis nach 90 Minuten für den PhEV sogar wesentlich teurer als für den BEV.

Ein PhEV ist in den Verbrauchskosten gegen den baugleichen Benziner oder Diesel nur dann günstiger, wenn ein deutlicher Anteil Strom gefahren wird und der Strom selektiv deutlich günstiger ist als übliches On-the-Way-Charging mit 0,5 €/kWh. Je nach Ladetarif ist der BEV gegenüber dem PhEV deutlich im Vorteil, weil er in der gleichen Zeit viel mehr Strom aufnehmen kann.

▶ Ein PhEV-Fahrer muss also wesentlich preissensitiver sein und die Ladepunkte wesentlich gründlicher nach dem Ladestrompreis selektieren als ein BEV-Fahrer, um einen Verbrauchskostenvorteil zu erreichen.

Für die Diesel- oder Benzinanteile am Utility-Faktor ist das BEV sowieso im Ladestromvorteil.

Kalkulationsbeispiel: PhEV-Diesel vs. Diesel 2025

Wenn der Stromanteil, d. h. Utility-Faktor deutlich über 25 % liegt und der Dieselpreis bis 2025 allein wegen der CO_2-Bepreisung im Verhältnis zum Strompreis steigen würde, wäre ein PhEV unter diesen Prämissen günstiger in den Betriebskosten als das baugleiche Dieselfahrzeug (vgl. Abb. 2.8).

Betriebskosten/a	Diesel - Fahrzeug		PhEV-Fahrzeug				
	Diesel	Adblue	Diesel	Adblue	Home Charging AC	Workplace Charging AC	On-the-way Charging AC
2025 Kosten/100km in ct/kWh	8,09	0,13	8,71	0,14	6,90	5,75	11,50
2025 Kosten/20.000 km/a in €	1644		1770		1380	1150	2300
Emission CO^2/km	125		42				
Kfz-Steuern/a in €	242		190				
2025 Jahreskosten in €	1886		1960		1570	1340	2490
2025 Kosten in ct/km	9,43		9,80		7,85	6,70	12,45
15% Strombetrieb (80% Homecharging + 20% On-the-way Charging) in ct/km			9,64				
25% Strombetrieb (80% Homecharging + 20% On-the-way Charging) in ct/km			9,54				
50% Strombetrieb (50% Homecharging + 50% On-the-way Charging) in ct/km			9,28				

Abb. 2.8 Musterkalkulation Betriebskosten Diesel vs. PhEV 2025

Für das PhEV spielt sich der Verbrauchskostenvorteil gegenüber dem baugleichen konventionellen Fahrzeug nur ein durch

- selektiv günstiges Stromtanken, insbesondere Home-Charging oder Workplace-Charging; bei Berücksichtigung eines Verhältnisses von 20 % On-the-Way-Charging muss die kWh deutlich unter 0,50 €/kWh getankt werden;
- möglichst hohen Stromanteil, am besten mindestens 50 % an der Gesamtfahrstrecke.

Im Mittel fallen die realen Kraftstoffverbräuche und CO_2-Emissionen von PhEV bei privaten Haltern in Deutschland mehr als doppelt so hoch aus wie im offiziellen Testzyklus.[63] Für Dienstwagen soll die Abweichung sogar um den drei- bis vierfachen Wert sowohl nach dem NEFZ- als auch im realistischeren WLTP-Prüfzyklus liegen.[64] Der Unterschied zwischen den Prüfstandswerten und dem Realverbrauch ist für PhEV sogar deutlich höher als für rein konventionelle Antriebe, weil Dienstwagennutzer den Elektroantrieb viel zu wenig nutzen.

---

[63] Die miese Klimabilanz der Hoffnungsträger, spiegel.de vom 28.09.2020, https://www.spiegel.de/auto/plug-in-hybride-verbrauchen-zwei-bis-viermal-so-viel-wie-angegeben-icct-studie-a-041deaa5-c8b7-435b-a978-23577915d868, letzter Aufruf 20.12.2020.

[64] Fraunhofer ISI, REALE NUTZUNG VON PLUG-IN-HYBRIDELEKTROFAHRZEUGEN, https://www.isi.fraunhofer.de/content/dam/isi/dokumente/cce/2020/PHEV_ICCT_FraunhoferISI_Policy_Brief_DE.pdf, letzter Aufruf 20.12.2020.

2.3 Besonderheiten von Elektrofahrzeugen

Hier kann die Politik gegensteuern. Da PhEV derzeit einen so geringen Elektrobetrieb aufweisen, sollen nach einer Auffassung Anreize für Dienstwagen nur an Unternehmen ausgegeben werden, die ausreichend Lademöglichkeiten am Arbeitsplatz, d. h. Workplace-Charging, bieten und ihren Dienstwagennutzer beim Home-Charging oder On-the-Way-Charging unterstützen. [65]

Wenn der Stromanteil der PhEV erhöht werden muss, diese aber die deutlich beschränkten Stromfahrbetrieb-Reichweiten von etwas über 40 km haben, ist naheliegend, dass das PhEV mit seiner beschränkten elektrischen Reichweite nur für kürzere Strecken in den Kosten- und Gebrauchswertvorteil kommt, während auf Langstrecken einerseits der BEV und andererseits das konventionelle Fahrzeug noch für einige Jahre das wirtschaftlich günstigere Fahrzeug bleiben wird.

Letztlich wird empfohlen, für jedes Fahrzeug und die persönliche Anwendung einerseits und die habhaften Lademöglichkeiten andererseits den jeweiligen Kostenvergleich anzustellen.[66] Spätestens wenn das volatile Erdöl im Preis anzieht oder der Gesetzgeber nach 2025 die CO_2-Kosten auf 55–65 €/t. CO_2 weiter erhöht[67] und die Treibstoffkosten deutlich steigen, wird das Elektrofahrzeug sogar essenzielle Verbrauchskostenvorteile aufzeigen.

> **Merke**
> Das BEV weißt insbesondere bei hohem Anteil von Home-Charing oder Workplace-Charging günstigere Verbrauchskosten auf als vergleichbare konventionelle Antriebe.
> Beim PhEV wird sich der Vorteil nur bei einem Stromfahranteil von über 50 %, bei hohem Anteil von Home-Charing oder Workplace-Charging und Verteuerung der Treibstoffkosten der konventionellen Antriebe durch die CO_2-Komponente herstellen lassen. In der Praxis ist der Stromfahranteil der PhEV deutlich geringer als im NEFZ angenommen.

2.3.12 Umweltvorteil

Mit Benzin- und Dieselfahrzeugen wird man CO_2-Emissionen nie vermeiden können, egal wie sparsam die Motoren sind. Auch ist derzeit kein weiterer evidenter technischer

---

[65] Fraunhofer ISI, REALE NUTZUNG VON PLUG-IN-HYBRIDELEKTROFAHRZEUGEN, Policy Brief:, https://www.isi.fraunhofer.de/content/dam/isi/dokumente/cce/2020/PHEV_ICCT_FraunhoferISI_Policy_Brief_DE.pdf, letzter Aufruf 20.12.2020.

[66] E-Autos und Benziner: Viele Verbraucher schätzen Tankkosten falsch ein, verivox.de vom 04.11.2020, https://www.verivox.de/strom/nachrichten/e-autos-und-benziner-viele-verbraucher-schaetzen-tankkosten-falsch-ein-1117627/, letzter Aufruf 20.12.2020.

[67] Vgl. Preismechanismus in Bränzel/Engelmann/Geilhausen/Schulze, Energiemanagement, Springer Vieweg 2. Auf. 2019,, S. 145, 153 ff.

Fortschritt in Sicht, wie z. B. Anfang der 90er-Jahre mit der Einführung der TDI-Dieselmotoren oder des Katalysators.

Ein großer Vorteil der Batterieautos besteht darin, dass sie die elektrische Energie im Fahrbetrieb etwa um den Faktor 2,5 effizienter nutzen also die Verbrenner ihre Energie aus dem fossilen Kraftstoff. Auch über den Lebenszyklus einschließlich der Herstellung brauchen Batteriefahrzeuge weniger Energie als Verbrenner.[68]

Während 1 l Diesel 2,67 kg CO_2 und der Benzin 2,28 kg CO_2 bei der Verbrennung freisetzt, würde ein Elektrofahrzeug, das mit erneuerbarer Energie geladen wurde, 0 kg CO_2 freisetzen.

Wenn das Elektrofahrzeug mit Strom aus dem deutschen Energiemix geladen wird, entstehen 401 g CO_2/kWh, Status 2019,[69] Tendenz stark abnehmend.

Ein Dieselfahrzeuge, das 7 l/100km verbraucht, emittiert 18,7 kg CO_2, ein Benziner mit 8 l/100 km mit 18,2 kg fast genauso viel, ein Elektrofahrzeug mit 25 kWh Stromverbrauch pro 100 km dagegen nur 10 kg.

Zwar gibt es für den gesamten Lebenszyklus zweifelsohne auch kritische Untersuchungen, aber sofern für BEV der Fahrstrom aus erneuerbaren Energien bezogen wird und für die Herstellung gerade der Batterien ebenfalls erneuerbarer Industriestrom verwendet wird, geht die Rechnung offensichtlich auf. Das Problem ist dann weniger das Elektrofahrzeug, sondern die jeweiligen Erzeugungsquellen des Stroms. Elektromobilität ist daher zentral mit dem Erfolg der erneuerbaren Stromerzeugung verbunden.

Den sog. Treibhaus-Rucksack aus der Herstellung kann das Elektrofahrzeug mit zunehmender Nutzungsdauer jedoch amortisieren. Bereits nach rund 40.000 km Fahrleistung sind BEV klimafreundlicher als Verbrenner,[70] wenn erneuerbarer Fahrstrom eingesetzt wird. Wenn der deutsche Strommix verwendet wird, dann ist diese Neutralität erst nach 130.000 km erreicht. Allein für die Herstellung der Fahrzeugbatterien werden immer noch Emissionen von 40 kg CO_2/kWh bis 100 kg CO_2/kWh verursacht.[71]

---

[68] Forscher: „Der Klimavorsprung von E-Autos vor Verbrennern ist deutlich gewachsen", ecomento.de vom 10.08.2020, https://ecomento.de/2020/08/10/forscher-der-klimavorsprung-von-e-autos-vor-verbrennern-ist-deutlich-gewachsen/, letzter Aufruf 20.12.2020;

Vgl. BMU Wie umweltfreundlich sind Elektroautos; https://www.bmu.de/fileadmin/Daten_BMU/Pools/Broschueren/elektroautos_bf.pdf, letzter Aufruf 25.09.2021.

[69] WIE VIEL CO_2 VERURSACHT EINE KILOWATTSTUNDE STROM IM DEUTSCHEN STROMMIX, STROMREPORT:DE; HTTPS://STROM-REPORT.DE/CO_2-DEUTSCHER-STROMMIX, letzter Aufruf 20.12.2020.

[70] Elektroautos mit schwerem Klima-Rucksack unterwegs, adac.de vom 25.10.2019, https://presse.adac.de/meldungen/adac-ev/verkehr/elektroautos-mit-schwerem-klima-rucksack-unterwegs.html?media, letzter Aufruf 20.12.2020;

CO_2-Rucksack von E-Autos wird immer leichter, Energie&Management vom 01.09.2020, https://www.energie-und-management.de/nachrichten/detail/CO2-rucksack-von-e-autos-wird-immer-leichter-138636?scope=EXK&user=46380, letzter Aufruft 20.12.2020.

[71] Hekstra/Steinbuch, Studie Vergleich der lebenslangen Treibhausgasemissionen von Elektroautos mit den Emissionen von Fahrzeugen mit Benzin- oder Dieselmotoren, Seite 7-9; http://emvg.energie-und-management.de/filestore/newsimgorg/Illustrationen_Stimmungsbilder/Studien_als_PDF/deutsch_Studie_EAuto_versus_Verbrenner_CO_2.orig.pdf, letzter Aufruf 20.12.2020.

2.4 Wohin mit den Elektrofahrzeugantriebsbatterien am Lebensende?

Ein limitierender Faktor für Elektrofahrzeuge ist die Lebensdauer der Fahrzeugbatterien, die je nach Qualität mit 1000 bis 3000 Ladezyklen und ca. 250.000 km angegeben wird.[72] Teilweise werden diese sogar mit 500.000 km Laufleistung spezifiziert.[73] Aber irgendwann ist jede Batterie für den Fahrzeugbetrieb nicht mehr geeignet und verbraucht.

Die Elektrofahrzeuge an sich haben sogar einen wesentlich längeren Lebenszyklus und können mehrere Batteriesätze in Betrieb bleiben. Deswegen können sich Halter von Elektrofahrzeugen auch darauf einstellen, mehrere Batterieeinheiten in der Lebenszeit zu erhalten – vergleichbar dem Austausch eines Verbrennungsmotors, wenn dessen Laufzeit abgelaufen ist, aber das Fahrzeug sonst noch gut funktioniert.

Am Lebensende unterliegen die Batterien der besonderen Verwertung nach dem BattG (Batterie-Gesetz). Dies liegt aber nicht in der Verantwortung des Elektrofahrzeugeigentümers. Wenn diese Industriebatterien für Elektrofahrzeuge am Lebensende sind, gelten sie als Altbatterien im Rechtssinne und müssen zurückgenommen, verwertet und entsorgt werden. Diese Pflicht betrifft aber keineswegs den Fahrzeugeigentümer oder Halter, sondern die Vertreiber und die Hersteller der Batterien bzw. des Fahrzeugs.

Hintergrundinformationen
Nach § 2 Abs. 5 BattG werden solche Batterien, die ausschließlich für industrielle, gewerbliche oder landwirtschaftliche Zwecke, für Elektrofahrzeuge jeder Art oder zum Vortrieb von Hybridfahrzeugen bestimmt sind, als „Industriebatterien" bezeichnet.

Herkömmliche Fahrzeugbatterien, d. h. Batterien, die gem. § 2 Abs. 4 BattG für den Anlasser, die Beleuchtung oder für die Zündung von Fahrzeugen bestimmt sind, sind dagegen keine Industriebatterien. Sie werden auch im BattG dann in Abgrenzung zu den Industriebatterien für den Antrieb der BEV und PhEV als Fahrzeugbatterien bezeichnet.

Außerdem sind die Hersteller nach § 5 Abs. 1 BattG verpflichtet, die von den Vertreibern nach § 9 Abs. 1 Satz 1 BattG zurückgenommenen Altbatterien ihrerseits in der Kette unentgeltlich zurückzunehmen und nach § 14 BattG zu verwerten. Nicht verwertbare Altbatterien sind zu beseitigen. Das gilt auch für Altbatterien, die bei der Behandlung von Altgeräten nach dem ElektroG (Elektro- und Elektronikgeräte-Gesetz) und bei der Behandlung von Altfahrzeugen nach der Altfahrzeug-VO (Altfahrzeugverordnung) anfallen.

---

[72] Das müssen Sie über die Kapazität von E-Auto-Batterien wissen, autobild.de, https://www.autobild.de/artikel/elektroauto-batterie-kosten-funktion-lebensdauer-16202315.html, letzter Aufruf 20.12.2020; Elektroauto: So lange ist die Lebensdauer der Batterie, focus.de vom 10.09.2020, https://praxistipps.focus.de/elektroauto-so-lange-ist-die-lebensdauer-der-batterie_101082, letzter Aufruf 26.12.2020.

[73] Hekstra/Steinbuch, Studie Vergleich der lebenslangen Treibhausgasemissionen von Elektroautos mit den Emissionen von Fahrzeugen mit Benzin- oder Dieselmotoren, Seite 7-9; http://emvg.energie-und-management.de/filestore/newsimgorg/Illustrationen_Stimmungsbilder/Studien_als_PDF/deutsch_Studie_EAuto_versus_Verbrenner_CO$_2$.orig.pdf, letzter Aufruf 20.12.2020.

Die Rücknahme- und Verwertungspflicht aus § 5 BattG stellen die Hersteller von Fahrzeug- und Industriebatterien dadurch sicher, dass sie den Vertreibern für die von diesen nach § 9 Abs. 1 Satz 1 BattG zurückgenommenen Fahrzeug- und Industriealtbatterien eine zumutbare und kostenfreie Möglichkeit der Rückgabe anbieten und die zurückgenommenen Altbatterien nach § 14 BattG verwerten.

Wie bei allen anderen herkömmlichen konventionellen Fahrzeugen auch, sind Hersteller von Fahrzeugen nach § 3 Abs. 1 Altfahrzeug-VO verpflichtet, alle Altfahrzeuge ihrer Marke vom Letzthalter zurückzunehmen. Wenn also nicht nur die Batterie, sondern das gesamte Elektrofahrzeug verschrottet werden muss, folgt diese der Altfahrzeug-VO. Die Hersteller von Fahrzeugen sind nach § 3 Abs. 3 verpflichtet, einzeln oder gemeinsam, selbst oder durch Beauftragung Dritter flächendeckend Rückgabemöglichkeiten durch anerkannte Rücknahmestellen oder von ihnen hierzu bestimmte anerkannte Demontagebetriebe zu schaffen. Die Rücknahmestellen müssen für den Letzthalter in zumutbarer Entfernung erreichbar sein. Die Flächendeckung ist dann ausreichend, wenn die Entfernung zwischen Wohnsitz des Letzthalters und Rücknahmestelle oder von einem Hersteller hierzu bestimmten anerkannten Demontagebetrieb nicht mehr als 50 km beträgt.

Die Rücknahme ausgedienter Industriebatterien ist bereits seit vielen Jahren ein stehender und geregelter Prozess und wird durch die Hersteller von Elektrofahrzeugen, ggf. abgesehen von Anlaufschwierigkeiten,[74] erfüllt. Die Altbatterien, welche die hohen Anforderungen an den Betrieb eines Elektrofahrzeugs nach einigen tausend Ladezyklen nicht mehr erfüllen und deshalb ausgetauscht werden müssten, können jedoch vom Hersteller in einem zweiten Lebenszyklus für andere Anwendungen, etwa als Batteriespeicher in Gebäuden, verwendet werden.

▶ **Den Halter und Eigentümer eines Elektrofahrzeugs trifft keine Rechtspflicht aus dem BattG nach dem Ende des Lebenszyklus.**

Eine Verpflichtung der Vertreiber zur Überlassung dieser Altbatterien an die Hersteller besteht nicht. Wenn sie also aus den Altbatterien andere wirtschaftliche Verwendungen entwickeln können, dem sog. „2nd life", ist das möglich, und der Rechtsstatus der Altbatterien ändert sich. Wenn Industriebatterien für Elektrofahrzeuge die Spezifikation nicht mehr erfüllen, dann ist es immer noch möglich, diese etwa als Batteriespeicher für Photovoltaikanlagen zu verwenden, wo die Ein- und Ausspeisung weniger rasant vonstattengehen muss als beim Elektrofahrzeug.

---

[74] Umweltbundesamt fordert Bußgeld –Tesla soll Millionen zahlen, ntv vom 01.11.2020, https://www.n-tv.de/wirtschaft/Tesla-soll-Millionen-zahlen-article22138329.html, letzter Aufruf 02.11.2020.

2.5 Versicherung, Schutzbrief und besonderes Risiko

2.5.1 Kfz-Versicherung und Versicherungspflicht

Der Halter eines Kraftfahrzeugs oder Anhängers mit regelmäßigem Standort in Deutschland ist nach § 1 PflVG (Pflichtversicherungs-Gesetz) verpflichtet, für sich, den Eigentümer und den Fahrer eine Haftpflichtversicherung zur Deckung der durch den Gebrauch des Fahrzeugs verursachten Personenschäden, Sachschäden und sonstigen Vermögensschäden abzuschließen und aufrechtzuerhalten, wenn das Fahrzeug auf öffentlichen Wegen oder Plätzen i. S. § 1 StVG (Straßenverkehrs-Gesetz) verwendet wird. Als Kraftfahrzeuge gelten nach § 1 Abs. 2 StVG Landfahrzeuge, die durch Maschinenkraft bewegt werden, ohne an Bahngleise gebunden zu sein.

Damit ist ein Elektrofahrzeug ein ganz gewöhnliches Kraftfahrzeug, das der Versicherungs- und auch Führerscheinpflicht unterliegt.

Nach § 1 Abs. 3 StVG sind umgekehrt definiert solche Landfahrzeuge keine Kraftfahrzeuge, die durch Muskelkraft fortbewegt werden und mit einem elektromotorischen Hilfsantrieb mit einer Nenndauerleistung von höchstens 0,25 kW ausgestattet sind, dessen Unterstützung sich mit zunehmender Fahrzeuggeschwindigkeit progressiv verringert und

- beim Erreichen einer Geschwindigkeit von 25 km/h oder früher
- wenn der Fahrer im Treten einhält, unterbrochen wird.

Elektrofahrräder sind mit dieser Abgrenzung keine Kraftfahrzeuge. Das gilt auch dann, wenn die in S. 1 bezeichneten Fahrzeuge zusätzlich über eine elektromotorische Anfahr- oder Schiebehilfe verfügen, die eine Beschleunigung des Fahrzeugs auf eine Geschwindigkeit von bis zu 6 km/h, auch ohne gleichzeitiges Treten des Fahrers, ermöglicht. Für diese Fahrzeuge im Sinne der Sätze 1 und 2 sind die Vorschriften über Fahrräder anzuwenden. Das sind also die Elektrofahrräder.

Hintergrundinformationen
Von daher ist ein Elektrofahrzeug wie jedes andere Kraftfahrzeug Haftpflicht- versicherungspflichtig. Generell ist das Benutzen von Fahrzeugen ohne eine solche Kfz-Haftpflichtversicherung eine Straftat nach § 6 PflVG. Danach kann derjenige, der ein Fahrzeug auf öffentlichen Wegen oder Plätzen gebraucht oder den Gebrauch gestattet, obwohl für das Fahrzeug der nach § 1 PflVG erforderliche Haftpflichtversicherungsvertrag nicht oder nicht mehr besteht, mit Freiheitsstrafe bis zu einem Jahr oder mit Geldstrafe bestraft werden. Bei Vorsatz kann nach Abs. 3 das Fahrzeug eingezogen werden. Hier gibt es keinen Elektrofahrerbonus.

Umgekehrt unterliegt jede Kfz-Haftpflichtversicherung dem Kontrahierungszwang nach § 5 Abs. 2 PflVG und ist verpflichtet, jeden Halter eines Kfz oder Anhängers mit regelmäßigem Standort in Deutschland eine entsprechende Deckung zu geben. Die Kfz-Haftpflichtversicherung muss deshalb auch Elektrofahrzeuge versichern. Ausnahmen gibt es nach § 5 Abs. 4 PflVG, z. B. Prämienzahlungsverzug des Halters. Der Kontrahierungszwang setzt voraus, dass diese Fahrzeuge auch für das Führen auf öffentlichem Verkehrsgrund i. S. § 1 2. Halbsatz PflVG technisch zugelassen sind. Denn nach § 3 Abs. 1 Satz 1 FZV (Fahrzeugzulassungsverordnung) dürfen Fahrzeuge auf öffentlichen Straßen nur in Betrieb gesetzt werden, wenn sie zum Verkehr zugelassen sind. Deshalb ist zunächst die technische Betriebserlaubnis oder Einzelgenehmigung geboten, bevor eine Kfz-Haftpflichtversicherung kontrahiert werden kann.[75] Versicherer können also den Abschluss einer Haftpflichtversicherung für solche Fahrzeuge ablehnen, sofern sie keine Elektrokleinstfahrzeuge sind.

Gerade weil viele neue Fahrzeugtypen, etwa Elektrokleinroller und -skateboards in den Markt kommen, kann es in Grenzfällen kompliziert werden. Elektrokleinstfahrzeuge sind nach § 3 Abs. 2 Nr. 1 lit. g) FZV von der Zulassungspflicht ausgenommen, benötigen aber nach § 29a Abs. 1 FZV eine grüne Versicherungsplakette. Es sind Kraftfahrzeuge, aber ohne Zulassungspflicht! Denn durch die grüne Versicherungsplakette wird für diese Elektrokleinstkraftfahrzeuge i. S. § 1 Abs. 1 eKFV (Elektrokleinstfahrzeuge-Verordnung) in Verbindung mit § 3 Abs. 2 Satz 1 Nr. 1 lit. g) nachgewiesen, dass für das jeweilige Kraftfahrzeug eine dem PflVG entsprechende Kraftfahrzeug-Haftpflichtversicherung besteht.

Elektrokleinstfahrzeuge sind nach § 1 Abs. 1 eKFV als Kraftfahrzeuge mit elektrischem Antrieb und einer bauartbedingten Höchstgeschwindigkeit von nicht weniger als 6 km/h und nicht mehr als 20 km/h, ohne Sitz oder selbstbalancierendes Fahrzeug mit oder ohne Sitz und einer Nenndauerleistung von nicht mehr als 500 W definiert. Alternativ dürfen sie eine Leistung von nicht mehr als 1400 W aufweisen, wenn mindestens 60 % der Leistung zur Selbstbalancierung verwendet werden. Diese kleinen Elektroroller benötigen also eine Pflichtversicherung.[76]

> **Merke**
> Ein Elektrofahrzeug ist ein ganz gewöhnliches Kraftfahrzeug, das der Versicherungs- und auch Führerscheinpflicht unterliegt. Versicherer können den Abschluss einer Haftpflichtversicherung für Fahrzeuge ablehnen, wenn es keine Elektrokleinstfahrzeuge sind. Keine Kraftfahrzeuge und deswegen per se nicht zulassungspflichtig sind nach § 1 Abs. 3 StVG Landfahrzeuge, die durch Muskelkraft (Selbstbalancierung) fortbewegt werden und mit einem elektromotorischen Hilfsantrieb mit einer Nenndauerleistung von höchstens 0,25 kW ausgestattet sind, dessen Unter-

---

[75] LG München Urteil vom 18.05.2020, R+S 2020, 701 – kein Kontrahierungszwang für nicht zugelassene Elektrokleinfahrzeuge >20 km/h Höchstgeschwindigkeit.
[76] LG München Urteil vom 18.05.2020, R+S 2020, 701.

2.5 Versicherung, Schutzbrief und besonderes Risiko

> stützung sich mit zunehmender Fahrzeuggeschwindigkeit progressiv verringert und beim Erreichen einer Geschwindigkeit von 25 km/h oder früher, oder wenn der Fahrer im Treten einhält, unterbrochen wird. Für diese (Elektrofahrräder) Fahrzeuge sind die Vorschriften über Fahrräder anzuwenden, benötigen also weder eine Zulassung noch Kfz-Haftpflichtversicherung.

2.5.2 Höhe der Versicherungsprämie

Die Versicherungsprämie berücksichtigt das zu versichernde Risiko, und alle Jahre wieder wechseln viele zum Jahresende den Versicherer, wenn er die Prämie für das neue Kalenderjahr mitteilt, die sich an den eingetretenen Risiken und Versicherungsbedingungen bemisst.

Es ist nicht bekannt, dass Elektrofahrzeuge einer höheren Typenklasse als vergleichbare konventionelle Fahrzeuge zugeordnet würden, was eine höhere Versicherungsprämie impliziert.

Im Gegenteil: Die Einordnung in eine Typenklasse richtet sich gemäß Abschnitt J2 AKB 2015[77] nach dem Typ des Fahrzeugs, die ein unabhängiger Treuhänder jährlich ermittelt. Dabei wird berechnet, ob und in welchem Umfang sich der Schadenbedarf des Fahrzeugtyps im Verhältnis zu dem aller Fahrzeugtypen erhöht oder verringert hat. Ändert sich der Schadenbedarf des Fahrzeugtyps im Verhältnis zu dem aller Fahrzeugtypen, kann dies zu einer Zuordnung in eine andere Typklasse führen. Die damit verbundene Beitragsänderung wird mit Beginn des nächsten Versicherungsjahres wirksam.

Beispielsweise ist der PhEV Mercedes Benz T-Modell E 300de in 2020 in die gleiche Typenklasse eingeordnet wie der baugleiche Mercedes Benz T-Modell E 220 D, der allerdings keinen Hybridantrieb hat. Beide sind im Kalenderjahr 2020 der Typklasse 18 in der Haftpflicht-, der Typenklasse 24 in der Teilkasko- und der Typenklasse 25 in der Vollkaskoversicherung zugeordnet.[78]

Eigentlich müssten die Versicherer eher im Gegenteil bessere Tarifierungen für die Elektrofahrzeuge anbieten, die sich dann auch an den Umwelteinwirkungen während des Betriebes orientieren. Soweit ersichtlich wird dies bereits von einigen Versicherern angeboten, z. B. 20 % Versicherungsprämienrabatt auf BEV und 5 % auf PhEV.[79]

---

[77] AKB = Allgemeine Bedingungen für die Kraftfahrtversicherung; https://beck-online.beck.de/?vpath=bibdata%2Fges%2FAKB2015%2Fcont%2FAKB2015.Amtinh.htm, letzter Aufruf 21.12.2020.

[78] Die neuen Typklassen: So ist ihr Auto eingestuft, https://www.dieversicherer.de/versicherer/entdecken/typklassenabfrage#orderBy=kh&orderDirection=ASC, letzter Aufruf 21.12.2020.

[79] Ihre Versicherung für Elektroautos: unter Strom bis zu 20 % günstiger, https://www.huk.de/fahrzeuge/kfz-versicherung/elektroautos.html, letzter Aufruf 21.12.2020.

Teilweise wird unter Berücksichtigung der besonderen Situation von Elektrofahrzeugen eine Versicherung direkt vom Elektrofahrzeughersteller angeboten,[80] ähnlich den Geräte- oder Brillenversicherungen, die ebenfalls vom Hersteller oder Verkäufer vermittelt werden. Diese müssen dann vermeintlich optimaler im versicherten Risiko oder der Versicherungsprämie sein als andere Versicherungsangebote am Versicherungsmarkt.

Mittlerweile sollen die Haftpflicht- und Vollkaskoversicherungen für Elektrofahrzeuge durchschnittlich sogar 14 % günstiger sein als für vergleichbare Verbrenner, allerdings mit großen Abweichungen, z. B. im besten Fall 29 % billiger. Für große Elektrofahrzeuge wiederum zeichnet sich ein Trend ab, dass die Versicherungsprämien teurer werden,[81] was dann sicher auch den abstrakten Fahrzeugrisiken eines großen Fahrzeugs, etwa den Reparaturkosten oder Wiederbeschaffungswert geschuldet ist und nicht dem Umstand, dass es sich dabei um ein Elektrofahrzeug handelt. Jedenfalls lohnt es sich, für ein BEV oder PhEV auch nach einer Haftpflicht- oder Kaskoversicherung im Versicherungsmarkt zu suchen, welche diesen Antrieb durch eine reduzierte Prämie honoriert.[82]

Andererseits gibt es Stimmen, wonach die Unfallschäden von Elektrofahrzeugen meist teurer seien als bei konventionellen Fahrzeugen, allerdings wohl nur, wenn die Batterie unmittelbar betroffen ist. Aber teurere Schadensbeseitigungskosten implizieren ein höheres Risiko und können damit zu höherer Versicherungsprämie führen.

> **Merke**
> Für Elektrofahrzeuge bestehen zur Versicherungspflicht die gleichen Regeln wie für konventionelle Fahrzeuge.
> Die Versicherungsprämie in der Haftpflicht- und Kaskoversicherung ist eher günstiger als für gleichwertige konventionelle Fahrzeuge.

---

[80] Einstieg als Versicherer – der erste große Tesla-Flop?, t-online.de vom 29.07.2020, https://www.t-online.de/auto/elektromobilitaet/id_88307500/tesla-bietet-versicherungen-an-ist-das-der-erste-grosse-flop-von-elon-musk-.html, letzter Aufruf 29.07.2020;
Tesla greift die europäischen Kfz-Versicherer an, handelsblatt.de vom 28.07.2020, https://www.handelsblatt.com/finanzen/banken-versicherungen/e-auto-pionier-tesla-greift-die-europaeischen-kfz-versicherer-an/26043708.html, letzter Aufruf 21.12.2020.

[81] Hier ist das E-Auto deutlich billiger, t-online vom 13.07.2020, https://www.t-online.de/auto/technik/id_88117002/kfz-versicherung-fuers-elektroauto-ist-sie-deutlich-billiger.html, letzter Aufruf 22.12.2020; Hier ist das E-Auto deutlich billiger, t-online vom 27.12.2020, https://www.t-online.de/auto/technik/id_88117002/elektroautos-hier-sparen-sie-gegenueber-verbrenner-modellen.html, letzter Aufruf vom 30.12.2020.

[82] Elektroautos – eine Herausforderung auch für die Kaskoversicherung, strom-magazin.de vom 13.03.2020, https://www.strom-magazin.de/ratgeber/elektroautos-eine-herausforderung-auch-fuer-die-kaskoversicherung/?utm_source=nl_strom-magazin&utm_medium=emailmarketing&utm_campaign=2020-07-08, letzter Aufruf 22.12.2020.

2.5 Versicherung, Schutzbrief und besonderes Risiko

2.5.3 Brandrisiko eines Elektrofahrzeugs und dessen Versicherung

Immer wieder kommen Elektrofahrzeuge in die Schlagzeilen,[83] weil ein Selbstentzündungs- oder Unfall-Brandschaden entstanden ist und die Feuerwehr wegen des Restladezustandes der Batterie nicht in der Lage ist, das Feuer zu löschen[84] bzw. nur mit erhöhtem Löschwasseraufwand, um die Batterie zu kühlen. Statt gelöscht zu werden brenne dann das ganze Elektrofahrzeug ab.

Nach Nr. A 2.2.1. der AKB (Allgemeinen Bedingungen für die Kfz-Versicherung) 2015[85] besteht in der Teilkaskoversicherung der Versicherungsschutz bei Beschädigung, Zerstörung, Totalschaden oder Verlust des Fahrzeugs einschließlich seiner mitversicherten Teile durch Brand und Explosion. Als Brand gilt nach Abschnitt A 2.2.1.1. AKB ein Feuer mit Flammenbildung, das ohne einen bestimmungsgemäßen Herd entstanden ist oder ihn verlassen hat und sich aus eigener Kraft auszubreiten vermag. Nicht als Brand gelten Schmor- und Sengschäden. Eine Explosion ist eine auf den Ausdehnungsbestreben von Gasen oder Dämpfen beruhende, plötzlich verlaufende Kraftäußerung. Ein Batteriebrand ist daher wie in jeder Teilkaskoversicherung auch beim Elektrofahrzeug versichert.

---

[83] Abgebrannter Tesla aus Tirol: Experten machten erstaunliche Entdeckung am Akku, efahrer.com vom 26.03.2020, https://efahrer.chip.de/news/abgebrannter-tesla-aus-tirol-experten-machten-irre-entdeckung-am-akku_101583; letzter Aufruf 26.12.2020;

„Brandgefahr mit der eines Verbrenners vergleichbar", spiegel.de vom 02.12.2019, https://www.spiegel.de/auto/aktuell/deutschland-brandgefahr-eines-elektroautos-mit-verbrennern-vergleichbar-a-1299267.html; letzter Aufruf 26.12.2020;

Hybridauto brennt in Erfurt – hoher Sachschaden vor Autohaus, mdr.de vom 01.08.2020, https://www.mdr.de/thueringen/mitte-west-thueringen/erfurt/brand-hybridauto-autohaus-100.html, letzter Aufruf 26.12.2020;

So gefährlich sind Elektroautos, t-online vom 12.08.2020, https://www.t-online.de/auto/elektromobilitaet/id_45994834/wieder-ein-tesla-abgebrannt-so-gefaehrlich-sind-elektroautos-.html, letzter Aufruf 26.12.2020; https://www.rbb24.de/panorama/beitrag/2020/07/brandenburg-potsdam-mittelmark-e-auto-brand-feuerwehr-batterien.html, letzter Aufruf 02.12.2020;

Hybrid-Wagen in Autohaus geht in Flammen auf, sz.de vom 04.06.2020, https://www.sueddeutsche.de/panorama/braende-muelheim-an-der-ruhr-hybrid-wagen-in-autohaus-geht-in-flammen-auf-dpa.urn-newsml-dpa-com-20090101-200604-99-306951, letzter Aufruf 26.12.2020.

[84] Getestet: Elektro- und Hybrid-Pkw beim Brand, feuerwehrmagazin.de vom 01.11.2012, https://www.feuerwehrmagazin.de/wissen/getestet-elektro-und-hybrid-pkw-beim-brand-32819, letzter Aufruf 26.12.2020;

IFZ Berlin, Feuerwehreinsätze, Elektrofahrzeuge, https://www.ifz-berlin.de/ret_efrz_pdf/deu_feuerwehreinsaetze_elektrofahrzeuge.pdf, letzter Aufruf 26.12.2020; Schon fünf Brandfälle! Wegen Feuergefahr müssen 12.000 Elektro-Transporter in die Werkstatt, focus.de vom 15.07.2020, https://www.focus.de/auto/ratgeber/sicherheit/streetscooter-der-post-rueckruf-desaster-wegen-feuergefahr-muessen-elektro-transporter-in-die-werkstatt_id_12197656.html, letzter Aufruf 26.12.2020.

[85] GDV Gesamtverband der Deutschen Versicherer, https://www.gdv.de/resource/blob/6178/d28c3de7b24b415ad67976ff4c0bf1e5/01-allgemeine-bedingungen-fuer-die-kfz-versicherung%2D%2Dakb-2015%2D%2Ddata.pdf; letzter Aufruf 26.12.2020

Elektrofahrzeuge weisen jedoch insgesamt keine höheren Brandgefahren auf, auch wenn durch die Batterien latent eine höhere Brandgefahr besteht, die aber beherrschbar ist. Immerhin kann beim Elektrofahrzeug kein Öl oder Treibstoff etwa auf den Auspuff oder Katalysator oder heißen Motor laufen und sich entzünden.[86] Statistisch sollen bei Elektrofahrzeugen nur zwei Brände/Mrd. km auftreten, bei Verbrennungsmotoren sind es 90 Brände/Mrd. km.[87] Gemessen an der Fahrleistung brennen Verbrenner um den Faktor 45 öfter.

In Deutschland stehen den 35.000 bis 40.000 Fahrzeugbränden pro Jahr, davon ca. 15.000 offene Brände, sonst Schmorschäden durch elektrischen Kurzschluss, nur 15 Brände von (den allerdings nur in geringer Stückzahl vorhandenen) Elektrofahrzeugen von 2014 bis 2019 gegenüber.[88]

Werden beim im Betrieb befindlichen Modellen Fehler oder Gefahren[89] erkannt, kann bzw. muss es, wie bei anderen konventionellen Modellen auch, zu Rückrufaktionen kommen. So hat z. B. die Deutsche Post 12.000 der mittlerweile im Stadtbild allbekannten Streetscooter wegen Schwachstellen im Bereich des Niedrigvoltspannungs-Ladegerätes und der Isolierung eines Kabelstrangs im Wege eines freiwilligen und nicht angeordneten Rückrufs zurückgerufen.[90] Solche Rückrufe wegen Brand- oder anderer Gefahren gibt es unabhängig vom Energieträger.[91]

---

[86] Pkw geht auf A99 am Kreuz München-West in Flammen auf, t-online vom 20.10.2020, https://www.t-online.de/region/muenchen/news/id_88782098/a99-kreuz-muenchen-west-pkw-geht-in-flammen-auf.html, letzter Aufruf 26.12.2020;
Brandgefahr! BMW ruft 145 000 Autos zurück, Bild.de vom 21.12.2020, https://www.bild.de/geld/wirtschaft/wirtschaft/diesel-betroffen-brandgefahr-bmw-ruft-145000-autos-zurueck-74569304.bild.htm, letzter Aufruf 22.12.2020.

[87] Wie oft brennen Elektroautos im Vergleich zu Fahrzeugen mit Verbrennungsmotor, autorevue.at vom 02.05.2017, https://autorevue.at/ratgeber/statistik-brennen-elektroautos, letzter Aufruf 26.12.2020.

[88] Dr. Dana Meißner, Institut für Sicherheitstechnik/Schiffssicherheit e.V. Auswertung von Unfallstatistiken von Elektrofahrzeugen in Bezug auf die (falls noch ermittelbare) Unfallursache, https://alberoprojekt.de/index_htm_files/AP%202.2%20Unfaelle%20mit%20Elektroautos.pdf, letzter Aufruf 10.01.2021.

[89] Vgl. Auto-Rückrufe 2020 – Deutsche und Japaner flop, Tesla top? Neue Rückruf-Statistik zeigt Rekordwerte, https://www.focus.de/auto/ratgeber/sicherheit/auto-rueckrufe-2020-toyota-flop-tesla-top-neue-rueckruf-statistik-zeigt-rekordwerte_id_12255814.html, letzter Aufruf 26.12.2020.

[90] Post ruft 12.000 Streetscooter zurück, ntv vom 11.07.2020, https://www.n-tv.de/wirtschaft/Post-ruft-12-000-Streetscooter-zurueck-article21904890.html, letzter Aufruf 22.12.2020.

[91] ; Brandgefahr! BMW ruft 145 000 Autos zurück, Bild.de vom 21.12.2020, https://www.bild.de/geld/wirtschaft/wirtschaft/diesel-betroffen-brandgefahr-bmw-ruft-145000-autos-zurueck-74569304.bild.htm, letzter Aufruf 22.12.2020.

Der Unterschied ist, dass ein brennendes Elektrofahrzeug wegen der stromabgebenden Batterie wesentlich schlechter gelöscht werden kann und so lange zu brennen droht, bis die Quelle endgültig beseitigt ist. Ein erhöhtes initiales Brandrisiko besteht aber nicht – im Gegenteil.

Für jedes in Deutschland zugelassene Kraftfahrzeug, also auch für Elektrofahrzeuge, gilt, dass alle Komponenten „eigensicher" ausgelegt sein müssen. Auch wenn ein Fehler auftritt, darf deshalb keine Gefahr entstehen und etwa das Fahrzeug wegen einer Überhitzung brennen. Sobald innerhalb dieses Systems ein Defekt auftritt, wird der Stromfluss unterbrochen. Bei einem Unfall etwa wird die Batterie sofort von allen Hochspannungskomponenten abgekoppelt, sodass dort keine Spannung mehr anliegt.

Für Kfz-Mechatroniker wird u. a. die Zertifizierung als Fachkundiger für Arbeiten an Hochvolt-eigensicheren Systemen angeboten, damit auch bei Wartung und Reparatur Fehler beseitigt und Schäden vermieden werden.

2.5.4 Haftung für Schäden an anderen Rechtsgütern durch Brand eines Elektrofahrzeugs

Wenn durch einen technischen Defekt an einem Elektrofahrzeug ein Brand entsteht und Schäden an anderen Rechtsgütern entstehen, z. B. ein Wohnhaus, eine Tiefgarage oder ein benachbartes Fahrzeug beschädigt wird, muss nach § 7 Abs. 1 StVG der Schaden durch den Halter des defekten Elektrofahrzeugs und die dahinterstehenden Haftpflichtversicherung ersetzt werden.[92] Das ist für alle Kraftfahrzeuge gleich geregelt.

Das Haftungsmerkmal „bei dem Betrieb eines Kfz" ist entsprechend dem umfassenden Schutzzweck der Norm weit auszulegen.[93] Denn die Haftung nach § 7 Abs. 1 StVG ist der „Preis" dafür, dass durch die Verwendung eines Kraftfahrzeugs erlaubterweise eine Gefahrenquelle eröffnet wird. Die Vorschrift will daher alle durch den Fahrzeugverkehr beeinflusste Schadensabläufe erfassen.[94]

Ein Schaden ist demgemäß bereits dann „bei dem Betrieb" eines Kraftfahrzeugs entstanden, wenn sich in ihm die von dem Kraftfahrzeug ausgehenden Gefahren ausgewirkt haben, d. h., wenn bei der insoweit gebotenen wertenden Betrachtung das Schadensgeschehen durch das Fahrzeug mitgeprägt worden ist.

Für die Zurechnung der Betriebsgefahr kommt es damit maßgeblich darauf an, dass der Unfall in einem nahen örtlichen und zeitlichen Zusammenhang mit einem bestimmten Betriebsvorgang oder einer bestimmten Betriebseinrichtung des Kfz steht.

Dabei macht es keinen rechtlichen Unterschied, ob der Brand – etwa durch einen Kurzschluss der Batterie unabhängig vom Fahrbetrieb – selbst vor, während oder nach der

---

[92] BGH Urteil vom 20.10.2020, R+S 2020, 719; OLG Hamm Urteil vom 19.02.2019, Az: 9 U 192/17.
[93] BGH Urteil vom 21.01.2014 NJW 2014, 1182; BGH Urteil vom 24.03.2015 NJW 2015, 1681.
[94] OLG Hamm Urteil vom 19.02.2019, Az: 9 U 192/17.

Fahrt eintritt.⁹⁵ Bei der gebotenen wertenden Betrachtung ist das Schadensgeschehen jedoch auch in diesen Fällen – im Gegensatz etwa zu einem vorsätzlichen Inbrandsetzen eines ordnungsgemäß auf einem Parkplatz abgestellten Kraftfahrzeugs – durch das Elektrofahrzeug selbst und die von ihm ausgehenden Gefahren entscheidend (mit-)geprägt worden. Hierzu reicht es auch, dass der Brand oder dessen Übergreifen in einem ursächlichen Zusammenhang mit einer Betriebseinrichtung des Elektrofahrzeugs, also insbesondere mit der Batterie steht.⁹⁶

Dass der Schaden auf einem Privatgelände eingetreten ist, steht einer Haftung nach § 7 Abs. 1 StVG grundsätzlich nicht entgegen, zumal jede Tiefgarage, jeder Privatparkplatz oder Parkhaus in der City i. d. R. ohnehin als Privatgelände einzuordnen ist.⁹⁷ Der Betrieb eines Elektrofahrzeugs erfordert nicht einen Einsatz auf öffentlicher Verkehrsfläche. Dies gilt wegen des umfassenderen Anwendungsbereichs erst recht für einen Schaden durch den Gebrauch eines Elektrofahrzeugs i. S. des § 10 Abs. 1 AKB.⁹⁸

Die Selbstentzündung eines Elektrofahrzeugs, unabhängig davon, ob sie auf Privatgelände oder öffentlicher Verkehrsfläche aufgetreten ist, ist somit ein klarer Fall einer Halterhaftung nach § 7 Abs. 1 StVG.

Für den Geschädigten macht es keinen Unterschied, ob ihm der Schaden durch ein Versagen von Fahrzeugkomponenten entstanden ist, die für die Fortbewegungs- und die Transportfunktion des Fahrzeugs zwingend erforderlich sind oder nur der Bequemlichkeit der Fahrzeugnutzer oder anderen Zwecken des Fahrzeugs wie etwas dessen Wohnfunktion (Wohnmobil) dienen.⁹⁹

Die Gefährdungshaftung ist der Preis dafür, dass sich der Fahrzeughalter mit der Anschaffung und Verwendung eines Elektrofahrzeugs einen potenziell gefährlichen Gegenstand verschafft hat, von dem eine Vielzahl von Gefahren ausgehen kann.

Zu diesen gehören aber angesichts der zunehmenden werkseitigen Ausstattung der Elektrofahrzeuge mit Assistenzsystemen, Unterhaltungselektronik und sonstigen den Fahrkomfort steigernden technischen Einrichtungen heutzutage in vermehrten Maße auch solche Gefahren, die von Fahrzeugkomponenten ausgehen, die zwar nicht für die Fortbewegungs- und Transportfunktion zwingend erforderlich sind, aber dem Betrieb des Fahrzeugs insoweit zu dienen bestimmt sind, als sie die Benutzung des Fahrzeugs für den Fahrer sicher, leichter und bequemer gestalten sollen.¹⁰⁰

---

[95] BGH Urteil vom 20.10.2020, R+S 2020, 719; BGH Urteil vom 20.10.2020, R+S 2020, 721.
[96] BGH Urteil vom 21.01.2014 NJW 2014, 1182; BGH Urteil vom 24.03.2015 NJW 2015, 1681.
[97] BGH Urteil vom 20.10.2020, R+S 2020, 719.
[98] BGH Urteil vom 25.10.1994 NJW-RR 1995, 215.
[99] BGH Urteil vom 20.10.2020, R+S 2020, 719.
[100] BGH Urteil vom 20.10.2020, R+S 2020, 719.

2.5 Versicherung, Schutzbrief und besonderes Risiko

Diese Konstellation dürfte dann zu Relevanz führen, wenn Elektrofahrzeuge eine aktive Rolle im Lastmanagement nehmen und z. B. Strom aus der Batterie in das öffentliche Netz zurück speisen[101] – und dabei in Brand geraten. Denn ein Elektrofahrzeug bleibt auch dann ein Elektrofahrzeug, wenn es lediglich als Pufferbatterie verwendet wird.

Umgekehrt, wenn durch das eigene Fahrzeug bei einem etwaigen Brand in der Garage eigene Gegenstände beschädigt werden, reguliert die Kaskoversicherung grundsätzlich nur den Fahrzeugschaden, nicht den sonstigen Eigenschaden, etwa an abgestellten Sachen. Dafür gibt es dann die – notwendige – Gebäude- oder Hausratversicherung, oder man muss wieder im Kleingedruckten nachlesen, ob die Kraftfahrzeugversicherung ausnahmsweise auch solche Schäden absichert.

2.5.5 Empfehlung: Batterieversicherung, EV-Schutzbrief u. a. m.

Einer der wertvollsten Bestandteile des Elektroautos ist die Batterie. Deshalb sollte die Kaskoversicherung einen umfangreichen Schutz für den Stromspeicher gewährleisten. Dieser sollte auch Bedienfehler wie eine Tiefentladung einschließen. Durch eine Tiefentladung wird eine Batteriezelle soweit entladen, dass die Spannung unter die Entladeschlussspannung absinkt, d. h. die Batterie gar keinen Strom mehr abgeben also entladen werden kann, und dadurch Schädigungen auftreten, die die Batterie zerstören. Die Batterie ist dann elektrisch defekt und kann nicht wieder aufgeladen werden.

Die Versicherung muss aber auch Schäden abdecken, die durch die Batterie entstehen können, z. B. wenn ein Ladepunkt in Brand gerät.

▶ Wenn die Fahrzeugbatterie über den Hersteller bzw. Verkäufer versichert ist, sollte dies dem Versicherer mitgeteilt werden, da es sich positiv auf die Versicherungsprämie auswirken kann, wenn die in Relation zu Fahrzeugwert wertvolle, teure und wohl risikoanfällige Batterie aus der Fahrzeugversicherung herausfallen kann.[102]

Deshalb ist es auch wichtig, das Kleingedruckte zu lesen, damit die – teure – Batterie bei einem Kaskoschaden ersetzt wird. Hierbei wird der Abzug neu für alt[103] wichtig, da die Batterie im Verhältnis zum Elektrofahrzeug sehr teuer ist.

---

[101] Positionspapier VDA und ZVEI Rückspeisung bei Elektrofahrzeugen, https://www.zvei.org/fileadmin/user_upload/Themen/Mobilitaet/Themenplattform_Automotive_Allgemein/Rueckspeisung-bei-Elektrofahrzeugen-Positionspapier-VDA-ZVEI.pdf, letzter Aufruf 26.12.2020.

[102] Die passende E-Auto-Versicherung finden, autobild.de vom 06.04.2018, https://www.autobild.de/artikel/elektroauto-versicherung-13429369.html, letzter Aufruf 22.12.2020.

[103] Vgl. Schulze, Erdleitungsschäden: Schadenersatzansprüche der Versorgungsunternehmen sowie deren Kunden, EW Medien und Kongresse Frankfurt a. M. 2. Aufl. 2011, S. 74 ff.

Versichert sollten auch Überspannungsschäden durch Blitzschlag sein, wenn der Blitz zwar nicht ins Elektrofahrzeug einschlägt, aber beim Laden wegen des Blitzschlags eine Überspannung im Stromnetz eintritt und der Akku geschädigt wird.

Das Gleiche gilt es abzusichern, wenn das Elektrofahrzeug nicht als Kraftfahrzeug i.e.S., sondern für Lastmanagementmaßnahmen zur Rückeinspeisung in das Stromnetz verwendet wird und dadurch ein Schaden an der Batterie entsteht.[104]

In der Teilkaskoversicherung muss beim Elektrofahrzeug auch der Diebstahl des Ladekabels umfasst sein. Zwar lässt sich das Ladekabel während des Ladens nicht einfach vom Auto trennen, weil es blockiert ist. Aber wenn in den Kofferraum eingebrochen wird und nur das mobile Ladekabel als Autozubehör gestohlen wird, sollte dies versichert sein.

In der Vollkaskoversicherung sind viele Varianten in den Deckungssummen ersichtlich, sodass auf das Kleingedruckte genau geschaut werden sollte. Natürlich ist es grundsätzlich geboten, dass Halter von Elektrofahrzeugen in der Vollkaskoversicherung typische Elektrofahrzeugrisiken abgedeckt bekommen. Insgesamt ist ersichtlich, dass sich Spezialversicherungsprodukte für Elektrofahrzeuge zu etablieren beginnen.[105]

> **Checkliste**
>
> Im Tarifdschungel der Versicherer wird es als sehr sinnvolle Basisdeckung gesehen, insbesondere zu versichern:
>
> - Mitversicherung der Batterie gegen Überspannungsschäden je Schadenereignis, was natürlich uneingeschränkt sinnvoll ist. Allerdings sind die Deckungssummen, teilweise 1500 €, dabei nur ein Tropfen auf den heißen Stein. Die Deckungssumme sollte an den möglichen Batterieschaden angepasst sein.
> - Entsorgungskosten der Altbatterie bei Totalschaden; es muss also das Elektrofahrzeug mehr oder weniger komplett abbrennen oder unbrauchbar werden. Allerdings sind auch hier die Deckungssummen teilweise auf wenige tausend Euro limitiert.
> - Ladekabel (unter Verschluss) als Zubehör, das je nach Konstellation aus dem Fahrzeug oder nach Entriegelung gestohlen werden könnte. Ein Typ-2-Ladekabel kostet mehr als 200 €.
> - Induktionsladeplatte,[106] soweit vorhanden, was jedoch in der Praxis noch nicht relevant erscheint, da die Elektrofahrzeuge mit Kabel geladen werden.
> - Entwendung der Ladekarte. Denn genauso wie früher Wertkarten für das Telefonieren gestohlen wurden, könnten jetzt die im Auto liegenden Ladekarten ent-

---

[104] Positionspapier VDA und ZVEI Rückspeisung bei Elektrofahrzeugen, https://www.zvei.org/fileadmin/user_upload/Themen/Mobilitaet/Themenplattform_Automotive_Allgemein/Rueckspeisung-bei-Elektrofahrzeugen-Positionspapier-VDA-ZVEI.pdf, letzter Aufruf 26.12.2020.

[105] E Auto Tarife berechnen. Der Erste Schritt zur perfekten Versicherung, emover24.com, https://www.emover24.com/fahrzeuge/e-auto/, letzter Aufruf 26.12.2020.

[106] Kabellos laden per Induktion, smarterfahren.de, https://www.smarter-fahren.de/induktives-laden/, letzter Aufruf 22.12.2020.

wendet und missbräuchlich für das Laden anderer Elektrofahrzeuge bis zur Sperrung verwendet werden. Solche Ladekarten werden jedoch nicht benötigt, wenn die Freischaltung und Abrechnung eines Ladepunktes über eine Lade-App erfolgen.
- Mit dem Gebäude fest verbundene Wallbox oder sonstige Ladestation, i. d. R. mit Deckungssumme bis 1000 €. Dies ist ausreichend, weil übliche Wallboxen bis 11 kW ohne Installation unter dieser Deckungssumme zu erwerben sind.
- Mobiles Ladegerät: Ein konventioneller Schutzbrief sichert nach Abschnitt A.3.5 der AKB 2015 Hilfe bei Panne oder Unfall ab, nicht jedoch das Leerfahren des Tanks. Unter Panne ist nach Abschn. 3.5.4 AKB 2015 jeder Betriebs-, Bruch- oder Bremsschaden zu verstehen. Ein Unfall ist ein unmittelbar von außen plötzlich mit mechanischer Gewalt auf das Fahrzeug einwirkendes Ereignis. Ein leerer Benzin- oder Dieseltank ist einerseits nicht versichertes Pech, aber andererseits leicht zu lösen. Im Zweifel bestellt man ein Taxi und fährt zur nächsten Tankstelle und kommt mit einem Kanister Treibstoff zurück.
- Beim Elektrofahrzeug ist dies nicht ohne Weiteres möglich: Entweder das Elektrofahrzeug muss bis zur nächsten Ladestation geschleppt werden, was derzeit noch weite Strecken implizieren kann, oder es kommt ein Bergungsfahrzeug mit einer Notstrom-Auflademöglichkeit zum Einsatz, was dann regelmäßig zu lustigen Fotos im Internet führt.[107] Von daher empfiehlt sich wegen dieses höheren Aufwandes nach einem Schutzbriefanbieter zu suchen, der auch das Malheur des unbeabsichtigt leeren Akkus absichert.[108] Ein solcher Zustand kann dadurch eintreten, dass eine Ladestation zum Nachladen aufgesucht wird, die jedoch defekt, unberechtigterweise blockiert oder nicht vorher erkennbar besetzt und ein Warten unzumutbar ist. ◄

Merke
Es wird der Abschluss einer Batterieversicherung und eines Mobilitätsschutzbriefs empfohlen, der die elektrischen Besonderheiten eines Elektrofahrzeugs berücksichtigt.
Hierbei sollte immer auf die konkreten Risiken der Elektrofahrzeugnutzung abgestellt werden.

2.6 Parken auf Elektrofahrzeug-Ladeplätzen

Fast nichts ist ärgerlicher als die Situation, wenn man als Elektrofahrzeugfahrer einen der je nach Situation in einer Stadt wenigen Ladepunkte identifiziert hat, zum Laden dorthin fährt und feststellen muss, dass die Ladestation zugeparkt ist oder technisch nicht funktio-

---

[107] Faktencheck: Bekommen E-Autos Notstrom per Dieselaggregat?, mimikama.de vom 07.06.2019, https://www.mimikama.at/aktuelles/oeamtc-e-auto-dieselaggregat/, letzter Aufruf 22.12.2020.
[108] Vgl. auch HuK Coburg, https://www.huk.de/fahrzeuge/kfz-versicherung/elektroautos.html, letzter Aufruf vom 22.12.2020.

niert. Der technische Fehler geht zu Lasten des Providers, das kann im Massengeschäft der Elektromobilität immer vorkommen.

Das Zuparken eines Ladepunktes durch ein (konventionelles) Fahrzeug, das nicht lädt, ist ein Verkehrsverstoß und rücksichtslos.

Dass das Zuparken von Ladepunkten – ebenso wie das Zuparken anderer nicht erlaubter Stellen, wie Einfahrten oder unübersichtliche Stellen – keine Seltenheit ist, war sogar Gegenstand einer kleinen Anfrage im Bundestag.[109]

§ 3 Abs. 4 Nr. 1 EMoG ermöglicht allerdings prinzipiell die Bevorrechtigung von Elektrofahrzeugen für das bloße Parken auf öffentlichen Straßen, ohne dass der Parkvorgang zwingend mit einer gleichzeitigen Ladetätigkeit einhergehen muss.[110]

2.6.1 Unzulässiges Parken auf Elektrofahrzeugparkplätzen

Wer unberechtigt auf einem Parkplatz für elektrisch betriebene Fahrzeuge parkt, verstößt gegen § 42 Abs. 2 StVO i. V. m. Anlage 3 Nr. 7 Spalte 3[111] und kann nach Tatbestand 55a der Anlage 1 zu § 1 Abs. 1 BKatV mit einem Bußgeld in Höhe von 55 € bedacht werden.

Denn nach Anlage 3 Nr. 7 Spalte 3 Ziffer 3 kann durch Zusatzzeichen die allgemeine Parkerlaubnis zugunsten elektrisch betriebener Fahrzeuge beschränkt sein.

Betriebskosten/a	Diesel - Fahrzeug		PhEV- Fahrzeug				
	Diesel	Adblue	Diesel	Adblue	Home Charging AC	Workplace Charging AC	On-the-way Charging AC
2025 Kosten/100 km in ct/kWh	8,09	0,13	8,71	0,14	6,90	5,75	11,50
2025 Kosten/20.000 km/a in €	1644		1770		1380	1150	2300
Emission CO^2/km	125		42				
Kfz-Steuern/a in €	242		190				
2025 Jahreskosten in €	1886		1960		1570	1340	2490
2025 Kosten in ct/km	9,43		9,80		7,85	6,70	12,45
15 % Strombetrieb (80 % Homecharging + 20 % On-the-way Charging) in ct/km			9,64				
25 % Strombetrieb (80 % Homecharging + 20 % On-the-way Charging) in ct/km			9,54				
50 % Strombetrieb (50 % Homecharging + 50 % On-the-way Charging) in ct/km			9,28				

---

[109] Vgl. BT- Drs.18/11295 vom 23.02.2017, S. 5, Frage 22 – dazu lagen der BReg allerdings keine Daten vor.

[110] VG Gelsenkirchen Urteil vom 23.01.2020, Az: 17 K 4015/18.

[111] VG Hamburg Gerichtsbescheid vom 25.05.2018, Az: 2 K 7467/17.

2.6 Parken auf Elektrofahrzeug-Ladeplätzen

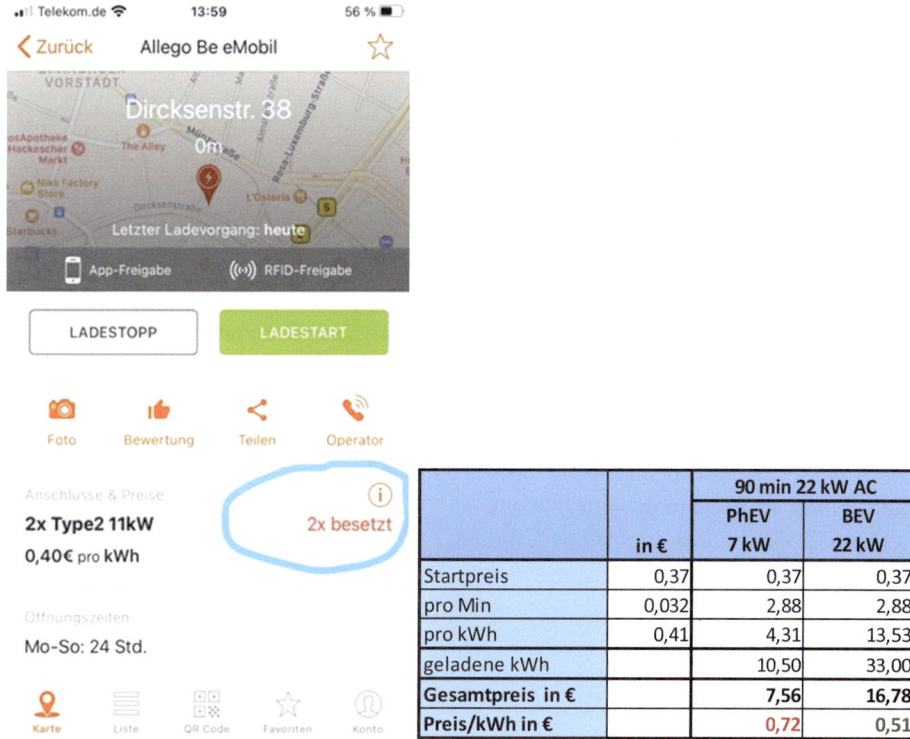

Abb. 2.9 Screenshot Plugsurfing/LeasePlan-App: „LeasePlan Charging", beide Typ-2-AC-Ladepunkte sind belegt

Jedes falsch geparkte konventionelle Fahrzeug blockiert eine Lademöglichkeit und nicht nur einen Parkplatz. Leider kommt dies gerade in den Innenstädten sehr oft vor. Wenn der Ladepunkt in einer Lade-App angesteuert werden kann, ist bei dynamischer Datenübertragung auch sichtbar, ob er frei oder besetzt ist (Abb. 2.9), also ob jemand sein Elektrofahrzeug lädt oder nicht. Im Zweifel fährt der Elektrofahrer einen solchen Ladepunkt nicht an.

Ist der Ladepunkt jedoch zugeparkt, erkennt dies die elektrische Freigabemeldung des Ladepunktes natürlich nicht. Der Weg dorthin war vergebens, und vor allem kann das Elektrofahrzeug nicht geladen werden. Wenn bei geringer Verfügbarkeit von Ladeinfrastruktur ein BEV erst gar nicht an den Ladepunkt herangeführt werden kann, bleibt es schlichtweg liegen!

Hintergrundinformationen
Die VDI 2166 Blatt 2[112] (Verein Deutscher Ingenieure) sieht in Ziffer 6.4.1 vor, dass zur Reduzierung der Fremdnutzung empfohlen wird, für die Ladeplätze nicht die attraktivsten Parkplätze zu verwenden. Es muss gerade umgekehrt sein: Zur Erhöhung der Attraktivität der Elektromobilität

---

[112] VDI 2166 Planung elektrischer Anlagen in Gebäuden, Hinweise für die Elektromobilität, Ausgabe Oktober 2015.

und Sichtbarkeit sollten die attraktivsten Parkplätze für die Ladepunktinstallation verwendet werden. Gegen die Blockierer gibt es u. a. das Bußgeld von 55 €.

Allerdings wird i. d. R. die Lage des Ladeparkplatzes nach den vorhandenen technischen Möglichkeiten i. V. m. der Attraktivität des Ladeparkplatzes ausschlaggebend sein, wo der Ladepunkt konkret aufgestellt wird.

Durch Zusatzzeichen können elektrisch betriebene Fahrzeuge von der Verpflichtung zum Parken mit Parkschein oder Parkscheibe freigestellt sein. Sind Parkscheinautomaten aufgestellt, kann die Freistellung auch allein am Automaten angegeben sein. Eine Möglichkeit ist also das Freistellen von einer Parkgebühr während des Ladevorgangs.

Wenn dann allerdings das Elektrofahrzeug geladen ist und nicht weggefahren wird, also den Ladepunkt blockiert, wird der Tatbestand § 42 Abs. 2 StVO i. V. m. Anlage 3 Nr. 7 Spalte 3 ebenfalls realisiert. Nach dem Ladevorgang muss der Parkplatz geräumt werden, sonst droht auch hier das Bußgeld. Der Ladevorgang ist mit „während des Parkvorgangs" unbestimmt, er dauert eben so lange, bis die Batterie letztlich aufgeladen ist, solange kein Parkzeitlimit als Verfügung vorgegeben ist.

Durch Zusatzzeichen (vgl. Abb. 2.10 und 2.11) kann die Parkerlaubnis für elektrisch betriebene Fahrzeuge nach der Dauer beschränkt sein. Der Nachweis zur Einhaltung der zeitlichen Dauer erfolgt durch Auslegen der Parkscheibe. Die Parkerlaubnis gilt nur, wenn die Parkscheibe gut lesbar ausgelegt oder angebracht ist.

Abb. 2.10 Öffentlich zugänglicher Ladeparkplatz Bad Wildungen 10/2020

2.6 Parken auf Elektrofahrzeug-Ladeplätzen

Abb. 2.11 Öffentlich zugänglicher Ladeparkplatz Fritzlar 10/2020

Dabei wird von gewöhnlichen Tatumständen sowie – da sich der Tatbestand Nr. 55a in Abschnitt I des Bußgeldkatalogs befindet – gemäß § 1 Abs. 2 Satz 2 BKatV von fahrlässiger Begehung ausgegangen. Von daher dürfte wiederholtes oder beharrliches Zuparken eines Ladeparkplatzes für Elektrofahrzeuge zu einem höheren Bußgeld führen.

Dabei gelten die Regeln des § 12 Abs. 2 StVO: Wer sein Fahrzeug verlässt oder länger als drei Minuten hält, der parkt! Das gilt genauso für das falsche Parken eines Elektrofahrzeugs auf dem Weg zum Bäcker oder durch den Paketzusteller.

Genauso kann umgekehrt geregelt werden, dass an dem Ladeparkplatz ein eingeschränktes Halteverbot nach Zeichen 286 StVO herrscht, jedoch während des Ladevorgangs diese Allgemeinverfügung nicht gilt. Grundsätzlich besteht ein Parkverbot, aber während des Ladevorgangs darf das Elektrofahrzeug abgestellt werden (vgl. Abb. 2.12).

Nach § 12 Abs. 6 1. Halbsatz StVO ist platzsparend zu parken. Das gilt nach dem 2. Halbsatz in der Regel auch für das Halten – auch wenn das Halten von Gesetzes wegen maximal drei Minuten andauern darf. Wenn ein Kfz nicht platzsparend parkt und deshalb das Elektrofahrzeug nicht oder erschwert an die daneben-, davor- oder dahinterliegende Ladesäule heranfahren kann, ist nach Anlage zu § 1 Abs. 1, Tatbestand Nr. 62 BKatV ein Bußgeld in Höhe von 10 € fällig.

Abb. 2.12 Öffentlich zugänglicher Ladeparkplatz Rheinsberg 10/2020

> Natürlich gilt für alle Kraftfahrzeuge, auch für Elektrofahrzeuge, dass rechts geparkt werden muss. Denn nach § 12 Abs. 4 Satz 1 StVO ist zum Parken der rechte Seitenstreifen oder rechte Fahrbahnrand zu benutzen. Wer also entgegen der Fahrtrichtung am linken Fahrbahnrand parkt, etwa um eine an der Fahrerseite liegende Fahrzeugladebuchse[113] sicher zu benutzen und damit zu vermeiden, dass das Ladekabel von der Fahrerseite auf der Straßenseite um die Fahrzeugfront herum oder sogar über die Motorhaube zur am rechten Fahrbahnrand stehenden Ladesäule geführt wird, riskiert ein Bußgeld von 15 €.

Wenn sich jedoch die Fahrzeugladebuchse an der linken Seite befindet, muss beim Parallelparken am rechten Fahrbahnrand zum Laden auf einen sicheren Abstand des Ladekabels zur Fahrbahn geachtet werden.

Hier müssen im Laufe der Zeit noch Lösungen gefunden werden. Denn wenn ein Elektrofahrzeug zum Laden am rechten Straßenrand mehrere Stunden parkt und in der Zwischenzeit durch Wind, vorbeifahrende Fahrzeuge oder andere Personen das Ladekabel

---

[113] Vgl. Volvo XC90 Recharge | https://www.volvocars.com/de, letzter Aufruf 22.12.2020.

2.6 Parken auf Elektrofahrzeug-Ladeplätzen

in den Straßenraum rutscht und ein anderer Verkehrsteilnehmer, etwa ein Fahrradfahrer, zu Schaden kommt, ist das ein klassischer Haftpflichtversicherungsfall zu Lasten des Elektrofahrzeughalters.

> **Merke**
> Wer unberechtigt auf einem Parkplatz für Elektrofahrzeuge parkt, verwirkt ein Bußgeld i. H. v. 55 €.
> Wer nicht platzsparend parkt, sodass ein Elektrofahrzeug den Ladepunkt nicht nutzen kann, verwirkt ein Bußgeld i. H. v. 10 €.
> Wer als Elektrofahrzeugführer entgegen der Fahrtrichtung parkt, muss ein Bußgeld i. H. v. 15 € befürchten, auch wenn dies möglicherweise wegen der Lokation der Fahrzeugladesteckerbuchse geboten ist.

2.6.2 Eigenes Bußgeld und Verwaltungskosten gegen den Fahrzeug-Halter

Auch wenn der Halter eines unzulässig auf dem Parkplatz für Elektrofahrzeuge geparkten Fahrzeugs dieses nicht selbst geparkt hat, kann er für pflichtwidriges Unterlassen in Anspruch genommen werden. Ausnahmsweise kann der Halter für einen Parkverstoß des Fahrers sanktioniert werden, wenn sich das Fahrzeug in seinem tatsächlichen Herrschaftsbereich befindet und er von dem Verkehrsverstoß Kenntnis erlangt hat.[114] Er ist dann verpflichtet, das verkehrswidrig geparkte Fahrzeug zu entfernen.[115]

Der Halter eines Kraftfahrzeugs hat gemäß § 25a Abs. 1 Satz 1 StVG bei einem Parkverstoß die Kosten des Verwaltungsverfahrens zu tragen, auch wenn der Fahrer nicht mehr zu ermitteln ist.[116] Das gilt für alle Kraftfahrzeuge gleichermaßen.

2.6.3 Abschleppmaßnahme

Ein verbotswidrig an einem Parkplatz mit Zugängen für Elektroladesäulen parkendes Fahrzeug kann von der Behörde[117] oder bei einer Privatstraße vom Eigentümer[118] abgeschleppt werden.

---

[114] OLG Düsseldorf Beschluss vom 26.02.2020, Az: 2 RBs 1/20 – falsches Parken ohne Umweltplakette.
[115] BayObLG NStZ 1986, 257.
[116] OLG Düsseldorf Beschluss vom 26.02.2020, Az: 2 RBs 1/20 –falsches Parken ohne Umweltplakette.
[117] VG Hamburg Gerichtsbescheid vom 25.05.2018, Az: 2 K 7467/17 – 28 Minuten, 61,60 € Kosten plus 77,90 € Gebühren.
[118] AG Charlottenburg Urteil vom 16.11.2016, Az: 227 C 76/16.

Ob der Störer durch das verbotswidrige Abstellen konkret ein bevorrechtigtes Elektrofahrzeug am Parken und Laden gehindert hat, bedarf keiner Überprüfung. Denn bei der rechtswidrigen Inanspruchnahme von Parkraum, der Bevorrechtigten zur Verfügung stehen soll, darf ein Fahrzeug auch ohne konkrete Behinderung der bevorrechtigten Verkehrsteilnehmer und ohne Einhaltung einer besonderen Wartezeit regelmäßig zwangsweise abgeschleppt und entfernt werden.[119]

Die parkbevorrechtigten Benutzerkreise sollen generell nach der gesetzgeberischen Bewertung darauf vertrauen können, dass der gekennzeichnete Parkraum ihnen unbedingt zur Verfügung steht. Zudem kann den Verkehrsordnungsbehörden nicht die Pflicht auferlegt werden, den Bedarf an freizuhaltenden (Lade-) Plätzen fortlaufend zu überprüfen und hiervon ein Einschreiten abhängig zu machen[120]. Diese Grundsätze sind auf die für bevorrechtigte Elektrofahrzeuge vorgesehenen Parkplätze an Ladesäulen zu übertragen. Auch deren Funktion wird nur gewährleistet, wenn sie jederzeit von nicht parkberechtigten Fahrzeugen freigehalten werden.[121]

Die Einleitung einer kostenpflichtigen Abschleppmaßnahme wegen eines verbotswidrig abgestellten Fahrzeugs ist daher regelmäßig auch ohne Einhaltung einer bestimmten Wartezeit[122] und ohne konkrete Behinderung[123] möglich. Es kann allerdings im Einzelfall möglich sein, von Abschleppmaßnahmen abzusehen, wenn konkrete Anhaltspunkte dafür vorliegen, dass der Verantwortliche kurzfristig wieder am Fahrzeug erscheint und das Fahrzeug selbst unverzüglich entfernt oder entfernen lässt. Es ist aber erst recht nicht zweifelhaft, dass verbotswidrig abgestellte Fahrzeuge regelmäßig abgeschleppt werden dürfen, wenn sie andere Verkehrsteilnehmer auch noch behindern.[124]

Der falsch parkende Verkehrsteilnehmer kann sich auch nicht damit rechtfertigen, dass wegen der Tageszeit nicht mehr mit einer Inanspruchnahme der ausgewiesenen Parkfläche für Elektrofahrzeuge zu rechnen war, oder dass ein zweiter Sonderparkplatz vorhanden war oder im Nahbereich andere Ladesäulen oder Parkplätze für Elektrofahrzeuge vorhanden wären.[125]

Das Abschleppgebot gilt allerdings auch bei ungerechtfertigt abgestellten Elektrofahrzeugen, wenn der Ladevorgang abgeschlossen ist. Ein Elektrofahrzeug darf nicht (auf unbegrenzte Zeit) auf den speziell für den Ladevorgang gekennzeichneten Flächen stehenbleiben, wenn es nicht lädt, z. B. weil eben keine freie oder kompatible Ladedose vorhanden ist.[126] Laden bzw. nur Parken während des Ladevorgangs bedeutet, dass durch

---

[119] VG Hamburg Gerichtsbescheid vom 25.05.2018, Az: 2 K 7467/17.
[120] BVerwG vom 09.04.2014, Az: 3 C 5/13 – Taxistände; vom 11.08.2003, Az: 3 B 74/03 Behindertenparkplätze.
[121] VG Hamburg Gerichtsbescheid vom 25.05.2018, Az: 2 K 7467/17.
[122] BVerwG Urteil vom 09.04.2014, Az: 3 C 5.13 – Bus im Taxistand, 446,25 € Kosten plus 60 € Verwaltungsgebühren.
[123] VG Gelsenkirchen Urteil vom 23.01.2020, Az: 17 K 4015/18 – 222 € Kosten plus 115 € Gebühren.
[124] BVerwG Urteil vom 09.04.2014, Az: 3 C 5.13 – Bus im Taxistand.
[125] VG Gelsenkirchen Urteil vom 23.01.2020, Az: 17 K 4015/18.
[126] AG Charlottenburg Urteil vom 16.11.2016, Az: 227 C 76/16.

die Verbindung des Elektrofahrzeugs mit der Ladestation entweder der Akkustand geladen oder gehalten wird.[127] Ein pfiffiger Elektrofahrzeugfahrer, der mit seinem Typ-2-Stecker zwar nicht laden kann, aber am CCS-Ladepunkt zur eigenen Bequemlichkeit den freien Ladeplatz blockiert, kann also ohne Weiteres abgeschleppt werden, denn er blockiert einen möglichen Ladeplatz unrechtmäßig.

Allerdings ist ein Abschleppen auch nach Beendigung des Ladevorgangs des Elektrofahrzeugs nicht möglich, wenn das Ladekabel nicht von dem Elektrofahrzeug bzw. der Ladestation getrennt werden kann. Das Trennen von der Ladestation ist jedoch über eine Remoteverbindung des Providers möglich.

Merke
Wer unberechtigt auf einem Parkplatz für Elektrofahrzeuge parkt, kann ohne weiteres Zuwarten kostenpflichtig abgeschleppt werden. Das gilt auch für Elektrofahrzeuge nach der Beendigung des Ladevorgangs bzw. Ablauf der zulässigen Ladezeit.

2.7 Geschwindigkeitsbeschränkungen gelten auch für Elektrofahrzeuge

Wenn z. B. aus Lärmschutzgründen eine Geschwindigkeitsbeschränkung angeordnet ist, gilt dies auch für gegenüber konventionellen Antrieben wesentlich leiseren Elektrofahrzeugen, solange keine Ausnahme von dieser Regelung für Elektrofahrzeuge angeordnet ist.[128] Der Elektrofahrzeugführer, der gegen diese Geschwindigkeitsbeschränkung angehen möchte, muss erreichen, dass dem Zeichen 274 StVO ein Zusatzzeichen hinzugefügt wird, welches die Elektrofahrzeuge von dem Streckenverbot ausnimmt. Bis dahin gilt die Geschwindigkeitsbeschränkung für alle Fahrzeuge! Bei höheren Geschwindigkeiten zieht dieses Argument ohnehin nicht, weil im Zweifel die Rollgeräusche jedes modernen Fahrzeugs größer sind als die des Motors.

Ein Elektrofahrzeugfahrer kann sich auch nicht damit entschuldigen, dass er eine Geschwindigkeitsüberschreitung wegen der – angeblich – deutlich geringeren Fahrzeuginnengeräusche nicht bemerkte.[129] Zum einen steigen mit höherer Geschwindigkeit die Außengeräusche von Reifen und Wind sowie Vibrationen, die auch im Elektrofahrzeug bemerkt werden. Zum anderen ist die Geschwindigkeitsüberschreitung auch durch die schneller vorbeiziehende Umgebung erkennbar. Außerdem gibt es einen Tacho, i. d. R. einen Tempomat und akustische Geschwindigkeitshinweise.

---

[127] AG Charlottenburg Urteil vom 16.11.2016, Az: 227 C 76/16.
[128] KG Berlin Beschluss vom 13.12.2018, Az: 3 Ws (B) 296/18, DAR 2019, 214.
[129] OLG Zweibrücken, Beschluss vom 05.11.2018, Az: 1 OWi 2 Ss Bs 75/18, DAR 2019, 218 – 174 km/h statt erlaubter 100 km/h.

2.8 Autofrei ist auch elektroautofrei

Wenn eine Gegend oder Insel etwa zum Schutz von Patienten und Feriengästen grundsätzlich autofrei und z. B. nur für Pferdefuhrwerke gewidmet ist, schließt das auch eine Straßenbenutzung mit Elektrofahrzeugen aus.[130] Eine solche Entscheidung ist aus Gründen des Verkehrsumweltschutzes ermessensfehlerfrei. Allerdings ist Maßstab der Bewertung die Widmung der Autofreiheit des jeweiligen Gebietes.

2.9 Elektromobilität für den Güter- und Personentransport

Zwar unterscheidet das EMoG nicht zwischen Pkw und Lkw, sondern definiert nach § 2 das Elektrofahrzeug als BEV, FCEV oder PhEV – wobei das PhEV nach § 3 Abs. 2 i.V.m. § 2 Nr. 1 und Nr. 3 entweder 40 km batterieelektrisch fahren muss oder maximal 50 g CO_2/km emittieren darf. Elektro-Lkw sind deshalb selbstverständlich auch Elektrofahrzeuge.

Hintergrundinformationen
Allerdings ist in § 1 EMoG als gesetzgeberisches Ziel vorgegeben, dass Maßnahmen zur Bevorrechtigung der Teilnahme elektrisch betriebener Fahrzeuge

1. der Klassen M1 und N1 im Sinne des Anhangs II Teil A der Richtlinie 2007/46/EG[131] und
2. der Klassen L3e, L4e, L5e und L7e im Sinne des Anhangs I der VO (EU) Nr. 168/2013,[132] d. h. schwere Zwei-, Drei- oder sogar Vierräder (Quads) und
3. der Klasse N2 im Sinne des Anhangs II Teil A der Richtlinie 2007/46/EG, soweit es im Inland mit der Fahrerlaubnis der Klasse B geführt werden darf, im Straßenverkehr umgesetzt werden.

Die Klasse M1 kennzeichnet für die Personenbeförderung ausgelegte und gebaute Kraftfahrzeuge mit höchstens acht Sitzplätzen außer dem Fahrersitz, also Pkw und Kleinbusse.
Die Klasse N1 kennzeichnet für die Güterbeförderung ausgelegte und gebaute Kraftfahrzeuge mit einer zulässigen Gesamtmasse bis zu 3,5 t, also die Sprinter-Klasse.
Die Klasse N2 kennzeichnet für die Güterbeförderung ausgelegte und gebaute Kraftfahrzeuge mit einer zulässigen Gesamtmasse von mehr als 3,5 t bis zu 12 t.
Dabei berechtigt die Führerscheinklasse Klasse B nach § 6 Abs. 1 FeV (Fahrerlaubnisverordnung) zunächst nur zum Führen von Kraftfahrzeugen – ausgenommen Kraftfahr-

---

[130] OVG Lüneburg Urteil vom 18.05.1992, Az: 12 L 7043/91 – Sondernutzungserlaubnis nach § 18 Abs. 1 NStrG (Niedersächsisches Straßengesetz).
[131] RICHTLINIE 2007/46/EG DES EUROPÄISCHEN PARLAMENTS UND DES RATES vom 05.09.2007 zur Schaffung eines Rahmens für die Genehmigung von Kraftfahrzeugen und Kraftfahrzeuganhängern sowie von Systemen, Bauteilen und selbstständigen technischen Einheiten für diese Fahrzeuge (ABl. L 263/1 vom 09.10.2007).
[132] VERORDNUNG (EU) Nr. 168/2013 DES EUROPÄISCHEN PARLAMENTS UND DES RATES vom 15.01.2013 über die Genehmigung und Marktüberwachung von zwei- oder dreirädrigen und vierrädrigen Fahrzeugen (ABl. L 60/52 vom 02.03.2013).

2.9 Elektromobilität für den Güter- und Personentransport

zeuge der Klassen AM, A1, A2 und A – mit einer zulässigen Gesamtmasse von nicht mehr als 3,5 t, die zur Beförderung von nicht mehr als acht Personen außer dem Fahrzeugführer ausgelegt und gebaut sind, auch mit Anhänger mit einer zulässigen Gesamtmasse von nicht mehr als 750 kg oder mit Anhänger über 750 kg zulässiger Gesamtmasse, sofern 3,5 t zulässige Gesamtmasse der Kombination nicht überschritten wird.

Allerdings ist Inhabern der Führerscheinklasse B nach § 6 Abs. 3 Nr. 4 FeV auch erlaubt, Fahrzeuge der Klassen AM und L zu führen. Die Führerscheinklasse L betrifft Zugmaschinen, die nach ihrer Bauart zur Verwendung für land- oder forstwirtschaftliche Zwecke bestimmt sind und für solche Zwecke eingesetzt werden, mit einer durch die Bauart bestimmten Höchstgeschwindigkeit von nicht mehr als 40 km/h und Kombinationen aus diesen Fahrzeugen und Anhängern, wenn sie mit einer Geschwindigkeit von nicht mehr als 25 km/h geführt werden, sowie selbstfahrende Arbeitsmaschinen, selbstfahrende Futtermischwagen, Stapler und andere Flurförderzeuge jeweils mit einer durch die Bauart bestimmten Höchstgeschwindigkeit von nicht mehr als 25 km/h und Kombinationen aus diesen Fahrzeugen und Anhängern.

Hintergrundinformationen
Damit wird deutlich, dass der Fokus des EMoG nicht auf die Privilegierung von Lkw gelegt wird. Über 3,5 t zulässiges Gesamtgewicht ist derzeit, abgesehen von Pilotfahrzeugen oder Kleinserien, etwa bei Verteiler-Lkw,[133] oder Transportern,[134] eigentlich Schluss.

Für den Ferntransport ist das Nutzlastverhältnis – zu Reichweite und Verbrauch – noch zu ungünstig, bzw. der Dieselmotor unerreicht. Außerdem stehen schon jetzt veritable CNG- und LNG-Alternativen mit geringen Emissionen und teilweise mit Kostenvorteilen zur Verfügung. Die Zukunft könnten insbesondere die FCEV-Wasserstoffantriebanwendungen sein.

Allerdings befinden sich schon seit einiger Zeit Testfahrzeuge im Einsatz, etwa bei Aldi Süd ein 40 t FRAMO-Lkw mit Kühlung,[135] bei Lidl ein Iveco ebenfalls mit Kühlung[136] oder sogar eine MAN-Vorserienproduktion von MAN in Österreich[137] mit Reichweiten bis 200 km. Gerade wenn Lärm- und Emissionsvermeidung besonders wichtig sind, können solche Fahrzeuge definitiv eine Nische bedienen. Außerdem ist für Elektro-Lkw in Deutschland keine Autobahn- und Fernstraßen-

---

[133] ALDI SÜD – Elektro-Lkw 40 t, https://www.hde-klimaschutzoffensive.de/de/kampagne/erfolgsgeschichten/aldi-sued-e-lkw, letzter Aufruf vom 19.12.2020.

[134] Elektro-Transporter: Nutzfahrzeuge für Handwerk, Kurier- und Lieferdienst, https://www.smarter-fahren.de/elektroauto-nutzfahrzeug/, letzter Aufruf 19.12.2020.

[135] ALDI SÜD – Pressemitteilung – ALDI SÜD bringt ersten Elektro-Sattelzug mit Kühlung auf die Straße, https://unternehmen.aldi-sued.de/de/presse/pressemitteilungen/verantwortung/2018/pressemitteilung-aldi-sued-bringt-ersten-elektro-sattelzug-mit-kuehlung-auf-die-strasse, letzter Aufruf 23.12.2020.

[136] Lidl fährt grün: Elektro-LKW geht in Deutschland an den Start – Lidl.de, letzter Aufruf 23.12.2020.

[137] MAN will Elektro-Lkw in Steyr bauen | futurezone.at, letzter Aufruf 23.12.2020; MAN Steyr übergibt die ersten neun Elektro-Lkw an die Kunden, tips.at vom 14.09.2018, https://www.tips.at/nachrichten/steyr/wirtschaft-politik/439489-man-steyr-uebergibt-die-ersten-neun-elektro-lkw-an-die-kunden, letzter Aufruf 23.12.2020.

MAUT zu entrichten. Sie sind derzeit wie alle Elektrofahrzeuge derzeit von der KFZ-Steuer befreit. Außerdem besteht für Lastkraftwagen mit einem zulässigen Gesamtgewicht über 7,5 t sowie für Lastkraftwagen, die einen Anhänger hinter sich führen, nach § 30 Abs. 3 Satz 1 StVO das Sonn- und Feiertagsfahrverbot. Wenn ein solches Fahrverbot für Elektro-Lkw ausgesetzt werden würde, gäbe es wohl schon wieder eine probate Anwendung, etwa zur Belieferung im Stadtverkehr und Entzerrung des sonstigen Verteiler- und Lieferverkehrs.[138] Hier könnte der Gesetzgeber noch nachsteuern und die Nischen und Anwendungsfälle öffnen, weil dann neben der Wirtschaftlichkeit im Fahrbetrieb noch andere Faktoren gewichtig werden – nämlich überhaupt sonntags fahren zu dürfen.

Für kleinere Gütertransportfahrzeuge, die Pkw bei vielen Komponenten sehr ähnlich und die auch nach Stückzahl sehr häufig anzutreffen sind, wird Elektromobilität einerseits sinnvoll und andererseits sogar wirtschaftlich sein.[139] So setzen City-Logistiker auf den vollelektrischen Leicht-Lkw Fuso mit einer Leistung von 129 kW und einer Nutzlast von bis zu 3,2 t, z. B. in 20 europäischen Städten in den Ländern Deutschland, Finnland, Dänemark, UK, Frankreich, Irland, Niederlande, Norwegen, Österreich, Spanien und Italien und werben damit, dass er

- emissionsfrei ist und
- flüsterleise, allerdings bei einem Fahrzeugeigengewicht von 4,3 t, also einem Gesamtgewicht von 7,59 t und nur 100 km Reichweite.[140]

Das Gleiche gilt für den Linienverkehr von Stadtbussen, wo einerseits die Abgas- und Lärm-Emissionen besonders störend sind, wo ggf. besondere Innenstadtbereiche befahren werden und wo z. B. an den Endhaltestellen regelmäßig die Batterie nachgeladen werden kann, um die Reichweite und den kontinuierlichen Fahrbetrieb zu gewährleisten.[141] Hier wird sich Elektromobilität als Anwendung durchsetzen, nicht unbedingt als wirtschaftlichste, aber als umweltfreundliche und am meisten kundenorientierte Lösung.[142] Reichweiten von gut 200 km sind für Stadtbusse – anders als für Logistiker – ausreichend. Die

---

[138] Autobahn-Revolution? Musk will Sonntagsfahrverbot für Elektro-Lkw abschaffen, focus.de vom 26.02.2020, https://www.focus.de/finanzen/boerse/tesla-autobahn-revolution-elon-musk-will-sonntagsfahrverbot-fuer-elektro-lkw-abschaffen_id_11689905.html, letzter Aufruf 23.12.2020.

[139] Elektrovans für Lieferflotte Daimler schließt Rekord-Deal mit Amazon ab, ntv vom 28.08.2020, https://www.n-tv.de/wirtschaft/Daimler-schliesst-Rekord-Deal-mit-Amazon-ab-article22001146.html, letzter Aufruf 19.12.2020.

[140] DB Schenker erweitert Elektro-Flotte um 36 neue Fuso eCanter, elektroauto-news vom 15.10.2020, https://www.elektroauto-news.net/2020/db-schenker-erweitert-elektro-flotte-um-fuso-ecanter, letzter Aufruf 23.12.2020.

[141] MAN BRINGT DEN ÖPNV AUF ZUKUNFTSKURS, https://www.bus.man.eu/de/de/emobility.html, letzter Aufruf 23.12.2020; Volvo Elektrobus 7900 https://www.volvobuses.de/de-de/our-offering/buses/volvo-7900-electric.html, letzter Aufruf 23.12.2020.

[142] Münchner Stadtwerke elektrifizieren Buslinien, strommagazin.de vom 22.12.2020, https://www.energie-und-management.de/nachrichten/wirtschaft/marketing-vertrieb/detail/muenchner-stadtwerke-elektrifizieren-buslinien-140576, letzter Aufruf 24.12.2020.

2.9 Elektromobilität für den Güter- und Personentransport

üblichen Batteriegrößen betragen zwischen 200 und 400 kWh und können zugunsten des Eigengewichts kleiner ausfallen, wenn an den Endhaltestellen nachgeladen werden kann.[143] So will die Bundeshauptstadt Berlin bis 2030 komplett auf Elektrobusse im ÖPNV umgestiegen sein.[144]

Ähnliches ist sogar kurzfristig notwendig und machbar bei Gütertransportfahrzeugen der Stadtreinigung, Stadtwirtschaft und -entsorgung, wo Luftreinhaltung und Lärmvermeidung – insbesondere auch in den Morgenstunden, in den verkehrsberuhigten Gebieten von Schulen, Pflegeheimen, Krankenhäusern und Kindertagesstätten – wichtig sind und kurze Wege gefahren werden.

Bei mittelschweren und schweren Nutzfahrzeugen werden extrem große Batterien benötigt, die wiederum zu geringen Nutzlasten und Reichweiten führen und im Gebrauchswert, Energiebilanz und Handling jedenfalls deutlich nachteilig gegenüber konventionellen Antrieben sind. Allerdings werden auch solche Fahrzeuge von der Bundesregierung mit einem Förderaufruf befristet subventioniert, neben der Klasse N 1 bis 3,5 t zulässiges Gesamtgewicht auch die Klasse N2 für die Güterbeförderung mit einer zulässigen Gesamtmasse von mehr als 3,5 t bis zu 12 t und Klasse N3 für die Güterbeförderung ausgelegte und gebaute Kraftfahrzeuge mit einer zulässigen Gesamtmasse von mehr als 12 t. Dies geschieht auch um deren Markteinstieg und -test zu ermöglichen.

▶ Aber Elektromobilität sollte nicht als Dogma verstanden werden, sondern als eine von vielen sinnvollen Anwendungen, wobei sich im Rahmen der Güterabwägung, was i. d. R. im Wege der Regulierung erfolgt, viele Elektroanwendungen aufzeigen werden. Der Anspruch der Elektromobilität sollte nicht sein, für alle Fälle die beste oder einzige Anwendung zu sein.

Schätzungen zufolge werden in der EU bis zum Jahr 2030 ca. 8 % der dann zugelassenen Nutzfahrzeuge über 16 t Gesamtgewicht und 15 % der zugelassenen Nutzfahrzeuge unter 16 t[145] batterieelektrisch angetrieben sein.

Dass derzeit schon mehr als 24.000 der ca. 3,3 Mio. zugelassenen Lkw in Deutschland elektrisch angetrieben sind, ist allerdings das Ergebnis vieler Anwendungen von Arbeitsmaschinen und Gabelstaplern mit Straßenzulassung und noch kein Erfolg der Elektromobilität.[146] Dieser wird sich zu den Elektro-Pkw zeitlich etwas nach hinten versetzt zeigen.

---

[143] Die neuen ElektroBusse, https://www.stadtwerke-osnabrueck.de/elektromobilitaet/elektrobusse, letzter Aufruf 24.12.2020.

[144] Verkehrssenatorin: Starkes Wachstum bei E-Autos, ntv vom 03.01.2021, https://www.n-tv.de/regionales/berlin-und-brandenburg/Verkehrssenatorin-Starkes-Wachstum-bei-E-Autos-article22266925.html, letzter Aufruf 03.01.2021.

[145] RefE LSV 2020 vom 24.11.2020, referentenentwurf-zweite-lsv-novelle.pdf (bmwi.de), https://www.bmwi.de/Redaktion/DE/Downloads/J-L/referentenentwurf-zweite-lsv-novelle.pdf?__blob=publicationFile&v=6, letzter Aufruf 19.12.2020.

[146] Anzahl der Lastkraftwagen (Lkw) mit alternativen Antrieben in Deutschland, Stand 01.01.2020, https://de.statista.com/statistik/daten/studie/259803/umfrage/lkw-bestand-mit-alternativen-antrieben-in-deutschland, letzter Aufruf 23.12.2020.

Insgesamt soll erreicht werden, dass 2030 ein Drittel der Fahrleistung des schweren Güterverkehrs elektrisch oder auf Basis strombasierter Kraftstoffe, insbesondere mit Wasserstoff, erfolgt. Damit auch hier das Henne-Ei-Prinzip aufgelöst wird, will die Bundesregierung eine gesonderte Lkw-Ladeinfrastrukturförderung vornehmen und zweckgebunden Ladesäulen für leichte Nutzfahrzeuge im innerstädtischen Bereich für Handwerker, Kurier-, Express- und Paketdienstleister mit entsprechenden Parkplätzen schaffen.[147]

---

[147] Masterplan Ladeinfrastruktur der Bundesregierung, Seite 13, https://www.bmvi.de/SharedDocs/DE/Anlage/G/masterplan-ladeinfrastruktur.pdf?__blob=publicationFile, letzter Aufruf 29.12.2020.

3 Ladepunkt und Stromnetzanschluss

Ein wesentliches Element für den Erfolg und die schnelle Einführung der Elektromobilität ist das Vorhandensein von ausreichenden Stromlademöglichkeiten, also Ladepunkten, an die ein Elektrofahrzeug angeschlossen und Strom in die Fahrzeugbatterien geladen werden kann. Die noch lockere Dichte von Ladepunkten in Deutschland wird als das Haupthemmnis der Elektromobilität gesehen.[1] Weltweit gibt es immerhin schon mehr als eine Million Ladepunkte.[2]

Auch in Deutschland geht die Anzahl der Ladepunkte rasant mit dem Markthochlauf der Elektrofahrzeuge nach oben, und das, obwohl das GEIG (Gebäude-Elektromobilitäts infrastrukturgesetz)[3] mit seiner Umsetzungspflicht ab 2025 derzeit noch nicht voll greift. Ca. 33.000 öffentlich zugängliche Ladepunkte gab es deutschlandweit im November 2020.[4] Die Zahl dieser Ladepunkte für Elektroautos ist bundesweit in den zwölf Monaten davor um fast 60 % gestiegen. Die Anzahl wird in den nächsten Jahren deutlich steigen. Jeder zehnte Ladepunkt ist ein Schnelllader.

---

[1] Das große Spektrum der E-Mobilität, ntv vom 07.10.2020, https://www.n-tv.de/auto/nachhaltige-mobilitaet/Das-grosse-Spektrum-der-E-Mobilitaet-article22055079.html, letzter Aufruf vom 27.12.2020

[2] Global Electric Vehicle Cords Top 1 Million, bloomberg.com vom 05.08.2020, https://www.bloomberg.com/news/articles/2020-08-05/global-ev-charging-points-hit-1-million-threshold, letzter Aufruf 27.12.2020

[3] GEIG Gesetzentwurf der Bundesregierung zum Gebäude-Elektromobilitäts-Infrastrukturgesetz vom 25.08.2020, https://www.bmwi.de/Redaktion/DE/Artikel/Service/Gesetzesvorhaben/gebaeude-elektromobilitaetsinfrastruktur-gesetz.html, letzter Aufruf 27.12.2020

[4] Droht ein Mangel an Stromtankstellen? spiegel.de vom 25.11.2020, https://www.spiegel.de/auto/e-autos-droht-ein-mangel-an-stromtankstellen-a-4dc1895d-1bd9-4adf-b7e7-665b99d9915, letzter Aufruf 27.12.2020

Für eine Million Elektrofahrzeuge werden ca. 70.000 öffentliche und halböffentliche Normalladepunkte und ca. 7000 DC-Schnellladepunkte benötigt.[5] Die Planungen hierzu sind ziemlich rasant: 2020 und 2021 sollen 50.000 öffentlich zugängliche Ladepunkte errichtet werden; weitere 15.000 Ladepunkte will die Automobilwirtschaft zusätzlich zubauen.[6]

Nur durch eine gute Ladeinfrastruktur ist auch eine sichere Versorgung gewährleistet.[7] Sie ist die Basis, das Henne-Ei-Prinzip „Elektrofahrzeug oder Ladepunkt zuerst" zu durchstoßen. Wenn genug Ladepunkte vorhanden sind, gibt es einen gewichtigen Grund mehr, sich ein Elektrofahrzeug zuzulegen, und Kauf- und Nutzungshemmungen werden abnehmen.

Da bis 2030 der Elektrofahrzeugbestand auf bis zu 14,8 Mio. Elektrofahrzeuge steigt, davon 9,6 Mio. BEV und 4,8 Mio. PhEV, werden gleichzeitig zwischen 5,4 und 8,7 Mio. private Ladepunkte (Home-Charging), 2,5 bis 2,7 Mio. Ladepunkte am Arbeitsplatz (Workplace-Charging) und 440.000 bis 843.000 öffentlich zugängliche Ladepunkte (On-the-Way-Charging) als Bedarf prognostiziert.[8]

In den zehn Jahren von 2020 bis 2030 wird der gesamte Pkw-Bestand mit einem Durchschnittsalter von 9,6 Jahren gewichtet einmal komplett durchgetauscht.[9]

Damit ist ersichtlich, welche gewaltige Infrastrukturmaßnahme in den nächsten zehn Jahren auf uns zukommt. Allein die 800.000 öffentlichen Ladepunkte dürften einen Investitionsbedarf von 20 Mrd. € darstellen.

Zentrales Hemmnis beim Aufbau des Ladeinfrastrukturnetzes ist jedoch die Wirtschaftlichkeitslücke, die durch die Nachfragesituation und die hohen Anschaffungs- und Baukosten entsteht.[10] Die Situation hat sich in der letzten Zeit erheblich durch staatliche Fördermaßnahmen gebessert – sowohl für Fahrzeuge als auch für die Ladeinfrastruktur.

---

[5] BDEW Energiewirtschaft baut Ladeinfrastruktur auf, https://www.bdew.de/energie/elektromobilitaet-dossier/energiewirtschaft-baut-ladeinfrastruktur-auf/, letzter Aufruf 27.12.2020

[6] Masterplan Ladeinfrastruktur der Bundesregierung Ziele und Maßnahmen für den Ladeinfrastrukturaufbau bis 3030, S. 1, https://www.bmvi.de/SharedDocs/DE/Anlage/G/masterplan-ladeinfrastruktur.pdf?__blob=publicationFile, letzter Aufruf 27.12.2020

[7] Elektroautos laden – ein Vorgang mit Tücken, swr.de vom 02.08.2020, https://www.swr.de/swraktuell/zukunft-der-elektro-auto-mobilitaet-wie-funktioniert-das-laden-100.html, letzter Aufruf 27.12.2020

[8] Nationale Leitstelle Ladeinfrastruktur, MVI- Ladeinfrastruktur nach 2025/2030: Szenarien für den Markthochlauf von 2020, https://www.now-gmbh.de/wp-content/uploads/2020/11/Studie_Ladeinfrastruktur-nach-2025-2.pdf, Seite 4, 5, letzter Aufruf 27.12.2020

[9] KBA, Bestand nach ausgewählten Fahrzeugklassen mit dem Durchschnittsalter der Fahrzeuge am 1. Januar 2020, https://www.kba.de/DE/Statistik/Fahrzeuge/Bestand/Fahrzeugalter/fz_b_fahrzeugalter_archiv/2020/2020_b_fahrzeugalter_kfz_dusl.html;jsessionid=08A080D60BC82C14E1E11A759C18CB88.live21303?nn=2595302, letzter Aufruf 27.12.2020

[10] Vgl. BT-Drs.18/11295 vom 23.02.2017, S. 5

Mit den massiven staatlichen Förderungen gerade für die Ladeinfrastruktur soll das Henne-Ei-Dilemma gelöst werden.[11]

3.1 Wie funktioniert das Laden eines Elektrofahrzeugs am Ladepunkt?

Das Laden eines Elektrofahrzeugs erfolgt zunächst schlichtweg durch Herstellung der elektrischen Verbindung zwischen dem Elektrofahrzeug und dem Ladepunkt mittels Ladekabel, sodann Aktivierung des Ladepunktes, üblicherweise durch elektrische Freischaltung des Stromflusses mittels einer App auf dem Smartphone oder einer RFID-Karte (radio frequency identification). Dann fließt der Strom in das Elektrofahrzeug.

Letztlich ist der personelle Zeitaufwand für den reinen Elektroladevorgang viel geringer als beim konventionellen Tankvorgang. Der konventionelle Ladevorgang besteht üblicherweise aus

- dem Anfahren an die Tankstelle,
- dann dem Öffnen des Tankverschlusses, also der Blende und des Drehverschlusses,
- Entnehmen der Zapfpistole,
- Tanken und danach Einhängen der Zapfpistole,
- soweit keine Bezahlung an der Tanksäule möglich oder gewollt ist, in den Shop gehen und bezahlen,
- wegfahren.

Das dauert durchschnittlich acht Minuten. Wenn an der Tankstellenkasse noch andere Kunden vorher bezahlen wollen, ggf. zehn Minuten oder länger. Hier hat jeder Fahrer seine Erfahrungswerte, der Prozess ist eingespielt. Das Bezahlen direkt an der Tanksäule mittels Kreditkarte, an sog. Automatentankstellen, ist in Deutschland eher selten anzutreffen, denn der Kunde soll in den Tankshop gehen und dort Einkäufe und Dienstleistungen erledigen.

Der Elektroladevorgang am Ladepunkt dauert keine drei Minuten, nämlich

- dem Anfahren an den Ladepunkt (was dann einen Sowieso-Aufwand darstellt, wenn das Laden während eines geplanten Parkvorganges erfolgt),
- Kofferraum öffnen, Ladekabel herausnehmen, es sei denn, es ist ein Kabel an dem Ladepunkt, etwa für DC- und manchmal für AC-Laden angeschlagen,
- Öffnen der Fahrzeugladebuchse und den Stecker in diese Buchse einstecken,
- dann entweder sogleich den Gegenstecker in den Ladepunkt einstecken oder zunächst die Buchse am Ladepunkt über eine App oder Card, die an den Ladescanner gehalten

---

[11] Vgl. BT-Drs.18/11295 vom 23.02.2017, S. 5

werden muss, freischalten. Dann öffnet die Ladebuchse am Ladepunkt, Stecker einstecken – und der Ladevorgang beginnt.
- Kofferraum schließen!
- Beim Entriegeln erfolgt der Prozess umgekehrt, Ladevorgang mit der RFID-Karte oder Lade-App beenden, Kofferraum öffnen, Ladekabel vom Ladepunkt und vom Fahrzeug entfernen, im Kofferraum verstauen,
- die Ladebuchse schließen – soweit dies nicht sogar selbstständig erfolgt und
- wegfahren.
- Der physische Bezahlvorgang entfällt ganz überwiegend, da über die Lade-App oder Kredit-/Geldkarte bezahlt wird.

Da man beim eigentlichen Elektroladevorgang nicht zugegen sein muss, sondern dies beim Parken oder sonstigen Abstellen des Elektrofahrzeugs erfolgen kann, ist die persönliche Inanspruchnahme des Fahrers pro Ladevorgang viel kürzer.

▶ **Tipp** In der Praxis ist es so, dass bei mehreren Mitfahrern, die aus dem Elektrofahrzeug steigen und ggf. noch Jacken anlegen müssen oder Gegenstände aus dem Kofferraum nehmen wollen, zwischenzeitlich vom Fahrer schon die Kabelanschlüsse hergestellt sind und der Ladevorgang schon beginnt, wenn alle Mitfahrer sich gesammelt haben. Das spielt sich schnell ein und ist ein natürlicher Vorgang.

Allerdings finden viel häufigere Ladevorgänge der Elektrofahrzeuge gegenüber dem Tankvorgang der konventionellen Fahrzeuge statt, da Elektrofahrzeuge noch geringere Reichweiten als konventionelle Fahrzeuge haben.

Die Herausforderung beim Elektrofahrzeug-Ladevorgang ist es allenfalls, das Ladekabel gut im Kofferraum bzw. den vorgesehenen Stauraum zu verstauen und sich nicht die Hände schmutzig zu machen, wenn man es nach dem Laden wieder einpackt, weil es auf der Straße lag. Aber dieser Nachteil ist nicht anders, als eine verschmutzte Zapfpistole in die Hand nehmen zu müssen, weil einer der Vorgänger mit dem Treibstofftanken nicht richtig umgehen konnte. Aber beim Elektroladen kann kein „Treibstoff" auf die Fahrbahn gelangen oder anders die Umwelt oder das Fahrzeug beim Ladevorgang beschmutzen. Der Ladevorgang ist wesentlich einfacher und sauberer.

3.2 Anforderungen an Ladepunkte

Da die Elektrofahrzeuge mit hohen Ladeströmen geladen werden, sind Mindestanforderungen für Ladepunkte vom Verordnungsgeber festgelegt worden. Nicht jede Steckdose ist eine Ladestation und schon gar nicht für die Öffentlichkeit zugänglich oder geeignet. Ladesäule, Ladepunkt und Ladestation werden begrifflich oft synonym verwendet. Maßgeblich von Rechts wegen ist der Begriff *Ladepunkt*.

3.2 Anforderungen an Ladepunkte

Die technischen Mindestanforderungen an den sicheren und interoperablen Aufbau und Betrieb von öffentlich zugänglichen Ladepunkten für Elektrofahrzeuge sowie weitere Aspekte des Betriebes von Ladepunkten, wie Authentifizierung, Nutzung und Grundsätze der Bezahlung, sind in der LSV (Ladesäulenverordnung) geregelt.

Nach § 2 Nr. 6 LSV ist ein Ladepunkt als eine Einrichtung definiert, die zum Aufladen von Elektrofahrzeugen geeignet und bestimmt ist und an der zur gleichen Zeit nur ein Elektrofahrzeug aufgeladen werden kann. Die LSV spricht im Kontext des EMoG dabei von „Elektromobil". Ein Elektromobil ist nach § 2 Nr. 2 LSV als ein batterieelektrisches Fahrzeug (BEV) oder Plug-In-Hybrid-Fahrzeug (PhEV) definiert.

3.2.1 Öffentlich zugängliche und nicht öffentliche Ladepunkte

Nach § 2 Nr. 9 LSV ist ein Ladepunkt öffentlich zugänglich, wenn er sich entweder im öffentlichen Straßenraum oder auf privatem Grund befindet, sofern der zum Ladepunkt gehörende Parkplatz von einem unbestimmten oder nur nach allgemeinen Merkmalen bestimmbaren Personenkreis, also der Öffentlichkeit, tatsächlich befahren werden kann.[12]

Umgekehrt unterliegen private Ladepunkte in einer Tiefgarage oder auf privatem Grund für das private Laden (Home-Charging) des eigenen Elektrofahrzeugs nicht den Anforderungen der LSV.

Mit der anstehenden Änderung des § 2 Nr. 9 LSV soll die öffentliche Zugänglichkeit durch Nr. 9 lit. a) – öffentlich zugänglich – und lit. b) – beschränkt öffentlich zugänglich – künftig vom Willen des Verfügungsberechtigten abhängen, der über die zugelassene Benutzung entscheidet.

Ist jedermann die Benutzung des Ladepunktes gestattet oder wird diese stillschweigend geduldet, ist der Ladepunkt uneingeschränkt öffentlich zugänglich. Das betrifft Ladepunkte auf öffentlichen Flächen, Autobahnraststätten, Parkhäusern und Parkplätzen auf privatem Grund, bei denen der Verfügungsberechtigte auf eine Zugangsberechtigung verzichtet; jedermann kann den Ladepunkt nutzen.[13]

Hat dagegen der Verfügungsberechtigte Modalitäten für eine beschränkte Nutzung durch einen bestimmten Personenkreis festgelegt, ist der Ladepunkt beschränkt öffentlich zugänglich.

Diese Beschränkung kann durch eine Beschilderung erfolgen (siehe Abb. 3.1, rechts hinten), z. B. Beschränkung nur für Besucher eines Unternehmens, Geschäfts, Restaurants, Hotels oder einer Arztpraxis oder nur für Mitarbeiter eines benannten Unternehmens.

---

[12] Vgl. Nagel/Linnemann, Elektromobilität und die Rolle der Energiewirtschaft, Rechte und Pflichten eines Ladesäulenbetreibers, Springer Vieweg 2020
[13] LSV RefE S. 2; Zweite Verordnung zur Änderung der Ladesäulenverordnung, Referentenentwurf des BMWI, https://www.bmwi.de/Redaktion/DE/Artikel/Service/Gesetzesvorhaben/zweite-verordnung-zur-aenderung-der-ladesaeulenverordnung.html, letzter Aufruf 27.12.2020

Abb. 3.1 beschränkt öffentlicher Ladepunkt 2 × 11 kW Düsseldorf, 06/2019

Zwar ist nach § 2 Nr. 6 LSV ein Ladepunkt als eine Einrichtung definiert, an der zur gleichen Zeit nur ein Elektromobil aufgeladen werden kann. Diese Definition zieht sich durch alle Rechtsvorschriften. Aber oftmals befinden sich – aus baulichen oder technischen Gründen – zwei oder mehrere Ladepunkte in einer sog. Ladestation (vgl. Abb. 3.2). Die Begriffe Ladestation oder Ladesäule sind nicht rechtlich relevant. Sie sind letztendlich die Beschreibung eines Ladepunktes in der jeweiligen Verwendung. Eine Ladesäule ist deshalb ein Gerät mit einem oder mehreren Ladepunkten, welches als Säule auf dem Boden konfiguriert ist, während z. B. eine Wallbox an der Wand oder einem Träger fixiert ist. Aber alles sind auch Ladepunkte.

Der sprachliche Unterschied zwischen Ladepunkt und Ladesäule beschreibt, ob es sich um einen Ladepunkt an einer Wand oder anderen Einrichtung handelt, was als Wallbox bezeichnet wird, oder ob sich der oder die Ladepunkte an einer Säule befinden, an die das Ladekabel angeschlossen wird.

3.2 Anforderungen an Ladepunkte

Abb. 3.2 Ladesäule mit drei Ladepunkten, AC 22 kW, DC CHAdeMO + CCS jeweils 20 kW, Erfurt, 06/2020

3.2.2 Normal- und Schnellladepunkte

Die LSV unterscheidet wegen der Anforderungen an die Sicherheit in Normal- und Schnellladepunkte:

Normalladepunkt   Nach § 2 Nr. 7 LSV ist ein Normalladepunkt ein Ladepunkt, an dem Strom mit einer Ladeleistung von höchstens 22 kW an ein Elektrofahrzeug übertragen werden kann.

Schnellladepunkt   Nach Nr. 8. ist ein Schnellladepunkt demgegenüber ein Ladepunkt, an dem Strom mit einer Ladeleistung von mehr als 22 kW an ein Elektrofahrzeug übertragen werden kann.

Wichtig ist für die Unterscheidung zum einen, dass die genannte Leistung übertragen werden kann, nicht muss, etwa weil z. B. der PhEV nur 7 kW Leistungsaufnahme erreicht.[14] Es kommt auf die Leistungsfähigkeit des Ladepunktes an. Zum anderen wird entgegen landläufiger Meinung für das Normal- oder Schnellladen nicht zwischen AC- (Wechselstrom) oder DC- (Gleichstrom) Laden unterschieden, sondern zwischen unter 22 kW und über 22 kW mögliche Ladeleistung des Ladepunktes.

Die Pflichten der Ladepunktbetreiber gelten gemäß § 7 LSV allerdings wiederum in der Ausnahme nicht für Ladepunkte bis höchstens 3,7 kW Leistung, also für kleine Normal-

---

[14] Vgl. Mercedes 300de = 7,4 kW, https://efahrer.chip.de/elektroautos/mercedes-benz-e-350-de-limousine_20206, letzter Aufruf 27.12.2020 BMW X3e = 3,7 kW.

ladepunkte mit geringer Ladeleistung, egal ob sie öffentlich zugänglich sind oder nicht. Es bleiben Ladepunkte, aber die Rechtspflichten aus §§ 3–6 LSV finden für sie keine Anwendung.

3.2.3 AC/DC – Laden

„AC" steht für „alternating current", also Wechselstrom, während „DC" für direct current, d. h. Gleichstrom, steht. Die Batterie wiederum gibt nur DC ab und kann auch nur DC aufnehmen.

Wenn die Umwandlung von AC-Strom zu DC-Strom über den On-Board-Charger im Elektrofahrzeug erfolgt, handelt es sich um AC-Laden. Der Ladepunkt stellt AC bereit, und die Fahrzeugtechnik wandelt diesen in Gleichstrom um. Da der On-Board-Charger des Elektrofahrzeugs entsprechende AC-Kapazitäten aufnehmen muss, ist diese in der Praxis auf 43 kW begrenzt.

Geschieht die Umwandlung durch einen Gleichrichter in dem Ladepunkt, erfolgt das DC-Laden. Das DC-Laden hat also für den Elektrofahrzeughersteller den Vorteil, dass der On-Board-Charger entfallen kann. Das macht das Elektrofahrzeug billiger und leichter, erfordert aber immer das Vorhandensein eines DC-Chargers. Mit dem DC-Charger können dann wesentlich höhere Ströme in die Fahrzeugbatterie geladen werden.

▶ **Tipp** Derzeit sind die Elektrofahrzeuge noch für beide Technologien ausgerüstet. Es zeichnet sich ab, dass in der Zukunft DC-Ladepunkte, insbesondere beim und wegen des Gebots des Schnellladens, dominieren werden.

3.2.3.1 Normalladepunkte AC – Typ 2

Nach § 3 Abs. 1 LSV ist gefordert, dass beim Aufbau von Normalladepunkten, die AC-Wechselstromladen ermöglichen, aus Gründen der Interoperabilität jeder Ladepunkt mindestens mit Steckdosen oder mit Steckdosen und Fahrzeugkupplungen jeweils des Typs 2 (gemäß der Norm DIN EN 62196-2, Ausgabe Dezember 2014) ausgerüstet werden muss.

Für das AC-Laden ist der Typ-2-Stecker (Abb. 3.3) die gesetzliche Norm und mittlerweile europäischer Standard für das Normalladen. Die meisten europäischen Automodelle und öffentlichen Ladestationen sind heute mit einer Typ-2-Steckdose ausgestattet. Das ist in der Praxis kein Problem. Typ-1-Stecker sind Anwendungen in sehr frühen Elektrofahrzeugen, die ggf. mit einem Adapter auch an Typ-2-Kupplungen angeschlossen werden können.

Gemäß der aktuellen Fassung der LSV sind Normalladepunkte, an welchen AC-Laden möglich ist und die ausschließlich mit Kupplungen ausgestattet sind, nicht LSV-konform. Die im Entwurf befindliche Änderung der LSV erlaubt nun auch in diesem Fall das Anbringen von ausschließlich fest montierten bzw. angeschlagenen Kabeln mit einer

3.2 Anforderungen an Ladepunkte

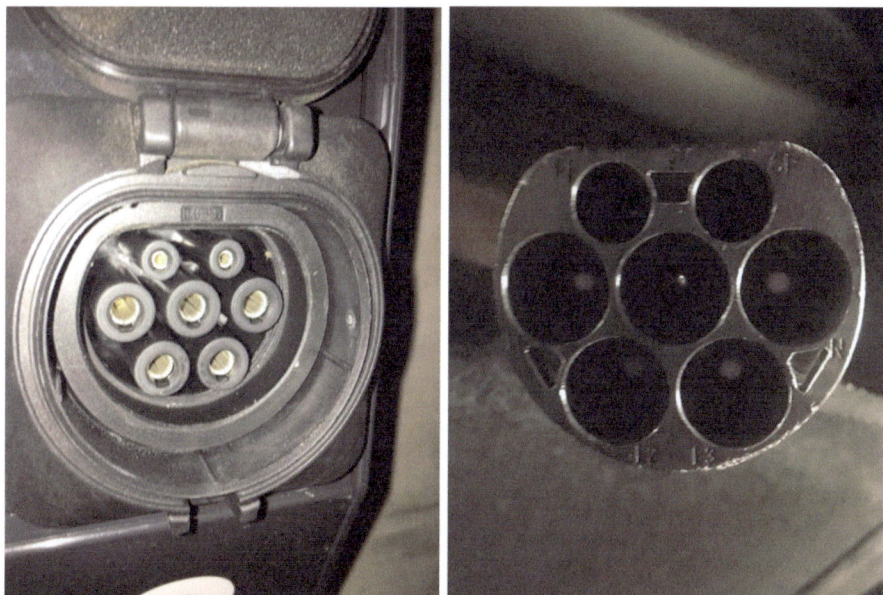

Abb. 3.3 Typ-2-Steckdose und Ladekabelstecker

Typ-2-Steckverbindung. Das angeschlagene Kabel erhöht die Kundenfreundlichkeit, weil beim Laden nicht das Ladekabel aus dem Kofferraum geholt werden muss.

Der Vergleich ist etwa ähnlich dem Luftauffüllen am Reifen an der konventionellen Tankstelle. Dort ist aus Sicherheitsgründen der Schlauch angeschlossen – niemand muss seinen eigenen Schlauch mitbringen und am Kompressorausgang anschließen. Der Fahrer eines Elektrofahrzeugs muss kein eigenes Kabel mehr mitführen und kann, wie bereits heute beim Schnellladen üblich, direkt das vorhandene Ladekabel an sein Elektrofahrzeug anschließen und mit dem Ladevorgang starten (Abb. 3.4).

Sofern in § 3 Abs. 1 LSV von „Steckdosen" die Rede ist, ist dies dahingehend zu verstehen, dass auch Lademöglichkeiten erfasst sind, die nur eine Steckdose vorhalten.[15]

3.2.3.2 Schnellladepunkte AC – Typ 2

Nach § 3 Abs. 2 LSV muss beim Aufbau von Schnellladepunkten, an welchen AC-Wechselstromladen möglich ist, aus Gründen der Interoperabilität jeder Ladepunkt mindestens mit Kupplungen des Typs 2 gemäß der Norm DIN EN 62196-2, Ausgabe Dezember 2014, ausgerüstet werden. Solch hohe Leistungen können nur von BEV genutzt werden.

---

[15] RefE LSV § 3 Zweite Verordnung zur Änderung der Ladesäulenverordnung, Referentenentwurf des BMWI, https://www.bmwi.de/Redaktion/DE/Artikel/Service/Gesetzesvorhaben/zweite-verordnung-zur-aenderung-der-ladesaeulenverordnung.html, letzter Aufruf 27.12.2020

Abb. 3.4 Schnellladestation mit angeschlagenem Kabel für Typ 2 43 kW, CCS + CHAdeMO 50 kW, On-the-Way-Charging/ Unterwegs-Laden Barth 10/2020

3.2.3.3 Normal- und Schnellladepunkte DC – Combo 2/CCS

Beim Aufbau von Normal- und Schnellladepunkten, an welchen DC-Gleichstromladen möglich ist, muss nach § 3 Abs. 3 LSV aus Gründen der Interoperabilität jeder Ladepunkt mindestens mit Kupplungen des Typs Combo 2 gemäß der Norm DIN EN 62196-3 (Ausgabe Juli 2012) ausgerüstet werden.

Dieser Combo-Charge-System-Stecker ermöglicht die Übertragung sehr hoher Kapazitäten, jenseits der 150 kW.

Der Stecker Combo-Charge-System (Abb. 3.5) ist der gesetzliche Standard.

Die CCS-Combo-2-Buchse wird deshalb in allen europäischen und US-Fahrzeugen verbaut und mit dem Rollout der Elektromobilität in Deutschland das dominierende BEV-Steckersystem sein.

3.2.3.4 DC CHAdeMo

CHAdeMO ist der Handelsname einer markenübergreifenden elektrischen Schnittstelle eines Batteriemanagementsystems für Elektroautos. Mit dieser in Japan entwickelten Schnittstelle (Abb. 3.6) kann die Batterie eines BEV oder PhEV direkt mit einer hohen elektrischen Leistung geladen werden.

Die typische Ausbaustufe der Ladesäulen und damit die größte Verbreitung haben CHAdeMO-Ladesäulen mit einer Ladeleistung bis 50 kW.

3.2 Anforderungen an Ladepunkte

Abb. 3.5 Combo/CCS-Ladestecker

Abb. 3.6 CHAdeMO-Ladestecker

3.2.3.5 Keine Interoperabilität von CCS und CHAdeMo

Die Interoperabilität zwischen CCS und CHAdeMO ist nicht gesetzlich gefordert.

§ 3 Abs. 2 LSV sieht nur vor, dass beim Aufbau von Normal- und Schnellladepunkten, an denen das Gleichstromladen möglich ist, aus Gründen der Interoperabilität jeder Ladepunkt mindestens mit Kupplungen des Typs Combo 2 ausgerüstet sein muss. CHAdeMO ist nicht erwähnt! Er ist deshalb keine Pflicht und könnte nur eine Übergangslösung zu

Abb. 3.7 Triple 22 kW AC und jeweils 20 kW DC CHAdeMO + CCS, IKEA Erfurt, 06/2020

sein. Allerdings gibt es BEV, die nur mit dem CHAdeMO- System geladen werden können, sodass manche Ladesäulen solche Ladepunkte vorhalten[16] (Abb. 3.7).

Hintergrundinformationen
Sonstige geltende technische Anforderungen, insbesondere Anforderungen an die technische Sicherheit von Energieanlagen gemäß § 49 Abs. 1 EnWG (Energiewirtschaftsgesetz) bleiben nach § 3 Abs. 4 LSV unberührt und sind zu beachten.

§ 49 Abs. 2 Satz 1 Nr. 1 EnWG ist entsprechend anzuwenden. Das bedeutet als Verweis nichts anderes, als dass Ladepunkte so wie jede andere Energieanlage zu errichten und zu betreiben sind. Nach § 49 Abs. 1 EnWG sind Energieanlagen so zu errichten und zu betreiben, dass die technische Sicherheit gewährleistet ist. Dabei müssen vorbehaltlich sonstiger Rechtsvorschriften die allgemein anerkannten Regeln der Technik beachtet werden. Das ist der Mindeststandard! Ladepunkte sind nach § 3 Nr. 15 EnWG als Energieanlagen einzuordnen. Das sind nach der Legaldefinition Anlagen zur Erzeugung, Speicherung, Fortleitung oder Abgabe von Energie, soweit sie nicht lediglich der Übertragung von Signalen dienen, dies schließt die Verteileranlagen der Letztverbraucher sowie bei der Gasversorgung auch die letzte Absperreinrichtung vor der Verbrauchsanlage ein. Ein Ladepunkt dient auf jeden Fall der Abgabe von Energie, nämlich aus den Verteileranlagen der Letztverbraucher oder aus dem Verteilnetz in das Elektrofahrzeug.

Die Einhaltung der allgemein anerkannten Regeln der Technik wird gemäß § 49 Abs. 1 Satz 1 Nr. 1 EnWG gesetzlich vermutet, wenn bei Ladepunkten als Anlagen zur Abgabe

---

[16] ABB, https://new.abb.com/ev-charging/products/car-charging/multi-standard, letzter Aufruf 27.12.2020

von Elektrizität die technischen Regeln des VDE[17] (Verband der Elektrotechnik, Elektronik und Informationstechnik) eingehalten worden sind. Die Vermutung bedeutet, dass etwa im Schadensfall der vermeintlich Geschädigte verpflichtet ist, die Vermutung zu widerlegen, solange und soweit die VDE-Regeln beachtet wurden. Für Ladepunkte ist insbesondere die VDI 2166[18] maßgeblich.

▶ Die Verpflichtungen zur Interoperabilität des § 3 Abs. 1 bis 3 LSV gelten im Übrigen nicht für kabellos und induktiv betriebene Ladepunkte.

Nach § 3 Nr. 25 EnWG stellen Ladepunkte als solche einen Letztverbraucher im energiewirtschaftlichen Sinne dar. Das sind natürliche oder juristische Personen, die Energie für den eigenen Verbrauch kaufen; auch der Strombezug der Ladepunkte für Elektrofahrzeuge steht dem Letztverbrauch im Sinne des EnWG und den auf Grund dieses Gesetzes erlassenen Verordnungen gleich. Der Ladevorgang als solcher ist somit keine Stromlieferung des Ladepunktbetreibers als Energieversorger an den Elektrofahrzeugfahrer. Ein Ladepunktbetreiber liefert weder an den Elektrofahrzeugfahrer noch an die Elektromobilitätsanbieter als Energieversorger Strom.[19] Andernfalls würden den Betreiber eines Ladepunktes die Rechtspflichten eines Energieversorgers betreffen.

Ladepunkte für Elektrofahrzeuge sind auch Letztverbraucher i.S. des MsbG (Messstellenbetriebsgesetz). Das sind nach § 2 Nr. 8 MsbG natürliche oder juristische Personen, die Energie für den eigenen Verbrauch oder für den Betrieb von Ladepunkten zur Versorgung von Elektrofahrzeugnutzern beziehen – somit der CPO (Charge Point Operator = Betreiber eines Ladepunktes) und nicht der Elektrofahrzeugfahrer. Allerdings muss gerade beim Betrieb der Elektrofahrzeuge einerseits und der Ladepunkte andererseits beachtet werden, dass der unbestimmte Rechtsbegriff des Letztverbrauchers verschiedene Bedeutungen in den einzelnen Rechtsvorschriften haben kann.

3.2.3.6 Ultra Fast Charger und High Power Charger

Gerade für das schnelle On-the-Way-Charging/Unterwegs-Laden mit kurzen Ladezeiten und hoher Stromübertragung in kurzer Zeit wird ausschließlich ein DC-Ladenetz entwickelt, das sehr hohe Leistungen übertragen kann. Voraussetzung ist natürlich, dass die Fahrzeugbatterie und das On-Board-Lademanagement des Elektrofahrzeugs das auch zulassen.

---

[17] Verband der Elektrotechnik Elektronik Informationstechnik e.V., Frankfurt; https://www.vde.com/de

[18] VDI 2166 Blatt 2 Planung elektrischer Anlagen in Gebäuden, Hinweise für die Elektromobilität, Stand Oktober 2015

[19] Schalle/Hilgenstock, Einordnung der Stromlieferung beim Aufladen von Elektromobilen, EnWZ 2017, 291

Abb. 3.8 High Power Charger TEAG Erfurt, 11/2020

Ultra Fast Charger besetzen die Ladeklasse bis 150 kW.[20]

High Power Charger können darüber hinausgehende Leistungen, etwa die Ladeklassen 175 kW, 350 kW und bis 600 kW, bedienen. Bei High Power Chargern ist immer eine Pufferspeicherbatterie eingebunden, um kurzfristig die hohen Ladeströme zur Verfügung zu stellen.[21]

Diese Ladehubs werden an Peripherien und Autobahnkreuzen errichtet, wo Elektrofahrzeuge in wenigen Minuten geladen werden. Hierbei gehen die Szenarien davon aus, dass die BEV nur bis zu 80 % Speicherkapazität geladen werden. Denn für die Erreichung höherer Batteriestände wird überproportional mehr Zeit benötigt. Der Aufbau von 10.000 innerstädtischen High Power Chargern kann ansonsten notwendige 238.000 öffentlich zugängliche Normalladepunkte kompensieren.[22]

Außerdem ist die Errichtung an den Peripherien und Autobahnkreuzen ein Garant, dass auch ausreichend BEV diese – teure und besonders leistungsfähige – Infrastruktur ausreichend aufsuchen und nachfragen (Abb. 3.8).

---

[20] Fast and Ultra-fast Chargers, batteryuniversity.com, https://batteryuniversity.com/learn/article/ultra_fast_chargers, letzter Aufruf 27.12.2020; Ultra Fast Charger
Gleichzeitiges Aufladen von bis zu 6 Fahrzeugen, https://www.wuttke-gmbh.de/ultra-fast-charger-stromfahrzeuge-ladung.html, letzter Aufruf 27.12.2020

[21] High Power Charging, abb.com,
https://new.abb.com/ev-charging/products/car-charging/high-power-charging, letzter Aufruf 27.12.2020;
Enercon E-Charger 600, https://www.amperio.eu/ladetechnik/enercon-e-charger-600kw-dc/, letzter Aufruf 27.12.2020;
Ionity: Neue High-Power-Charging-Ladesäulen, https://www.automobil-industrie.vogel.de/ionity-neue-high-power-charging-ladesaeulen-a-863406/, letzter Aufruf 27.12.2020

[22] Nationale Leitstelle Ladeinfrastruktur, MVI-Ladeinfrastruktur nach 2025/2030: Szenarien für den Markthochlauf von 2020, https://www.now-gmbh.de/wp-content/uploads/2020/11/Studie_Ladeinfrastruktur-nach-2025-2.pdf, Seite 63

3.3 Punktuelles Aufladen

Der Betreiber eines Ladepunktes hat gemäß § 4 LSV den Nutzern von Elektrofahrzeugen das punktuelle Aufladen zu ermöglichen. Das punktuelle Aufladen bedeutet nach § 2 Nr. 13 LSV das Laden eines Elektrofahrzeugs, welches nicht als Leistung im Rahmen eines Dauerschuldverhältnisses zwischen dem Nutzer und einem Elektrizitätsversorgungsunternehmen oder einem Betreiber eines Ladepunktes erbracht wird. Dies bedeutet, dass es möglich sein muss, mit jedem Ladevorgang einen neuen punktuellen Vertrag für ein einmaliges Laden abzuschließen. Der Elektrofahrer fährt auf seiner Strecke verschiedene Ladepunkte an und kann mit jedem CPO einen Ladevertrag abschließen.

Diese Rechtspflicht richtet sich an den Betreiber uneingeschränkt öffentlicher Ladepunkte: Das ist gemäß § 2 Nr. 12 LSV derjenige Betreiber, der unter Berücksichtigung der rechtlichen, wirtschaftlichen und tatsächlichen Umstände bestimmenden Einfluss auf den Betrieb eines Ladepunktes ausübt.

Punktuelles Laden wird auch Ad-hoc-Laden genannt und vom Betreiber des Ladepunktes sichergestellt, indem er am jeweiligen Ladepunkt

1. keine Authentifizierung zur Nutzung fordert und die Leistungserbringung, die die Stromabgabe beinhaltet, anbietet
   a) ohne direkte Gegenleistung oder
   b) gegen Zahlung mittels Bargelds in unmittelbarer Nähe zum Ladepunkt, oder alternativ
2. die für den bargeldlosen Zahlungsvorgang erforderliche Authentifizierung und den Zahlungsvorgang mittels eines gängigen kartenbasierten Zahlungssystems beziehungsweise Zahlungsverfahrens in unmittelbarer Nähe zum Ladepunkt oder mittels eines gängigen webbasierten Systems ermöglicht, wobei in der Menüführung mindestens die Sprachen Deutsch und Englisch zu berücksichtigen sind und mindestens eine Variante des Zugangs zum webbasierten Zahlungssystem kostenlos ermöglicht werden muss.

Die Alternative Nr. 1 a), Laden ohne Gegenleistung, ist oftmals ein Kundenbindungsinstrument. Sie wird wohl nach und nach auslaufen, denn wenn es immer mehr Elektrofahrzeuge gibt, wäre das Laden ohne direkte Gegenleistung ein teures Zuschussgeschäft des Betreibers. Denkbar sinnvoll wäre dieses On-the-Way-Charging etwa an einem Restaurant, wo das Laden selbst ohne Gegenleistung möglich ist, aber die Verweilung im Restaurant und der Verzehr dann die Kosten des Fahrstromladens amortisiert.

Die Alternative Nr. 1 b), Laden gegen Bargeld in unmittelbarer Nähe zum Ladepunkt, ist z. B. bei Pauschalbeträgen, die in Hotels geleistet werden müssen, möglich. Die Hotelrechnung bzw. Park- oder Ladestromrechnung werden zusammen bezahlt.

Dagegen ist die Alternative 2) das gängige System für punktuelles Laden. Dabei erfolgt die Nutzung eines webbasierten Systems der Identifizierung, des Ladestarts und der Zahlung. Ohne Smartphone läuft bei dieser Alternative somit gar nichts. Das punktuelle Laden ist schon wegen des Abrechnungs- und Abwicklungsaufwands und der fehlenden Planbarkeit teurer als etwa vertragsbasiertes Laden.

3.4 Vertragsbasiertes Laden

Der Elektrofahrzeugnutzer kann natürlich immer – im Umkehrschluss zu der Regelung des § 2 Nr. 13 LSV – ein Dauerschuldverhältnis mit einem Energieversorgungsunternehmen oder dem Betreiber des Ladepunktes abschließen, also einen ganz normalen Fahrstrombezugsvertrag,[23] sodass im Liefergebiet des Energieversorgers oder im Verbund mit anderen Providern, den EMP (Electro Mobility Provider, Anbieter des Zugangs zu einem Ladepunkt) an dessen Ladepunkten der Fahrstrom zu den zuvor vereinbarten vertraglichen Konditionen bezogen werden kann.

Dies ist auch für geschlossene Nutzergruppen geeignet, wie zum Beispiel für Mitarbeiter mit Elektrofahrzeugen eines Unternehmens oder für die Bewohner eines Quartiers. Die Ladevorgänge werden einfach per Ladekarte oder App an den Ladepunkten gestartet. Am Ende der Abrechnungsperiode werden die Ladekosten zu den vertraglichen Konditionen – Ladestrom in € und ct pro geladene kWh abgerechnet.

3.5 eRoaming

Roaming bedeutet, wie beim Mobilfunk, in einem anderen Netzwerk oder der Ladestation eines anderen CPO laden zu können. Einerseits schließen die CPO ihre Ladestationen an ein Roaming-Netzwerk eines EMP an und machen andererseits damit die eigenen Ladestationen einer breiten Masse an Elektroautofahrern zugänglich. Die Abrechnung der Ladevorgänge wird über das Roaming-Netzwerk abgewickelt.

Im Normalfall stellt der CPO seinen benötigten Ladepreis in die eRoaming-Software ein, und der Elektrofahrer kann selbst über das eRoaming-Netzwerk des EMP entscheiden, ob er zu den angegebenen Konditionen dort lädt oder nicht. Die Rechnung erhält der Elektrofahrzeugfahrer von seinem EMP oder einem sonstigen Provider. Das eRoaming der EMP ist in der Praxis die gängigste Form, weil im Grunde genommen niemand in der Lage ist, auf den Zugriff der Ladepunkte anderer Provider zu verzichten, um seinen eigenen Ladepunkt attraktiv zu machen. Allerdings wird auch hier mit der Zeit einerseits eine Konzentration der Ladepunkte auf wenige Betreiber eintreten, spätestens, wenn der Ladestromverkauf zu einem Geschäft wird. Dann dürfte auch der kartellrechtliche Zustand eintreten, dass der Zutritt sowohl von Elektrofahrerseite als auch von CPO-Seite zu einem eRoaming- Netzwerk gewährleistet werden muss.

---

[23] Schnell-Ladestationen für Thüringer Globus-Märkte, TEAG vom 23.12.2020, https://www.thueringerenergie.de/Ueber_uns/Mediathek/Presse/Presse_15742, letzter Aufruf vom 31.01.2021

Etwa über das sich noch im Entwurf befindende Gebäude-Elektromobilitätsinfrastrukturgesetz (GEIG) werden von Gesetzes wegen Grundstückseigentümer verpflichtet, für die Errichtung von Ladepunkten zu sorgen. Das eine ist die gesetzliche Errichtungspflicht. Für den Betrieb der Ladepunkte ist jedoch Know-how, Strombeschaffung und Abrechnungssoftware erforderlich. Dann wäre das eRoaming über EMP dafür geeignet, den Betrieb abzusichern und auch Einnahmen aus dem Stromverkauf zu generieren.

3.6 Gemeinsame Schnittstelle der Ladepunkte und einheitliches Bezahlsystem, OCPP und DIN EN 63110

In dem sich entwickelnden Markt für den Betrieb von Ladepunkten und Fahrstrom existiert (noch) kein einheitliches Bezahlsystem. Schon das behindert die Verfügbarkeit der Ladepunkte für alle potenziellen Elektrofahrzeuge. Es mag also genug Ladepunkte geben, diese sind aber für die Elektrofahrzeugfahrer nicht ohne Weiteres nutzbar.

Das Problem stellt sich bei konventionellen Tankstellen nicht, weil dort entweder im Shop oder an der Tanksäule mit Geldkarte, Kreditkarte oder in bar gezahlt werden kann. An der Elektroladesäule muss die Schnittstelle erkennen, dass ein Mitglied des Netzwerks vorhanden ist, die Ladesäule entsprechend freischalten, damit der Strom vom Elektrofahrzeugfahrer geladen und dann auch abgerechnet werden kann. Den Erlös bekommt der CPO, der die Ladeinfrastruktur und den Ladestrom bereitstellt, nebst einer Gebühr für den EMP, der die Abrechnung vornimmt.

Die Abrechnung wird ein lukratives Massengeschäft werden, wenn in 2030 etwa 10,4 Mrd. kWh allein an den öffentlich zugänglichen Ladepunkten[24] abgerechnet und verrechnet werden sollen. Das sind dann mehrere hundert Millionen Ladevorgänge jährlich und ein Fahrstromumsatz von über 5 Mrd. €!

Jedenfalls muss bei allen unbeschränkt öffentlich zugänglichen Ladepunkten nach dem Entwurf des neuen § 3 Abs. 4 LSV aus Gründen der Interoperabilität künftig sichergestellt werden, dass eine standardisierte Schnittstelle vorhanden ist, die genutzt werden kann, um Autorisierungs- und Abrechnungsdaten sowie dynamische Daten, z. B. den Belegungsstatus oder Betriebsstatus eines Ladepunktes, an die jeweiligen Fahrstrom-Marktakteure zu übermitteln. Dies muss uneingeschränkt jedenfalls für solche Ladepunkte gelten, die eine öffentliche Förderung in Anspruch nehmen.

Es ist daher zu begrüßen, dass die Bundesregierung und die Regierungsparteien[25] einerseits zusätzlich 2,5 Mrd. € in den Ausbau moderner und sicherer Ladesäulen-Infrastruktur, die Förderung von Forschung

---

[24] Nationale Leitstelle Ladeinfrastruktur, MVI-Ladeinfrastruktur nach 2025/2030: Szenarien für den Markthochlauf von 2020, https://www.now-gmbh.de/wp-content/uploads/2020/11/Studie_Ladeinfrastruktur-nach-2025-2.pdf, Seite 67

[25] Corona-Folgen bekämpfen, Wohlstand sichern, Zukunftsfähigkeit stärken Ergebnis Koalitionsausschuss 3. Juni 2020, https://www.bundesfinanzministerium.de/Content/DE/Standardartikel/Themen/Schlaglichter/Konjunkturpaket/2020-06-03-eckpunktepapier.pdf?__blob=publicationFile&v=8, letzter Aufruf 27.12.2020

und Entwicklung im Bereich der Elektromobilität und die Batteriezellfertigung, unter anderem in weitere mögliche Standorte, investieren wollen. Insbesondere soll das einheitliche Bezahlsystem für Ladesäulen nun zügig umgesetzt werden.

Zu den statischen Daten, die zudem durch die Schnittstelle ausgetauscht werden sollen, zählen die Lokation und die Ladeleistung. Denn für BEV ist es erheblich, welchen Ladepunkt mit welcher Ladeleistung sie ansteuern, um den benötigten Fahrstrom zu laden, während das für PhEV eher nachgeordnet ist.

Das PhEV kann zumindest noch den konventionellen Antrieb nutzen, aber eine besetzte Ladestation, die extra angefahren wird, aber nicht genutzt werden kann, ist einfach nur ärgerlich. Im Zweifel bleibt das BEV leergefahren liegen, wenn ein Ladepunkt angefahren wird, aber besetzt ist – oder sogar defekt bzw. gesperrt wäre. Deshalb gehören zu den dynamischen Daten, die über die gemeinsame Schnittstelle ausgetauscht werden sollen, insbesondere der Ladestrompreis und die Betriebsbereitschaft bzw. die Besetzung der Ladesäule, d. h. der Belegungsstatus und die technische und elektrische Verfügbarkeit.

Beispiel Ladepunktzustand AC + 2 DC verfügbar, 11/2020

Eine dynamische App (Abb. 3.9) zeigt die Lokation, die vorhandenen 22 kW-AC-Typ-2- und 50 kW-CHAdeMO- und 50 kW-CCS-DC-Stecker, den Ladepreis, z. B. Flatrate von 9,74 € je Ladevorgang für DC-Laden und 0,40 €/kWh für AC-Laden, sowie die bestehende Verfügbarkeit aller drei Ladesysteme und als CPO in diesem Fall den Ladepunktbetreiber Innogy an.

Da die Daten von den verschiedensten Marktakteuren der Elektromobilität stammen, erfordert ihre Bereitstellung ein zu regelndes Zusammenspiel mehrerer Marktteilnehmer. Insbesondere müssen die genannten Daten hierfür auch an übergeordnete Systeme übermittelt werden können. Hierzu zählen z. B. eRoaming-Plattformen, also Vernetzungsplattformen zur Verbindung von mehreren CPO (Ladesäulenbetreibern) und EMP (Mobilitätsanbietern) zu einem eRoaming-Netzwerk.

Um das Zusammenspiel mehrerer Marktteilnehmer zu ermöglichen, muss ein Ladepunkt technisch an ein zentrales Backend-System angebunden werden können. Dieses zentrale Managementsystem verwaltet die Ladestationen und unterstützt insbesondere den Betrieb des Ladeinfrastrukturnetzes. Dabei übernimmt es unterstützende Funktionen bei der Verwaltung, Überwachung, Service, (Fern-) Wartung, Monitoring & Auswertung, der Steuerung der Ladeinfrastruktur sowie der Abrechnung und dem eRoaming von Ladevorgängen. Über das zentrale Backend können Statusabfragen sowie Remote-Dienste ausgeführt oder Auswertungen und Statistiken über die Belegung der Ladeinfrastruktur erfasst werden. Weiterhin sind eine Steuerung und ein Lastmanagement bis hin zu Reservierungsfunktionen über das Backend möglich.

Den Elektrofahrzeugfahrer interessiert nur das Frontend, nämlich die benötigten Informationen zu seinem ausgewählten Ladepunkt, während das Backend für die „Who is who" der Elektromobilität, insbesondere den CPO und EMP, von Bedeutung ist. Und am langen Ende ist die Bereitstellung von Ladeinfrastruktur kein Altruismus, sondern ein wirtschaftliches Risiko i. d. R. mit Gewinnerzielungsabsicht der Marktakteure.

Abb. 3.9 Screenshot Plugsurfing/Leaseplan-App: „LeasePlan Charging" –

Für ein reibungsloses technisches Zusammenspiel müssen sowohl der Ladepunkt als auch das Backend-System miteinander kompatibel sein. Dafür bedarf es einer standardisierten Schnittstelle, die insbesondere Autorisierungs- und Abrechnungsdaten sowie dynamische Daten wie den Belegungsstatus an das zentrale Managementsystem übermitteln kann. Wenn das Backend-System ebenfalls über eine entsprechende Schnittstelle verfügt, hat jede Ladesäule eine Verbindung zum gemeinsamen Abrechnungssystem.

Auf diese Weise kann eine Ladesäule mit der Abrechnungssoftware verschiedener Anbieter, d. h. verschiedener Backend-Systeme, betrieben werden.

Weiter kann die Schnittstelle die Grundlage dafür bilden, dass am Display des Ladepunktes Preisinformationen und Kosten für den Elektrofahrzeugfahrer übersichtlich und nachvollziehbar bereitgestellt und dass mit zentraler Unterstützung intelligente Ladefunktionen bereitgestellt werden. Hierdurch können die Transparenz des Ladevorgangs sowie die Netzintegration der Elektromobilität erhöht und die Abrechnungsvorgänge erleichtert werden. Weiter erlaubt die betreffende Schnittstelle die Freigabe und Steuerung des Ladestroms durch Ladebeginn und -ende, Diagnosefunktionen und die Abfrage und Übertragung von Mess- und Zählwerten.

Neben diesen Grundfunktionen kann die geforderte gemeinsame Schnittstelle Mechanismen zum Upgrade der Firmware und für die Konfiguration des Ladepunktes durch das Managementsystem zur Verfügung stellen.

Für die Netzwerkkommunikation zwischen Ladepunkt und Backend-System stehen diverse Kommunikationslösungen zur Verwendung bereit, etwa das OCPP (Open Charge Point Protocol), das in die zukünftige Norm DIN EN 63110 bzw. IEC 63110 überführt werden soll.[26] Die IEC 63110-Norm definiert eine internationale Gesamtlösung, welche neben dem Backend-Protokoll auch die Schnittstelle der Ladesäule zu diesem Backend vereinheitlicht und standardisiert. Die IEC 63110-1 befasst sich mit den allgemeinen Anforderungen an den Aufbau eines Elektromobilitätssystems und deckt die Kommunikationsabläufe zwischen den verschiedenen Elektromobilitätsakteuren und auch den Datenaustausch mit dem Energieversorgungssystem ab. Sie spezifiziert die Begriffe, Anwendungsfälle und die Architektur für das Management von Lade- und Entladeinfrastrukturen für Elektrofahrzeuge.

Gerade für Flottenkarten stellt sich das Problem, dass nur Ladepunkte angesteuert werden, welche mit der Flottenkarte im Roaming-Netzwerk des EMP kompatibel sind – oder umgekehrt: Niemand benutzt das punktuelle Laden eines Flottenfahrzeugs, wenn dies über separate private Abrechnungen erfolgt, die dann wieder als Reisekosten im Unternehmen abgerechnet werden müssen. Gerade wenn aus Zeitgründen beim Einkaufen oder Terminen das Fahrzeug nur eine Stunde und dann 11 oder 22 kWh für wenige Euro Ladentgelt geladen werden, muss die ganze Bezahlung zügig und bargeldlos, einfach und transparent erfolgen. Wenn das nicht funktioniert, dann bleibt in der Praxis gerade beim PhEV das Ladekabel im Kofferraum, und das Fahrzeug fährt im konventionellen Modus. Der Abrechnungsaufwand vergällt die Elektromobilität – denn statt mit einem Mal 1000 km Reichweite fossil in den Tank zu packen, werden bei der Elektromobilität in vielen Schritten nur 50 km oder 100 km Reichweite, etwa im On-the-Way/Unterwegs-Laden zugetankt. Es gibt also wesentlich mehr Bezahlvorgänge, und das muss flott und unkompliziert funktionieren. Deshalb läge der Vorteil in einem einheitlichen Bezahlsystem, für das es bisher keine rechtliche Handhabe gibt und auf das sich die Plattformbetreiber bisher nicht einigen konnten.

In dem Entwurf für die Änderung des § 8 LSV wird für die Einführung der Datenschnittstelle gemäß § 3 Abs. 4 eine Übergangsfrist bis 31.03.2021 vorgesehen, was derzeit nicht realistisch erscheint. Aber dass ab Mitte 2022 dadurch die Elektromobilität noch einfacher wird, scheint greifbar.

---

[26] RefE LSV § 3 Abs.4 standardisierte Schnittstelle;
E DIN EN 63110-1 (VDE 0122-110-1):2019-02,
dke.de, https://www.dke.de/de/normen-standards/dokument?id=7116544&type=dke%7Cdokument, letzter Aufruf 27.12.2020

3.7 Anzeigepflichten und Kompetenzen der BNetzA

Nach § 5 Abs. 1 LSV haben die Betreiber von Normal- und Schnellladepunkten der Regulierungsbehörde den Aufbau und die Außerbetriebnahme von Ladepunkten schriftlich oder elektronisch anzuzeigen.
Die Anzeige soll erfolgen:

1. mindestens vier Wochen vor dem geplanten Beginn des Aufbaus von Ladepunkten oder
2. unverzüglich nach Außerbetriebnahme von Ladepunkten.

Nur Betreiber von Schnellladepunkten haben nach § 5 Abs. 2 LSV darüber hinaus durch Beifügung geeigneter Unterlagen die Einhaltung der technischen Anforderungen gemäß § 3 Abs. 2 bis 4 LSV nachzuweisen:

1. beim Aufbau von Schnellladepunkten und
2. auf Anforderung der Regulierungsbehörde während des Betriebs von Schnellladepunkten.

Diese Pflichten sind nach § 5 Abs. 4 entsprechend anzuwenden, wenn bestehende nicht öffentliche Ladepunkte öffentlich zugänglich werden. Die Anzeige nach § 5 Abs. 1 ist auch beim Betreiberwechsel von Ladepunkten anzuwenden. Es erscheint absehbar, dass sich spätestens mit der Entwicklung von Elektromobilität zum Massenphänomen neue Geschäftsmodelle auftun und neue Marktakteure, etwa Handelsunternehmen mit vielen Filialen, große Parkhausbetreiber oder IT-Unternehmen neben den Energiedienstleistern in den CPO-Anbietermarkt drängen werden.
Wichtig ist nicht zivilrechtliches Eigentum oder Besitz an der Ladesäule, sondern der Zugriff für die eigenen und der für potenzielle neue Elektromobilitätskunden. Dies führt im Ergebnis dazu, sich das Geschäft des Betriebs von Ladepunkten nicht selbst aufzubürden, sondern spezialisierten Unternehmen zu überlassen. Der Betreiber muss qua Definition des § 2 Nr. 12 LSV weder Eigentümer noch Errichter sein.

Hintergrundinformationen
Die BNetzA kann die Einhaltung der technischen Anforderungen gemäß § 3 Abs. 2 bis 4 an Schnellladepunkten regelmäßig überprüfen. Dies ergibt sich aus der Kompetenzregelung in § 6 Abs. 1 LSV. Sie kann den Betrieb von Ladepunkten untersagen, wenn die technischen Anforderungen gemäß § 3 Abs. 1 bis Abs. 4 LSV nicht eingehalten oder die Einhaltung der Anforderungen gemäß § 4 nicht nachgewiesen wird.
Das gilt dann sowohl für die Interoperabilität der Ladepunkte als auch die Einhaltung der Anforderungen aus § 49 Abs. 1 EnWG oder Abs. 2 Nr. 1 EnWG.

Für ältere Ladepunkte vor Inkrafttreten der LSV besteht Bestandsschutz und daher keine Verpflichtung zum Austausch bereits vorhandener Stecker. Spätestens wenn der Betrieb von Ladepunkten ein Geschäft werden kann, wird jeder vernünftige Betreiber dafür sorgen, dass ein Ladepunkt auch den richtigen nachgefragten Standardstecker aufweist.

Dies bedeutet eine Abweichung von § 5 Abs. 4 Satz 1 i. V. m. § 5 Abs. 1 Nr. 1 LSV, der andernfalls eine Anmeldepflicht binnen zwei Wochen vorsehen würde.

Relevant wird die nachträgliche Meldepflicht an die BNetzA (Bundesnetzagentur) im Falle der Leistungserhöhung von einer Normalladestation auf über 22 kW zu einer Schnellladestation. Um die Vielzahl der zu erwartenden BEV zu bedienen, wird es in den nächsten Jahren zu einer Art Re-Powering von öffentlich zugänglichen Ladepunkten kommen. Wenn es das vorgelagerte Stromnetz zulässt, wird zur besseren Vermarktung der Ladepunkte eine Leistungserhöhung stattfinden.

3.8 Planungshilfe für E-Ladestationen an Gebäuden – die VDI 2166

Nach § 49 Abs. 1 EnWG sind Energieanlagen, zu denen die Ladepunkte zählen, so zu errichten und zu betreiben, dass die technische Sicherheit gewährleistet ist. Dabei sind vorbehaltlich sonstiger Rechtsvorschriften die allgemein anerkannten Regeln der Technik zu beachten. Für Ladepunkte an Gebäuden, unabhängig ob privat, beschränkt öffentlich oder öffentlich, muss für Errichtung und Betrieb die technische Regel VDI 2166 Blatt 2, Stand 2020 der VDI-Gesellschaft Bauen und Gebäudetechnik beachtet werden.[27]

Die Regel VDI 2166 Blatt 2 widmet sich der Schaffung von Ladeplätzen für die Elektromobilität an Gebäuden und der konkreten Ausstattung und Ausgestaltung der Ladeplätze. Sie beschreibt, welche Form von Ladeplatz an welchem Gebäude passend ist.

Verschiedene Gebäudetypen erfordern unterschiedliche Ausführungen oder Ausstattungen. Hierzu zählen Wohngebäude mit Privatparkplätzen, z. B. Einfamilienhäuser, Reihenhäuser, Mehrfamilienhäuser, Einzel- und Sammelgaragen, Fahrradabstellräume sowie Verkaufsstellen wie Läden, Kaufhäuser und Einkaufszentren, bei denen Elektroparkplätze für Kunden vorhanden sind. Ebenso fallen in den Geltungsbereich der VDI 2166 auch Arbeitsstätten mit Mitarbeiter- bzw. Besucherparkplätzen, öffentliche Parkhäuser und Tiefgaragen.

---

[27] VDI Richtlinie Planung elektrischer Anlagen an Gebäuden, Hinweise für die Elektromobilität, VDI 2166, Blatt 2, Ausgabe Oktober 2015

▶ Die VDI 2166 gibt Planungshilfe für Ladeplätze verschiedener Fahrzeugtypen, nicht nur für Pkw sondern auch für Zweiräder, sowohl für Elektrofahrzeuge mit entnehmbarer als auch nicht entnehmbarer Batterie.

3.9 Anschaffungskosten für Ladepunkte

Für die Entgeltkalkulation für Ladepunkte sind mindestens folgende Anschaffungskostenbestandteile zu berücksichtigen, und es ist zu prüfen, ob diese Arbeiten, Anschaffungen und Verrichtungen anfallen. Dies ist abhängig von der Art der Ladeeinrichtung, ihrer Verwendung und den Gegebenheiten sowie der Ladezielgruppe.

Checkliste

- Zu den wesentlichen Anschaffungskostenpositionen gehören
- LSV-konforme Ladeeinrichtungen (Ladesäule, Wallbox) und dazugehörige Leistungselektronik,
- abgesetzte Leistungseinheiten, d. h. die Gleichrichter zur Umwandlung von Wechsel- zu Gleichstrom,
- das Fundament der Ladeeinrichtung, weil z. B. DC-Ladesäulen nicht nur schwer sind, sondern auch mit dem Fundament vor einer Anfahrt durch ein Elektrofahrzeug geschützt werden müssen,
- Tiefbauarbeiten für Ladeeinrichtungen,
- Installation und Inbetriebnahme der Ladeeinrichtung,
- Anfahrschutz und Parkplatzmarkierungen sowie Kennzeichnung in Form von Beschilderung, d. h. Parkplatzsymbol Zeichen 314, Elektroautosymbol, Zeichen 1024-20 oder § 39 Abs. 10 StVO, dazugehörige Zusatzzeichen etwa für sonstige Regelungen,
- Parkplatzsensoren,
- Beleuchtung der Ladeeinrichtung und der dazugehörigen Parkfläche als Maßnahme der Verkehrssicherung und Vorbeugung vor Vandalismus,
- Wetterschutz und Überdachung der Ladeeinrichtung, ggf. auch Schutzzaun und Grünanpflanzungen,
- Schutzfolierung, z. B. UV-Lichtschutz oder Graffitischutz,
- Einrichtung von WLAN an der Ladeeinrichtung,
- Vorbereitung der Ladeinfrastruktur (Hardware/Software) für die spätere Unterstützung von ISO/IEC 15118 Power Line Communication,
- Vorbereitung der Ladeeinrichtung (Hardware/Software) zur Anbindung des lokalen Energie- und Lastmanagementsystems, z. B. über ein Smart-Meter-Gateway,
- erforderliche Baumaßnahmen, um die 24/7-Erreichbarkeit zu erzielen,
- sowie, soweit notwendig, ein

- Netzanschluss, d. h. für die technische Verbindung des Ladestandortes an das Energieversorgungs- (Nieder- oder Mittelspannung) sowie das Telekommunikationsnetz nebst
- Baukostenzuschuss bzw. Einmalzahlungen an den Verteilnetzbetreiber im Rahmen der Herstellung oder Erweiterung des Netzanschlusses
- Tiefbauarbeiten für Netzanschluss,
- Anschluss der Ladeeinrichtung an die Kundenanlage/den Netzanschluss,
- Tiefbauarbeiten zum Anschluss an die Kundenanlage/den Netzanschluss,
- Zähleranschlusssäule, sofern nicht in die Ladeeinrichtung integriert Umspannstation,
- Hardware/Software für gesteuertes und lastoptimiertes Laden (falls nicht Bestandteil der Ladeeinrichtung),
- Ertüchtigung eines bestehenden Netzanschlusses für die Anbindung an ein Smart-Meter-Gateway im Sinne der Vorgaben des MsBG,
- Ausgaben für Aufrüstung des benötigten Netzanschlusses, z. B. zur Leistungssteigerung,
- Pufferspeicherbatterie bei größeren oder mehreren DC Ladepunkten.
- Hinzu kommen auch noch
- aktivierbare eigene Personalkosten des Errichtungsprojekts,
- Planungs- und Genehmigungsleistungen, z. B. Gebühren für behördliche Genehmigungen, ggf. Rechtsanwaltskosten,
- Werbemaßnahmen, z. B. kundenindividuelle Folierung der Ladesäule oder Werbeschilder, was für große DC-Ladesäulen künftig ähnlich verlaufen wird wie an jeder herkömmlichen Tankstelle. ◄

Die reinen Anschaffungskosten für einen Ladepunkt sind noch der geringere Investitionskostenanteil. Der größere Teil der Investition fällt für die Errichtung, das Aufstellen und die Herstellung der Betriebsbereitschaft an. Die reinen Anschaffungskosten werden auch danach variieren, ob ein einzelner Ladepunkt oder eine Vielzahl errichtet wird, was zu einer Skalierung der Anschaffungskosten führen kann.

Berechnungsschema Anschaffungskosten Ladepunkt

Dargestellt ist eine Musterkalkulation zu Anschaffungskosten und Ladepunkterrichtung.

3.9 Anschaffungskosten für Ladepunkte

Kalkulationsmuster: Verrichtung und Gewerk	öffentlich zugängliche Ladepunkte/Kosten netto in €		
	Wallbox Typ 2	Ladesäule Typ 2	Ladesäule kW DC CCS/CHAdeMo/Typ 2
	11	2*22	50 DC + 22 AC
LSV-konforme Ladeeinrichtungen und dazugehörige Leistungselektronik	1.000	3.000	25.000
abgesetzte Leistungseinheiten (Gleichrichter für Umwandlung von Wechsel- zu Gleichstrom, baulich getrennt von Ladeeinrichtung)	0	0	1.000
Fundament der Ladeeinrichtung	0	500	1.000
Tiefbauarbeiten für Ladeeinrichtungen	0	1.000	1.000
Installation und Inbetriebnahme der Ladeeinrichtung	200	400	400
Anfahrschutz	0	200	200
Parkplatzmarkierungen	100	200	200
Kennzeichnung in Form von Beschilderung (Parkplatzsymbol Zeichen 314 StVO o.ä., dazugehörige Zusatzzeichen)	100	200	200
Parkplatzsensoren	0	300	300
Beleuchtung der Ladeeinrichtung und der dazugehörigen Parkfläche	150	300	300
Wetterschutz und Überdachung der Ladeeinrichtung	0	500	500
Schutzfolierung (z. B. UV- oder Graffitischutz)	100	200	300
Einrichtung von WLAN an der Ladeeinrichtung	200	400	400
Vorbereitung der Ladeinfrastruktur (Hardware/Software) für die spätere Unterstützung von ISO/IEC 15118 (Power Line Communication)	300	500	500
Vorbereitung der Ladeeinrichtung (Hardware/Software) zur Anbindung des lokalen Energie- und Lastmanagementsystems, z. B. über ein Smart-Meter-Gateway	0	300	300
erforderliche Baumaßnahmen für 24/7-Erreichbarkeit	200	500	500
Netzanschluss, d. h. für die technische Verbindung des Ladestandortes an Energieversorgungs- und Telekommunikationsnetz	0	1.000	2.000
Baukostenzuschuss bzw. Einmalzahlungen an den Netzbetreiber im Rahmen der Herstellung oder Erweiterung des Netzanschlusses	0	0	2.000
Tiefbauarbeiten für Netzanschluss	0	1.000	2.000
Anschluss der Ladeeinrichtung an die Kundenanlage/den Netzanschluss	150	300	300
Tiefbauarbeiten zum Anschluss an die Kundenanlage/den Netzanschluss	0	500	500
Zähleranschlusssäule, sofern nicht in die Ladeeinrichtung integriert	0	500	500
Hardware/Software für gesteuertes und lastoptimiertes Laden, soweit nicht Bestandteil der Ladeeinrichtung	0	300	500
Ertüchtigung eines bestehenden Netzanschlusses für die Anbindung an ein Smart-Meter-Gateway im Sinne der Vorgaben des Messstellenbetriebsgesetzes (MsbG)	0	500	750
Ausgaben für Aufrüstung des benötigten Netzanschlusses, z. B. zur Leistungssteigerung	0	0	1.000
Trafostation	0	0	0
Pufferspeicher	0	0	0
Zwischensumme	**2.500**	**12.600**	**41.650**
eigene Personalkosten des Errichter/Projektmanagement	250	750	1.000
eigenes Material, sonstige Sachkosten	100	200	300
Planungs- und Genehmigungsleistungen	0	250	500
Gebühren für behördliche Genehmigungen	0	200	300
Werbemaßnahmen	100	100	100
Eichung	100	200	300
Messung	100	300	600
Werbeschilder	100	200	200
Anpflanzung	0	100	200
Überdachung	0	500	500
Brandschutzmaßnahmen	0	500	500
Zwischensumme	**750**	**3.300**	**4.500**
Summe Betrag	**3.250**	**15.900**	**46.150**

zu deckende Kosten/a	Wallbox Typ 2	Ladesäule Typ 2	Ladesäule kW DC CCS/CHAdeMo/Typ 2
	11	2*22	50 DC + 22 AC
AfA	406	1.590	3.846
Wartung	100	200	400
Reparatur	50	200	600
Messkosten	200	400	600
Abrechnung	150	300	300
Betrag p.a.	906	2.690	5.746
Berechnung Kostenanteil €/kWh ohne Zinsen, Wagnis, Gewinn			
Use case 1 = verkaufte kWh in 1 h/täglich je Ladepunkt x 300 Tage	3.300	13.200	21.600
Sachkosten €/kWh	0,27	0,20	0,27
Use case 2= verkaufte kWh in 3 h/täglich je Ladepunkt x 300 Tage	9.900	39.600	64.800
Sachkosten €/kWh	0,09	0,07	0,09
Use case 3 = verkaufte kWh in 6 h/täglich je Ladepunkt x 300 Tage	19.800	79.200	129.600
Sachkosten €/kWh	0,05	0,03	0,04
Use case 4 = verkaufte kWh in 10 h/täglich je Ladepunkt x 300 Tage	33.000	132.000	216.000
Sachkosten €/kWh	0,03	0,02	0,03

Abb. 3.10 Musterkalkulation Berechnung der Kosten für den Ladestrom aus der Investition

Es lässt sich daher die Größenordnung bestätigen, dass für eine Wallbox 11 kW bei einem öffentlich zugänglichen Ladepunkt ca. 3000 €, bei einer Ladesäule mit zwei Ladepunkten 2 × 22 kW ca. 15.000 € und bei einer DC-Ladesäule mit drei Ladepunkten 50 kW CCS und CHAdeMO + 22 kW AC ca. 45.000 € Errichtungskosten als Kostenrahmen entstehen. Im Einzelfall können die Werte natürlich unter- aber auch überschritten werden.

Wenn man die AfA-Zeiträume für eine Wallbox mit acht Jahren, für eine Ladesäule mit zehn Jahren und für einen DC-Charger mit 12 Jahren berechnet und sonst bei dem Betrieb sowie der Abrechnung keine Auffälligkeiten bestehen, können die Betriebskosten wie in Abb. 3.10 berechnet werden. Daraus folgt für den derzeit wohl nicht praxisfremden Fall, dass an 300 Tagen im Jahr nur eine Stunde Ladestrom zur vollen Leistung verkauft werden kann, dass zwischen 20 ct/kWh und 27 ct/kWh Betriebskosten entstehen.

Wenn mehr Ladestrom verkauft werden kann, sinken die auf den Ladestrom umzulegenden Betriebskosten rapide, bei drei Stunden täglichem Laden mit Höchstlast auf 7 ct/kWh bis 9 ct/kWh. Voraussetzung ist, dass bei einer Wallbox also drei Stunden mit 11 kW geladen werden. Wenn ein PhEV mit einer maximal vom Fahrzeug aufnehmbaren Last von 7 kW lädt, muss die Wallbox schon fünf Stunden täglich in Benutzung sein.

3.10 Netzanschluss

Ein Ladepunkt muss irgendwo an das elektrische Netz angeschlossen werden, entweder hinter dem Netzanschluss an der NSHV (Niederspannungshauptverteilung) oder direkt am Transformator des Betreibers, oder sie hat einen eigenen Anschluss an das Mittelspannungsnetz.

3.10.1 Eigener Netzanschluss für Ladepunkt

Ladepunkte mit hoher Ladekapazität werden regelmäßig einen eigenen Netzanschluss benötigen, weil der alternative Anschluss an die eigene NSHV auch dort über freie Kapazitäten verfügen muss. Bei hohen Leistungen der Ladepunkte sind solche Reserven sehr schnell aufgebraucht.

Wenn DC-Schnellladestationen z. B. mit 50 kW erstellt werden, oder auch nur zwei AC-Ladepunkte mit 1 × 11 kW/ 1 × 22 kW an ein Gebäude angeschlossen werden sollen, wird schnell klar, dass nicht einmal die Kapazität an einem firmeneigenen Transformator, geschweige denn an der NSHV ausreichend ist. Dann bedarf es eines eigenen Netzanschlusses, ggf. sogar mit einer eigenen Trafostation für die Umwandlung Mittelspannung zu Niederspannung. Dieser wird demnach bei hohen Ladeleistungen, also entweder wenige Ladepunkte mit hoher Leistung oder mehrere Normalladepunkte, notwendig sein.

Hintergrundinformationen
Der Netzanschluss verbindet nach § 5 NAV (Niederspannungsanschlussverordnung) das Elektrizitätsversorgungsnetz der allgemeinen Versorgung mit der elektrischen Anlage des Anschlussnehmers. Er beginnt an der Abzweigstelle des Niederspannungsnetzes und endet mit der Hausanschlusssicherung, es sei denn, dass eine abweichende Vereinbarung mit dem Netzbetreiber getroffen wird; in jedem Fall sind auf die Hausanschlusssicherung die Bestimmungen über den Netzanschluss anzuwenden.

Der eigene gesonderte Netzanschluss für den Ladepunkt ist beim Verteilnetzbetreiber zu beantragen und ein Netzanschlussvertrag nach § 2 NAV abzuschließen.

Das Netzanschlussverhältnis umfasst den Anschluss der elektrischen Anlage über den Netzanschluss und dessen weiteren Betrieb. Es besteht zwischen dem Anschlussnehmer und dem Netzbetreiber. Das Netzanschlussverhältnis entsteht gemäß § 2 Abs. 2 NAV durch Vertrag erstmalig mit dem Anschlussnehmer, der die Herstellung des Netzanschlusses in Auftrag gibt. Bei Herstellung eines Netzanschlusses ist der Netzanschlussvertrag schriftlich abzuschließen.

Ab diesem Zeitpunkt kann es kompliziert werden. Denn nach § 6 NAV werden Netzanschlüsse durch den Netzbetreiber hergestellt. Die Herstellung des Netzanschlusses soll vom Anschlussnehmer schriftlich in Auftrag gegeben werden; auf Verlangen des Netzbetreibers ist ein von diesem zur Verfügung gestellter Vordruck zu verwenden. Der Netzbetreiber hat dem Anschlussnehmer den voraussichtlichen Zeitbedarf für die Herstellung des Netzanschlusses mitzuteilen. Art, Zahl und Lage der Netzanschlüsse werden nach Beteiligung des Anschlussnehmers und unter Wahrung seiner berechtigten Interessen vom Netzbetreiber nach den anerkannten Regeln der Technik bestimmt. Das Interesse des Anschlussnehmers, also des CPO, an einer kostengünstigen Errichtung der Netzanschlüsse ist dabei besonders zu berücksichtigen, sodass z. B. eigene Tiefbauarbeiten vom Ladepunkterrichter beigestellt werden können.

Jeder Ladepunkt mit einem eigenen Netzanschluss verfügt über eine eigene MaLo-ID (Marktlokations-Identifikationsnummer), die eine eindeutige Zuordnung des Ladepunktes wie jeder anderen Verbrauchsstelle ermöglicht und die Marktkommunikation zwischen Netzbetreiber und Energielieferant ermöglicht. Der Netzbetreiber ist derjenige, der das Stromnetz betreibt, an dem der Ladepunkt angeschlossen ist.

Energielieferant ist derjenige, der dem CPO den Strom liefert. Das ist wichtig für den CPO, nicht jedoch für den Elektrofahrzeugführer – der möchte nur laden und auch vor dem Ladebeginn wissen, wie hoch der Strompreis ist und sodann den bezogenen Strom bezahlen.

Der Ladepunkt mit eigenem Netzanschluss verfügt auch über eine MeLo-ID (Messlokations-ID), die zur MaLo unterschiedlich identifiziert wird. Die MeLo entspricht dem Zähler als dem Punkt, an dem der Energieverbrauch gemessen wird. Aus den an der Messlokation abgelesenen Werten berechnet sich der Energieverbrauch der Marktlokation. Diese Konstellation ist oftmals gegeben, wenn große Ladepunkte oder Ladehubs als HPC (High Power Charger) oder UFC (Ultra Fast Charger) betrieben werden.

▶ Übrigens gibt es zum Teil große Abweichungen zwischen der Energielieferung, den der Energiedienstleister an der MeLo bereitstellt, und dem Strom, der die Summe der Elektrofahrzeuge lädt, weil allein beim Laden und der Konvertierung von AC zu DC Verluste auftreten; beim HPC darüber hinaus allein beim Einspeichern und Auspuffern in die Speicherbatterien am Ladepunkt.

Befindet sich der Ladepunkt hinter einem Netzanschluss, z. B. eines Gebäudes oder sonstigen Standorts, teilt der Ladepunkte die MaLo und MeLo jenes Gebäudes, weil dieses über den Netzanschluss und damit MaLo und MeLO verfügt.

3.10.2 Anschluss am vorhandenen Netzanschluss

Wenn es technisch möglich ist, empfiehlt sich der Verzicht auf einen gesonderten Netzanschluss für einen Ladepunkt, zugunsten eines Anschlusses an die eigene NSHV. Hier gibt es keine Abhängigkeiten vom Netzbetreiber, und es ergeben sich Kostenvorteile beim Betrieb, etwa über die *zeitgleichen* Verbräuche, sodass der Leistungspreisanteil der Netzentgelte günstiger wird – jedenfalls wenn die Höchstlast des eigenen (Bürogebäude- oder Unternehmens-) Verbrauchs nicht auf den Zeitpunkt der Höchstlast des Ladepunktes fällt. Denn der Leistungspreis bemisst sich nach der höchsten in Anspruch genommen Lastspitze in einem Kalenderjahr.[28]

Allerdings gibt es auch hier Restriktionen:

Nach § 19 Abs. 2 NAV sind Erweiterungen und Änderungen von Anlagen sowie die Verwendung zusätzlicher Verbrauchsgeräte dem Netzbetreiber mitzuteilen, soweit sich da-

---

[28] Bränzel/Engelmann/Geilhausen/Schulze, Energiemanagement, Springer Vieweg 2. Aufl. 2019, Vgl. KWK Umlage S. 111, Leistungsentgelt S. 116, Konzessionsabgabe S. 129

3.10 Netzanschluss

durch die vorzuhaltende Leistung erhöht oder mit Netzrückwirkungen zu rechnen ist. Für Ladengeschäfte oder Bürogebäude, aber auch bei normalen Wohnhäusern spricht die in Relation hohe Leistungsaufnahme der Ladepunkte dafür, dass sich durch den Betrieb die vorzuhaltende Leistung erhöht.

Von daher sind nach § 19 Abs. 2 Satz 2 NAV dem Netzbetreiber

1. auch Ladeeinrichtungen für Elektrofahrzeuge vor deren Inbetriebnahme mitzuteilen.
   Ladeeinrichtungen sind zwar nicht definiert, aber im Kontext zur LSV fallen Ladepunkte zwingend darunter. Ladeeinrichtungen sind aber darüber hinaus auch Einrichtungen für induktives Laden oder andere Formen, etwa über Oberleitungen.
2. Die Inbetriebnahme bedarf sogar darüber hinaus der vorherigen Zustimmung des Netzbetreibers, sofern ihre Summen-Bemessungsleistung 12 kVA je elektrische Anlage überschreitet. Das bedeutet schlichtweg, dass keine 20 kW DC oder 22 kW Ac oder größere Ladeleistung auf dem eigenen Parkplatz mit Anschluss am eigenen Trafo angeschlossen werden darf, ohne dass der Netzbetreiber seine Zustimmung dazu als Voraussetzung der Installation geben muss. Der Netzbetreiber ist in diesem Fall verpflichtet, sich innerhalb von zwei Monaten nach Eingang der Mitteilung des Ladepunkterrichters zu äußern.
   Stimmt der Netzbetreiber nicht zu, hat er den Hinderungsgrund, mögliche Abhilfemaßnahmen des Netzbetreibers und des Anschlussnehmers oder -nutzers sowie einen hierfür beim Netzbetreiber erforderlichen Zeitbedarf darzulegen. Einzelheiten über den Inhalt und die Form der Mitteilungen kann der Netzbetreiber regeln.
   Umgekehrt wäre der Errichter, der einen Ladepunkt nur der gesetzlichen Pflicht[29] wegen errichten will, dann auf Ladepunkte bis 11 kW beschränkt.

In der Praxis wird des Öfteren der Fall anzutreffen sein, dass die bisherigen Anschlusskapazitäten, die vor Jahren installiert und zwischenzeitlich optimiert wurden, nicht ausreichen, weitere bzw. mehrere Ladepunkte, dazu noch mit höheren Leistungen, zu errichten. Deshalb kann der Aufbau von Ladeinfrastruktur sehr teuer werden, wenn nur wegen der Ladepunkte z. B. ein neuer Transformator gekauft und in das Unternehmensstromnetz eingebunden werden muss.[30]

3.10.3 Anpassung der Verteilnetzstrukturen an den Rollout

Egal wie, aber wenn immer mehr Elektrofahrzeuge geladen werden, muss die Energie zum Ladepunkt kommen. Das kann dazu führen, dass der Netzbetreiber in den Betrieb und

---

[29] Vgl. GEIG-Entwurf Gesetzentwurf der Bundesregierung vom 28.05.2020, https://www.bmwi.de/Redaktion/DE/Artikel/Service/Gesetzesvorhaben/gebaeude-elektromobilitaetsinfrastruktur-gesetz.html, letzter Aufruf 27.12.2020

[30] Vgl. Metro installiert 62 neue Elektroauto-Ladepunkte in Düsseldorf, ecomento.de, https://ecomento.de/2019/05/31/metro-installiert-62-neue-elektroauto-ladepunkte-in-duesseldorf/, letzter Aufruf 27.12.2020

Ausbau der Netzinfrastruktur investieren muss, deren Kosten dann über die Netzentgelte auf alle angeschlossenen Kunden solidarisch gewälzt werden.[31] Die Höhe der Netzentgelte berechnet sich nach der AReV (Anreizregulierungs-Verordnung). Der Ausbau der Elektromobilitätsladeinfrastruktur und die anderen Anforderungen an die Elektrifizierung und Weiterleitung der dezentralen erneuerbaren Energien werden zwangsläufig zu einer Erhöhung der Netzentgelte führen.

Hintergrundinformationen
Für die nächsten 25 Jahre wird ein Investitionsbedarf von insgesamt rund 2,5 Mrd. € allein im Netzgebiet von E.ON erwartet.[32] Davon sollen zwei Drittel in punktuelle Baumaßnahmen gehen, wie die Erneuerung von Ortsnetzstationen. Damit kann mehr Ladestrom in die Ortsnetze bzw. Teilnetze fließen.

Nur ein Drittel der Investitionssumme wird für den Bau von neuen Leitungen benötigt. Aber die 2,5 Mrd. € werden sich als Abschreibungen und (kalkulatorischer) Zinsaufwand in den Netzentgelten wiederfinden, auch wenn rechnerisch nur 100 Mio. € jährlich investiert werden. Dabei ist das nur einer von vielen Netzbetreibern, die als Folge des Ausbaus der Elektromobilitätsinfrastruktur in das vorgelagerte Stromnetz zu investieren haben.

In 2021 steigen Netzentgelte gegenüber dem Vorjahr um ca. 4 % für Niederspannungskunden.[33] Derzeit dürften die Netzentgelte der größte Kostentreiber der Stromentgelte sein, allerdings weniger der Elektromobilität als der Stromverteilung nach dem Anschluss von Anlagen zur Erzeugung erneuerbarer Energien geschuldet. Sie sind aber ein kontinuierlicher Kostentreiber der letzten Jahre[34] und je nach Kostensituation der drittgrößte Kostenbestandteil des Strompreises.[35]

---

[31] Vgl. BT- Drs.18/11295 vom 23.02.2017, S. 7

[32] Elektromobilität, Ladeinfrastruktur und das Netz: aktuelle Entwicklungen, euwid-energie.de vom 18.08.2020, https://www.euwid-energie.de/elektromobilitaet-ladeinfrastruktur-und-das-netz-aktuelle-entwicklungen/, letzter Aufruf 27.12.2020

[33] Strom: Netznutzungsentgelte steigen 2021 um vier Prozent, check24.de vom 14.10.2020, https://www.check24.de/unternehmen/presse/pressemitteilungen/strom%3a-netznutzungsentgelte-steigen-2021-um-vier-prozent-1496/, letzter Aufruf 27.12.2020

[34] 80 Prozent mehr Netzentgelt – neuer Strompreis-Schock, manager-magazin.de vom 23.09.2016; https://www.manager-magazin.de/unternehmen/energie/netzentgelte-tennet-bringt-naechsten-strompreis-schock-a-1113582.html, letzter Aufruf 27.12.2020,
Der zweite Preisschock – Netze werden Kostentreiber der Energiewende, handelsblatt.de vom 14.04.2019, https://www.handelsblatt.com/politik/deutschland/strompreise-der-zweite-preisschock-netze-werden-kostentreiber-der-energiewende/24218440.html?ticket=ST-20310326-eyPponFF6V-qcGcWAt5Pr-ap5, letzter Aufruf vom 27.12.2020

[35] Bränzel/Engelmann/Geilhausen/Schulze, Energiemanagement, Springer Vieweg 2. Aufl. 2019, Vgl. Netzentgelte S. 115

3.11 Anspruch auf Aufstellung für Ladepunkte

Unabhängig von der Mitteilungs- oder bei Ladepunkten über 12 kW sogar der Zustimmungserfordernis des Netzbetreibers können öffentlich-rechtliche Genehmigungen für das konkrete Ladepunkt-Errichtungsprojekt erforderlich sein, was jeweils geprüft werden muss.

3.11.1 Erfordernis einer Baugenehmigung?

Nach § 1 Abs. 2 Nr. 1 LBauO[36] (Muster-Landesbauordnung) gilt die Bauordnung nicht für Anlagen des öffentlichen Verkehrs einschließlich Zubehör, Nebenanlagen und Nebenbetrieben, ausgenommen Gebäude. Es gilt Straßenrecht, kein Baurecht. Umgekehrt werden nach § 2 Abs. 1 S.3 Nr. 4 ThürBO (Thüringer Bauordnung) als bauliche Anlagen auch Stellplätze für Kraftfahrzeuge und Fahrradabstellplätze definiert. Diese bedürfen nach § 60 Abs. 1 Nr. 14 lit. c) ThürBO[37] dann keiner Baugenehmigung, wenn es sich um nicht überdachte Stellplätze bis zu insgesamt 100 m² Fläche handelt. Wenn die Errichtung einer Ladestation mit der Errichtung von Parkflächen über 100 m² einhergeht, ist die Baugenehmigung – für die Errichtung des Stellplatzes – zuvor zu beantragen.

Die Errichtung von Ladepunkten bedarf grundsätzlich keiner Baugenehmigung. Denn sie sind Straßenzubehör.

Ein Anwohner kann deshalb nicht verlangen oder verhindern, dass Elektroladesäulen auf öffentlichem Straßengrund errichtet werden.[38] Ladesäulen zum Aufladen von Elektromobilen auf öffentlichem Straßengrund stellen regelmäßig Verkehrsanlagen dar, die der Sicherheit und Leichtigkeit des Verkehrs dienen und damit Zubehör i.S. Art. 2 Nr. 3 BayStrWG (Bayrisches Straßen- und Wegegesetz) sind.[39]

Der Zubehörbegriff ist weit auszulegen. Voraussetzung ist lediglich, dass diese Anlagen der Leichtigkeit und Sicherheit des Straßenverkehrs dienen. Der Aufbau eines flächendeckenden Ladenetzes stellt die Voraussetzung für die Gewährleistung eines ungehinderten Verkehrsflusses und eines gefahrlosen Verkehrsablaufs dar. Ladesäulen fördern damit unmittelbar die Sicherheit und Leichtigkeit des Verkehrs.[40] Voraussetzung für den flüssigen und sicheren Verkehr mit Elektrofahrzeugen ist das Vorhandensein ausreichender Lademöglichkeiten und damit auch der Aufbau von Ladepunkten im Bereich öffentlicher Straßen und Wege.

---

[36] Vgl. LBauO NRW vom 21.07.2018; ThürBO vom 13.03.2014 (GVBl 2014, 49)
[37] Vgl. auch 62 Abs. 1 Nr. 14 lit. c) LBauO NRW
[38] BayVGH Urteil vom 13.07.2018, Az: 8 CE 18.1071
[39] BayVGH Urteil vom 13.07.2018, Az: 8 CE 18.1071
[40] BayVGH Urteil vom 13.07.2018, Az: 8 CE 18.1071; BVerwG vom 20.01.1983, Az: 4 B 217.82

Eine herkömmliche Tankstation für fossile Brennstoffe ist regelmäßig dadurch gekennzeichnet, dass es zur Ermöglichung eines relativ kurzen Betankungsvorgangs im Verhältnis zur dadurch eröffneten Reichweite eines erheblichen Umfangs an baulicher und technischer Infrastruktur bedarf. Tankstellen werden i. d. R. auch nicht auf öffentlichen Verkehrsflächen errichtet. Eine Baugenehmigung wäre also erforderlich im Gegensatz zu einer am Straßenrand stehenden Stromladesäule.

Ausnahmen sind Nebenbetriebe der Bundesautobahnen, für welche die straßenrechtlichen Sonderbestimmungen in § 1 Abs. 4 Nr. 5, § 15 FStrG (Bundes-Fernstraßengesetz) gelten.[41]

Selbst die Gefahren, die im Zusammenhang mit den Ladevorgängen entstehen können, etwa bei Unfällen durch Stromschläge bei beschädigten Anlagen oder durch defekte Fahrzeuge, spielen für die straßenrechtliche Qualifizierung der Ladesäulen keine Rolle – maßgeblich sind insofern die besonderen gesetzlichen Regelungen für die Errichtung und den Betrieb von Ladepunkten gemäß § 49 EnWG und § 3 Abs. 4 LSV.[42]

Soweit ersichtlich, wird zwar in manchen Bundesländern die Photovoltaikpflicht bei Neubauten und die Verpflichtung zur Errichtung von Photovoltaikanlagen auf offenen Parkflächen zum Klimaschutz diskutiert.[43] Es sollte jedoch auch Überlegung finden, solche Maßnahmen und vor allem die überobligationsmäßige Errichtung von Ladepunkte für Elektrofahrzeuge nach Anzahl und Qualität als Ausgleichsmaßnahme für Baumaßnahme in den Baugenehmigungen zu akzeptieren. Dies würde insgesamt dem flächendeckenden Ausbau von Ladepunkten über die angekündigten gesetzlichen Verpflichtungen des GEIG hinaus helfen.

3.11.2 Erlaubnis bei Denkmalschutz

Die Anlegung eines Ladeparkplatzes nebst Ladestation für ein Elektrofahrzeug an einem denkmalgeschützten Gebäude stellt eine erlaubnispflichtige Maßnahme, u. a. nach § 9 DSchG NRW,[44] dar – und darf an denkmalgeschützten Gebäuden nicht ohne Weiteres durchgeführt werden.[45]

Die Anlegung eines Stellplatzes nebst Ladestation ist eine Nutzungsänderung (nach § 9 Abs. 1 lit. a) 4. Mod. DSchG NRW durch die Errichtung einer baulichen Anlage gemäß

---

[41] BayVGH Urteil vom 13.07.2018, Az: 8 CE 18.1071

[42] BayVGH Urteil vom 13.07.2018, Az: 8 CE 18.1071

[43] Verband fordert Solardachpflicht für neue Häuser in NRW, süddeutsche.de vom 07.01.2021, https://www.sueddeutsche.de/wirtschaft/wohnen-duesseldorf-verband-fordert-solardachpflicht-fuer-neue-haeuser-in-nrw-dpa.urn-newsml-dpa-com-20090101-210107-99-931314, letzter Aufruf 09.01.2021

[44] DSchG = Denkmalschutzgesetz NRW vom 11.02.1980 (GVBl. 1980, 226) i. d. F. vom 15.11.2016 (GVBl. 2016, 934)

[45] VG Düsseldorf Urteil vom 26.04.2018, Az; 28 K 889/17 – hier nach § 5 Abs. 1 Satz 2 i. V. m. § 9 Abs. 1 lit. a) DSchG NRW

3.11 Anspruch auf Aufstellung für Ladepunkte

§ 2 Abs. 2 Satz 3 Nr. 5 LBauO NRW. Maßgeblich für die Genehmigung nach LBauO ist allerdings die Anlegung eines neuen Stellplatzes, nicht die Anbringung einer Ladestation an einem bestehenden Stellplatz.

▶ Bei denkmalgeschützten Gebäuden besteht grundsätzlich kein Anspruch auf Erteilung einer Erlaubnis zur Errichtung von Stellplätzen.[46]

Daran ändert sich auch nichts durch die Wahl eines Elektrofahrzeugs nebst notwendiger Ladestation im Interesse der Umwelterhaltung, des Klimaschutzes und der Herstellung gesunder Lebensverhältnisse. Zwar stellt der Umweltschutz, der sogar nach Art. 20a Grundgesetz gesetzlich geschützt ist, ein öffentliches Interesse dar. Bei überwiegendem öffentlichem Interesse wäre gemäß § 9 Abs. 2 lit. b) DSchG NRW daher die Erlaubnis zu erteilen. Allerdings kommt dem Klima- und Umweltschutz kein genereller Vorrang gegenüber dem Denkmalschutz zu.[47]

Der Beitrag von Elektrofahrzeugen zum Klimaschutz ist nicht von einem solchen Gewicht, dass er einen schweren Eingriff in den Denkmalschutz kompensieren könnte.[48]

---

[46] VG Düsseldorf Urteil vom 26.04.2018, Az; 28 K 889/17; VG Düsseldorf Urteil vom 01.02.2013, Az: 25 K 5815/12
[47] VG Düsseldorf Urteil vom 26.04.2018, Az; 28 K 889/17; OVG Berlin-Brandenburg Beschluss vom 01.03.2017, Az: OVG 1 N 68.14.
[48] VG Düsseldorf Urteil vom 26.04.2018, Az; 28 K 889/17.

Haftung der Betreiber von Ladepunkten 4

4.1 Schadensersatz für schuldhafte Rechtsverletzungen

Der Betreiber eines Ladepunktes haftet, wie jedes andere Rechtssubjekt auch, für schuldhaft verursachte Rechtsgutverletzungen gesetzlich nach § 823 BGB.

Dies betrifft den CPO, der für den Ladepunkt, seine Aufstellung, Unterhaltung und den Betrieb zuständig ist. Wenn Wartungs- und Kontrollpflichten verletzt werden, dann ist das ein fahrlässiges Tun oder Unterlassen. Kommt dadurch eine Person zu Schaden oder wird eine Sache, etwa das Elektrofahrzeug eines Ladepunktnutzers, beschädigt, muss nach § 249 BGB Schadensersatz geleistet werden.

Konstellationen sind z. B. Beschädigungen der Ladesäule durch Vandalismus, die nicht beseitigt wurden. Wenn das angeschlagene Ladekabel beschädigt ist, die Isolierung am Kabel oder am Stecker im Laufe der Zeit porös wird und dadurch etwa ein Stromschlag passiert, wäre dies eine schädigende Handlung, wenn dies vom Ladepunktbetreiber nicht regelmäßig kontrolliert und dokumentiert wird oder ein erkannter Mangel an der Ladekabelisolierung nicht beseitigt wird. Das Gleiche wäre gegeben bei scharfen Kanten an einem Ladepunkt, z. B. einer Wallbox, falls sich ein Nutzer daran verletzt. Als Sachschaden wäre auch eine Überspannung denkbar, die das Elektrofahrzeug, in ihm insbesondere die Batterie, beschädigt.

Eine Haftung des CPO, gegebenenfalls sogar als Gesamtschuldner mit dem Elektrofahrzeugführer ist denkbar, wenn wegen der Parkplatzanordnung das Ladekabel über einen Fußweg geführt wird und Passanten dadurch zu Fall kommen. Ladekabel sind üblicherweise schwarz, werden in der Dunkelheit – ohne jeden Kontrast – also nicht gesehen und sollten zumindest in gefahrgeneigten Konstellationen mit einer Warnfarbe markiert sein. Voraussetzung ist immer ein Verschulden des Betreibers, also Vorsatz oder ganz überwiegend wohl Fahrlässigkeit, wenn dadurch Sach-, Sachfolgeschäden oder sogar Personenschäden entstehen.

▶ Gegenwärtig kann nicht damit gerechnet werden, dass jeder Spaziergänger an einem Parkplatz mit querenden Ladekabeln rechnen muss. Außerdem können ungeschickt verlegte Ladekabel zu schweren Hürden für mobilitätseingeschränkte Personen werden. – Grundregel der StVO: die Teilnahme am Straßenverkehr erfordert ständige Vorsicht und gegenseitige Rücksicht.

Daneben können für den Ladepunktnutzer vertragliche Ansprüche aus dem Ladevertrag bestehen, etwa aus einer Nebenpflichtverletzung oder Verletzung der Verkehrssicherungspflicht. Naheliegend werden Elektrofahrzeugnutzer die Ladepunkte auch bei Schnee und ggf. Eis anfahren, um zu laden. Für den CPO kann sich dann die allgemeine Verkehrssicherungspflicht einstellen, die Zuwegung abzustumpfen.

Nicht ersetzt werden nach § 823 BGB reine Vermögensschäden.[1]: Wenn ein EMP in seiner Lade-App irriger Weise die Bereitschaft eines Ladepunktes anzeigt, der BEV-Fahrer mit den letzten Reserven an den Ladepunkt fährt, jedoch der in der App aufgewiesene notwendige Steckertyp oder die ganze Ladesäule nicht funktioniert oder entgegen den Informationen aus der App die Ladepunkte besetzt sind und das BEV deswegen liegenbleibt, stellt dies einen Vermögensschaden dar. Das BEV ist nicht defekt, es hat nur keinen Strom. Ein Sachschaden ist nicht eingetreten. Der BEV-Fahrer erhält die Kosten für das Abschleppen nicht vom EMP erstattet.

Möglicherweise kann sich der EMP sowieso dadurch exkulpieren, dass er lediglich die dynamischen Daten des Ladepunktes, die vom CPO falsch übermittelt wurden, anzeigte. Niemand kann vom EMP verlangen, diese Informationen auf Richtigkeit zu prüfen.

Die Zeit und viele massenhafte Ladefälle werden hier sicher neue und bisher nicht angedachte Haftungskonstellationen aufzeigen. Bisher ist noch keine Rechtsprechung dazu bekannt geworden.

4.2 Gefährdungshaftung nach Haftpflichtgesetz

Abgesehen von schuldhaften Rechtsverletzungen besteht eine verschuldensunabhängige Gefährdungshaftung nach § 2 HaftPflG (Haftpflichtgesetz) zu Lasten des CPO.[2] Gem. § 2 Abs. 1 Satz 1 HaftPflG ist der Inhaber einer Anlage zur Abgabe von Elektrizität zum Schadensersatz verpflichtet, wenn durch die Wirkungen von Elektrizität, die von einer An-

---

[1] Schulze, Erdleitungsschäden: Schadensersatzansprüche der Versorgungsunternehmen sowie deren Kunden, EW Medien und Kongress GmbH Frankfurt 2. Aufl. 2011, S. 144 ff.
[2] Vgl. Schulze, Die Gefährdungshaftung der Betreiber von Rohrleitungen, insbesondere von gemeindlichen Ver- und Entsorgungsleitungen, VersR 2000, 1337 ff.

lage zur Abgabe von Elektrizität ausgehen, ein Mensch getötet, der Körper oder die Gesundheit eines Menschen verletzt oder eine Sache beschädigt wird. Dies nennt man auch *Wirkungshaftung*.

Das Gleiche gilt gem. § 2 Abs. 1 Satz 2 HaftPflG, wenn der Schaden, ohne auf die Wirkungen der Elektrizität zu beruhen, auf das schlichte Vorhandensein einer solchen Anlage zur Abgabe von Elektrizität zurückzuführen ist. Diese zweite Alternative wird als *Zustandshaftung* bezeichnet. Es handelt sich somit um eine verschuldensunabhängige Haftung der jeweiligen Inhaber der Ladestation, also ganz überwiegend des CPO. Die Ladestation dient per se dazu, Elektrizität abzugeben.

Hintergrundinformationen
Der Begriff der Anlage aus dem HaftPflG deckt sich damit zum Großteil mit dem Begriff der Energieanlage in § 3 EnWG. Danach sind Energieanlagen Anlagen der Fortleitung von Energie, nämlich Gasleitungen, Druckerhöhungsstationen sowie Speicheranlagen für Gas, sowie Anlagen zur Abgabe von Energie, nämlich Messeinrichtungen sowie der Hausanschluss und die Installationsanlagen.

Haftpflichtiger ist der Inhaber des Ladepunktes, d. h. derjenige, der die tatsächliche, eigenverantwortliche und wirtschaftliche Herrschaft übernommen hat, diese ausübt und nach außen hin als Verantwortlicher auftritt,[3] die Verfügungsgewalt über den Betrieb der Anlage hat[4] und tatsächlich in der Lage ist, Schäden aus der Ladestation zu verhindern.[5]

Eigentum ist lediglich ein Indiz dafür, wer Inhaber der Ladestation und Anlage zur Abgabe von Elektrizität ist.[6] Denn derjenige, der vom Eigentümer vertraglich die umfassende Verwaltung übernimmt, d. h. die tatsächliche, eigenverantwortliche und wirtschaftliche Herrschaft übernimmt, übt diese auch aus und tritt nach außen als Inhaber der Ladestation gem. § 2 Abs. 1 Satz 1 HaftPflG auf.[7] Somit ist jedenfalls derjenige, der auf der Ladestation als Operator, d. h. Betreiber, aufgeschrieben ist, der Haftpflichtige.

Bei der Wirkungshaftung muss ein kausaler Zusammenhang mit der Funktion der Ladestation, nämlich Stromleitung in das Elektrofahrzeug, bestehen, und eben dies, nicht das Ausbleiben der Funktion, muss den Schaden verursacht haben.[8] Wenn kein Strom fließt, gibt es also keine Wirkungshaftung; Strom kann nur wirken, wenn er fließt.

---

[3] OLG Düsseldorf VersR 1999, 967; OLG Naumburg VersR 1994, 1432.
[4] BGH VersR 1988, 1041; OLG Düsseldorf VersR 1992, 326; KG Urteil vom 17.06.2004, Az. 20 U 121/03.
[5] OLG Naumburg Urteil vom 17.11.1998, Az: 9 U 135/98; OLG Koblenz Urteil vom 02.04.2014, Az: 5 U 1024/13.
[6] OLG Düsseldorf VersR 1999, 967.
[7] OLG Naumburg VersR 1994, 1432.
[8] BGH VersR 1992, 58; OLG Düsseldorf OLGR 1992, 273.

▶ § 2 Abs. 1 Satz 1 HaftPflG normiert eine verschuldensunabhängige Haftung nur für Schäden, die gerade auf die Wirkungen der Elektrizität zurückzuführen sind.[9] Unter Wirkungen sind nur die physikalischen Wirkungen zu verstehen.[10] Es ist ausreichend, wenn der Schaden durch allmähliche Wirkungen der Elektrizität entsteht.[11]

Die Zustandshaftung beruht auf den mechanischen Wirkungen der Ladestation,[12] da diese etwa durch das Fundament, die angeschlagenen Ladekabel u. dgl. gefährlicher als andere Einrichtungen sind. Eine – öffentlich zugängliche – Ladestation steht in Verkehrs- und Wegeräumen. Sie ist schlichtweg vorhanden und stellt eine Gefahr dar. Denn Ladestationen befinden sich zu einem großen Teil auf öffentlichen oder halböffentlichen Verkehrsflächen oder am Fußwegrand, sodass eine Gefährdung breiter Verkehrskreise besteht.[13] Hierdurch kommt die Ladestation in Verkehr mit Personen und Sachen, die z. B. durch sich lösende Teile Schäden an fremden Rechtsgütern verursachen können, ohne dass ein Verschulden des Errichters oder Betreibers vorliegt. Bei einer Wallbox ist denkbar, dass diese nicht verdeckt und nicht gut sichtbar an einer Hauswand angebracht ist und eine Person gegen die Wallbox läuft.

Gem. § 2 Abs. 1 Satz 2 2. Halbsatz HaftPflG ist die Zustandshaftung, nicht jedoch die Wirkungshaftung, ausgeschlossen, wenn sich die Ladestation zur Zeit der Schadensverursachung in einem ordnungsgemäßen Zustand befand.[14] Eine Beschränkung der Wirkungshaftung ist von Gesetzes wegen nicht gegeben.

Nach § 2 Abs. 1 Satz 3 HaftPflG ist eine Anlage ordnungsgemäß, solange sie den anerkannten Regeln der Technik entspricht und unversehrt ist. Die Ladepunktbetreiber sind bereits aus § 3 Abs. 4 LSV und § 49 Abs. 1 EnWG verpflichtet, Ladepunkte so zu errichten und zu betreiben, dass die technische Sicherheit gewährleistet ist. Dabei sind die allgemein anerkannten Regeln der Technik zu beachten. Sie befinden sich vor allem in technischen Regelwerken, etwa DIN,[15] VDE, DVGW oder auch Veröffentlichungen, z. B. in Zeitschriften. Regeln der Technik sind allgemein anerkannt, wenn die Fachleute davon überzeugt sind, dass sie den sicherheitstechnischen Anforderungen entsprechen. Anerkannt sind die Regeln noch nicht, wenn sie lediglich in der Theorie anerkannt sind.

Die vom Gesetzgeber in § 49 Abs. 2 EnWG geregelte – widerlegbare – gesetzliche Vermutung, wonach die Einhaltung der allgemein anerkannten Regeln der Technik vermutet wird, wenn die VDE-Regeln eingehalten werden, findet auch für die Zustandshaftung des HaftPflG Anwendung.

---

[9] OLG Düsseldorf OLGR 1994, 203.
[10] LG Duisburg VersR 1982, 502.
[11] OLG Naumburg VersR 1994, 1432.
[12] BGH VersR 1986, 92; OLG Celle VersR 1992, 189.
[13] BGH VersR 1996, 503; OLG Celle VersR 1992, 189.
[14] Vgl. OLG Schleswig GWF 1999, 22.
[15] BGH NJW 1991, 2021; LG Itzehoe ZNER 1998, 75.

4.2 Gefährdungshaftung nach Haftpflichtgesetz

Die Anlage muss sowohl den anerkannten Regeln der Technik entsprechen und kumulativ unversehrt sein. Unversehrt bedeutet, dass die Anlage frei von Mängeln ist, die die Sicherheit betreffen. Schönheitsfehler, wie unerhebliche Roststellen oder Beulen in der Isolierung sind dagegen unbeachtlich. Unversehrt ist die Anlage nicht mehr, wenn sie zwar nach den anerkannten Regeln der Technik erbaut und betrieben, jedoch durch Naturereignisse beschädigt wurde, z. B. denkbar durch einen Starkregen, durch Schneedruck oder Eingriffe Dritter, d. h. Vandalismus oder Fehlbenutzung.

Die Voraussetzungen dieser Entlastungsmöglichkeit des ordnungsgemäßen Zustands hat der Ladepunktbetreiber zu beweisen, wie sich aus dem Wortlaut „es sei denn" gem. § 2 Abs. 1 Satz 2 2. Halbsatz HaftPflG ergibt.[16]

Nach § 2 Abs. 3 HaftPflG sind sowohl die Wirkungs- als auch die Zustandshaftung ausgeschlossen,

- wenn der Schaden innerhalb eines Gebäudes entstanden und auf eine darin befindlichen Ladepunkt zurückzuführen oder wenn er innerhalb eines im Besitz des Inhabers des Ladepunktes stehenden befriedeten Grundstücks entstanden ist;
- wenn ein Energieverbrauchsgerät oder sonstige Einrichtung zum Verbrauch oder zur Abnahme von Elektrizität beschädigt oder durch eine solche Einrichtung ein Schaden verursacht worden ist;
- wenn der Schaden durch höhere Gewalt verursacht worden ist.

Die Entstehung des Schadens in einem Gebäude schließt den Haftpflichtersatzanspruch aus.[17] Wenn der Schaden durch eine Ladestation in der Tiefgarage oder Parkhaus erfolgt, tritt also keine Haftung ein. Der Schaden muss für diese Haftungsbefreiung innerhalb eines Gebäudes entstanden und auf eine darin befindliche Energieanlage zurückzuführen sein. Der Haftungsausschluss des § 2 Abs. 3 Nr. 1 HaftPflG privilegiert vorrangig den Abnehmer der Versorgungsleistungen, der regelmäßig Inhaber der Anlagen ist, die sich innerhalb des Gebäudes befindet. Der Abnehmer soll nicht gegenüber Familienangehörigen, Besuchern, Mietern oder anderen Nutzern des Gebäudes haften.

Der Haftungsausschluss ist auch dann gegeben, wenn der Schaden innerhalb des befriedeten, nicht notwendig eingefriedeten, Grundstücks verursacht wurde.[18] Die Definition des befriedeten Grundstückes entspricht § 123 StGB – ein Grundstück ist auch dann befriedetes Besitztum, wenn sie vom öffentlichen Verkehrsraum ohne Überwindung von Hindernissen betreten oder befahren werden kann. Bloße Hinweistafeln – etwa „Nur für Gäste" – sind nicht ausreichend. Wenn ein Nichtgast unerwünschter Weise an einer Ladestation lädt und dann durch die Wirkungen der Elektrizität einen Körperschaden erleidet, muss der Betreiber trotzdem haften.

---

[16] Vgl. BGH NJW-RR 1999, 360; BGH VersR 1992, 58; BGH R+S 1982, 25.
[17] OLG Stuttgart RdE 1998, 96.
[18] OLG Koblenz Urteil vom 02.04.2014, Az: 5 U 1024/13.

Der Haftungsausschluss besteht auch bei Beschädigung einer Anlage zum Verbrauch oder zur Abnahme der Elektrizität. Hierzu gehören Energieverbrauchs- und Energieabnahmegeräte,[19] also Anlagen, die der Verwertung oder Nutzbarmachung von Energien i. S. § 2 Abs. 1 HaftPflG dienen.[20] Schäden am Elektrofahrzeug fallen somit nicht unter diese Regelung. Sie werden nicht nach dem HaftPflG ersetzt.

Außerdem besteht kein Schadensersatzanspruch bei höherer Gewalt. Höhere Gewalt i. S. des § 2 Abs. 3 Nr. 3 HaftPflG ist ein betriebsfremdes, von außen durch elementare Naturereignisse bzw. durch Handlungen dritter Personen herbeigeführtes Ereignis, das nach menschlicher Einsicht und Erfahrung unvorhersehbar ist und mit wirtschaftlichen Mitteln auch durch die bei der Sachlage vernünftigerweise zu erwartende Sorgfalt nicht verhütet oder unschädlich gemacht werden kann und auch nicht wegen seiner Häufigkeit vom Betreiber des Ladepunktes anzunehmen ist,[21] in dem sich also das besondere Risiko der Gefährdungshaftung nicht verwirklicht.[22] Sie ist demnach ein Ereignis, das bei rechtlicher Bewertung nicht mehr der Betriebsgefahr der Ladestation, sondern einem Drittereignis zuzurechnen ist.[23]

Hierzu gehören Naturgewalten wie *Hochwasser*, *Sturm*, *Erdbeben* oder *Blitzschlag*.

Weiterhin zählen dazu Schäden, die durch unerlaubte Handlungen Dritter mit hoher krimineller Energie verursacht werden, z. B. *Sabotage*, oder das Massenphänomen der Verkehrsunfälle, die mit zumutbaren Mitteln auch durch die äußerste, vernünftigerweise zu erwartende Sorgfalt, nicht verhindert werden können.[24]

Schäden durch Materialfehler, -ermüdung oder Überspannungen scheiden dagegen als Haftungsausschlussgrund aus. Diese sind normale haftpflichtbegründende Betriebsrisiken des Ladesäulenbetreibers.

Nach § 4 HaftPflG muss sich der Geschädigte ein Mitverschulden gem. § 254 BGB anrechnen lassen, wenn an der Schadensentstehung ein Verschulden des Geschädigten mitgewirkt hat. Das Vorliegen eines Verschuldens ist für die Anwendung der Grundsätze des § 254 BGB nicht stets erforderlich. § 4 HaftPflG gilt entsprechend, wenn der Geschädigte seinerseits für den entsprechenden Schaden auf der Grundlage des HaftPflG einzustehen hätte.[25]

---

[19] LG Aachen NJW-RR 1993, 487.
[20] OLG Schleswig Urteil vom 06.12.2012, Az: 16 U 64/12.
[21] BGH VersR 1990, 156; BGH VersR 1988, 910; OLG Saarbrücken VersR 1993, 595; LG Essen Urteil vom 16.10.2017, Az: 6 O 152/17.
[22] Deutsch, Das neue System der Gefährdungshaftungen: Gefährdungshaftung, erweiterte Gefährdungshaftung und Kausal- Vermutungshaftung, NJW 1992, 73 ff.
[23] BGH VersR 1990, 156.
[24] BGH VersR 1988, 1150; BGH VersR 1976, 963.
[25] OLG Naumburg VersR 1999, 1548.

▶ Der Betreiber einer Ladestation, etwa ein Restaurant, ein Geschäft oder eine Arztpraxis, die eine öffentlich oder beschränkt öffentlich zugängliche Ladeinfrastruktur für Gäste und Besucher bereitstellt, muss deshalb das Haftpflichtrisiko unbedingt in der betrieblichen Haftpflichtversicherung versichern und abdecken.

4.3 Gefährdungshaftung nach dem Produkthaftungsgesetz

Der Betreiber eines Ladepunktes ist auch zur verschuldensunabhängigen Haftung verpflichtet, wenn durch den Fehler eines Produkts jemand getötet, sein Körper oder seine Gesundheit verletzt oder eine Sache beschädigt wird.

Nach § 1 Abs. 1 ProdHaftG (Produkthaftungsgesetz), ist der Hersteller des Produkts verpflichtet, dem Geschädigten den daraus entstehenden Schaden zu ersetzen. Im Falle der Sachbeschädigung gilt dies nur, wenn eine andere Sache als das fehlerhafte Produkt beschädigt wird und diese andere Sache ihrer Art nach gewöhnlich für den privaten Ge- oder Verbrauch bestimmt und hierzu von dem Geschädigten hauptsächlich verwendet worden ist. Ein Produkt im Sinne des ProdHaftG ist nach § 2 jede bewegliche Sache, sowie Elektrizität.

Wenn vom CPO oder EMP als Vertragspartner Elektrizität in das Elektrofahrzeug des Ladekunden geliefert wird, dieser Strom fehlerhaft ist, z. B. eine überhöhte Spannung oder Frequenzfehler aufweist, und dadurch das Elektrofahrzeug oder Komponenten davon beschädigt werden, muss verschuldensunabhängig gehaftet werden – wenn es sich um ein privates Elektrofahrzeug handelt. Eine gewerbliche Anwendung ist dagegen das Gegenteil des gewöhnlich für den privaten Ge- oder Verbrauch Bestimmtseins. Während nach § 2 Abs. 3 Nr. 2 HaftPflG gerade keine Schäden der Energieverbrauchsgeräte umfasst werden, ist beim § 1 Abs. 1 Satz 2 ProdHaftG nur der Sachschaden an einem privaten Energieverbrauchsgerät, also dem Elektrofahrzeug als Sachschaden abgesichert.

Führt eine übermäßige Überspannung zu Schäden an üblichen Verbrauchsgeräten, liegt ein Fehler des Produkts Elektrizität vor.[26] Nimmt der Betreiber des Stromnetzes Transformationen auf eine andere Spannungsebene vor – hier in die Niederspannung für die Netzanschlüsse von Letztverbrauchern –, ist er Hersteller des Produkts Elektrizität. Das gilt dann erst recht für den Betreiber der Ladestation, weil dieser den Strom in einer bestimmten Kapazität bereitstellt, ggf. mittels Nutzung der Pufferspeicherbatterie oder der Photovoltaikanlage, und bei einem DC-Anschluss den AC-Strom aus dem allgemeinen Netz in DC-Spannung umwandelt. Das Produkt Elektrizität ist dann erst mit der Lieferung des Ladestationsbetreibers über den Ausgang der Ladestation an den Elektrofahrzeugfahrer in den Verkehr gebracht.[27] Wenn der Ladepunkt nicht funktioniert, liegt kein

---

[26] BGH Urteil vom 25.02.2014, Az: VI ZR 144/13.
[27] BGH Urteil vom 25.02.2014, Az: VI ZR 144/13; LG Essen Urteil vom 18.01.2018, Az: 6 O 385/17.

Produktfehler vor, weil eben kein Produkt geliefert worden ist. Wenn das Kabel angeschlagen ist, also zum Ladepunkt dazu gehört, und wegen eines Fehlers des Kabels der Strom fehlerhaft wird, muss der Betreiber des Ladepunktes ebenfalls verschuldensunabhängig einstehen.

Die Ersatzpflicht des Herstellers der Elektrizität, also i. d. R. des Ladepunktbetreibers, ist ausgeschlossen, wenn

1. er das Produkt nicht in den Verkehr gebracht hat,
2. nach den Umständen davon auszugehen ist, dass das Produkt den Fehler, der den Schaden verursacht hat, noch nicht hatte, als der Hersteller es in den Verkehr brachte,
3. er das Produkt weder für den Verkauf oder eine andere Form des Vertriebs mit wirtschaftlichem Zweck hergestellt, noch im Rahmen seiner beruflichen Tätigkeit hergestellt oder vertrieben hat,
4. der Fehler darauf beruht, dass das Produkt in dem Zeitpunkt, in dem der Hersteller es in den Verkehr brachte, dazu zwingenden Rechtsvorschriften entsprochen hat, oder
5. der Fehler nach dem Stand der Wissenschaft und Technik zu dem Zeitpunkt, in dem der Hersteller das Produkt in den Verkehr brachte, nicht erkannt werden konnte.

Für den Fehler, den Schaden und den ursächlichen Zusammenhang zwischen Fehler und Schaden trägt der geschädigte Elektrofahrzeugfahrer die Beweislast.[28] Der geschädigte Elektrofahrzeugfahrer muss den Produktfehler beweisen, also i. d. R. die Überspannung, dessen Ursächlichkeit für den Schaden am Fahrzeug oder sogar an seiner Gesundheit und dass sein Schaden im Organisations- und Gefahrenkreis des Stromlieferanten oder CPO oder EMP durch einen objektiv mangelhaften verkehrswidrigen Zustand des Produkts „Elektrizität" zum Zeitpunkt des Inverkehrbringens entstanden ist.[29] Ist streitig, ob die Ersatzpflicht ausgeschlossen ist, so trägt der Ladesäulenbetreiber als Ladestromhersteller die Beweislast.

▶ Bei Sachschäden beträgt der Selbstbehalt des Geschädigten gemäß § 11 ProdHaftG 500 € je Schadensfall. Wenn durch den Produktfehler des Stroms z. B. sein Typ-2-Stecker beschädigt wird, werden die 500 € Schadenssumme nicht erreicht.

Nach § 3 Abs. 1 ProdHaftG hat das Produkt Ladestrom einen Fehler, wenn es nicht die Sicherheit bietet, die unter Berücksichtigung aller Umstände, insbesondere

---

[28] OLG Hamm Urteil vom 19.05.2016, Az: 21 U 154/13.
[29] BGH NJW 2005, 2695, 2696.

4.3 Gefährdungshaftung nach dem Produkthaftungsgesetz

- seiner Darbietung,
- des Gebrauchs, mit dem billigerweise gerechnet werden kann,
- des Zeitpunktes, in dem es in den Verkehr gebracht wurde,

berechtigterweise erwartet werden kann.

Hersteller kann übrigens auch ein Netzbetreiber sein. Denn nach § 4 Abs. 1 ProdHaftG ist Hersteller, wer das Endprodukt, einen Grundstoff oder ein Teilprodukt hergestellt hat. Als Hersteller gilt auch jeder, der sich durch das Anbringen seines Namens, seiner Marke oder eines anderen unterscheidungskräftigen Kennzeichens als Hersteller ausgibt. Als Hersteller gilt nach § 4 Abs. 2 ferner, wer ein Produkt zum Zweck des Verkaufs, der Vermietung, des Mietkaufs oder einer anderen Form des Vertriebs mit wirtschaftlichem Zweck im Rahmen seiner geschäftlichen Tätigkeit in den Geltungsbereich des Abkommens über den Europäischen Wirtschaftsraum einführt oder verbringt. Kann der Hersteller des Produkts nicht festgestellt werden, so gilt jeder Lieferant als dessen Hersteller, es sei denn, dass er dem Geschädigten innerhalb eines Monats, nachdem ihm dessen diesbezügliche Aufforderung zugegangen ist, den Hersteller oder diejenige Person benennt, die ihm das Produkt geliefert hat. Dies gilt auch für ein eingeführtes Produkt, wenn sich bei diesem die in Abs. 2 genannte Person nicht feststellen lässt, selbst wenn der Name des Herstellers bekannt ist. Solche Konstellationen sind beim HPC (High Power Charging) denkbar, wenn der Strom teilweise aus dem Netz und teilweise aus den Pufferspeicherbatterien kommt. Für den Elektrofahrzeugführer, der beim Stromladen einen Schaden durch das Produkt Elektrizität erleidet, ist auf jeden Fall der Ladesäulenbetreiber der Hersteller, egal von wem jener physisch den Strom bezieht, vom vorgelagerten Netzbetreiber, vom Netzanschluss eines Dritten, wo der Ladepunkt angeschlossen ist, oder aus der eigenen Photovoltaikanlage oder Pufferspeicherbatterie.

Deshalb muss der Betreiber eines Ladepunktes die Risiken aus dem ProdHaftG über seine Haftpflichtversicherung ausreichend versichern. Denn problematisch wird die Haftungskonstellation dann, wenn der Stromlieferant mit dem gewerblichen CPO als Ladestationsbetreiber eine Haftungsprivilegierung von Gesetzes wegen oder vertraglich vereinbarte, etwa nach § 18 NAV, während der CPO die Haftung aus dem ProdHaftG diese nach § 14 ProdHaftG nicht mit den Fahrstromkunden abbedingen kann.

Ladepunkte in der Wohnungseigentümergemeinschaft, Wohnraummiete und in Großgaragen

5.1 Errichtung einer Ladestation auf dem eigenen Stellplatz durch Wohnungseigentümer

In Deutschland gibt es 9,2 Mio. Eigentumswohnungen, die entweder vom Eigentümer eigengenutzt oder vermietet werden. In beiden Konstellationen hat der Eigentümer ggf. ein Interesse, einen Ladepunkt für Elektrofahrzeuge zu errichten, entweder für sich oder für seinen Mieter, weil dieser es verlangt oder weil die Eigentumswohnung dazu aufgewertet und der Mietertrag erhöht wird. Umgekehrt hat der Mieter ein Interesse, unabhängig davon, ob sein Vermieter Teil einer Wohnungseigentümergemeinschaft ist oder nicht, dass er eine Ladestation am Mietobjekt errichten lassen kann, wenn der Vermieter es nicht selbst vornimmt.

5.1.1 Früher war die Zustimmung der WEG-Gemeinschaft erforderlich

Das WEG (Wohnungseigentumsgesetz) in der bis 31.10.2020 wird noch lange einen Schatten auf den Ausbau von Home-Charging werfen, weil es den Ausbau von Ladeinfrastruktur an der Wohnungseigentumsanlage behinderte und in vielen Fällen unmöglich machte. Diese Situation war somit der Klassiker, wie Einzelinteressen den Ausbau von Elektromobilität zu Hause unmöglich machten und über viele Jahre hemmten.

Der Bau einer Ladestation für ein Elektroauto in einer Wohnungseigentümer-Gemeinschaftsanlage war entweder

- eine bauliche Veränderung im Sinne von § 22 Abs. 1 WEG, sodass die Zustimmung aller (beeinträchtigten) Eigentümer der WEG erforderlich war, oder

- es war eine Modernisierungsmaßnahme nach § 22 Abs. 2 WEG i. V. m. § 555b Nr. 2 BGB oder
- ggf. eine Anpassung an den Stand der Technik gemäß § 22 Abs. 2 WEG, die eine Zustimmung der qualifizierten Mehrheit von mindestens drei Vierteln der stimmberechtigten Wohnungseigentümer und der Mehrheit der Miteigentumsanteile erforderte.[1]
- Wurde das Quorum nicht erreicht, gab es keine Ladepunkte, und danach i. d. R. auch einen Grund weniger, sich als Eigentümer oder Mieter ein Elektrofahrzeug anzuschaffen. Denn Laden in der WEG-Garage war unmöglich.

Es musste praktisch nur einen Wohnungseigentümer geben, der Elektromobilität nachteilig reflektierte und die Sache war blockiert. Ohne Ladestation gab es i. d. R. auch keine Elektrofahrzeuge, weil das sinnvolle Home-Charging nicht möglich gewesen war.

Der Sondereigentümer eines Tiefgaragenstellplatzes hatte grundsätzlich keinen Anspruch gegen die anderen Eigentümer auf Zustimmung zur Einrichtung eines Elektroanschlusses, zur Anbringung einer Leitung vom Verteilerkasten und Einrichtung einer Ladesteckdose zum Aufladen eines Elektroautos an seinem Stellplatz.[2] Es handelte sich dabei grundsätzlich um eine bauliche Maßnahme, die die freiwillige Zustimmung aller Wohnungseigentümer voraussetzt, möglicherweise auch um eine Modernisierung.

Ein Anspruch auf Zustimmung ergab sich weder aus § 21 Abs. 5 Nr. 6 WEG, der nur den Mindeststandard entsprechend dem Stand der Technik ermöglicht, noch aus einer Abwägung zwischen der Beeinträchtigung der übrigen Eigentümer nach § 14 WEG und dem Interesse des beantragenden Wohnungseigentümers an einer modernen, umweltfreundlichen Technologie. Denn Lademöglichkeiten für Elektroautos an einzelnen Tiefgaragenstellplätzen gehörten jedenfalls bis 2020 nicht zum technischen Mindeststandard i. S. d. § 21 Abs. 5 WEG, weil es (in 2016, als die relevante Entscheidung des LG München[3] erfolgte), auch kaum Elektrofahrzeuge gab. Noch ist dies heute ein Massenphänomen.

Jede bauliche Veränderung des gemeinschaftlichen Eigentums bedurfte der Zustimmung aller betroffenen Wohnungseigentümer. In der Praxis konnte jeder Wohnungseigentümer seine Zustimmung auch ohne ersthaften Grund verweigern – und damit auch die Anschaffung von Elektrofahrzeugen durch den selbstnutzenden Wohnungseigentümer verhindern. Um das Henne-Ei-Prinzip zu trennen war also eine Gesetzesänderung des WEG geboten.

Die bis 31.10.2020 geltende Rechtslage führte dazu, dass der bauliche Zustand der WEG-Anlage betoniert wurde. Es wurden bauliche Veränderungen behindert, die für den Rollout der Elektromobilität sinnvoll und nötig und für den einzelnen, die Zustimmung beantragenden Wohnungseigentümer, für viele Jahre bedeutsam waren. Dazu zählt die Er-

---
[1] LG Düsseldorf Urteil vom 04.07.2018, Az: 25 S 137/17.
[2] LG München I Urteil vom 21.01.2016, Az: 36 S 2041/15 WEG.
[3] LG München I Urteil vom 21.01.2016, Az: 36 S 2041/15 WEG.

5.1 Errichtung einer Ladestation auf dem eigenen Stellplatz durch …

richtung einer Lademöglichkeit für elektrisch betriebene Fahrzeuge, sowie Maßnahmen, die Wohnung barrierefrei zu gestalten und solche, die dem Einbruchsschutz dienen.

Der Einbau eines Ladepunktes durch einen Wohnungseigentümer auf eigene Kosten konnte deshalb grundsätzlich nur mit Zustimmung der übrigen Wohnungseigentümer erfolgen und begründete in aller Regel auch dann einen Nachteil i.S. §§ 22 Abs. 1 i. V. m. § 14 Nr. 1 WEG für die übrigen Wohnungseigentümer, wenn der bauwillige Wohnungseigentümer auf den Ladepunkt angewiesen war.[4] Sollte die Ladeinfrastruktur nur einzelnen bau- und zahlungswilligen Wohnungseigentümern zur Verfügung gestellt werden, wäre ihm ein Sondernutzungsrecht an dem für den Einbau vorgesehen Garagenteil eingeräumt worden. Hierfür bedurfte es einer Vereinbarung aller Wohnungseigentümer.[5]

§ 554a BGB a.F., nämlich das Verlangen der Zustimmung zur Errichtung einer Ladestation, war nur auf Mietverhältnisse anzuwenden,[6] nicht auf Wohnungseigentumsgemeinschaften. Es ist somit ein schlechtes aber veritables Beispiel, wie das lange Zögern des Gesetzgebers in einem Einzelgesetz langfristige und wichtige gesellschaftliche Ziele, nämlich den Rollout der Elektromobilität sowie Klima- und Umweltschutz, zu behindern vermag.

5.1.2 Freie Fahrt für Elektrofahrzeuge durch WEG 2020?

Der Gesetzgeber hat zur Förderung des Home-Charging in Wohnungseigentumsgemeinschaften das WEMoG (Wohnungseigentumsmodernisierungs-Gesetz) erlassen und u. a. § 20 WEG geändert und deutlich modernisiert. Denn ganz ohne Eingriffe in die Bausubstanz ist die Installation von Ladeinfrastruktur nicht möglich, weil Kabel, Datenleitungen, Zähler und die Ladeeinrichtung verlegt werden müssen.

Gestattung baulicher Veränderungen
Nach § 20 Abs. 1 WEG können von der Wohnungseigentumsgemeinschaft Maßnahmen, die über die ordnungsgemäße Erhaltung des gemeinschaftlichen Eigentums hinausgehen, d. h. bauliche Veränderungen, entweder beschlossen oder einem Eigentümer durch Beschluss gestattet werden.

---

[4] BGH Urteil vom 13.01.2017, Az: V ZR 96/16 – kein nachträglicher Einbau eines Personenaufzugs für gehbehinderten Eigennutzer einer Eigentumswohnung.
[5] BGH Urteil vom 13.01.2017, Az: V ZR 96/16 – kein nachträglicher Einbau eines Personenaufzugs für gehbehinderten Eigennutzer einer Eigentumswohnung.
[6] BT- Drs. 18/10256 S. 9 f.

▶ Es kann also einem Eigentümer gestattet werden, dass er selbst bauliche Maßnahmen vornimmt und seine Ladestation errichtet. Die Beschlussfassung erfolgt mit einfacher Mehrheit.[7]

Nach § 20 Abs. 2 Satz 1 WEG kann jetzt jeder Wohnungseigentümer angemessene bauliche Veränderungen von der Wohnungseigentümergemeinschaft verlangen, die nach § 20 Abs. 2 Satz 1 Nr. 2 dem Laden elektrisch betriebener Fahrzeuge und nach Nr. 4 dem Anschluss an ein Telekommunikationsnetz mit sehr hoher Kapazität dienen. Über die Durchführung ist im Rahmen ordnungsgemäßer Verwaltung zu beschließen.

Der Rechtsbegriff elektrisch betriebener Fahrzeuge geht über die Elektrofahrzeuge hinaus, auch wenn diese in der Praxis mehrheitlich betroffen sein werden. Der Begriff des Fahrzeugs ist ohne Rückgriff auf das EMoG zu verstehen; erfasst sind neben den im EMoG genannten Elektrofahrzeugen etwa auch elektrisch betriebene Zweiräder, die nicht in den Anwendungsbereich des EMoG fallen, oder elektrische Rollstühle für Behinderte und elektrische Fahrräder.

Dem Laden von Elektrofahrzeugen dienen alle baulichen Veränderungen, die es ermöglichen, die Batterie eines Elektrofahrzeugs zu laden. Der Anspruch beschränkt sich deshalb nicht nur auf die Anbringung einer Ladestation, sondern betrifft auch die Verlegung der Leitungen und die Eingriffe in die jeweilige Stromversorgung und NSHV, die dafür notwendig sind, dass die Lademöglichkeit sinnvoll genutzt werden kann. Der Anspruch beschränkt sich nicht nur auf die Ersteinrichtung einer Lademöglichkeit, sondern auch auf deren Verbesserung[8] und Aufrüstung. Wenn sich ein Wohnungseigentümer ein BEV anschafft und die technischen Möglichkeiten gegeben sind oder geschaffen werden können, kann er von der Gemeinschaft die Ertüchtigung, z. B. auf 11 kW Ladeleistung, verlangen.

Der Begriff der Lademöglichkeit ist dabei im Hinblick auf die technische und rechtliche Weiterentwicklung ohne Rückgriff auf die LSV oder andere Regelwerke zu bestimmen.[9] Die sinnvolle Nutzung der Lademöglichkeit beschränkt sich nicht auf die bloße Entnahme von Elektrizität, sondern auch die Bereitstellung von Flexibilität für das Stromnetz oder den Strommarkt oder die Profitierung von variablen Tarifen. Je nach Dimensionierung des Hausanschlusses und der Auslastung des örtlichen Verteilernetzes kann eine intelligente Steuerbarkeit eine entscheidende Voraussetzung dafür sein, dass eine Ladeinrichtung an das Stromnetz angeschlossen werden kann.

Dem Laden von Elektrofahrzeugen dienen daher auch insbesondere bauliche Veränderungen, die zur Umsetzung von Vorgaben des MsBG (Messstellenbetriebs-Gesetz) oder zur Teilnahme an einem Flexibilitätsmechanismus nach § 14a des EnWG erforderlich sind. Hierzu gehören Veränderungen, die zum Einbau und Betrieb der notwendigen

---

[7] Gesetzesbegründung WEMoG, BT- Drs. 19/18791 vom 27.04.2020, Seite 62.
[8] Gesetzesbegründung WEMoG, BT- Drs. 19/18791 vom 27.04.2020, Seite 64 ff.
[9] Gesetzesbegründung WEMoG, BT- Drs. 19/18791 vom 27.04.2020, Seite 63, 64.

Mess- und Steuereinrichtungen erforderlich sind, u. a. Veränderungen von Zählerschränken oder die kommunikative Anbindung der Ladeeinrichtung an ein intelligentes Messsystem.[10]

Nach § 20 Abs. 3 WEG kann unbeschadet der Regelungen des Abs. 2 darüber hinaus jeder Wohnungseigentümer verlangen, dass ihm eine bauliche Veränderung gestattet wird, wenn alle Wohnungseigentümer, deren Rechte durch die bauliche Veränderung über das bei einem geordneten Zusammenleben unvermeidliche Maß hinausgehend beeinträchtigt werden, einverstanden sind.

▶ Wenn ein Wohnungseigentümer ein entsprechendes Verlangen stellt, muss die Wohnungseigentümergemeinschaft über dieses Verlangen entscheiden.

Eine Lademöglichkeit können allerdings nur Halter verlangen, die in einer gemieteten oder ihnen selbst gehörenden Eigentumswohnung leben und über einen Stellplatz verfügen, der noch nicht mit einer Lademöglichkeit versehen ist. Der Anspruch auf den Anschluss an das Telekommunikationsnetz hoher Kapazität nach § 20 Abs. 2 Nr. 4 WEG ist doppelt wichtig, zum einen wegen der Digitalisierung auch der Wohnungen, z. B. Smart Home,[11] aber auch zum hocheffizienten Betrieb der – intelligenten – Ladepunkte.

Soweit für das Laden elektrisch betriebener Fahrzeuge keine bauliche Veränderung des gemeinschaftlichen Eigentums erforderlich ist, sondern lediglich die Nutzung des bestehenden gemeinschaftlichen Eigentums, liegt kein Fall des § 20 Abs. 2 Satz 1 Nr. 2 WEG vor. Es besteht insoweit ein Recht zum Mitgebrauch nach § 16 Abs. 1 Satz 3 WEG.

Recht zum Mitgebrauch gemeinschaftlicher Anlagen
Der Wohnungseigentümer kann den Anspruch aus § 20 Abs. 2 Satz 1 Nr. 2 WEG auf bauliche Veränderung, z. B. zur Verlegung von Strom- und Datenleitungen und zur Anbringung einer Wallbox, oftmals mit seinem Recht zum Mitgebrauch nach § 16 Abs. 1 Satz 3 i. V. m. § 14 WEG der bestehenden Elektroinstallationen kombinieren.

Entstehen durch den nachträglichen Mitgebrauch eines Wohnungseigentümers Kapazitätsprobleme, müssen diese nach allgemeinen Regeln gelöst werden, etwa durch einen Beschluss, der regelt, wann welcher Wohnungseigentümer das gemeinschaftliche Eigentum gebrauchen darf. Wenn also bereits einzelne Ladepunkte bestehen und jetzt neue Ladepunkte hinzukommen, müssen die Kapazitäten geteilt oder gemeinsam erweitert werden. Der Eigentümer der bestehenden Ladestation hat dann keine Privilegien, es gibt kein „Windhund"-Prinzip.

Es ist nicht zulässig, den Anspruch aus § 20 Abs. 2 Satz 1 Nr. 2 WEG mit Blick auf beschränkte Kapazitäten etwa der gemeinschaftlichen Elektroinstallationen abzulehnen.

---

[10] Gesetzesbegründung WEMoG, BT- Drs. 19/18791 vom 27.04.2020, Seite 64.
[11] Schulze, METRO GROUP Energiemanagement digital – DAS METRO-Energy-Management-System MEMS in CSR und Digitalisierung, Hildebrandt/Landhäußer (Hrsg), Springer Gabler 2017, S. 465, 480 f.

Entweder teilen sich in einem solchen Fall alle an der Nutzung interessierten Wohnungseigentümer die beschränkten Kapazitäten der bestehenden Elektroinstallationen, oder sie rüsten diese gemeinsam auf, z. B. durch die Installation eines Ladelastmanagementsystems (vgl. Kap. 7) oder die Erweiterung der Hausanschlussleistung und tragen die dafür notwendigen Kosten gemeinsam.[12]

§ 20 Abs. 2 Satz 1 Nr. 2 WEG räumt dem Wohnungseigentümer nicht das Recht ein, ein zu ladendes Fahrzeug für die Zeit des Ladevorgangs im Bereich des gemeinschaftlichen Eigentums abzustellen. Fehlt es an einem solchen Recht, ist die Herstellung einer Lademöglichkeit nicht angemessen. Ein Anspruch besteht deshalb in der Regel nur, wenn der Wohnungseigentümer das Recht hat, das zu ladende Fahrzeug im Bereich der begehrten Lademöglichkeit abzustellen. Keine Rolle spielt es, ob sich dieses Recht aus dem Sondereigentum, einem Sondernutzungsrecht oder lediglich dem Recht zum Mitgebrauch einer gemeinschaftlichen Abstellfläche ergibt.

Kostentragung
Die Kosten einer baulichen Veränderung, die einem Wohnungseigentümer nach § 20 Abs. 1 WEG von der Wohnungseigentümergemeinschaft gestattet wurde oder die nach § 20 Abs. 2 WEG auf Verlangen eines Wohnungseigentümers von der WEG durchgeführt werden, hat jener Wohnungseigentümer folgerichtig nach § 23 Abs. 1 WEG zu tragen.

Nachrangig haben nach § 23 Abs. 2 WEG alle Wohnungseigentümer die Kosten einer solchen baulichen Veränderung nach dem Verhältnis ihrer Anteile zu tragen, die zu mehr als zwei Dritteln der abgegebenen Stimmen und der Hälfte aller Miteigentumsanteile beschlossen wurden, es sei denn als Ausnahme, dass die bauliche Veränderung mit unverhältnismäßigen Kosten verbunden ist oder deren Kosten sich nicht innerhalb eines angemessenen Zeitraums amortisieren.

Die Amortisierung ist nicht statisch zu sehen, es kommt auf den Einzelfall und Umfang an.[13] Von der Rechtsprechung[14] ist zur modernisierenden Instandsetzung ein Zeitraum von zehn Jahren angesetzt worden, der jedoch nach dem Willen des Gesetzgebers nicht immer gelten soll. Der Zeitraum kann in Abhängigkeit von der konkreten Maßnahme auch überschritten werden, etwa um sinnvolle Maßnahmen der energetischen Sanierung auf Kosten aller Wohnungseigentümer zu ermöglichen. Maßgeblich ist in jedem Fall die Ex-ante-Beurteilung zum Zeitpunkt der Beschlussfassung; ob die Amortisierung später tatsächlich eintritt, spielt dagegen keine Rolle.

▶ Grob können deshalb die zehn Jahre angesetzt werden: Alles, was sich nicht innerhalb von ca. zehn Jahren amortisiert, muss nicht von der Gemeinschaft bezahlt werden.

---

[12] Gesetzesbegründung WEMoG, BT- Drs. 19/18791 vom 27.04.2020, Seite 64.
[13] Gesetzesbegründung WEMoG, BT- Drs.19/18791 vom 27.04.2020, Seite 68.
[14] BGH vom 14.12.2012, Az: V ZR 224/11.

5.2 Anspruch des Mieters auf Errichtung einer Ladestation

5.2.1 Errichtung einer Ladestation durch den Mieter

Der Mieter einer Mietwohnung oder eines Mietshauses kann nach dem mit dem WEMoG neu eingeführten § 554 Abs. 1 Satz 1 BGB verlangen, dass ihm der Vermieter bauliche Veränderungen der Mietsache erlaubt, die dem Laden elektrisch betriebener Fahrzeuge dienen. Er kann kurz und knapp die Zustimmung zur Errichtung eines Ladepunktes vom Vermieter verlangen.

Der Anspruch besteht nach Satz 2 nur dann nicht, wenn die bauliche Veränderung dem Vermieter – auch unter Würdigung der Interessen des Mieters in der Abwägung nicht zugemutet werden kann. Der Mieter kann sich nach § 554 Abs. 1 Satz 2 BGB im Zusammenhang mit der baulichen Veränderung zur Leistung einer besonderen Sicherheit verpflichten. Für die Sicherheit gilt nach § 551 Abs. 3 i. V. m. § 554 Abs. 1 Satz 3 BGB die bestehende übliche Regelung zur Anlage der als (Miet-) Sicherheit überlassenen Geldsumme.

Diese neue Vorschrift des § 554 BGB regelt den Anspruch des Mieters, vom Vermieter die Erlaubnis für bestimmte bauliche Veränderungen der Mietsache zu verlangen. Der Anspruch umfasst Maßnahmen, die dem Laden elektrisch betriebener Fahrzeuge dienen. Grundsätzlich hat der Mieter keinen Anspruch auf die Erweiterung des Umfangs des gewährten Verbrauchsrechts der Mietsache; § 554 enthält also eine Ausnahme von diesem Grundsatz, und zwar

- für die Barrierefreiheit für Menschen mit Behinderung,
- für den Einbruchsschutz und
- für die Errichtung von Ladestationen für elektrisch betriebene Fahrzeuge, also insbesondere Elektrofahrzeuge, aber auch Zweiräder und von Elektrofahrrädern sowie Elektromobilen für behinderte Menschen.

Jede bauliche Veränderung an dem Mietobjekt durch den Mieter bedarf der Zustimmung des Vermieters. Wird der Mieter ohne Zustimmung des Vermieters baulich tätig, setzt er sich dem Unterlassungsanspruch des Vermieters aus und der Gefahr einer fristlosen Kündigung des Mietvertrages nach § 543 Abs. 1 BGB.[15]

§ 554 Abs. 1 Satz 1 BGB stellt an die Entstehung des Anspruchs auf Erlaubnis einer baulichen Veränderung allerdings geringe Anforderungen. Deshalb ist die in Abs. 1 Satz 2 geregelte Möglichkeit des Ausschlusses des Anspruchs von besonderer Bedeutung. Danach ist durch eine umfassende Interessenabwägung zu ermitteln, ob der Anspruch auf eine Ladestation im Einzelfall besteht oder nicht. Für den Mieter spricht das Interesse, dass er sein Elektrofahrzeug laden möchte, und zwar durch Home-Charging zu vernünftigen Kosten. Für den Vermieter spricht die Erwägung bei einer Verhinderung, wie

---

[15] Lammel, Wohnraummietrecht, C.F. Müller 2002, § 554a BGB RNr. 3 ff., Seite 315.

hoch der Umfang des Eingriffs ist, ob etwa Aufgrabungen notwendig sind, die Dauer und die Möglichkeit der Wiederherstellung des ursprünglichen Zustandes, aber auch die Veränderung des Aussehens des Gebäudes oder der technischen Sicherheit.[16] Eine Gefährdung der Verkehrssicherheit und des Brandschutzes muss nicht hingenommen werden.

Nach Vertragsende ist der Mieter nach allgemeinen Grundsätzen zum Rückbau der baulichen Veränderung verpflichtet.[17] Geht es um die Nachrüstung mit einer Lademöglichkeit, sind beim Veränderungsinteresse des Mieters auch die Belange des Klima- und Umweltschutzes angemessen zu berücksichtigen, etwa die Reduzierung von Treibhausgasen sowie der Schutz vor Luftschadstoffen und verkehrsbedingtem Lärm. Ein zügiger Markthochlauf von Elektrofahrzeugen und deren Betrieb mit erneuerbaren Energien ist vor allem aus Gründen des Klimaschutzes erforderlich.[18]

▶ Treuwidrige Rückbauverlangen des Vermieters nach Mietende sind gemäß § 242 BGB unzulässig, denn eine errichtete Ladeinfrastruktur, also Wallbox mit Stromkabelverbindung zur Niederspannungshauptverteilung kann nach dem Auszug des Mieters noch verwendet werden.

Der Mieter kann allerdings nicht verlangen, dass ihm der Vermieter bauliche Veränderungen in Bereichen des Gebäudes oder des Grundstücks erlaubt, auf die sich sein Gebrauchsrecht nicht erstreckt. Deshalb fällt etwa der Wunsch des Mieters, im Hof des Grundstücks, der ihm nicht zum Abstellen von Kraftfahrzeugen vermietet ist, eine Wallbox zu installieren und dort sein Kraftfahrzeug aufzuladen, nicht unter § 554 Abs. 1 Satz 1 BGB. Ein solcher Anspruch auf räumliche Erweiterung des Gebrauchsrechts wäre ein zu weit gehender Eingriff in die Vertragsfreiheit des Vermieters. Aber umgekehrt, wenn ein Stellplatz gemietet wurde, kann der Mieter die Zustimmung zur Errichtung der Wallbox und des Anschlusses an die NSHV verlangen – solange eben keine schlüssigen Sicherheitsbedenken überwiegen.

Dem Laden dieser Fahrzeuge dienen alle baulichen Veränderungen, die es dem Mieter ermöglichen, Strom in Fahrzeuge einzuspeisen beziehungsweise aus diesen auszuspeisen. Erfasst wird damit vor allem die Installation einer Lademöglichkeit, etwa in Form der Verlegung erforderlicher Stromleitungen und des Einbaus eines Ladepunktes. Mit umfasst sind außerdem die zur Umsetzung von Vorgaben des MsBG oder zur Teilnahme an einem Flexibilitätsmechanismus nach § 14a des EnWG erforderlichen Ladelastmanagement-Maßnahmen.[19] Die Voraussetzungen sind mit dem WEG gleich.

---

[16] Lammel, Wohnraummietrecht, C.F. Müller 2002, § 554a BGB RNr. 18 ff., Seite 318.
[17] BT- Drs 19/18791 S. 87 ff.; Lammel, Wohnraummietrecht, C.F. Müller 2002, § 554a BGB RNr. 23 ff., Seite 318.
[18] BT- Drs. 19/18791 S. 102.
[19] BT- Drs. 19/18791 S. 101.

Inhaltlich erstreckt sich der Anspruch des Mieters nicht nur auf die Ersteinrichtung einer solchen Ladeinfrastruktur, sondern auch auf Maßnahmen, die der Verbesserung oder Erhaltung einer bereits vorhandenen Lademöglichkeit dienen, etwa, um von einer Schukosteckdose zu einer Wallbox oder von einer Wallbox mit geringer Leistung zu einer höheren Leistung zu gelangen.

Soweit die Ausführung der baulichen Veränderung von Mitwirkungshandlungen des Vermieters abhängen, die über die bloße Erlaubnis hinausgehen, kann der Mieter deren Erfüllung nach § 241 Abs. 2 BGB verlangen. Denkbare Nebenpflichten des Vermieters sind etwa die Erteilung von Informationen, die der Mieter zur Planung der Baumaßnahme benötigt, wie zum Beispiel über die vorhandene Stromversorgung oder den Verlauf von Kabeln, aber auch die Abgabe von Gestattungserklärungen gegenüber Handwerkern. Hat der Mieter ein berechtigtes Interesse an der schriftlichen Erteilung der Erlaubnis, kann sich ein Anspruch hierauf ebenfalls aus § 241 Abs. 2 BGB ergeben.

Kommt der Mieter der Rückbauverpflichtung am Vertragsende nicht nach, und will der Vermieter die bauliche Veränderung zurückbauen, so muss er den Rückbau auf eigene Kosten ausführen und den Mieter auf Kostenersatz in Anspruch nehmen.

Das Veränderungsinteresse des Mieters ist von seiner individuellen Situation und dem Ausstattungszustand der Mietsache abhängig. Verfügt der Mieter etwa bereits über eine Lademöglichkeit, so fällt zwar der Einbau einer neuen, technisch besseren Lademöglichkeit unter § 554 Abs. 1 Satz 1 BGB. Das Veränderungsinteresse des Mieters ist in dieser Situation aber deutlich geringer als in Fällen, in denen noch überhaupt keine Lademöglichkeit besteht. Aus diesem Grund kann der Vermieter auch auf das Veränderungsinteresse des Mieters einwirken.

5.2.2 Errichtung einer Ladestation durch den Vermieter

Der Vermieter kann die Ladestation für elektrisch betriebene Fahrzeuge auch selbst errichten. Damit entfällt das Interesse des Mieters auf Zustimmung des Vermieters.

Ist die Baumaßnahme des Vermieters noch nicht abgeschlossen, besteht das Veränderungsinteresse des Mieters zwar fort. Hat der Vermieter aber die Ausführung der baulichen Veränderung innerhalb einer dem Mieter zumutbaren Frist zugesagt und bestehen keine berechtigten Zweifel, dass der Vermieter diese Zusage erfüllen wird, wird sich das Veränderungsinteresse des Mieters gegenüber dem Konservierungsinteresse des Vermieters regelmäßig nicht durchsetzen können. Auf diese Weise wird dem berechtigten Interesse des Vermieters Rechnung getragen, bauliche Veränderungen an der Mietsache selbst durchzuführen.[20]

---

[20] BT- Drs. 19/18791 S. 102.

In diesem Fall hat der Vermieter hinsichtlich der Kosten der Ladestation die Möglichkeit, nach § 555 f Nr. 3 BGB mit dem Mieter eine passgenaue Kostenübernahme zu vereinbaren. Danach können die Mietvertragsparteien aus Anlass von Modernisierungsmaßnahmen eine Vereinbarung über die künftige Höhe der Miete und damit Mieterhöhung treffen. Für den Vermieter kann ein solches Interesse dadurch gegeben sein, dass er eine qualitativ hochwertige Wallbox oder eine Gesamtmaßnahme für mehrere Mieter umsetzen möchte, die ggf. mehrere Mietperioden übersteht, während der Mieter wohl eher kurzfristig denkt.

Sofern eine Vereinbarung mit dem Mieter über die Mietanpassung wegen der Baumaßnahmen nicht zustande kommt, kann der Vermieter regelmäßig wegen der baulichen Veränderung zur Errichtung der Ladestation nach § 559 die Miete erhöhen.

Bei einer vom Mieter begehrten baulichen Veränderung gemäß § 554 Abs. 1 Satz 1 BGB handelt es sich in der Regel um eine Modernisierungsmaßnahme im Sinne des § 555b Nr. 4 BGB, nämlich nachhaltige Erhöhung des Gebrauchswerts der Mietsache. Eine Lademöglichkeit für elektrisch betriebene Fahrzeuge führt auch nach der aktuellen Verkehrsanschauung regelmäßig zu einer nachhaltigen Steigerung des Gebrauchswerts der Mietsache. Denn wenn ein Mieter sein Elektroauto bequem zuhause laden kann, immer ein vollgeladenes Auto vorhalten kann und auch noch die Kostenvorteile des Home-Chargings/Zu-Hause-Ladens nutzen kann, ist dies ein deutlicher Gebrauchsvorteil. Der Gebrauchsvorteil besteht abstrakt auch dann, wenn der Mieter kein Elektrofahrzeug vorhält. Denn die Ladepunktinstallation lässt sich ohne Weiteres als Maßnahme zu Klimaschutz nach § 555b Nr. 1 BGB subsumieren, und auch hier lässt sich nach dem Henne-Ei-Prinzip argumentieren, dass der Mieter oder ein Folgemieter dann motiviert sein kann, sich ein Elektrofahrzeug anzuschaffen.

Umgekehrt hat der Mieter nach § 555d BGB Abs. 1 und Abs. 2 BGB die Modernisierungsmaßnahme: Installation von Elektroladestationen zu dulden. Der Vermieter kann dann nach § 559 Abs. 1 i. V. m. § 555b Nr. 4 BGB die jährliche Miete um 6 % der für die Modernisierung aufgewendeten Kosten erhöhen.

Führt der Vermieter Maßnahmen durch, um mehreren Mietern

- die Installation von Ladeinfrastruktur für Elektrofahrzeuge zu ermöglichen,
- etwa die Installation eines Lastmanagementsystems oder
- die Erweiterung des Netzanschlusses zur Vermeidung von Lastspitzen, richtet sich die Kostenverteilung nach § 559 Abs. 3 BGB.

Hintergrundinformationen
Denn werden Modernisierungsmaßnahmen für mehrere Wohnungen durchgeführt, so sind die Kosten angemessen auf die einzelnen Wohnungen aufzuteilen. Wenn der Vermieter einmal dabei ist und alle vermieteten Stellplätze, die zu Mietwohnungen gehören, mit einer gebrauchswerterhöhenden Elektrofahrzeug-Ladestation versieht, obwohl nicht alle Mieter ein Elektrofahrzeug haben und den individuellen Gebrauchsvorteil nutzen können, wäre der Erfolg von Elektromobilität allein vom Wollen des Mieters abhängig.

Mit der Modernisierung des WEG und des Mietrechts im BGB scheint daher insgesamt in großer Schritt gemacht, mit der Ladestationen für das Home-Charging auf den Weg gebracht wurden.

5.3 Elektromobilitätsinfrastruktur in Parkgaragen

Garagen, z. B. Parkhäuser und dauerhafte Fahrzeugstellflächen in Innenstädten, von Unternehmen oder an Flugplätzen und Bahnhöfen, wo Pkw und andere Fahrzeuge regelmäßig, zahlreich und über mehrere Stunden geparkt werden, sind eine besondere Variante des On-the-Way-Chargings/Unterwegs- oder Workplace- Chargings und drängen die Möglichkeit der technischen Kombination von Parken und Laden für die Einsteller von Elektrofahrzeugen jeder Art auf. Das Gleiche gilt für Garagen in Wohngebäudekomplexen, also dort, wo Home-Charging möglich wäre.

Unabhängig von der Umsetzung der EU-Gebäudegesamtenergieeffizienz-Richtlinie[21] durch das GEIG hat der Landesgesetzgeber – bisher mit Ausnahme des Bundeslandes Hessen – die Regelungskompetenz zur Errichtung der Elektromobilitätsinfrastruktur in Garagen nicht in Anspruch genommen.

In Deutschland regelt der Landesgesetzgeber den Bau und Betrieb von Garagen und Stellplätzen.[22] Gerade bei dem anstehenden Bauboom von jährlich mehr als 300.000 Wohnungen[23] und Bürogebäuden blieb eine Chance ungenutzt, die Einführung von Elektromobilität durch entsprechende Errichtungspflichten zu unterstützen. Ggf. sollte allerdings eine weitere der vielen Bauvorschriften[24] verhindert werden – nun kommt mit dem GEIG wirtschaftlich eine direkte Nachrüstpflicht bis Ende 2024.

Soweit ersichtlich, gibt es nur im Bundesland Hessen eine Regelung zur Ladeinfrastruktur-Installations-Verpflichtung. So ist in § 2 Abs. 3 HessGaV[25] (Hessische Garagenverordnung) vorgesehen, dass Garagen eine ausreichende Anzahl von Einstellplätzen haben müssen, die über einen Anschluss an Ladestationen für Elektrofahrzeuge

---

[21] RICHTLINIE (EU) 2018/844 DES EUROPÄISCHEN PARLAMENTS UND DES RATES vom 30.05.2018 zur Änderung der Richtlinie 2010/31/EU über die Gesamtenergieeffizienz von Gebäuden und der Richtlinie 2012/27/EU über Energieeffizienz, (ABl. L 156/75).

[22] Vgl. Garagenverordnungen der deutschen Bundesländer; https://de.wikipedia.org/wiki/Garagenverordnung, letzter Zugriff 27.12.2020.

[23] Anzahl der genehmigten Wohnungen in Wohn- und Nichtwohngebäuden in Deutschland in den Jahren 1995 bis 2019, https://de.statista.com/statistik/daten/studie/70362/umfrage/anzahl-der-baugenehmigungen-seit-1995 , letzter Zugriff 27.12.2020.

[24] Der unglaubliche Boom der Baubranche, faz.net vom 10.04.2018, https://www.faz.net/aktuell/wirtschaft/wohnen/bauen/boom-der-baubranche-umsatz-steigt-baupreise-aber-auch-15534857.html, letzter Zugriff 27.12.2020.

[25] Hess. Garagenverordnung vom 17.11.2015 (GVBl. S 286); https://www.rv.hessenrecht.hessen.de/bshe/document/jlr-GaVHE2015plP2, letzter Zugriff 28.06.2020.

verfügen. Der Anteil dieser Einstellplätze bezogen auf die Gesamtzahl der Einstellplätze muss mindestens 5 % betragen. Das GEIG bleibt hinter dieser Verpflichtung.

Diese Verpflichtung findet keine Anwendung auf Einstellplätzen von Wohnungen, die lediglich über eine Stromversorgung verfügen, die für die Installation von Kraftfahrzeugladestationen nicht geeignet ist.

Danach hat jede Garage, egal ob Klein-, Mittel- oder Großgarage mindestens einen bzw. mindestens 5 % der Parkplätze mit einem Elektrofahrzeug-Ladepunkt zu versehen. Das alle Garagengrößengruppen nach § 1 Abs. 8 HessGaV unter diese Pflicht fallen, ergibt sich daraus, dass in § 2 Abs. 1, 2 und 4 jene Regelungen nur explizit für Mittel- und Großgaragen gelten, während es in Abs. 3 zur Installationspflicht nur „Garagen" heißt.

§ 2 Abs. 3 spricht zwar von „Ladestationen" für Elektrofahrzeuge. Die LSV enthält dagegen lediglich den Rechtsbegriff des Ladepunktes, aber letztlich geht es darum, dass Elektrofahrzeuge in der Garage geladen werden können, sodass nach dem Grundsatz der Einheitlichkeit der Rechtsordnung die Definition der LSV maßgeblich ist, also mindestens 3,7 kW Leistung am Ladepunkt anliegen muss.

▶ Der Betrieb der Ladepunkte kann durch Dritte erfolgen. Die Rechtspflicht des Eigentümers beschränkt sich seit dem Erlass der aktuellen Regelungen in der HessGaV in 2015 auf die Errichtung von 5 % der Stellplätze mit einer Elektromobilitätsinfrastruktur.

6 Ladepunkte und Beachtung des Mess- und Eichrechts

6.1 Notwendigkeit einer geeichten Messung

Wann immer Ladestrom oder sonstige Dienstleistungen gegen Entgelt an Dritte abgegeben werden und ein Entgelt je Einheit, z. B. ct/kWh abgerechnet wird, sind die eichrechtlichen Vorschriften, also MessEG (Mess- und Eichgesetz) und MessEV (Mess- und Eichverordnung) zu beachten.

Nur die unentgeltliche Abgabe oder eine Flatrate bedürfen dann keiner geeichten Messung.[1] Umgekehrt ist für eine Abrechnung nach Ladezeit zumindest ein eichrechtskonformes Zeitmessgerät erforderlich.

▶ Die Wallbox für das eigene Betriebsfahrzeug in der häuslichen Garage benötigt derzeit, auch wenn der Strom etwa als Betriebskosten berücksichtigt werden soll, keine geeichte Messung. Gemessen werden muss der Strom allerdings. Es wird jedoch empfohlen, auch eine geeichte Messung zu installieren, damit spätere Abgrenzungen und Aufwendungen für das betriebliche Fahrzeug nicht an der Finanzverwaltung scheitern.

Dagegen ist wiederum spezialgesetzlich in § 62 b Abs. 1 EEG (Erneuerbare-Energien-Gesetz) eine Abgrenzung durch mess- und eichrechtskonforme Messeinrichtungen gefordert, sofern für EEG-Strommengen nur eine anteilige oder keine EEG-Umlage zu zahlen ist oder die Zahlung verweigert werden kann. Diese Strommengen sind von

---

[1] Droht ein Mangel an Stromtankstellen?, spiegel de vom 25.11.2020, https://www.spiegel.de/auto/e-autos-droht-ein-mangel-an-stromtankstellen-a-4dc1895d-1bd9-4adf-b7e7-665b99d9915b, letzter Aufruf 26.12.2020.

Strommengen, die einer Pflicht zur Zahlung der EEG-Umlage in anderer Höhe unterliegen, durch eichrechtskonforme Messungen zu separieren (vgl. Kap. 11).

Hintergrundinformationen
Nach § 31 Abs. 2 Nr. 1 MessEG hat derjenige, der ein Messgerät verwendet, sicherzustellen, dass die wesentlichen Anforderungen an das Messgerät nach § 6 Abs. 2 während der gesamten Zeit erfüllt sind, in der das Messgerät verwendet wird, und mit anderen Geräten zusammengeschaltet ist, wobei anstelle der Fehlergrenzen nach § 6 Abs. 2 die Verkehrsfehlergrenzen einzuhalten sind.

Gem. § 33 Abs. 1 MessEG dürfen Werte für Messgrößen im geschäftlichen (oder amtlichen) Verkehr nur dann angegeben oder verwendet werden, wenn zu ihrer Bestimmung ein Messgerät bestimmungsgemäß verwendet wurde und die Werte auf das jeweilige Messergebnis zurückzuführen sind.

Der Messprozess beinhaltet aber nicht nur das Messen des abgegebenen Stroms, sondern alle Instanzen und Teilnehmer, die im Lade- und Abrechnungsprozess beteiligt sind, müssen über geeichte Instrumente verfügen, um die anfallenden Mess- und Abrechnungsdaten korrekt und nachvollziehbar speichern zu können. An dem Ladevorgang können neben dem Elektrofahrzeugführer und den Betreibern des Ladepunktes noch die EMPs sowie die IT-Plattformen der Ladenetzwerke involviert sein.

6.2 Geeichte Messung für gesamten Abrechnungsprozess

Die Messgeräte in den Ladestationen, die Ladestrom gegen Entgelt abgeben, müssen nach § 7 Abs. 1 MessEV

1. unter Berücksichtigung der für ihre Verwendung vorgesehenen Umgebungsbedingungen die Fehlergrenzen einhalten, die in den gerätespezifischen Anforderungen nach § 8 festgelegt sind oder sofern solche Anforderungen nicht gegeben sind, die dem Stand der Technik unter Berücksichtigung der vorgesehenen Nutzungsdauer und der zu erfüllenden Messaufgabe entspricht,
2. im Hinblick auf den vorgesehenen Verwendungszweck geeignet, zuverlässig und messbeständig sein,
3. gegen Verfälschungen von Messergebnissen geschützt sein,
4. die Messergebnisse in geeigneter Form darstellen und gegen Verfälschung gesichert verarbeiten,
5. prüfbar sein.

Die Fehlergrenzen sind, sofern nicht anders bestimmt, für jede relevante Einflussgröße zu überprüfen. Einzelheiten zu Umgebungsbedingungen, die Anforderungen von Satz 1 und das Verfahren nach Satz 2 sind in der Anlage 2 festgelegt.

Bei einem simplen Ladevorgang fallen viele Daten an, darunter

- Messwert,
- Einheit des Messwerts,

6.2 Geeichte Messung für gesamten Abrechnungsprozess

- Zeitpunkt der Messung,
- ID-Nummer der Ladestation,
- Identifikation der Transaktion bzw. des Kunden,
- Preise.

Das bedeutet: Alle Instrumente, die diese Daten messen, speichern und verarbeiten, müssen den Bestimmungen des Mess- und Eichrechts entsprechen. Aus einer Ladeabrechnung muss klar hervorgehen, wie teuer die kWh ist, wie viel Strom insgesamt geladen wurde und wie hoch der Gesamtbetrag ist, der für den Ladestrom zu entrichten ist.

Darüber hinaus muss gegebenenfalls auch das Backend, mit welchem die Ladestationen verbunden sind, eichrechtskonform sein, um eine sichere Übermittlung des signierten Datensatzes sowie eine spätere Überprüfung des Ladevorgangs durch den Kunden zu ermöglichen.

Da die Fahrstromanbieter den Ladevorgang meist – anders als bei konventionellen Tankstellen – einige Zeit später berechnen, etwa am Monatsende, muss sichergestellt sein, dass die Messdaten nicht manipuliert werden und die Rechnung anhand von korrekten Daten erstellt wird. Ein Elektrofahrzeug wird wegen der viel geringeren Energiemengen je Ladevorgang viel mehr Abrechnungsprozesse verursachen als ein konventionelles Fahrzeug. Eine eichrechtskonforme Ladeinfrastruktur muss bei wechselnden Nutzern und Zählerständen deshalb über einen längeren Zeitraum jeden Ladevorgang mit allen relevanten Daten korrekt speichern und zuordnen können. Es muss sich beweisen lassen, dass die für die Rechnung benötigten Daten korrekt sind. Es ist nicht einmal selten, dass sich in der Lade-App die Abrechnungsdaten erst mehr als eine Woche später einsehen lassen.

Der Nutzer bekommt also nicht unbedingt nach jedem Ladevorgang sofort eine – elektronische – Rechnung. Damit Transparenz hergestellt wird, muss der gesamte Lade- und Abrechnungsprozess deshalb geeicht und rechtssicher nachvollziehbar ausgestaltet sein.

▶ Den von der Ladesäule in die Batterie am Zähler gelieferten Strom eichrechtskonform zu messen, ist an einer AC-Ladesäule ohne Weiteres möglich. Die Messtechnik entspricht dem privaten Haushaltsstromzähler, wenn lediglich kWh abgerechnet werden.

Das Problem ist jedoch nicht die Messung und Darstellung des verbrauchten Stroms, sondern zum einen die hohe Anzahl an verschiedenen Nutzern pro Stromzähler und zum anderen die Regelung, dass die Messergebnisse für den Nutzer auch „prüfbar" sein müssen. Prüfbar heißt für einen Autofahrer, der noch Benzin oder Diesel an einer Tankstelle tankt, dass er die Menge und den Preis an der Zapfsäule mit dem Betrag an der Kasse vergleichen kann. Unstimmigkeiten könnte er sofort reklamieren, beim Stromladen ist dies nicht ohne Weiteres möglich.[2]

---

[2] Eichrecht bremst E-Mobilität aus, bvmw.de vom 20.09.2018, https://www.bvmw.de/news/2532/eichrecht-brems-e-mobilitaet-aus/, letzter Aufruf 27.12.2020.

Will der Elektrofahrzeugfahrer, der Tage oder Wochen später eine Abrechnung erhält, die Richtigkeit prüfen, ob sein Elektrofahrzeug die abgerechnete Verbrauchsmenge geladen hat, fehlt ihm derzeit schlichtweg die Möglichkeit dazu. Eichrechtlich muss deshalb gesichert sein, wann und wo die kWh an seinem Fahrzeug geladen wurden.[3] Die Eichung umfasst daher den Zähler, die Ladesäule, die Software und den Datentransfer.

6.3 Übergangsfrist für Herstellung der Eichrechtskonformität

Da die Erreichung der Eichrechtkonformität von DC-Ladepunkten technisch kompliziert ist, galt zunächst bis 01.04.2019 eine Übergangsfrist. Es durfte der in einer DC-Säule gemessene AC-Strom vor der Umwandlung als Bemessungsgrundlage herangezogen werden, wenn der Anbieter auf der Kundenabrechnung 20 % angenommene Verluste abzieht.[4]

Das Problem bei dieser Messkonfiguration war, dass die Verluste für die Konvertierung von AC in DC nach dem Messgerät entstehen, also dann vom Ladestromkunden zu zahlen wären. Die Beschaffung und Verfügbarkeit von Gleichstrommessgeräten war in der Praxis limitiert, die entsprechende Industrie musste dafür liefern, was einige Zeit andauerte. Die Industrie musste nicht nur solche DC-Messgeräte bis zur Serienreife herstellen, sondern diese bedürfen auch der zeitintensiven eichrechtlichen Zulassung nach dem MessEG durch die Eichbehörden. Dafür waren wiederum entsprechende Fristen einzuplanen.

Mittlerweile gibt es eichrechtskonforme Messgeräte sowohl für AC- als auch DC-Ladepunkte, allerdings ist die Nachrüstung bestehender Ladepunkte herausfordernd. Da die Gefahr bestand, dass am 01.01.2019 die wenigen Ladepunkte schlicht aus Eichrechtsgründen stillgelegt werden müssen, dies aber vermieden werden sollte, haben sich das BMWi (Bundesministerium für Wirtschaft und Energie) und Fachverbände darauf verständigt, dass

- es keine förmlich einheitliche Frist gibt, bis zu der deutschlandweit alle DC- und AC-Ladeeinrichtungen umgerüstet werden müssen;
- jeder Betreiber von Ladeeinrichtungen seinen konkreten, individuellen Nachrüstplan der am Sitz seiner Niederlassung zuständigen Eichbehörde vorstellt und erläutert, ob

---

[3] Das Eichrecht bremst Ladesäulen aus, wiwo.de vom 28.06.2018, https://www.wiwo.de/unternehmen/auto/elektroautos-das-eichrecht-bremst-ladesaeulen-aus/22741264.html, letzter Aufruf 27.12.2020.

[4] Gespräch zum Umgang mit DC-Ladesäulen ab dem 1. April 2019 (Auszug), https://www.eichamt.sachsen.de/download/Auszug-Ergebnis-Gespraech-Ladeinfrastruktur-18-01-2019.pdf, letzter Aufruf 27.12.2020.

der Messgerätehersteller, mit dem er zusammenarbeitet, sich bereits in einem Konformitätsbewertungsverfahren befindet und wann voraussichtlich mit dem Erteilen einer Baumusterprüfbescheinigung bzw. wann mit der Marktverfügbarkeit einer konformitätsbewerteten Ladeeinrichtung und dem Abschluss der Umrüstung des kompletten Bestandes des betreffenden Ladepunktbetreibers zu rechnen ist;
- die Landeseichbehörde darüber einen Bescheid erlassen wird, indem sie den Nachrüstplan bestätigt, ggf. aber auch dazu rät, auf am Markt verfügbare Produkte zurückzugreifen, falls von dem Ladepunktbetreiber ein Nachrüstplan eingereicht wird, der eine Nachrüstung erst zu einem deutlich späteren Zeitraum vorsieht;
- dieser Bescheid durch den CPO der zuständigen Landespreisbehörde vorgelegt werden soll, die dann ebenfalls in Wahrung ihres Ermessens die Entscheidung der Landeseichbehörde ihrer eigenen Entscheidung, z. B. weiterhin bis zum Abschluss des konkreten Nachrüstplans das Erheben einer Pauschale zu dulden, zugrunde legen kann.

▶ Für neue Ladeeinrichtungen gilt: Aufgebaut werden dürfen nur noch konformitätsbewertete Ladeeinrichtungen.[5]

Für bereits installierte Ladepunkte bestand die Pflicht, diese umzurüsten. Die Nachrüstkosten wurden mit 600 € bis 1000 € bzw. bei höheren Leistungsklassen mit 2200 € bis 2500 € angegeben.[6]

6.4 Eichfrist und Eichkosten

Eine Eichung der Messgeräte und Zusatzeinrichtungen bei der Lieferung von Elektrizität für Elektrofahrzeuge und an Ladepunkten muss nach § 34 Abs. 1 Nr. 1 MessEV i. V. m. Anlage 7, Nr. 6.6. alle acht Jahre erneuert werden. Die Eichfrist beträgt acht Jahre.

Die Kosten der Eichung sind staatlich festgelegte Gebühren und können sich bei der Eichung und Befundprüfung von Messgeräten und Zusatzeinrichtungen im Anwendungsbereich Elektromobilität nach Anlage zu § 3 MessEGebV[7] (Mess- und Eichgebührenverordnung), dort Ziffer 6.6.1.1. i. V. m. Ziffer 19.1.1. oder 19.1.2., nach Aufwand von bis zum 194,40 € pro Stunde bemessen. Normale Einphasenwechselstromzähler werden nach

---

[5] Eichrecht: Fristverlängerung für nicht konforme Lader; electrive.net vom 14.02.2019, https://www.electrive.net/2019/02/14/eichrecht-fristverlaengerung-fuer-nicht-konforme-lader, letzter Aufruf 27.12.2020.
[6] Gespräch zum Umgang mit DC-Ladesäulen ab dem 1. April 2019 (Auszug), https://www.eichamt.sachsen.de/download/Auszug-Ergebnis-Gespraech-Ladeinfrastruktur-18-01-2019.pdf, S. 3, letzter Aufruf 27.12.2020.
[7] MessEGebVO, Mess- und Eichgebührenverordnung vom 24.03.2015 (BGBl. I S. 330).

Ziffer 6.0.1.1. der Anlage 3 mit 21,60 € und für Wandler nach Ziffer 6.0.7.1. mit 39,90 € Gebühren festgelegt.

Das Eichrecht ist nur in Deutschland zu beachten, nicht dagegen beim Fahrstromverkauf in anderen Ländern der EU.[8] Es besteht ein deutscher Sonderweg beim eichrechtskonformen Laden,[9] allerdings mit höchster Relevanz. Denn die Eichbehörden können dafür sorgen, dass im schlimmsten Fall ein teurer DC-Ladepunkt stillgelegt wird.

---

[8] Whitepaper: E-Mobilität in der Handelsbranche – has·to·be gmbh eMobility, https://has-to-be.com/de/downloads/whitepapers/e-mobilitaet-im-handel, S. 9, letzter Aufruf 27.12.2020.

[9] Eichrecht: Fristverlängerung für nicht konforme Lader; electrive.net vom 14.02.2019, https://www.electrive.net/2019/02/14/eichrecht-fristverlaengerung-fuer-nicht-konforme-lader, letzter Aufruf 27.12.2020.

Ladelastmanagement 7

Die verfügbare Ladeleistung an einem bestehenden Standort und Gebäude mit üblicher Netznutzung, die auf den Geschäftsbetrieb ausgelegt ist, wird i. d. R. zweifach limitiert sein:

Zum einen tatsächlich und physikalisch durch die vorhandene Netzanschluss- und Transformatorkapazität und zum anderen wirtschaftlich durch die absolut zu begrenzende Höhe der Stromnetzentgelte.

Sowohl technisch als auch kostenmäßig ist ein Ladelastmanagement, jedenfalls bei der Installation mehrerer Ladepunkte an einem Standort, geboten. Denn die summengleiche Stromlast mehrerer Ladepunkte ist oftmals größer, als die in dem dazugehörigen Geschäft, Produktionsstandort oder Bürogebäude benötigte zeitgleiche Leistung für einzelne Großaggregate.

7.1 Lastmanagement wegen Limitierung der vorhandenen Netzanschluss- und Transformatorkapazität

Wenn insbesondere bei mehreren Ladepunkten, etwa in Parkhäusern oder Unternehmensparkplätzen, sämtliche Ladeplätze von Elektrofahrzeugen belegt sind und zeitgleich laden, kann sehr schnell die an der Hauptverteilung oder am Transformator verfügbare elektrische Leistungsgrenze erreicht sein. Wenn keinerlei Lastmanagement implementiert ist, wird jedem Ladepunkt eine gesicherte Kapazität zugeteilt, die beim Laden immer voll genutzt werden kann, z. B. 7 kW. Wenn ein PhEV z. B. nach zwei Stunden vollgeladen ist, kann die nicht benötigte Kapazität aber nicht auf andere Ladepunkte übertragen werden. Der Netzanschlusspunkt wird nicht optimal ausgenutzt, und Lastspitzen können nicht minimiert werden.

Im statischen Lastmanagement wird gleichmäßig eine, für alle Ladepunkte reservierte, Ladeleistung auf mehrere angeschlossene Elektrofahrzeuge geteilt. Je nachdem wie viele Elektrofahrzeuge zum Laden stehen, bekommt jeder Ladepunkt die gleiche – reduzierte – Leistung zugeteilt. Die Leistung der Ladesäulen wird durch eine entsprechende Absicherung nach dem Zähler für die Ladeinfrastruktur vorgegeben. Statisches Lastmanagement regelt statisch ab, sobald der voreingestellte Leistungswert erreicht ist.

Das kommt an seine Grenzen, wenn nicht alle Ladepunkte gleichmäßig reduziert werden sollen, sondern dynamisch mit einer gewissen Hierarchie. Eine Hierarchie bedeutet, dass manche Ladepunkte die volle Ladeleistung bereitstellen müssen, etwa weil das angeschlossene Elektrofahrzeug kurzfristig wieder fahrbereit sein muss, während andere Fahrzeuge auch langsam oder später geladen werden können, z. B. erst gegen Schicht- oder Geschäftszeitende vollgeladen sein müssen.

Dafür wäre ein dynamisches Lastmanagement geboten: Die verfügbare Gesamtladeleistung wird an den aktuellen Stromverbrauch im Netzanschlusspunkt, also z. B. Gebäude, Fertigungsstätte oder Einkaufscenter angepasst. Wenn der Stromverbrauch im Bürogebäude, der Fertigungsstätte oder dem Supermarkt sinkt, steht entsprechend mehr Leistung zum Laden der Elektrofahrzeuge zur Verfügung.

Bei Elektrofahrzeugen geringer Leistung, z. B. PhEV, und bei langen Standzeiten, z. B. am Arbeitsplatz, sind deutliche Ladeleistungsreduktionen möglich. In der Praxis hat sich eine Gleichzeitigkeit von 0,2 bis 0,4 bewährt.[1] Das bedeutet zunächst, dass entsprechend mehr Ladepunkte installiert werden können als verfügbare Ladeleistung vorhanden ist. Die Gesamtanschlussleistung muss also nicht erhöht werden, was wiederum zu weiteren Infrastrukturkosten etwa in eine neue Trafostation führen würde.

Der Einsatz von Lastmanagement wird nach allgemeiner Meinung[2] schon beim Einsatz von drei oder mehr Ladepunkten empfohlen. Wenn man sich vorstellt, dass Verkaufsstätten oftmals für das gesamte Verkaufsgeschäft z. B. max. 120 kW Leistung haben und dann drei Ladepunkte mit je 22 kW errichtet werden, wird schnell deutlich, dass Elektromobilität in Relation extrem hohe Kapazitäten erfordert.

Auch wäre das Lastmanagement in der Lage, die hohen Ladeströme dann bereitzustellen, wenn der Geschäftsbetrieb eines Unternehmens gerade eine geringe elektrische Leistung verlangt, während umgekehrt, wenn viele Maschinen arbeiten, im Zweifel die Ladeleistung sogar auf null sinkt.

Daneben kann das Lastmanagement auch Eigenerzeugungsanlagen integrieren. Wenn bei einer Photovoltaikanlage eine hohe, nicht anders im Unternehmen oder Gebäude verwendete Leistung erzeugt wird, kann diese vollständig über die Ladepunkte in die Elektrofahrzeuge eingespeist werden, die sonst aus Gründen nicht ausreichender Leistungsbereitstellung nur mit verminderter Ladeleistung die Batterien aufladen.

---

[1] VDI 2166 Blatt 2 Ziffer 5.5. S. 10.
[2] VDI 2166 Blatt 2 Ziffer 7.9. S. 26.

▶ Ein Lastmanagement vermeidet andernfalls notwendige und erhebliche Kosten der Ertüchtigung der Netzinfrastruktur.³

Als Praxisbeispiel wurde eine Ladelösung für ein Berliner Verlagsgebäude mit Ladepunkten für deren Mitarbeiter publiziert.⁴ Dort werden insgesamt 34 Ladepunkte in zwei Liegenschaften intelligent miteinander vernetzt. Sobald der Netzanschluss eines Gebäudes an seine maximale Kapazität kommt, wird durch ein dynamisches Lademanagement innerhalb von Sekunden das Ladeverhalten der Elektrofahrzeuge angepasst und reduziert. Die jeweils verbleibende Netzanschlussleistung wird in diesem Beispiel immer gleichmäßig auf alle ladenden Fahrzeuge aufgeteilt.⁵

Denn in der Praxis erweist es sich umgekehrt als nicht durchführbar, insbesondere im Gäste- oder Mitarbeiterverkehr, dass nur wenige Ladepunkte installiert und geladene Fahrzeuge umgeparkt werden. Es ist die bessere Alternative, mehrere Ladepunkte zu installieren, die dann ihrerseits über das Lastmanagement abgeregelt oder zugeregelt werden.

Genauso, wie es im Kleinen vom Betreiber eines Netzanschlusspunktes mit Ladepunkten vorgenommen wird, wird dieses Lastmanagement im Großen vom Verteilnetzbetreiber vorgenommen. Deshalb ist nicht nur in § 4 Abs. 1 Nr. 4 NAV geregelt, dass der Netzanschlussvertrag die vom Netzbetreiber vorzuhaltende Leistung bezeichnen muss – der Netzbetreiber nicht verpflichtet eine höhere Leistung zur Verfügung zu stellen und kann dies u. a. auch von der Zahlung eines Baukostenzuschusses abhängig machen – sondern jede Ladeeinrichtung zum Laden von Elektrofahrzeugen muss nach § 19 Abs. 2 Satz 2 NAV dem Netzbetreiber angezeigt und nach Satz 3 bei einer Ladeleistung über 11 kW, jeweils vor Inbetriebnahme der Ladeeinrichtung, sogar die Zustimmung des Netzbetreibers eingeholt werden.

7.2 Sondernetzentgelte bei aktiven Lastmanagement

Anwender von aktivem Lastmanagement können nach § 14a EnWG bei Anschluss an die Niederspannung von reduzierten Netzentgelten profitieren. Danach haben Netzbetreiber denjenigen Lieferanten und Letztverbrauchern im Bereich der Niederspannung, mit welchen sie Netznutzungsverträge abgeschlossen haben, ein reduziertes Netzentgelt zu berechnen, wenn mit ihnen im Gegenzug die netzdienliche Steuerung von steuerbaren

---

³ Mehr Leistung für die Ladestation, Energie&Management vom 01.10.2020, https://www.energie-und-management.de/nachrichten/netze/detail/mehr-leistung-fuer-die-ladestation-138845, letzter Aufruf 28.12.2020.

⁴ GridX sorgt für dynamisches Lastmanagement von Ladesäulen im Axel-Springer-Verlag, pv-magazin.de vom 08.06.2020, https://www.pv-magazine.de/2020/06/08/gridx-sorgt-fuer-dynamisches-lastmanagement-von-ladesaeulen-im-axel-springer-verlag/, letzter Aufruf 28.12.2020.

⁵ Mehr Leistung für die Ladestation, Energie&Management vom 01.10.2020, https://www.energie-und-management.de/nachrichten/netze/detail/mehr-leistung-fuer-die-ladestation-138845, letzter Aufruf 28.12.2020.

Verbrauchseinrichtungen, die über einen separaten Zählpunkt verfügen, vereinbart wird.[6] Als solche steuerbaren Verbrauchseinrichtungen gelten nach § 14a Satz 2 EnWG ausdrücklich auch Elektrofahrzeuge.

Reduziert ein Nutzer den Netzstrombezug etwa bei hoher Netzauslastung, oder schafft er es umgekehrt, im Fall eines hohen Stromüberschusses die Dienstwagenflotte auf Knopfdruck zu laden und damit den Überschuss im öffentlichen Netz zu reduzieren, steht ihm ein Sondernetzentgelt zu.

Wenn das Elektrofahrzeug durch bidirektionales Laden – Strom einspeichern und wieder ausspeichern – als Speicher verwendet wird, kann nach § 19 Abs. 4 StromNEV (Stromnetzentgeltverordnung) mit dem Letztverbraucher ebenso ein günstigeres Sondernetzentgelt vereinbart werden. Danach haben Netzbetreiber den Letztverbrauchern, die Strom dem Netz ausschließlich zur Speicherung in einem Stromspeicher entnehmen und den zurückgewonnenen Strom wieder in das Netz einspeisen, ein individuelles Netzentgelt anzubieten. Das Netzentgelt besteht abweichend von § 17 Abs. 2 StromNEV nur aus einem Jahresleistungspreis in €/kW. Bei gleichzeitigem netzdienlichen Verhalten nach § 19 Abs. 2 Satz 1 StromNEV darf das individuelle Netzentgelt für Letztverbraucher nicht weniger als 20 % des nach Satz 2 ermittelten Jahresleistungspreises betragen. Immerhin, 80 % Netzleistungspreisreduktion sowie des gesamten Netzarbeitspreises sind möglich und eine gute kommerzielle Motivation, ein aktives Lastmanagement auch aus Gründen der Netzdienlichkeit aufzubauen.

Durch das Lastmanagement tun sich neue Geschäftsmodelle auf, denn Elektrofahrzeuge müssen den in ihren Batterien gespeicherten Strom nicht selbst nutzen, sie können ihn auch an andere verkaufen. Berechnungen beziffern den Erfolg auf bis zu 1000 € pro Jahr.[7]

Neben der Netzentgeltreduktion am Ladepunkt ergibt sich der Vorteil entweder durch eine Zahlung des verantwortlichen Netzbetreibers, der die Batterien der geparkten Elektrofahrzeugflotte als Regelleistungspuffer für die Netzstabilität nutzen kann, oder aus Kursgewinnen an der Strombörse. Wer im Spotmarkt etwa zu den Nachtstunden günstig tankt und später zu einem höheren Preis in Peak-Zeiten zurückspeist, kann einen Profit realisieren. Allerdings bedarf es dazu der kritischen Menge und des notwendigen Großhandelszugangs.[8] Aber die Zeit wird auch hierzu Marktmodelle bringen, gerade auch unter

---

[6] BDEW Positionspapier Ausgestaltung des § 14a EnWG Berlin, 10. Februar 2017, https://www.bdew.de/media/documents/Stn_20170210_Paragraph-14a-EnWG.pdf, letzter Aufruf 28.12.2020.

[7] Über Nacht ein Zwischenspeicher, ntv vom 28.10.2020, https://www.n-tv.de/auto/nachhaltige-mobilitaet/Ueber-Nacht-ein-Zwischenspeicher-article22055798.html, letzter Aufruf 28.12.2020.

[8] Bränzel/Engelmann/Geilhausen/Schulze, Energiemanagement, Springer Vieweg 2. Aufl. 2019, S 142 ff.

Berücksichtigung fluktuierender Erzeugung aus Wind und Sonne. Auf die Spitze getrieben werden kann dieses Geschäftsmodell, wenn die Elektrofahrzeugflotte insbesondere ad hoc bei negativen Strompreisen im Stromgroßhandel geladen wird. Diese treten dann auf, wenn es erneuerbare Energie im Überfluss gibt, z. B. an windreichen Sonn- und Feiertagen.[9]

Eine wesentliche Hürde für dieses bidirektionale Laden sind auch die Kosten für die Ladesäulen, die schon bei Wallboxen auf 5000 bis 10.000 € geschätzt werden.[10]

▸ Geschäftsmodelle und reduzierte Entgelte auf Basis des Lastmanagements werden erst marktreif sein, wenn in Fuhrparks ganze BEV-Flotten bereitstehen und viele Fahrzeuge mit Batteriespeichern von weit über 50 kWh zur Verfügung stehen.

Bereits wenn 30 % der Elektrofahrzeugbesitzer am flexiblen Laden teilnehmen, sinkt die kritische Spitzenlast am jeweiligen Ortsnetzknoten signifikant.[11] Um dies zu erreichen muss den Netzbetreibern die dynamische Anpassung der Lasten an die Netzkapazität und die intelligente Steuerung von Ladevorgängen in kritischen Netzsituationen ermöglicht werden.[12] Wenn sich der Elektrofahrzeugfahrer daran aktiv beteiligt, schont es die Netzkosten, reduziert die Gefahr von Netzüberlastungen und Ausfällen, und am Ende auch die spezifischen Fahrstromgesamtkosten. Elektromobilität ist deshalb auch eine große Chance für flexible Stromleistungen.

7.3 Lastmanagement zur Begrenzung der Stromnetzentgelte

Die an den Netzbetreiber zu zahlenden Netzentgelte bestehen aus einem Arbeits- und einem Leistungspreis,[13] für Haushalts- und Kleinkunden nur aus einem Arbeitspreis. Das Jahresleistungsentgelt ist das Produkt aus dem jeweiligen Jahresleistungspreis des Netzbetreibers und der Jahreshöchstleistung in kW im Abrechnungsjahr.

---

[9] Negative Strompreise: Fieberkurve oder Normalbetrieb?, next-kraftwerke.de, https://www.next-kraftwerke.de/energie-blog/negative-strompreise-fieberkurve-oder-normalbetrieb, letzter Aufruf 28.12.2020.

[10] Über Nacht ein Zwischenspeicher, ntv vom 28.-10.2020, https://www.n-tv.de/auto/nachhaltige-mobilitaet/Uber-Nacht-ein-Zwischenspeicher-article22055798.html, letzter Aufruf 28.12.2020.

[11] Elektromobilität, Ladeinfrastruktur und das Netz: Aktuelle Entwicklungen, euwid-enerie.de vom 18.08.2020, https://www.euwid-energie.de/elektromobilitaet-ladeinfrastruktur-und-das-netz-aktuelle-entwicklungen/, letzter Aufruf 28.12.2020.

[12] Metastudie von VDE|FNN und BDEW zeigt, wie E-Mobilität erfolgreich in das Stromnetz der Zukunft integriert werden kann, vde.com vom 10.12.2018, https://www.vde.com/de/presse/pressemitteilungen/vde-fnn-bdew-metastudie-e-mobilitaet, letzter Aufruf 28.12.2020.

[13] Bränzel/Engelmann/Geilhausen/Schulze, Energiemanagement, Springer Vieweg 2. Aufl. 2019, S. 115 ff.

Die Jahreshöchstlast nach § 2 Nr. 4 StromNEV ist der höchste Leistungswert einer oder mehrerer Entnahmen aus einer Netz- oder Umspannebene bzw. einer oder mehrerer Einspeisungen im Verlauf eines Jahres. Je niedriger die Höchstlast, umso geringer die Jahresleistungskosten.

Wenn sich innerhalb einer Viertelstunde in einem Kalenderjahr die Stromlast z. B. eines Produktionsbetriebes oder Supermarktes und des Ladepunktes summieren, kann die erhebliche Auswirkungen auf den Strompreis haben, auch wenn der Ladepunkt eben nur innerhalb einer einzigen Viertelstunde des Jahres – zufällig mit der Höchstlast des Unternehmens kumuliert. Diese Lastspitze muss uneingeschränkt vermieden werden.

▶ Es wird also kein Sondernetzentgelt in €/kW vom Netzbetreiber eingeräumt, sondern der Kunde und Netznutzer beschränkt seine kW-Leistung und somit die absoluten Netznutzungskosten.

Kalkulation Netzkostenerhöhung Ladepunkt 2 x 22 kW
  Beispiel: Niederspannungsanschluss mit Leistungsmessung, Supermarkt
  SWE Netz, vorläufiges Preisblatt 2021[14]
  Leistungspreis 146,72 €/kW, >=2.500 Benutzungsstunden

	Jahreshöchst last in kW	Leistungspreis gesamt in €
ohne Ladepunkte	120	17606
mit Ladepunkte	164	24226

Wenn in dem Extremfall an einem Supermarkt oder Hotel zwei ungeregelte Ladepunkte zweimal 22 kW den Kunden oder Gästen zur Verfügung gestellt werden und zufällig in der Viertelstunde (!) der höchsten Leistungsspitze des Jahres zwei Kunden mit jeweils 22 kW Leistung ihr Elektrofahrzeug laden, kostet allein diese Netznutzung den Betreiber stattliche 6620 € mehr Netzkosten. Das ist ein Betrag, der nie und nimmer durch den Verkauf von Ladestrom oder Zusatzumsatz im Supermarkt anderweitig verdient werden kann.

Deshalb kann durch ein aktives Lastmanagement des Verbrauchers ohne Weiteres auch direkt auf die Höhe der absoluten Leistungsentgelte der Netzpreise und damit auf dem Gesamtstrompreis Einfluss genommen werden. Die Summe der Stromlast aus dem Produktionsbetrieb und den Ladepunkten darf nie höher sein als z. B. eine aus Mess- und Erfahrungswerten der Vorjahre berechneten oder festgelegten Höchstlast. Bei Erreichen

---

[14] SWE Netz GmbH, https://www.swe-netz.de/pb/site/netz/get/documents_E-1406212565/netz/documents/stromnetz/netzentgelte_strom/ab_2021/Strom_Preisblatt_2021_vorlaeufig.pdf, letzter Aufruf 18.10.2020.

der Höchstlast sollten die Ladepunkte oder andere nicht notwendige Verbraucher heruntergeregelt werden.

Wenn die Kälteanlagen eines Supermarktes, Klimaanlagen eines Hotels oder Bürogebäudes Mitte Juli am frühen Nachmittag auf Höchstlast laufen, wird im Zweifel somit die Ladestation in dieser Stunde – oder korrekt: Viertelstunde – vollständig abgeregelt. Dann kann es sein, dass eine oder mehrere Viertelstunden eines Tages keine oder sehr wenig Ladeleistung für Elektrofahrzeuge zur Verfügung steht. Die Entwicklung von Elektrofahrzeug-Ladeinfrastruktur wird der Lastspitzenvermeidung durch Gebäudeleittechnik und Ladelastmanagement in den nächsten Jahren gewichtige Impulse im Zusammenhang mit der Umsetzung der EPBD Gebäudeenergieeffizienz-Richtlinie der EU bis 2025 geben (vgl. Kap. 10).

7.4 Sondersituation im Haushalts- und Kleinkundenbereich

Im Haushaltskundenbereich spielt das Lastmanagement aus Netzentgeltgründen keine Rolle, weil nach § 17 Abs. 6 StromNEV für Entnahmestellen im Niederspannungsnetz mit einer jährlichen Entnahme von bis zu 100.000 kWh anstelle des Leistungs- und Arbeitspreises nur der Arbeitspreis vom Netzbetreiber festgelegt werden kann. Das kann sich natürlich in Zukunft ändern, wenn der Gesetzgeber reagiert. Ein Anfang ist mit § 14a EnWG gemacht, welcher durch das SteuVerG geändert werden soll.

▶ Messtechnisch wäre ein Leistungspreis durch Leistungsmessung von Smart Metern i. S. §§ 21, 22 MsBG schon bald ohne Weiteres möglich. Gerade im Haushaltsbereich kann ein Ladelastmanagement durch intelligente Wallboxen etwa zur Steuerung des Stroms zum optimalen Laden aus der eigenen Photovoltaikanlage angezeigt sein. Denn bei Photovoltaikproduktion wird das Auto geladen und Netzstrombezug vermieden.

Das Ladelastmanagement ist insgesamt kein Beiwerk für die Optimierung einer Ladestation, sondern wird zu einem *Muss* bei Berücksichtigung, dass eine Photovoltaikanlage im nächsten Dachrenovierungszyklus zur Substitution des teuren Netzbezugs wenigstens bei Wohngebäuden errichtet wird. Es kündigt sich an, dass eine Photovoltaikpflicht kommen wird.[15]

Mit dem Atomausstieg 2022 und dem Kohleausstieg bis 2038 wird die Stromerzeugung in Deutschland zum großen Teil auf fluktuierender Erzeugung aus Wind und Photovoltaik beruhen. Parallel werden gerade im Verkehr viele Stromanwendungen, insbesondere durch Elektromobilität, anwachsen. Spätestens dann wird es deutliche Preissignale, nicht nur für Netzentgelte, sondern auch für die Commodity-Preise geben. Flexibles an der Erzeugung angepasstes Ladeverhalten wird belohnt werden.

---

[15] Wie eine bundesweite Photovoltaik-Pflicht für Neubauten ausgestaltet werden sollte, pv-magazine.de vom 23.11.2020, https://www.pv-magazine.de/2020/11/23/wie-eine-bundesweite-photovoltaik-pflicht-fuer-neubauten-ausgestaltet-werden-sollte/, letzter Aufruf 28.12.2020.

Elektrisch Laden: private nicht öffentliche und öffentliche Ladepunkte

80 % aller Ladevorgänge finden derzeit zu Hause oder am Arbeitsplatz statt.[1] Demzufolge erfolgen nur 20 % der Ladevorgänge entweder unterwegs an der Autobahn, an öffentlichen Ladepunkten in der Stadt oder an Geschäften.

In der öffentlichen Wahrnehmung ist allerdings der Aufbau einer Ladeinfrastruktur für Unterwegs-Laden offensichtlich im Vordergrund, einmal, weil viele potenzielle Elektrofahrzeugführer keine private Lademöglichkeit, etwa am eigenen Zuhause oder am Arbeitsplatz haben, zum anderen, weil an den öffentlichen Ladepunkten viel höhere Ladeströme fließen können.[2]

Da der überwiegende Teil der Elektrofahrzeuge jedenfalls viele Stunden am Tag steht, etwa während der Arbeitszeit oder nachts, und nicht genutzt wird, kann jeder Parkvorgang sinnvollerweise zum Laden genutzt werden. Dagegen werden Lieferfahrzeuge, Taxen oder Zustelltransporter mit einem hohen Nutzungsgrad tagsüber einen wiederholten Ladebedarf haben, etwa im Depot oder am Halteplatz.

Prognosen gehen davon aus, dass je nach Entwicklung des Aufbaus der Ladeinfrastruktur das Verhältnis zwischen nicht öffentlicher Ladeinfrastruktur, also einerseits das Home-Charging/Zu-Hause-Laden und Workplace-Charging/Laden am Arbeitsplatz, und

---

[1] Stromtankstellen in Deutschland: Status Quo und Trends, strom-magazin.de vom 23.06.2020, https://www.strom-magazin.de/strommarkt/stromtankstellen-in-deutschland-status-quo-und-trends_222738.html?utm_source=nl_strom-magazin&utm_medium=emailmarketing&utm_campaign=2020-06-24, letzter Aufruf 28.12.2020.

[2] Nationale Leitstelle Ladeinfrastruktur, MVI- Ladeinfrastruktur nach 2025/2030: Szenarien für den Markthochlauf von 2020, https://www.now-gmbh.de/wp-content/uploads/2020/11/Studie_Ladeinfrastruktur-nach-2025-2.pdf, Seite 5, letzter Aufruf 28.12.2020.

© Der/die Autor(en), exklusiv lizenziert durch Springer Fachmedien Wiesbaden GmbH, ein Teil von Springer Nature 2022
O. Schulze, *Elektromobilität – ein Ratgeber für Entscheider, Errichter, Betreiber und Nutzer*, https://doi.org/10.1007/978-3-658-32611-1_8

andererseits das On-the-Way-Charging/Unterwegs-Laden an der öffentlichen oder halböffentlichen Ladeinfrastruktur zwischen 60/40 % und 85/15 % liegen kann.[3]

An dem Ziel, 50.000 zusätzliche Ladepunkte bis Ende 2021 zu errichten, wird von der Bundesregierung festgehalten. Das bedeutet ca. 72.000 öffentlich zugängliche Ladepunkte.[4] Die Bundesregierung erwartet dazu von der Automobilindustrie bis Ende 2021 einen signifikanten Beitrag der zugesagten 15.000 öffentlich zugänglichen Ladepunkte.

Bis zum Jahr 2030 sollen eine Mio. öffentlich zugängliche Elektrofahrzeug-Ladepunkte in Deutschland zur Verfügung stehen[5] sowie ca. zehn Mio. private Ladeeinrichtungen.[6]

8.1 Home-Charging – Zu-Hause-Laden

8.1.1 Was ist „Zu-Hause-Laden"?

Das Laden zu Hause, egal ob auf dem eigenen Grundstück, gemieteten oder zugewiesenen Stellplatz der Mietwohnung oder Wohnungseigentümergemeinschaft wird als Home-Charging bezeichnet. Eine lange Zeit, vor allem nachts, stehen die Elektrofahrzeuge in der Garage oder auf dem Stellplatz und könnten somit die Zeit zum Aufladen oder Nachladen nutzen.

über Nacht aus, um das Elektrofahrzeug zu laden, gerade weil aktuelle Fahrzeuge in der Regel nicht mehr als 15 kWh Kapazität in der Batterie speichern können.[7] Der PhEV ist dann in spätestens sieben Stunden geladen!

Natürlich lässt sich ein BEV technisch auch über die Außen-Schukosteckdose laden (Abb. 8.1). Bei 2,3 kW Leistung dauert es dann – je nach Batteriezustand und -kapazität – wirklich sehr viele Stunden, bis ein akzeptabler Batterieladezustand erreicht wird. Für BEV ist die Schukosteckdose keine wirklich dauerhafte Ladelösung.

---

[3] Masterplan Ladeinfrastruktur der Bundesregierung Ziele und Maßnahmen für den Ladeinfrastrukturausbau bis 2030 Seite 3; https://www.bmvi.de/SharedDocs/DE/Anlage/G/masterplan-ladeinfrastruktur.pdf?__blob=publicationFile, letzter Aufruf 28.12.2020.

[4] 4. Spitzengespräch der Konzertierten Aktion Mobilität: Transformation unterstützen, Wertschöpfungsketten stärken, vom 17.11.2020, https://www.bundesregierung.de/breg-de/aktuelles/pressemitteilungen/4-spitzengespraech-der-konzertierten-aktion-mobilitaet-transformation-unterstuetzen-wertschoepfungsketten-staerken—1815818, letzter Aufruf 28.12.2020.

[5] BMU Klimaschutzprogramm 2030, https://www.bmu.de/fileadmin/Daten_BMU/Pools/Broschueren/klimaschutzprogramm_2030_bf.pdf, S 78, letzter Aufruf 28.12.2020.

[6] BMWi RefE SteuVerG vom 22.12.2020, S. 26, https://www.bmwi.de/Redaktion/DE/Downloads/Gesetz/gesetz-zur-zuegigen-und-sicheren-integration-steuerbarer-verbrauchseinrichtungen-in-die-verteilernetze.pdf?__blob=publicationFile&v=6, letzter Aufruf 10.01.202.

[7] Vgl. Mercedes Benz: Das kann der erste A-Klasse Plug-In Hybrid, efahrer.chip.de vom 01.07.2019, https://efahrer.chip.de/news/mercedes-benz-a-klasse-das-kann-der-erste-plug-in-hybrid_10889, letzter Aufruf 29.12.2020 - PhEV Mercedes Benz 13 kWh, BMW 10-12 kWh, Volvo 11,6 kWh.

8.1 Home-Charging – Zu-Hause-Laden

Abb. 8.1 Laden eines PhEV mit der 230-V-Schukosteckdose unter dem Carport, 10/2020

Da die Schukosteckdose, jedenfalls bei BEV mit üblichen Batteriekapazitäten von 50 kWh[8] bis über 100 kWh, nicht ausreichen wird, die Fahrzeugbatterie über Nacht vollständig zu laden, ist die Installation einer Wallbox angezeigt, die je nach Haushaltsabsicherung 7,4 kW bis 11 kW Leistung zur Verfügung stellt.

Ein übliches PhEV ist bei 3,7 kW Ladeleistung spätestens in vier Stunden geladen. Ein BEV je nach Batteriekapazität wird dann schon zwölf Stunden an die Niederspannungshauptverteilung angeschlossen sein müssen. Oftmals muss das BEV auch nur nachgeladen werden; in 8 Stunden sind dann wenigstens ca. 30 kWh aufgeladen. Wenn jedoch nur 2,3 kW zur Verfügung stehen, ist ein BEV vernünftigerweise nicht in halbwegs akzeptablen Zeiträumen aufladbar, und größere BEV benötigen dann sogar mehrere Tage.[9]

---

[8] Neuer ID.3 und künftige ID. Modelle erhalten Batterien mit höchster Kapazität – mit acht Jahren Garantie, vw.de vom 17.06.2019, https://www.volkswagen-newsroom.com/de/pressemitteilungen/neuer-id3-und-kuenftige-id-modelle-erhalten-batterien-mit-hoechster-kapazitaet-mit-acht-jahren-garantie-5089, letzter Aufruf 29.12.2020.

[9] Vgl. MB EQC 400 mit 80 kWh Batterie, https://www.mercedes-benz.de/passengercars/mercedes-benz-cars/models/eqc/charging-and-range/footnote3.module.html, letzter Aufruf 02.01.2021.

▸ Wenn Zeit nicht der entscheidende Faktor ist und der benötigte Ladestrom, etwa bei PhEV, überschaubar ist, lässt sich das Elektrofahrzeug zu Hause über viele Stunden sicher aufladen.

Der ADAC empfiehlt grundsätzlich Wallboxen mit 11 kW Ladeleistung,[10] ebenso die VDI 2166.[11] Wenn das technisch an der eigenen Garage möglich ist – schnelleres Laden ist grundsätzlich immer ein höherer Komfort. Das Elektrofahrzeug ist schneller geladen!

8.1.2 Die eigene Wallbox

Derzeit können Wallboxen (vgl. Abb. 8.2) über den Fachgroßhandel oder die Autohändler gekauft werden und müssen von einem Elektriker auf dem eigenen Grundstück angeschlossen werden.

Abb. 8.2 22-kW-AC-Wallbox: Ferienanlage Zingst 10/2020

---

[10] Wallboxen im Test: Welche Ladestation ist die beste für Elektroautos?, adac.de vom 14.08.2019, https://www.adac.de/rund-ums-fahrzeug/tests/elektromobilitaet/wallboxen/, letzter Aufruf 29.12.2020.

[11] VDI 2166 Ziffer 7.16.1 S. 31.

8.1 Home-Charging – Zu-Hause-Laden

Diese Wallboxen kosten derzeit nahezu überall im Autohandel noch gute 800 €,[12] dazu die Wandinstallation, Kabel, ggf. Stemmarbeiten oder Kabelkanäle. Deshalb sollte mit gut 1000 € Installationsaufwand für eine einfache Wallbox gerechnet werden.

Wenn derzeit in der Garage oder am Stellplatz überhaupt kein Elektroanschluss vorhanden ist, dann werden die Installationskosten schnell höher als die Anschaffungskosten für die Wallbox. Die Elektroinstallateuraufwendungen können natürlich – wie alle Handwerkerleistungen – nach § 35a Abs. 3 Satz 1 EStG in Höhe von 20 %, maximal 1200 € jährlich vom zu versteuernden Einkommen abgezogen werden und reduzieren somit dadurch die Einkommensteuerzahllast (vgl. Kap. 15).

▶ Im Online-Handel können Wallboxen ohne jedwede Installation ab 400 € erworben werden.[13] Je nach Ausstattung und Komfort gibt es jedoch viele Möglichkeiten der intelligenten Wallbox. In Abhängigkeit von der Ausstattung kann insgesamt für eine Wallbox-Installation somit mit Kosten von 500 € bis 2500 € gerechnet werden.[14]

Wenn der Rollout der Elektrofahrzeuge als Massenphänomen in den nächsten Jahren sichtbar ist und dann auch adäquat massenhaft Home-Charger aufgebaut werden, wird man Wallboxen wie eine Waschmaschine oder einen Elektroherd auch im Regal eines gut sortierten Baumarktes oder Home-Elektronik-Marktes erwerben können. Da bis 2030 mit der Installation von zehn Mio. Wallboxen in Deutschland gerechnet wird, ist das ein Riesenmarkt sowohl für die Elektroindustrie als auch für die Heimelektronikhändler. Das ist dann auch die Preisrichtung für die Zukunft, wenn Wallboxen zu Massenprodukten werden, wie heute eben Waschmaschinen oder Fernseher.

Da jede Wallbox zu einer Ladelösung für ein Elektrofahrzeug führt und Druck aus der Dichte und Erreichbarkeit von Ladepunkte für die Öffentlichkeit nimmt, wurde ein Subventionsprogramm für solche Ladepunkte von der Bundesregierung aufgesetzt (vgl. Kap. 14).

---

[12] Vgl. VW ID.3 soll nur 390 € in Basisversion kosten; yello.de vom 29.07.2020, https://www.yello.de/mehralsdudenkst/die-guenstige-vw-wallbox-der-id-charger-kommt/, letzter Aufruf 29.12.2020.

[13] Ladestationen und Wallboxen, e-mobileo.de, https://www.e-mobileo.de/shop/wallboxen/?query_type_ladeleistung=or&filter_ladeleistung=4-6kw,7-4kw, letzter Aufruf 29.12.2020.

[14] Wallboxen im Test: Welche Ladestation ist die beste für Elektroautos?, adac.de vom 14.08.2020, https://www.adac.de/rund-ums-fahrzeug/tests/elektromobilitaet/wallboxen/, letzter Aufruf 29.12.2020; Volkswagen-Wallbox hat technische Probleme, t-online vom 26.10.2020, https://www.t-online.de/auto/elektromobilitaet/id_88820242/volkswagen-wallbox-hat-technische-probleme.html, letzter Aufruf 29.12.2020.

> **Überblick**
> Egal welche Ladeleistung eine Wallbox aufweist:
> Für alle Ladepunkte gilt nach § 19 Abs. 2 Satz 2 NAV, dass auch Ladeeinrichtungen für Elektrofahrzeuge dem Netzbetreiber vor deren Inbetriebnahme mitgeteilt werden müssen. Bis 11 kW bleibt es bei der schlichten Mitteilung.
> Allerdings ist in dem seltenen Fall eines Home-Chargings, dass die zeitgleiche Leistung 12 kVA je elektrischer Anlage überschreitet, die Zustimmung des Netzbetreibers vor Inbetriebnahme des Ladepunktes einzuholen (vgl. Kap. 8).
> Dann erscheint es einfacher, eine intelligente Wallbox zu installieren, die bei Erreichen der summengleichen Gesamtleistung von 12 kVA den Ladestrom herunterregelt, als sich der Zustimmung des Netzbetreibers – Ausgang ggf. ungewiss – zu unterwerfen.

Erfolgversprechend erscheint die Initiative der Autoindustrie, zu ihren Autos dem Kunden auch gleich die passende Wallbox mitzuliefern.[15]

Der Käufer muss sich also auch hinsichtlich der Anschaffungs- und Installationskosten entscheiden, welche Ladeleistung er zu Hause benötigt und wie intelligent die Wallbox sein soll.

Grundsätzlich muss die Wallbox nur den Strom in die Batterie einspeisen. Empfehlenswert ist eine Steuerung per App. Wenn derzeit noch keine 11 kW Ladeleistung benötigt wird, weil z. B. der neue PhEV sowieso nur 7 kW Leistungsaufnahme hat, so sollte vorgedacht werden, dass das „nächste" Fahrzeug ein BEV sein könnte.

Ggf. reichen möglicherweise die 7 kW als Einstieg auch für das neue BEV aus, aber es könnte sein, dass für ein anderes Familienmitglied das nächste Fahrzeug auch ein Elektrofahrzeug ist. Dann müssten über Nacht zu Hause gleich zwei Fahrzeuge geladen werden. Spätestens dann wird sich die vorherige Entscheidung auszahlen, mit 11 kW laden zu können.

▶ Bei der Wallbox im Home-Charging ist ein angeschlagenes Kabel ein Muss und erhöht den Ladekomfort spürbar. Man muss nicht im Kofferraum des Fahrzeugs unter einer Abdeckung das Ladekabel suchen. Der physische Anschluss des Elektrofahrzeugs an die Wallbox dauert nur wenige Sekunden.

Die Wallbox und das Ladekabel liefern AC-Wechselstrom, alles andere wäre bei diesen kleineren Ladeleistungen technisch viel zu aufwendig und zu teuer. Aber der technische

---

[15] Die günstige VW Wallbox: Der ID Charger kommt, Yello.de vom 29.07.2020, https://www.yello.de/mehralsdudenkst/die-guenstige-vw-wallbox-der-id-charger-kommt/, letzter Aufruf 29.12.2020.

Schritt zur DC-Wallbox wird noch kommen. Beides, Wallbox und Ladekabel, sind eigentlich für die Ewigkeit gemacht. Wenn die Wallbox mechanisch nicht beschädigt wird, kann sie vielen Autogenerationen einen zuverlässigen Ladedienst leisten.

Nach § 3 Nr. 46 EStG ist, etwa als „privater" Einstieg in die Elektromobilität, die vom Arbeitgeber zur privaten Nutzung überlassene betriebliche Ladevorrichtung steuerfrei. Die Wallbox bleibt natürlich Eigentum des Arbeitgebers, kann aber kostenlos etwa für die Nutzung zum Aufladen des Privat-Pkw genutzt werden (vgl. Kap. 15).

8.1.3 Welche Ladeleistung?

Die Ladeleistung hängt einerseits von der Leistung des Ladepunktes ab, andererseits von der Fahrzeugbatteriesteuerung.

Viele PhEVs können nur 7 kW Ladeleistung laden, dabei spielt es keine Rolle, ob der Ladepunkt eine höhere Ladeleistung z. B. von 11 oder 22 kW zur Verfügung stellt. Allerdings wird sich der technische Fortschritt bei den Elektrofahrzeugen sehr schnell entwickeln, sodass das nächste anzuschaffende Auto vermutlich schon ein BEV mit höherer Ladeleistung sein wird oder ein PhEV, das höhere Ladeleistungen mit der On-Board-Steuerung verarbeiten kann. Deshalb kann schon derzeit die Vorbereitung oder Installation einer höheren Leistung angezeigt sein.

Für die Berechnung der möglichen Ladeleistung benötigt man Informationen über die Anzahl der Phasen, einphasig oder dreiphasiges Laden, die Spannung und über Stromstärke des Stromanschlusses für die Ladestation. Bei einem dreiphasigen Anschluss spielt noch die Art, wie die Ladestation an das Netz angeschlossen ist, eine Rolle. Je nachdem, ob in Stern- oder Dreieckschaltung, liegt die Spannung bei 230 oder 400 Volt.

> **Ladeleistungen**
> **Einphasen-Wechselstrom:**
>
> Ladeleistung 3,7 kW = 1 Phase* 230 V Spannung* 16 A Stromstärke
>
> Ladeleistung 2,3 kW = 1 Phase* 230 V Spannung* 10 A Stromstärke
>
> 230 V Spannung liegen an jeder Schukosteckdose unter dem Carport an, mit dem es dann – je nach zugelassener Stromstärke – vier bis sechs Stunden dauert, bis der PhEV geladen ist.
>
> Für eine 50-kW-BEV-Batterie ist diese Variante kein Zukunftsmodell, dafür sollte ein Kraftstromanschluss gelegt werden.
>
> **Drehstrom, Dreiphasen-Wechselstrom, Sternschaltung:**
>
> Ladeleistung 22 kW = 3 Phasen* 230 V Spannung* 32 A Stromstärke

> oder:
>
> **Drehstrom, Dreiphasen-Wechselstrom, Dreieckschaltung:**
>
> $$\text{Ladeleistung } 22\,\text{kW} = \sqrt{3}^{*}\ 400\,\text{V Spannung}^{*}\,32\,\text{A Stromstärke}$$
>
> Somit muss bei einer Ladeleistung von 22 kW die Hauselektroinstallation auf dreiphasiges Laden mit einer Stromstärke von 32 A ausgelegt sein.

8.1.4 Wallbox und Smart Home

Spätestens die Installation einer Wallbox sollte und könnte der Start einer Smart-Home-Lösung werden.[16]

Jedes Smart Home umfasst, je nach Ausbaustufe, die zentrale sowie App-basierte Steuerung und Überwachung aller Elemente der Haustechnik.[17] Gerade die Steuerung einer Wallbox oder anderen Ladestation gehören uneingeschränkt dazu.

Deshalb sollte eine Wallbox über das Heimnetzwerk angesteuert werden können, somit über eine WLAN- oder LAN-Verbindung oder mindestens LTE/4G verfügen.

Es ist naheliegend, dass in naher Zukunft genug Lösungen bereitstehen werden, um sich in das Heimnetzwerk einzuwählen, wodurch zusätzliche digitale Dienste aktiviert werden können, etwa um die Ladevorgänge zu steuern oder Fernwartungs- und Softwareupdates und Störungsbeseitigungen[18] an der Wallbox durchzuführen.

Viel naheliegender erscheint jedoch die Ladesteuerung für Dienstfahrzeuge. Der Zugang zur Elektromobilität erfolgt insbesondere über das Dienstwagenprivileg (vgl. Kap. 15). Mit einer intelligenten Wallbox lassen sich einerseits die Ladevorgänge der Dienstwagen erkennen und andererseits auch abrechnen.

Gerade bei den derzeit beliebten PhEV stellt sich teilweise heraus, dass sie den Elektroantrieb nur untergeordnet verwenden.[19] Deshalb muss ein PhEV eigentlich täglich zu

---

[16] Vgl. Kotschi, Smart home Branchen Monitor, https://www.kotschi-consulting.com/smart-home-monitor, letzter Zugriff 29.12.2020.

[17] Schulze, METRO GROUP Energiemanagement digital – Das METRO-ENERGY-MANGEMENT-SYSTEM MEMS, in CSR und Digitalisierung, Hildebrandt/Landhäußer (Hrsg), Springer Gabler, 2017, S. 465, 480.

[18] Volkswagen-Wallbox hat technische Probleme, t-online.de vom 26.10.2020 https://www.t-online.de/auto/elektromobilitaet/id_88820242/volkswagen-wallbox-hat-technische-probleme.html, letzter Aufruf 29.12.2020.

[19] Der Plug-in-Hybrid ist als Mogelpackung überführt, wiwo.de vom 09.10.2020, https://www.wiwo.de/my/technologie/mobilitaet/hajeks-high-voltage-14-der-plug-in-hybrid-ist-als-mogelpackung-ueberfuehrt-/26256834.html, letzter Aufruf 29.12.2020.

Hause aufgeladen werden, um möglichst viele Strecken elektrisch zu fahren. Die kleinen Ladeleistungen reichen dazu völlig aus. Wenn die Wallbox durch Kommunikation mit dem Dienstfahrzeug erkennt, dass ein Dienst-PhEV geladen wird und eine digitale Abrechnungslösung mit dem Arbeitgeber bzw. Unternehmen möglich wäre, dann erhöht sich einerseits die elektrische Fahrtleistung und andererseits verringern sich die Stromkosten – jedenfalls gegenüber dem On-the-way-Charging, dem Unterwegs-Laden. Eine solche intelligente Wallbox muss dann auch eine entsprechende Messeinrichtung implementieren. Natürlich funktioniert eine solche Ladelösung auch für BEV.

8.1.5 Zu-Hause-Laden ohne eigenen Stellplatz

Im Miet- und Wohnungseigentumsrecht sind für Mieter und Eigentümer mit einem eigenen Stellplatz für Elektrofahrzeuge die letzten rechtlichen Hürden für die Errichtung eines (intelligenten) Ladepunktes seit 01.11.2020 genommen (vgl. Kap. 5).

Wenn kein Stellplatz und vor allem kein gesonderter Stromanschluss des Mieters bzw. Wohnungseigentümers besteht, darf auch kein Ladestrom entnommen werden. Auf keinen Fall ist ein Mieter berechtigt, den Ladestrom aus dem Allgemeinstrom etwa des Treppenhauses oder der Parkplatzbeleuchtung zu nehmen, sodass am Ende alle Mieter neben dem sonstigen Allgemeinstrom für Fahrstuhl oder Treppenlicht in den Betriebskosten auch den Fahrstrom für das Elektrofahrzeug eines Mieters bezahlen müssen. Eine denkbare Ausnahme wäre natürlich, es gäbe darüber in der Mietergemeinschaft ausnahmsweise Konsens.

▶ Eine verbotswidrige Entnahme stellt einen Stromdiebstahl dar und kann vom Vermieter oder der WEG abgemahnt werden.

Wenn dem Vermieter dadurch ein erheblicher Nachteil erwächst, oder im Wiederholungsfalle, ist auch eine Kündigung des Mietvertrages ohne vorherige Abmahnung zulässig.[20]

8.2 Workplace-Charging – Laden am Arbeitsplatz

Als Workplace-Charging bezeichnet man das Laden am Arbeitsplatz, dort auf dem betrieblichen Parkplatz oder im betrieblichen Parkhaus. Das gilt sowohl für Dienstfahrzeuge als auch Mitarbeiterfahrzeuge. Der Vorteil ist, dass die Elektrofahrzeuge am Arbeitsplatz und Arbeitsort über mehrere Stunden abgestellt sind und folglich über die vielen Stunden verteilt geladen werden können.

---

[20] AG Köln Urteil vom 27.01.2016, Az: 222 C 359/15 – hier nur Abmahnung, Hausstrom für Kellerlampe und Staubsauger.

Das Workplace-Charging ist keinesfalls untergeordnet und wird künftig ein Qualitätsmerkmal eines Arbeitgebers sein, ob dort – entgeltlich oder unentgeltlich – das Elektrofahrzeug des Mitarbeiters geladen werden darf.

▶ Bis 2030 werden ca. 2,6 Mio. Ladepunkte am Arbeitsplatz prognostiziert.[21]

8.2.1 Aufladen von Dienstfahrzeugen

Für Dienstfahrzeuge gilt wie für jedes andere Fahrzeug, dass es nach Möglichkeit aufgeladen für Dienstfahrten oder soweit erlaubt andere Fahrten bereitstehen soll. Bei PhEV soll ein möglichst großer Anteil elektrisch und nicht mit dem konventionellen Antrieb gefahren werden,[22] nicht nur aus Umweltschutz-, sondern auch aus Kostengründen. Ein Vorteil der PhEV gegenüber konventionellen Fahrzeugen stellt sich erst bei weit über 50 % elektrischem Fahranteil her.

Dazu sollten natürlich ausreichende Lademöglichkeiten, etwa Ladepunkte am Arbeitsplatz-Parkplatz, bereitstehen. Schon das ist gerade in städtischen Lagen keine Selbstverständlichkeit.

Ladepunkte am personengebundenen Dienstwagenparkplatz, die es in einigen Unternehmen wohl historisch noch gibt, damit der jeweilige Dienstwagennutzer immer einen freien Parkplatz hat, haben den Nachteil, dass ein Ladepunkt nicht für mehrere Fahrzeuge, die nacheinander laden, genutzt werden kann. Sie werden blockiert, ohne dass ein Ladevorgang stattfindet. Die Elektromobilität und die Ladeinfrastrukturkosten fördern die Mehrfachnutzung eines entsprechend ausgestatteten Ladeparkplatzes, wenn nicht genug Ladeinfrastruktur vorhanden ist. Dann müssen Dienstfahrzeuge während des Arbeitstages umgeparkt werden.

▶ Stromkosten für das Laden von Dienstfahrzeugen am Arbeitsort sind normale Betriebskosten des Unternehmens.

8.2.2 Aufladen von Mitarbeiterfahrzeugen

Momentan zeigt sich das Bild, dass durch steuerliche Förderungen – insbesondere zum geldwerten Vorteil – und durch die technische Entwicklung, PhEV vor allem bei hochmotorigen Fahrzeugen eingeführt werden, die Elektrofahrzeuge somit vor allem über Dienstwagenprivilegien eingeführt werden. Aber es gibt auch genug kleinere und sehr

---

[21] Nationale Leitstelle Ladeinfrastruktur, MVI-Ladeinfrastruktur nach 2025/2030: Szenarien für den Markthochlauf von 2020, https://www.now-gmbh.de/wp-content/uploads/2020/11/Studie_Ladeinfrastruktur-nach-2025-2.pdf, Seite 58, 64, letzter Aufruf 29.12.2020.

[22] Neue europäische Studie bestätigt CO2-Messungen der Deutschen Umwelthilfe: Plug-In-Hybride torpedieren Klimaschutz durch hohe Realemissionen, presseportal.de vom 23.11.2020, https://www.presseportal.de/pm/22521/4771373, letzter Aufruf 29.12.2020.

8.2 Workplace-Charging – Laden am Arbeitsplatz

gute BEV einerseits, und es wird sich andererseits eher kurzfristig ein Zweitmarkt für gebrauchte Elektrofahrzeuge herausbilden. Dann wird wie für jedes andere Fahrzeug auch ein Bedarf zum Laden von Mitarbeiterfahrzeugen am Arbeitsplatz entstehen.

▶ Für Mitarbeiter besteht allerdings kein Anspruch, dass sie, mit oder ohne Entgelt, eine bestehende Infrastruktur des Unternehmens nutzen können, geschweige denn, dass der Arbeitgeber in eine Elektroladeinfrastruktur investiert.

Allerdings wird die Installation von Ladepunkten auf dem Betriebsgelände, die auch für Mitarbeiter genutzt werden können, die viele Stunden ihr Fahrzeug dort abstellen, und auch deren Betrieb und die Abrechnung ein neues Tätigkeitsfeld sein, welchen sich auch Mitarbeitervertretungen stellen und die zur Verbesserung der Attraktivität eines Arbeitsplatzes führen können.

Hierfür sind allerdings verschiedene Modelle denkbar, etwa, dass der Arbeitgeber in eine Ladeinfrastruktur investiert und diese gegen Entgelt oder unentgeltlich auch den Mitarbeitern bereitstellt oder dass dritten Providern gestattet und ermöglicht wird, auf dem Arbeitgebergelände Ladeinfrastruktur für Mitarbeiter bereitzustellen und der Arbeitgeber etwa den Strom beistellt.

Das Angebot von Ladepunkten für die Nutzung durch Mitarbeiter (s. Abb. 8.3 und 8.4) und zu welchen Konditionen dies geschieht, ist eine freiwillige Leistung und autonome Entscheidung des Arbeitgebers.

Abb. 8.3 Workplace-Charging Düsseldorf, ca. 60x11-kW-Ladepunkte 05/2020

Abb. 8.4 Workplace-Charging, bereitgestellt durch dritten Provider gegen Entgelt, Düsseldorf 07/2019

Da je nach vorhandener Ladeinfrastruktur entweder der Mitarbeiter während der gesamten Arbeitszeit oder etwa bis zu einer Pause bzw. ab einer Pause einige Stunden an der Ladestation steht, werden auch hier Normalladestationen bis 22 kW, i. d. R. sogar geringere Leistungen, ausreichen, um die vorhandenen Elektrofahrzeuge aufzuladen. Wenn die Elektrofahrzeuge längere Zeit am Arbeitsplatz abgeparkt werden können und nicht kurzfristig, etwa für Dienstfahrten, aufgeladen werden müssen, dürfte eine Ladeleistung von mehrheitlich 11 kW ausreichend sein, ähnlich dem Home-Charging.

▶ In üblicherweise acht Stunden Arbeitszeit dürfte nahezu jedes derzeit erhältliche BEV vollgeladen sein.

8.2.3 Mitarbeiter-Fahrstrom

8.2.3.1 Unentgeltlicher oder verbilligter Ladestrom

Hintergrundinformationen
Noch kann der Arbeitgeber derzeit Ladestrom unentgeltlich abgeben, ohne dass der Mitarbeiter dafür einen geldwerten Vorteil zu versteuern hat. Es bleiben für ihn Betriebskosten. Nach § 3 Nr. 46

EStG (Einkommenssteuergesetz) ist der zusätzlich zum ohnehin geschuldeten Arbeitslohn vom Arbeitgeber gewährte Vorteil für das elektrische Aufladen eines BEV oder PhEV im Sinne des § 6 Abs. 1 Nr. 4 Satz 2 2. Halbsatz EStG an einer ortsfesten betrieblichen Einrichtung des Arbeitgebers oder eines verbundenen Unternehmens und für die zur privaten Nutzung überlassene betriebliche Ladevorrichtung steuerfrei.

Der Verweis auf § 6 Abs. 1 Nr. 4 Satz 2 2. Halbsatz EStG beschreibt nur die Beschränkung auf Fahrzeuge mit Antrieb ausschließlich durch Elektromotoren, die ganz oder überwiegend aus mechanischen oder elektrochemischen Energiespeichern oder aus emissionsfrei betriebenen Energiewandlern gespeist werden (BEV), oder von extern aufladbaren Hybridelektrofahrzeugen (PhEV). Weshalb nicht gleich auf die gesetzlich einheitliche Definition des EMoG verwiesen wird, ist nicht ersichtlich.

Ein Arbeitgeber kann seinen Mitarbeitern Ladestrom unentgeltlich oder verbilligt und somit steuerfrei zur Verfügung stellen, ohne dass dies einen geldwerten Vorteil mit dem Nachteil der Einkommensteuererhöhung darstellt. Solche Modelle scheitern oftmals daran, dass der Nachweis- und Abrechnungsaufwand für den Arbeitgeber so kompliziert wäre, dass er lieber auf eine Förderung der Mitarbeiter verzichtet. Von daher hat der Gesetzgeber mit dieser Möglichkeit die Förderung der Elektromobilität vorangetrieben. Arbeitgeber können ihren Mitarbeitern einen Vorteil gewähren und ihre Attraktivität erhöhen.

Eine Verbilligung der Fahrstromkosten kommt in der Praxis dort in Betracht, wo dritte Provider die Ladestationen betreiben und der Arbeitgeber das Potenzial der eigenen Flotte und der Mitarbeiterfahrzeuge bemühen kann. Denn eine hohe Nutzung eines Ladepunktes verringert dessen spezifische Kosten. Der Mitarbeiter bekommt dann also beim dritten Provider einen Flottenrabatt!

8.2.3.2 Kein Aufladen ohne die Zustimmung des Arbeitgebers

Umgekehrt, wenn der Arbeitgeber den Strom nicht eindeutig unentgeltlich zur Verfügung stellt, darf der Mitarbeiter nicht einfach ungefragt und ungenehmigt, z. B. über eine in der Parkgarage ggf. für Reinigungsarbeiten vorhandene Steckdose sein Elektrofahrzeug laden und den Strom des Arbeitgebers nutzen. Dies kann zu einer Abmahnung oder sogar Kündigung des Arbeitsvertrages durch den Arbeitgeber führen.[23]

Die unberechtigte Verwendung von Strom des Arbeitgebers zum Aufladen stellt objektiv eine Stromunterschlagung dar, sodass der Mitarbeiter damit seine arbeitsvertragliche Rücksichtnahmepflicht schwerwiegend verletzt. Er missbraucht das in ihn gesetzte Vertrauen in erheblicher Weise. Dabei kommt es auf die Höhe des durch die Straftat verursachten Schadens nicht an.[24] Selbst wenn die rechtswidrige Verletzungshandlung nur Sachen von geringem Wert betrifft, ist die Verletzung des Eigentums oder Vermögens des

---

[23] LAG Köln Urteil vom 20.01.2012, Az. 3 Sa 408/11 – Aufladen des privaten elektrischen Rasierapparates am Arbeitsplatz; ArbG Rheine Urteil vom 31.03.2009, Az: 2 Ca 1171/08 Stromentnahme für persönliche Geräte und Maschinen.

[24] LAG Hamm Urteil vom 02.09.2010, Az: 16 Sa 260/10 – Aufladen E- Bike.

Arbeitgebers als wichtiger Grund zur außerordentlichen Kündigung an sich geeignet.[25] Deshalb muss der Arbeitgeber unbedingt und uneingeschränkt vor dem Laden gefragt werden.

Auch wenn ein PhEV nur wenige kWh laden kann, so stellt unabhängig von dem objektiven Tatbestand der Stromunterschlagung dieser Strombezug auch einen mehr als unerheblichen Betrag dar, insbesondere, wenn dieser wiederholt oder sogar regelmäßig erfolgt. Ein PhEV wird je nach Strombezugskosten des Arbeitgebers aber i. d. R. netto Ladestromkosten für einmaliges Laden verursachen:

$$13\,kWh \times 0{,}2\,€/kWh = 2{,}60\,€$$

Wenn der Arbeitnehmer mit einem PhEV für die Fahrt von und zum Arbeitsplatz von ca. 50 km 13 kWh Ladestrom vom Arbeitgeber in sein Elektrofahrzeug lädt, sind monatlich schnell 50 € Ladestromkosten aufgelaufen.

Bei einem BEV, das 80 kWh laden kann, wird die Kostenrelevanz besonders deutlich:

$$80\,kWh \times 0{,}2\,€/kWh = 16{,}00€$$

▶ Das Verbot, ohne Zustimmung Strom des Arbeitgebers für den Eigengebrauch des Mitarbeiters zu laden, gilt für alle Anwendungen.

8.2.3.3 Dienstfahrzeug im Home-Charging

Da das Laden zu Hause ganz überwiegend günstiger ist als das On-the-Way/Unterwegs-Laden an öffentlichen Ladepunkten, muss der Arbeitgeber bestrebt sein, dass die Dienstfahrzeuge nicht nur am Arbeitsplatz, sondern auch beim Mitarbeiter zu Hause geladen werden.

Dazu kann der Arbeitgeber eine Wallbox nach § 3 Nr. 46 EStG zusätzlich zum ohnehin geschuldeten Arbeitslohn steuerfrei zur privaten Nutzung als eine betriebliche Ladevorrichtung überlassen, d. h. anschließen, und dann kann der Mitarbeiter den Dienstwagen laden. Wichtig ist, dass die Wallbox oder andere Ladeeinrichtung im Eigentum des Arbeitgebers bleiben.

Wenn die Ladebox in das Eigentum des Arbeitnehmers übergehen soll, oder ein Zuschuss des Arbeitgebers zur Arbeitnehmer-Ladeeinrichtung geleistet wird, ist der Betrag mit einem Pauschalsteuersatz von 25 % nach § 40 Abs. 2 Satz 1 Nr. 6 EStG zu besteuern.

Der mit dem Dienstwagen beim Mitarbeiter zu Hause bezogene Strom wird ihm vom Arbeitgeber zu den tatsächlich anfallenden Kosten erstattet. Um auf der richtigen Seite zu sein, sollte die – intelligente – Wallbox zu Hause in der Lage sein, zu erkennen, dass gerade der Dienstwagen geladen wird. Der Arbeitnehmer kann die Wallbox natürlich auch für das Laden eines anderen privaten Elektrofahrzeugs nutzen.

---

[25] BAG Urteil vom 10.06.2010, Az: 2 AZR 541/09.

Der Arbeitgeber hat den Vorteil, den günstigen Strompreis des Arbeitnehmers zu nutzen. Die Abwicklung des gesamten Abrechnungs- und Transparenzprozesses könnte über einen EMP erfolgen (vgl. Kap. 12).

Der Arbeitgeber darf zudem seinem Mitarbeiter auch einen pauschalen steuerfreien Zuschuss zum Home-Charging von 15 € pro Monat für PhEV (10 € bis 2020) und 30 € pro Monat für BEV (20 € bis 2020) gewähren, der sogar erhöht werden kann, wenn für die Dienstfahrzeuge kein Workplace-Charging möglich ist[26] (vgl. Kap. 8).

Diese steuerfreien Pauschalbeträge des Arbeitgebers sind ab 01.01.2021 erhöht worden.

8.3 On-the-Way-Charging/Das Unterwegs-Laden

Das On-the-Way-Charging bzw. Unterwegs-Laden ist das Laden unterwegs, wenn mit dem Elektrofahrzeug Verrichtungen oder Freizeitaktivitäten unternommen werden, z. B. wenn die Autobatterie leer ist und wie an der normalen Tankstelle ein Zwangshalt notwendig ist, um etwa an der Autobahnraststätte aufzutanken (und um die Zwangspause für eine Erholung zu nutzen). Deshalb sind an diesen Verkehrsknoten Schnellladesäulen und -hubs, welche bei kurzen Stopps des Nachtankens große Energiemengen transferieren, angezeigt.

Unterwegs-Laden ist jedoch ganz überwiegend ein Nachladen, wenn das Fahrzeug z. B. wegen einer notwendigen Pause für einen Weg oder einen Einkaufsstopp hält und diese Zeit genutzt wird, einige kWh in die Batterie einzuspeichern. Dieses Unterwegs-Laden erfolgt an öffentlich oder beschränkt öffentlich zugänglichen Ladepunkten, an denen jedermann zu den gegebenen Bedingungen sein Elektrofahrzeug laden kann und darf.

Hintergrundinformationen
Bis 2030 sollen in Deutschland insgesamt eine Million öffentlich zugängliche Ladepunkte errichtet werden.[27]

2019 waren in Deutschland 220.000 Elektrofahrzeuge zugelassen und 21.100 öffentliche Ladepunkte vorhanden. Damit ist offensichtlich, dass in den nächsten zehn Jahren unter Berücksichtigung des Markthochlaufs auch der Elektrofahrzeuge jährlich ca. 900.000 öffentlich zugängliche Ladepunkte errichtet werden müssen. Je mehr Schnelllade-Hubs geschaffen werden, umso weniger sind andere öffentlich zugängliche Ladepunkte notwendig.

---

[26] BMF-Schreiben (koordinierter Ländererlass) IV C 5 – S-2334/19/10009 :004 vom 29.09.2020, RNr. 23, 24.
[27] Masterplan Ladeinfrastruktur der Bundesregierung Ziele und Maßnahmen für den Ladeinfrastrukturausbau bis 2030; Seite 1, https://www.bmvi.de/SharedDocs/DE/Anlage/G/masterplan-lade-infrastruktur.pdf?__blob=publicationFile, letzter Aufruf 29.12.2020.

8.3.1 Destination-Charging: Laden als Geschäftszweck – Lade-Hubs und Tankstellen

Wenn immer mehr Elektrofahrzeuge auf den Markt kommen und eine Nachfrage nach Ladestrom suggerieren und generieren, entsteht auch ein Bietermarkt für Ladeinfrastruktur, der gesondert angefahren wird, mit dem vorrangigen Zwecke, das Elektrofahrzeug vollzuladen. Der Kunde besucht die Destination allein, um sein Fahrzeug zu laden!

Im Destination-Charging werden hohe Ladeleistungen bereitgestellt, weil nur des Ladens wegen die Hubs- und Tankstellen angefahren werden und das ladende Elektrofahrzeug auch nicht über längere Zeit den Ladepunkt blockieren soll (Abb. 8.5).

Gegenwärtig ist auf kurze Sicht noch nicht abschätzbar, ob bzw. ab wann sich auch wegen mangelnder Elektrofahrzeugpräsenz ein solcher Geschäftszweck flächendeckend lohnt. Deshalb investieren z. B. Energieversorger oder andere Utilityanbieter in diese Zukunft, unterstützt durch Förderprogramme des Bundes und der Länder (vgl. Kap. 14).

Neben dem vordringlichen Grund, Strom nachzuladen, bietet sich natürlich für die Betreiber an, weitere Bedürfnisse zu bedienen, z. B. an einer Raststätte naheliegend mit der Pausenversorgung (Abb. 8.6), an Geschäften mit dem Einkauf oder z. B. mit einer Paketstation und anderen Magneten.

Abb. 8.5 HPC Schnellladesäule betriebsbereit, Thüringer Energie AG, 11/2020

8.3 On-the-Way-Charging/Das Unterwegs-Laden

Abb. 8.6 5 Schnellladesäulen (davon 3 x 150 kW, 2 x CCS/CHAdeMO/AC) auf der Autobahnraststätte BAB 45 FR. Siegen) 06/2020

Unabhängig davon wie, das Aufladen auch mit einer hohen Leistung dauert wesentlich länger als das herkömmliche konventionelle Tanken von Treibstoff. Aber wenn in zehn Minuten wenigstens 100 km bis 150 km Reichweite nachgeladen werden, lohnt sich ein Stopp.

An den Autobahnraststätten, großen Autobahnkreuzen oder Tangenten der Städte werden solche Hubs errichtet und in der Folge Elektrofahrzeuge anziehen.

8.3.2 Destination Charging und konventionelle Tankstellen

Diskutiert wird, ob Tankstellenbetreiber obligationsgemäß Ladepunkte an den üblichen Tankstellen anzubieten haben.[28] Soweit ersichtlich will die Bundesregierung durch eine Versorgungsauflage regeln, dass an allen Tankstellen in Deutschland auch Ladepunkte an-

---

[28] CDU/CSU/SPD Koalitionsausschussbeschluss vom 03.06.2020, Corona-Folgen bekämpfen, Wohlstand sichern, Zukunftsfähigkeit stärken Ergebnis, Nr.35 lit. f) https://www.cdu.de/system/tdf/media/dokumente/2020_06_03_koalitionsausschuss_0.pdf?file=1&type=field_collection_item&id=20972, letzter Aufruf 29.12.2020.

geboten werden. Dann könnte jedenfalls an jeder geöffneten Tankstelle neben dem Treibstoff, d. h. Diesel, Benzin, Erdgas, LPG (liquified petroleum gas), mitunter AdBlue®, auch Strom getankt werden, wobei die Standzeiten der Elektrofahrzeuge wesentlich länger sind als beim Treibstofftanken. Eine Verpflichtung erscheint jedoch nicht angebracht. Wenn sich ein solches Geschäft lohnt, werden die Tankstellenbetreiber schon aus wettbewerblichen Gründen eine Ladestation errichten. Zudem wird geprüft, ob die Errichtung von Schnellladesäulen als Dekarbonisierungsmaßnahme der Mineralölwirtschaft behandelt werden kann (vgl. Kap. 13).

Grundsätzlich drängt es sich nicht auf, als Elektrofahrzeugfahrer extra an eine herkömmliche Tankstelle zu fahren, um dort das Auto zum Laden zu parken und die Zeit zum Tanken irgendwie zu überbrücken. Wenn etwa Normalladestationen mit 22 kW bereitgestellt werden, dauert es immerhin eine Stunde, um lediglich eine Reichweite von 100 km zu speichern. Mit solchen Werten wird niemand zum Laden an eine Tankstelle fahren, sondern eher versuchen, nebenbei „unterwegs" zu laden. Wenn natürlich Schnellladestationen von der Mineralölwirtschaft errichtet werden (müssen), sieht das Ganze schon anders aus.

Bevor eine Schnellladestation ohne Aufenthaltsinfrastruktur im Nirgendwo entsteht, wo ein Laden eher lästig ist und die Infrastruktur deshalb weniger angenommen wird, kann der 20-Minuten-Aufenthalt bei z. B. 150 kW Leistung Laden an einer Tankstelle mit sanitären Einrichtungen und Schnellgastronomie das Tanken von 200 km Reichweite in 20 Minuten zu einer besseren Auslastung der bestehenden Verkaufsinfrastruktur der Tankstellen führen, unabhängig davon, ob dies als Geschäft oder Versorgungsauflage oder Kompensationsmaßnahme eingerichtet wird.

Hintergrundinformationen
Die Bundesregierung plant deshalb als öffentliche Aufgabe den Aufbau von Schnellladeinfrastruktur mit mindestens 150 kW an Tankstellen. Ziel der Bundesregierung ist eine Ausrüstung von mindestens 25 % aller Tankstellen mit Schnellladeinfrastruktur bis Ende 2022, von mindestens 50 % bis Ende 2024 und mindestens 75 % bis Ende 2026.[29] Dazu soll die Mineralölwirtschaft zu einer entsprechenden Selbstverpflichtung zur Erreichung dieser Ziele motiviert werden. Der Finanzbedarf wird mit ca. 2,5 Mrd.€ geschätzt.

Sofern danach die vereinbarten Ziele nicht erreicht werden, wird die Bundesregierung durch eine Versorgungsauflage die genannten Anteile gesetzlich regeln.[30] Derzeit werden 14.500 Tankstellen in Deutschland betrieben, sodass bei Umsetzung der Verpflichtung Ende 2026 weit mehr als 1000 High Power Charger von den Tankstellenbetreibern errichtet werden müssten.

Der Tankstellenbetreiber Aral will beispielsweise in ultraschnelle Ladesäulen investieren und plant bis Ende 2021 die Inbetriebnahme von über 500 High Power-Lade-

---

[29] Droht ein Mangel an Stromtankstellen?, spiegel.de vom 25.11.2020, https://www.spiegel.de/auto/e-autos-droht-ein-mangel-an-stromtankstellen-a-4dc1895d-1bd9-4adf-b7e7-665b99d9915, letzter Aufruf 29.12.2020.

[30] 4. Spitzengespräch der Konzertierten Aktion Elektromobilität: „Transformation unterstützen, Wertschöpfungsketten stärken" vom 17.11.2020, https://www.bundesregierung.de/breg-de/aktuelles/pressemitteilungen/4-spitzengespraech-der-konzertierten-aktion-mobilitaet-transformation-unterstuetzen-wertschoepfungsketten-staerken—1815818, letzter Aufruf 29.12.2020

punkten in Deutschland,[31] an welchen eine Ladeleistung von 350 kW zur Verfügung gestellt wird, die in zehn Minuten ein Elektrofahrzeug laden können.

An rund dreißig ausgewählten Tankstellen – vorwiegend an Autobahnen, Bundesstraßen und in Großstädten – sollen innerhalb eines Jahres jeweils zwei Säulen mit je zwei Ladepunkten ans Netz gehen. Abhängig von der Fahrzeugkonfiguration ist somit das gleichzeitige Aufladen von vier Elektroautos pro Standort möglich.

Langfristig plant Aral die Errichtung von Ultra Fast Chargern an mehreren hundert Standorten, wenn sich dort ein wirtschaftlich tragfähiges Geschäftsmodell realisieren lässt.[32]

Für Kunden sollen verschiedene Zahlungsoptionen direkt an der Säule zur Verfügung stehen, unter anderem über ein Kreditkartenterminal oder eine mobile Bezahlwebseite mit einem QR-Code, über eine Ladekarte oder eine App eines EMP im Hubject-Verbund[33] oder über die Aral Fuel & Charge-Karte für Geschäftskunden.

8.3.3 Destination Charging als öffentliche Aufgabe

Zwar ist der Aufbau und danach der Betrieb einer leistungsfähigen Ladeinfrastruktur mittel- und langfristig Aufgabe der Wirtschaftsakteure, nicht des Staates, gegenwärtig, in der Startphase, ist es jedoch wichtig, das Henne-Ei-Prinzip auch bei den SFC (Super Fast Charger bis 150 kW) und HPC zu durchstoßen. Es gibt bisher abgesehen von ggf. Ballungszentren keine flächendeckenden Geschäftsmodelle für den Aufbau und Betrieb eines Schnellladenetzwerks. Das sind Verlustbringer, die einerseits hohe Investitionen erfordern und andererseits auf nicht absehbare Zeit wenige Einnahmen bringen, weil der relevante Markthochlauf von BEV und PhEV erst begonnen hat. Ganz überwiegend wird die bisherige Schnellladeinfrastruktur mit staatlicher Förderung unterstützt und errichtet (vgl. Kap. 14).

Es müssen allerdings jetzt Schnellladelösungen hoher Leistung, also SFC und HPC für die Langstrecke installiert werden, damit Reichweite- und Stromladehemmnisse überwunden werden.

Um bundesweit vor allem im Fernverkehr flächendeckend eine Schnellladeinfrastruktur bereitzustellen, wird der Bund den Ausbau der Schnellladeinfrastruktur vor dem Hinter-

---

[31] Aral will über 100 ultraschnelle E-Ladesäulen errichten, strom-magazin.de vom 24.07.2020, https://www.strom-magazin.de/strommarkt/aral-will-ueber-100-ultraschnelle-e-ladesaeulen-errichten_222955.html?utm_source=nl_strom-magazin&utm_medium=emailmarketing&utm_campaign=2020-07-29, letzter Aufruf 29.12.2020.

[32] Ultraschnelles Laden, Sharing-Optionen und Akku-Wechselstation: Aral eröffnet ersten ‚Mobility Hub' in Berlin, aral.de vom 06.10.2020, https://www.aral.de/de/global/retail/presse/pressemeldungen/mobility-hub.html, letzter Aufruf 29.12.2020.

[33] Hubject.GmbH Berlin, Die eRoaming-Plattform für kundenfreundliches Laden von Elektrofahrzeugen, www.hubject.com, letzter Aufruf vom 29.12.2020.

grund der zum Teil vorausschauenden Überdimensionierung und Flächendeckung, also von langfristigen Lösungen als öffentliche Aufgabe übernehmen. Die Ausführung soll durch private Betreiber erfolgen.

Die Regelung soll durch das SchnellLG (Schnellladegesetz)[34] erfolgen. Nach diesem sollen bis 2023 in Deutschland 1000 Schnellladestandorte mit wiederum mehreren Schnellladepunkten vom Bund als öffentliche Aufgabe errichtet werden.[35] Der Bund ist verantwortlich für die Planung, Koordination von Aufbau und Betrieb, die Überwachung der Zweckerreichung sowie die initiale Bereitstellung von finanziellen Mitteln für die Infrastrukturbereitstellung in der Markthochlaufphase. Die Bereitstellung von finanziellen Mitteln in dieser frühen Marktphase ist erforderlich, solange das Ladenetzwerk aufgrund der erst im Nachgang ansteigenden Nutzerzahlen noch nicht vollständig und vor allem nicht in dem erforderlichen, an einzelnen Standorten zunächst überdimensionierten Umfang aus den Erlösen des Destination Chargings refinanziert werden kann.

Mit dieser Initiative werden mehrere Ziele erreicht, nämlich wird zum einen flächendeckend eine Schnellladeinfrastruktur an den Autobahnen und Fernstraßen geschaffen, sodass das Nachladen im Fernverkehr gesichert werden kann. Limitierte Reichweiten von BEV werden nachrangiger, denn es kann unterwegs in kürzester Zeit nachgeladen werden. Eine Ladeleistung von 150 kW HPC bedeutet bei 20 kWh/100 km Fahrstromverbrauch, dass je acht Minuten eine Reichweite von 100 km eingespeichert wird. Der Bund kann außerdem gewährleisten, dass der private Betreiber der Ladeeinrichtungen allen EMP den Zugang zu seinen Ladepunkten diskriminierungsfrei zu denselben marktgerechten Konditionen gestattet. Der Elektrofahrzeugnutzer kann demnach an allen Schnellladestandorten den EMP seiner Wahl im Wege des eRoaming nutzen, der wiederum mit dem privaten Betreiber der oder des Schnellladestandortes den Zugang für seine Kunden und zu seinen Fahrstromkunden regeln muss.

Dem Vernehmen nach sollen Schnellladepunkte in zweistelliger Anzahl je Schnellladestandort installiert werden.[36] Es wird also ausreichende Ladeplätze geben, die außerdem nach § 3 Abs. 3 SchnellLG-E einen nutzerfreundlichen Ladevorgang gewährleisten müssen. Zwar sind „Komfort und Nutzerfreundlichkeit" im Entwurf nicht gesondert definiert oder begründet, aber es sollte sich um Komfort beim physischen Laden – also überdachte Ladeplätze ggf. mit der Möglichkeit, andere Dienstleistungen in Anspruch zu nehmen – handeln, als auch, dass die dynamischen Ladedaten, etwa die Belegung der Ladepunkte

---

[34] RefE SchnellLG vom 14.12.2020.

[35] BMVI: Ausschreibung für 1.000 DC-Ladeparks erst 2021, electrive.de vom 24.11.2020, https://www.electrive.net/2020/11/24/bmvi-ausschreibung-fuer-1-000-dc-ladeparks-erst-2021/, letzter Aufruf 30.12.2020.

[36] Bund will 1.000 Schnelllade-Standorte mit jeweils mehreren Ladepunkten errichten lassen, elektroauto-news.net vom 20.06.2020, https://www.elektroauto-news.net/2020/bund-1000-schnelllade-standorte-mehrere-ladepunkten-aufbau, letzter Aufruf 30.12.2020.

und Dauer bis zum Freiwerden per App für jedermann, ggf. sogar mit Reservierungsfunktion, zugänglich sind.

Hintergrundinformationen
Ziel des SchnellLG-E ist die nach § 1 Errichtung der Schnellladeinfrastruktur für BEV aller Pkw- und Lkw-Klassen i.S. der VO (EU) 2018/858,[37] sodass damit ausdrücklich auch die Elektrifizierung des Güterfernverkehrs gefördert wird. Die in der VO erwähnte Klasse N 3 betrifft Lkw mit einem zulässigen Gesamtgewicht über 12 t.

Auch wenn in § 2 Nr. 1 ein Ladepunkt als Einrichtung, die zum Aufladen reiner BEV geeignet und bestimmt ist, definiert wird, so erschließt sich die Beschränkung auf BEV nicht. Es sollen zwar Schnellladepunkte mit einer Ladeleistung nach § 2 Nr. 2 von mindestens 100 kW errichtet werden. Allerdings könnte die technische Entwicklung auch dazu führen, dass künftig, was bisher ggf. jenseits jeder Vorstellung ist, auch PhEV in der Lage sind, solche Leistungen aufzunehmen und DC-Laden mit hoher Leistung umzusetzen. Vorstellbar wären solche Lösungen für Lkw, die aber nach der bisherigen Definition keinen Zugang zu einem solchen Schnellladepunkt erhalten sollen.

Nach § 3 Abs. 3 des SchnellLG-E soll die Stromversorgung der Elektrofahrzeuge mit erneuerbarer Energie erfolgen. Hier besteht Nachbesserungsbedarf, und gerade wenn der Staat in die Infrastruktur investiert und große Strommengen abgegeben werden, „muss" mit erneuerbarer Energie geladen werden.

Die Errichtung der Schnellladestandorte muss ausgeschrieben werden. Es sollen nach § 7 auch die berechtigten Interessen des Bestandsinfrastrukturanbieters berücksichtigt werden, damit dieser keine wirtschaftlichen Nachteile erleidet. Denn dieser Bestandsanbieter hat in bestehende Schnellladeinfrastruktur investiert und würde ggf. durch die neue Infrastruktur nach dem SchnellLG-E wettbewerblich ausgebootet werden. Sein frühes Engagement würde durch staatliche Eingriffe entwertet. Dazu ist in § 7 SchnellLG-E ein Andienungsrecht vorgesehen, er kann seine Infrastruktur bei unzumutbarer Härte an den Staat verkaufen oder eine angemessene Entschädigung verlangen.

▶ Aus Sicht der Elektrofahrzeugführer ist das SchnellLG ein Meilenstein, weil damit eher kurzfristig eine stattliche Anzahl von Schnellladepunkten ohne wesentliche Lücken bereitstehen wird.

8.3.4 Park & Charge, Parkplätze und Parkhäuser

Da auf Parkplätzen und in Parkhäusern sowieso Autos geparkt werden, lässt sich diese Standzeit mit dem Ladevorgang ohne Weiteres verbinden. Für den Ladeinfrastrukturanbieter wiederum ergibt sich die Möglichkeit, einen Ladekomfort zu schaffen, da dort sowieso Pkw üblicherweise länger stehen und die Kundschaft nachladen möchte. Ladekundschaft scheint also garantiert. Für den Elektrofahrzeugbesitzer wiederum ergibt sich die Möglichkeit, privilegierte Parkplätze in Anspruch zu nehmen (vgl. Abb. 8.7 und 8.8).

---

[37] VERORDNUNG (EU) 2018/858 DES EUROPÄISCHEN PARLAMENTS UND DES RATES vom 30. 05.2018 über die Genehmigung und die Marktüberwachung von Kraftfahrzeugen und Kraftfahrzeuganhängern (ABl. L 151/1 vom 14.06.2018).

Abb. 8.7 Laden auf öffentlich zugänglichen Parkplatz, Malchow, 09/2020

Beim Laden am Fahrbahnrand muss man je nach Fahrzeug allerdings als Elektrofahrzeugfahrer aufpassen, auf welcher Seite sich die Fahrzeugladebuchse befindet. Teilweise ist sie auf der Fahrerseite angebracht, was für das Laden am Fahrbahnrand bei Rechtsverkehr bedeutet, dass das Ladekabel in den Straßenverkehr hineinragen kann und deshalb eine Gefahr darstellt.[38]

Für den Parkplatz- bzw. Parkhausbetreiber ergibt sich die Möglichkeit, z. B. eine Konzession an einen CPO zu erteilen. Er muss sich nicht zwangsläufig selbst um den Betrieb eines Ladepunktes kümmern. Daraus lassen sich neue Geschäftsmodelle entwickeln.

Während für andere konventionelle Fahrzeuge eine Parkgebühr auf dem öffentlichen Parkplatz zu entrichten ist, sind Elektrofahrzeuge beim Laden für vier Stunden von der Parkgebühr befreit.

---

[38] Macrons Dienstwagen – der DS7 Crossback E-Tense im Handelsblatt-Autotest, handelsblatt.de vom 30.09.2020, https://www.handelsblatt.com/auto/test-technik/elektromobilitaet-macrons-dienstwagen-der-ds7-crossback-e-tense-im-handelsblatt-autotest/26224164.html, letzter Aufruf 29.12.2020.

8.3 On-the-Way-Charging/Das Unterwegs-Laden

Abb. 8.8 Öffentlich zugänglicher Ladepunkt Erfurt 11/2018 sowie gesonderter Ladeparkplatz für Carsharing-Provider

8.3.5 Opportunity Charging

Opportunity Charging bedeutet, dass bei der Gelegenheit von Freizeitaktivitäten oder dem Aufsuchen von Diensten und Dienstleistungen, für die ein Elektrofahrzeug ohnehin einige Zeit abgestellt werden muss, auch Ladeleistungen in Anspruch genommen werden. Das Ziel der Fahrt ist nicht das Stromladen, sondern es wird nur nebenbei vorgenommen. Von daher wird das Opportunity Charging regelmäßig nur ein Nachladen der Batterie sein.

8.3.5.1 Shopping & Servicing Charge

Da während des Einkaufens, des Arzt- oder Dienstleisterbesuchs für die benötigte Zeit das Elektrofahrzeug geparkt werden muss, drängt sich auf, dass diese „tote" Zeit für das Aufladen genutzt wird.[39] Natürlich werden je nach Aufenthaltszweck von wenigen dutzend Minuten bis zu einige Stunden anfallen, die für das Laden genutzt werden können.

---

[39] Viele E-Autos, wenige Ladesäulen – wie soll das gehen?, t-online.de vom 12.11.2020, https://www.t-online.de/auto/elektromobilitaet/id_88790834/viele-e-autos-wenige-ladesaeulen-wie-soll-das-gehen-.html, letzter Aufruf 29.12.2020.

Hintergrundinformationen
Die Umsetzung der EU-Gebäudegesamteffizienz-Richtlinie (vgl. Kap. 10) wird bis 2025 zu einem deutlichen Anstieg von Lademöglichkeiten an Parkflächen mit mehr als 20 Parkplätzen führen. In Deutschland gibt es 450.000 Einzelhandelsverkaufsstellen,[40] davon 30.000 Lebensmittelhändler. An den 30.000 Lebensmittelverkaufsstellen gibt es durchschnittlich 60 Parkplätze,[41] sodass künftig ein erheblicher Schub an Ladepunkten für diese Art des Unterwegs-Ladens erwartet werden kann.

Insgesamt gibt es in Deutschland 21,7 Mio. Gebäude, davon 2,7 Mio. Nichtwohngebäude![42] Da je nach Bedarf oftmals mehr als ein Ladepunkt je Nichtwohngebäude errichtet wird, erscheint das Ausbauziel der Bundesregierung für die öffentlich zugänglichen Ladepunkte daher insgesamt nicht unrealistisch.

Es wird auch ein Interesse der Betreiber von Geschäften geben, dass möglichst viele Kunden mit Elektrofahrzeugen kommen, verweilen und einkaufen, sodass je nach Format entweder kleine Schnellladestationen bis 50 kW oder AC/DC-Ladestationen mit einer Leistung von 11 kW oder 22 kW errichtet werden.

Ein Arztbesuch von zwei Stunden wird zu 200 km Reichweite des Ladestroms führen, 30 Minuten Aufenthalt in einem Supermarkt[43] mit einer Schnellladestation von 50 kW wird für mindestens 100 km Reichweite reichen.

Derzeit wird, da der Ladestrom insgesamt billiger ist als der Aufwand für den Abrechnungsprozess, in Ermangelung einer Quantität an Elektrofahrzeugen teilweise noch unentgeltlich abgegeben, auch um Kunden in die Geschäfte zu locken oder die Verweildauer zu verlängern. Somit wird der Strom an Kunden und potenzielle Kunden verschenkt.

Wenn die Zweckbestimmung „für Kunden während des Einkaufs" gegeben ist, dann ist es umgekehrt nicht gestattet, dass jedermann an der Ladesäule Strom zapft. Dazu muss man Kunde sein, und dann auch nur während des Einkaufs. Alles andere ist Missbrauch und mindestens eine grobe Unhöflichkeit.

Hintergrundinformationen
Deshalb empfiehlt sich auch, dass solche Ladesäulen mit Laden ohne Gegenleistung am Ladepunkt außerhalb der Geschäftsöffnungszeiten abgeschaltet werden, um einen Missbrauch zu verhindern. Dies ist allerdings nicht möglich, wenn eine Förderung für die Errichtung der Ladepunkte in Anspruch genommen wird, denn dazu müssen diese 24/7 oder je nach Förderung auch nur 12/6 zugänglich sein, d. h. entweder rund um die Uhr oder an den Arbeitstagen Montag bis Samstag von 8 bis 20 Uhr.

---

[40] HDE Berlin https://einzelhandel.de/publikationen-hde/zahlenspiegel, letzter Aufruf vom 29.12.2020.

[41] EHI-WHITEPAPER Elektromobilität im Handel 2020 Ladestationen auf Kundenparkplätzen 2020, S. 8, https://www.ehi.org/de/studien/whitepaper-elektromobilitaet-im-handel-2020, letzter Aufruf 29.12.2020.

[42] Dena Gebäudereport 2019 S. 6, 14, https://www.dena.de/fileadmin/dena/Publikationen/PDFs/2019/dena-GEBAEUDEREPORT_KOMPAKT_2019, letzter Aufruf 29.12.2020.

[43] ALDI elektrisiert: E-Ladestationen an weiteren ALDI SÜD Filialen, https://nachhaltigkeit.aldi-sued.de/e-ladestation, letzter Aufruf 29.12.2020.

8.3 On-the-Way-Charging/Das Unterwegs-Laden

Abb. 8.9 2 × 11 kW Ladepunkte auf dem Parkplatz eines Großhandelsunternehmens, Düsseldorf, 07/2020

Der Handel ist maßgeblich am Ausbau der Ladeinfrastruktur in Deutschland beteiligt, da die Parkplatzflächen zukünftig mit Ladestationen ausgestattet werden sollen (vgl. Abb. 8.9). Laut der EHI-Studie „Energiemanagement im Einzelhandel 2019" werden ca. 7–10 % der Filialen pro Jahr grundlegend saniert, hinzukommen weitere 10 % an Neueröffnungen. Unterstellt man eine Sanierungsquote von 10 % und Neueröffnungsquote von 10 %, so wären ab Inkrafttreten des GEIG (vgl. Kap. 10) ca. 6000 Verkaufsstellen in Deutschland mit jeweils mehr als zehn Stellplätzen unmittelbar von der Verpflichtung zur Errichtung von mindestens einem Ladepunkt betroffen und müssen kurzfristig mit einem Ladepunkt ausgestattet werden.[44]

Auch in den Aufbau öffentlich zugänglicher Ladeinfrastruktur an sonstigen Stellplätzen, wo Elektrofahrzeuge üblicherweise abgestellt werden, wird im Rahmen des Masterplans[45] investiert, z. B. beim Bringen und Abholen der Kinder aus Kindertagesstätten, Besuch von Verwandten in Krankenhäusern und Pflegeheimen, bei Termine und Veranstaltungen in Stadtteilzentren oder Aktivitäten auf Sportplätzen.

---

[44] EHI-WHITEPAPER Elektromobilität im Handel 2020 Ladestationen auf Kundenparkplätzen 2020, S. 8, https://www.ehi.org/de/studien/whitepaper-elektromobilitaet-im-handel-2020, letzter Aufruf 29.12.2020.

[45] Masterplan Ladeinfrastruktur der Bundesregierung, https://www.bmvi.de/SharedDocs/DE/Anlage/G/masterplan-ladeinfrastruktur.pdf?__blob=publicationFile, letzter Aufruf 29.12.2020.

8.3.5.2 Hospitality Charging

Ein Mix ist das Unterwegs-Laden im Hotel oder Restaurantbesuch, das Hospitality Charging. Das Elektrofahrzeug ist während des Hotelaufenthalts die ganze Nacht bzw. während des Aufenthalts geparkt und kann so geladen werden. Umgekehrt wird der Hotelbetreiber seine Infrastruktur gern vielen Gästen zur Verfügung stellen und deshalb ein Interesse haben, das Gästefahrzeug nach Ladeende umzuparken und dem nächsten Gast das Laden zu ermöglichen, sofern nicht ausreichende Ladepunkte vorhanden sind. Das Umparken erscheint sehr schwierig im Handling.

Gerade hier wird sich in den nächsten Jahren ein Trend zur Installation vieler Normalladepunkte für parkende Gäste einstellen. Angezeigt sind Normalladepunkte bis 11 kW, wenn jedes Fahrzeug über Nacht oder das von einem Tagesgast etwa während eines veranstalteten Seminars oder Kongresses vollgeladen werden kann, und sich für den Betreiber die Installation der Ladepunkte entweder als ein Auswahlkriterium des Gastes darstellt oder sich ein vorhandener Elektroparkplatz besser an einen Hotelkunden vermieten lässt.

Da oftmals ein Hotelparkplatz separat bepreist wird, wäre die Überlassung eines Elektroparkplatzes entweder eine weitere Einkommensmöglichkeit der Hoteliers oder zumindest ein Selektionskriterium für die Hotelauswahl.

> ▶ **Tipp** Empfehlenswert ist die Installation von Ladepunkten mit 7 oder 11 kW für Gäste, die ihr Fahrzeug über Nacht in der Hotelgarage parken. Damit kann sicher jede derzeit installierte Pkw-Batterie von bis zu 100 kWh Speicherkapazität geladen werden.
>
> Für Tagesgäste, etwa Gäste zum Essen oder Seminar und Kongress ist aus Ladezeitgründen eine Leistung von 11 bis 22 kW passend, sodass beide Zielgruppen bedient werden können.

Allerdings verwundert, dass die gängigen Reservierungsplattformen zwar als Selektionskriterium das Vorhandensein eines Parkplatzes vorsehen,[46] aber eine Auswahl eines Hotels nach dem Ausstattungskriterium Elektroladepunkt noch nicht möglich ist. Das wird sich sicher sehr schnell ändern, sobald Gäste mit einem Elektrofahrzeug zur Normalität geworden sind.

Je nach Geschäftsmodell ist es umgekehrt sinnvoll, Schnellladepunkte zu errichten, wenn der Restaurantbesuch sprichwörtlich schnell sein soll und in durchschnittlichen 20 Minuten Aufenthalt – in einem Schnellrestaurant – das Elektrofahrzeug geladen werden soll.

So wurde angekündigt, dass eine Schnellimbisskette mit EWE.go bis 2025 über 1000 Ladepunkte, die sogar noch mit Ökostrom geladen werden, für Restaurantkunden errichten möchte (Abb. 8.10).[47]

---

[46] Vgl. www.hrs.de, letzter Aufruf 29.12.2020.

[47] EWE Go und McDonald's starten Ladesäulen-Kooperation; https://www.ewe.com/de/konzern/aktuelles/2020/2020-12-18-e-mobilitaet, letzter Aufruf 29.12.2020.

8.3 On-the-Way-Charging/Das Unterwegs-Laden

Abb. 8.10 Hospitality Charging Linköping/Schweden 2 × 22 kW AC, 08/2020

8.3.5.3 Autohäuser und Werkstätten

Die Automobilindustrie forciert als ihren Beitrag zur Elektromobilität auch die Investition in Ladeinfrastruktur, indem an Werkstätten und Autohäusern Ladepunkte installiert werden. Diese sind teilweise für die Öffentlichkeit zugänglich, teilweise wird als Service für die Kunden das Elektrofahrzeug nach einer Reparatur oder Wartung geladen.

Wenn die Ladepunkte einen echten Beitrag zur Elektromobilität leisten sollen, dann müssten diese entweder öffentlich zugänglich sein oder wenigstens obligatorisch jedes gewartete oder reparierte Elektrofahrzeug auch am Ladepunkt an der Werkstatt aufgeladen werden.

Für den Händler oder die Werkstatt wiederum wird sich eine Priorisierung aufdrängen, dass zuerst die eigenen Fahrzeuge oder die der eigenen Kunden aufgeladen, bevor diese Ladepunkte Dritten zugänglich gemacht werden.

Ein vollgetanktes Fahrzeug hat es nach einer Wartung bei konventionellen Fahrzeugen bisher nicht gegeben – denn dazu müsste unabhängig von den Kosten das Fahrzeug zu einer Tankstelle gefahren werden, während das Elektrofahrzeug bequem am Autohaus oder an der Werkstatt aufgeladen werden kann. So will z. B. ein namhafter deutscher Fahrzeughersteller bis 2021 4000 Ladepunkte an Werkstätten und Autohäusern installieren, davon sollen 2000 auch öffentlich zugänglich sein.[48]

8.4 Ladepunkte am und im Gebäude – Risikoerhöhung und Versicherungsschutz

Ladepunkte werden mit der Installation auf dem Grundstück und ggf. am Gebäude oder im Gebäude zum Gebäudezubehör bzw. Grundstücksbestandteil, sie sind fest mit dem Gebäude verbunden und stellen ein latentes Schadensrisiko dar. Theoretisch kann durch einen technischen Defekt an der Hochvoltbatterie beim Laden des Elektrofahrzeugs ein selbstständiger Brandverlauf entstehen[49] und entweder die Ladeeinrichtung, das Elektrofahrzeug und dadurch das gesamte Gebäude abbrennen oder beschädigt werden. Auch die Wallbox selbst kann anfangen, zu brennen oder zu schmoren und das gesamte Gebäude in Mitleidenschaft ziehen. Immerhin werden über diese Ladepunkte hohe elektrische Leistungen abgegeben.

Die möglichen Ursachen sind vielfältig, vermutlich zuerst fehlerhafte Installation oder mangelnde Wartung und Instandhaltung der Ladeeinrichtung oder ein möglicher Fehler an der Bordeinrichtung des Fahrzeugs.[50]

Das eine Schadensbild ist der Umstand, dass alle Kraftfahrzeuge eine Schadensgeneigtheit haben, sich – warum auch immer – selbst zu entzünden (vgl. Kap. 2). Da unterscheidet sich das Elektrofahrzeug abstrakt nicht vom konventionellen Antrieb. Allerdings ist eine eindeutige Risikoerhöhung gegeben, wenn in oder an einem Gebäude das Elektrofahrzeug geladen wird und hohe Ströme aus der Ladeeinrichtung in die Fahrzeugbatterie eingespeichert werden, denn konventionelle Fahrzeuge werden ganz überwiegend nicht in einem Gebäude getankt, das Problem liegt nicht im Treibstoff oder Ladestrom, sondern außerhalb des Fahrzeugs bzw. beim Tank- respektive Ladevorgang. Für konventionelle Fahrzeuge ist z. B. in § 19 Abs. 3 HessGaV geregelt, dass in Mittel- und Großgaragen

---

[48] Hoch auf dem Hybrid – der Mercedes GLE 350de 4Matic im Handelsblatt-Autotest, handelsblatt.de vom 11.11.2020, https://www.handelsblatt.com/auto/test-technik/plug-in-hybrid-suv-hoch-auf-dem-hybrid-der-mercedes-gle-350de-4matic-im-handelsblatt-autotest/26582200.html, letzter Aufruf 29.12.2020.

[49] E-Bike-Akku explodiert! Wohnung unbewohnbar, bild.de vom 09.11.2020 https://www.bild.de/regional/ruhrgebiet/ruhrgebiet-aktuell/lengerich-e-bike-akku-explodiert-wohnung-unbewohnbar-73852774.bild.html, letzter Aufruf 29.12.2020.

[50] Ladestationen in Tief- und Großgaragen – Anforderungen aus Sicht der Sachversicherungen, elektropraktiker.de vom 04.06.2020, https://www.elektropraktiker.de/nachricht/detail/News/ladestationen-in-tief-und-grossgaragen-anforderungen-aus-sicht-der-sachversicherungen/, letzter Aufruf 29.12.2020; Überwachungskamera zeigt: Tesla explodiert in Tiefgarage, stern.de vom 23.04.2019, https://www.stern.de/panorama/weltgeschehen/china%2D%2Dtesla-explodiert-in-tiefgarage%2D%2D-ueberwachungskamera-zeigt-beaengstigenden-vorfall-8679482.html; letzter Aufruf 29.12.2020.

8.4 Ladepunkte am und im Gebäude – Risikoerhöhung und Versicherungsschutz

brennbare Stoffe außerhalb von Kraftfahrzeugen nur in unerheblichen Mengen aufbewahrt werden dürfen, in Kleingaragen bis 100 m² Fläche dürfen dagegen bis zu 200 l Diesel und 20 l Benzin aufbewahrt werden.

Auch der Gesetzgeber auf Bundes- und Landesebene prüft derzeit, ob Ergänzungen und Änderungen in den bauordnungsrechtlichen Bestimmungen bezüglich ladeinfrastrukturförderlicher Vorgaben sowie der Brandschutzregelungen möglich und sinnvoll sind.[51]

▶ Deshalb empfiehlt sich dringend, das Stromladerisiko, soweit möglich, in der Gebäude- und Grundstücksversicherung abzusichern.

Umgekehrt wird die Versicherungswirtschaft eine Antwort finden, denn allein an den ca. 19 Mio. Wohngebäuden in Deutschland, d. h. auf privaten Stellplätzen am Wohnort, sollen bis 2030 mehr als sieben Mio. Ladepunkte zur Verfügung stehen, an denen täglich gewichtet 5,2 kWh geladen werden.[52]

8.4.1 Risiko: Ladestation an und in Gebäuden

Beim Betrieb einer üblichen Garagenwallbox werden zum einen hohe elektrische Leistungen abgegeben, z. B. 11 kW, zum anderen wird eine mit viel Energie versehene Hochvoltbatterie geladen. Das sind zwei potenzielle Risiken.

▶ **Tipp** Selbst wenn nur über eine Schukosteckdose auf Dauer

$$10\,A \times 230\,V = 2{,}3\,kW$$

geladen werden, kann dies manche ältere Hausinstallation bei Dauerbelastung zum Überhitzen bringen.

Leistungsfähige übliche Lithium-Ionen-Akkus können selbst im entladenen Zustand viel Energie freisetzen. Bei Elektrofahrzeugen treten über die gesamte Dauer des Ladevorgangs sehr hohe elektrische Leistungen auf, weshalb die elektrotechnische Ladeinfrastruktur entsprechend ausgelegt sein muss. Die Vorgaben der allgemein anerkannten Regeln der Technik, wie VDE, DIN IEC/TS/VDI 2166 Blatt 2, sind entsprechend einzuhalten.

Um eine sukzessive, unbemerkte Überlastung mit dem Fortschreiten der Installation von Ladesäulen zu vermeiden, ist bei der Auslegung der örtlichen Hausinstallationen

---

[51] Masterplan Ladeinfrastruktur der Bundesregierung, S. 5, https://www.bmvi.de/SharedDocs/DE/Anlage/G/masterplan-ladeinfrastruktur.pdf?__blob=publicationFile, letzter Aufruf 29.12.2020.
[52] Ladeinfrastruktur nach 2025/2030: Szenarien für den Markthochlauf NOW 2020, S. 58, S. 68, https://www.now-gmbh.de/wp-content/uploads/2020/11/Studie_Ladeinfrastruktur-nach-2025-2.pdf, letzter Aufruf 29.12.2020.

genau zu prüfen, welcher Bedarf zukünftig entstehen könnte (vgl. Ziffer 6.4 VDI 2166). Hinsichtlich der Örtlichkeit werden verschiedene Anforderungen an eine Ladepunktinstallation im Außenbereich, im offenen Parkhaus und in Tiefgaragen gestellt.

Checkliste für Ladepunkte

- Im Außenbereich sollte zwischen Ladestationen und nichtbrennbaren Außenwänden von Gebäuden ein Mindestabstand von 5 m und gegenüber Außenwänden mit brennbaren Baustoffen ein Mindestabstand von 15 m eingehalten werden. Weiterhin sollten sich im Umkreis von Ladestationen keine Ansaugöffnungen für Frischluft in Klimaanlagen befinden.
- Im „offenen" Parkhaus sollten Ladestationen wiederum nur in der untersten Parkebene angeordnet werden, um wirksame Löscharbeiten der Feuerwehr zu ermöglichen und in Brand geratene Elektrofahrzeuge rasch entfernen zu können.
- In Tiefgaragen mit Sprinkleranlage können bis zu drei Ladesäulen toleriert werden. Um wirksame Löscharbeiten durch die Feuerwehr und ein Ausbringen eines in Brand geratenen Fahrzeugs zu ermöglichen, sollten sich die Ladesäulen in der Nähe der Zu- oder Ausfahrt befinden. Sie sollten sich bei mehrgeschossigen Tiefgaragen nicht in Parkebenen unterhalb des ersten Untergeschosses befinden.

  Im Bereich der Ladestationen sollten zusätzlich automatische Brandmelder mit Aufschaltung auf eine ständig besetzte Stelle bzw. Alarmfernübertragung zur Feuerwehr installiert werden.
- In Tiefgaragen ohne Sprinkleranlagen, sollte die Ladepunkte vom Rest der Tiefgarage brandschutztechnisch wirksam abgetrennt werden. Tore und Türen sollten rauchdicht und selbstschließend sein und über 90 Minuten Feuerwiderstand verfügen. Weiterhin sollten Vorkehrungen für das Abführen der Verbrennungswärme getroffen werden, z. B. Rauchabzugsschächte oder Entrauchungsanlagen. Die Tiefgaragenabschnitte, in denen Ladestationen angeordnet werden, sollten mit einer automatischen Brandmeldeanlage überwacht werden. Dafür ist ein Schutzkonzept zu erarbeiten. ◄

▶ Was mietrechtlich oder WEG-rechtlich erlaubt ist, muss nicht brandschutzsicher sein.

Die Sachversicherer sind deshalb der Auffassung, dass die Installation von Ladestationen innerhalb von Tiefgaragen nicht ohne Weiteres zugelassen werden kann.[53] Am Ende wird der Versicherer entscheiden, wie hoch seine Risikoabdeckungsbereitschaft ist und was er als Risiko in seiner Versicherungsdeckung toleriert und versichert.

---

[53] Tiefgaragen – Anpassung an alternative Pkw-Antriebe; feuertrutz.de, https://www.feuertrutz.de/tiefgaragen-anpassung-an-alternative-pkw-antriebe/150/57046/, letzter Aufruf 29.12.2020.

Für Grundstückseigentümer wiederum kann sich aus einer Sorgfaltspflichtverletzung bei der Einhaltung von Brandschutzregeln für Ladepunkte eine Haftung aus § 836 BGB ergeben, für die dann nicht mehr die Gebäudeversicherung, sondern ggf. die Grundstückshaftpflichtversicherung einzustehen hat.

8.4.2 Schadensverursachung durch den Ladepunkt

Wenn ein Schaden an einem Gebäude durch den Betrieb einer Ladesäule eintritt, stellt sich regelmäßig die Frage, ob dieser versichert ist. Maßgeblich sind der konkrete Versicherungsvertrag und die dazugehörigen Versicherungsbedingungen.

Eine Leitlinie dafür bilden die Allgemeinen Wohngebäude Versicherungsbedingungen des GDV (Gesamtverband der Deutschen Versicherungswirtschaft e.V.) VGB 2016 – Wohnflächenmodell, Musterbedingungen des GDV (Stand: 15. November 2018, Teil A[54]) und der Gemeinsame Allgemeine Teil für die Allgemeine Haftpflichtversicherung, die Sachversicherung und die Technischen Versicherungen (ohne Projektgeschäft), Monoline-Variante, Stand: Mai 2017, Teil B.[55]

In der Grundstücks- und Gebäudeversicherung sind nach A.1.1. u. a. die Zerstörung oder Beschädigung durch die Gefahren Brand, Blitzschlag, Überspannung durch Blitz versichert.

Nach A.3.1. ist als Brand ein Feuer definiert, das ohne einen bestimmungsgemäßen Herd entstanden ist oder ihn verlassen hat und sich aus eigener Kraft auszubreiten vermag. Bei einem Kurzschluss oder einer Überhitzung ist dieser Schadensverlauf sehr naheliegend.

Blitzschlag ist nach A.3.2. der unmittelbare Übergang des Blitzes auf Sachen, z. B. auf die Niederspannungsverteilung im Gebäude. Eine Überspannung durch Blitz ist ein Schaden, der nach A.3.3. durch Überspannung, Überstrom oder Kurzschluss infolge eines Blitzes oder durch sonstige atmosphärisch bedingte Elektrizität an versicherten elektrischen Einrichtungen und Geräten entsteht.

Versichert sind nach A.6 das Gebäude, dessen Gebäudebestandteile und deren Gebäudezubehör per se, also auch die fest mit dem Erdboden verbundene Garage, *nicht je-*

---

[54] Allgemeine Wohngebäude Versicherungsbedingungen (VGB 2016 – Wohnflächenmodell), Musterbedingungen des GDV (Stand: 15. November 2018), https://www.gdv.de/resource/blob/37090/85030e2f2518d925d739fd751f523a5a/allgemeine-wohngebaeude-versicherungsbedingungen%2D%2Dvgb-2016%2D%2D-wohnflaechenmodell%2D%2Ddata.pdf, letzter Aufruf 29.12.2020.

[55] Gemeinsamer Allgemeiner Teil für die Allgemeine Haftpflichtversicherung, die Sachversicherung und die Technischen Versicherungen (ohne Projektgeschäft) Monoline-Variante Stand: Mai 2017, https://www.gdv.de/resource/blob/5986/a39396e23178c01a7ccfe4910f0943e5/09-gemeinsamer-allgemeiner-teil-fuer-die-allgemeine-haftpflichtversicherung%2D%2Ddie-sachversicherung-und-die-technischen-versicherungen%2D%2Dohne-projektgeschaeft%2D%2Dmonoline-variante-data.pdf, letzter Aufruf 29.12.2020.

doch z. B. ohne Sonderabrede das Carport (vgl. A.7.6.2.1), wo die Ladesäule mutmaßlich angebracht wird.

Als Gebäudebestandteile gemäß A.7.1 sind die in ein Gebäude fest eingefügten Sachen definiert, die durch ihre feste Verbindung mit dem Gebäude ihre Selbstständigkeit verloren haben, z. B. die Kabel und der Kabelkanal, die fest installierte Wallbox oder Ladeeinrichtung.

Auch Gebäudezubehör ist nach A.7.3 versichert, also bewegliche Sachen, die sich im Gebäude befinden oder außen am Gebäude angebracht sind. Sie müssen aber der Instandhaltung bzw. überwiegenden Zweckbestimmung des versicherten Gebäudes dienen.

Nicht versichert sind die in das Gebäude nachträglich eingefügten – nicht aber ausgetauschte – Sachen, die ein Mieter oder Wohnungseigentümer auf seine Kosten beschafft oder übernommen hat und daher hierfür die Gefahr trägt. Wenn der Mieter nach § 554 BGB seine Wallbox – für den Zeitraum der Miete berechtigterweise – einbauen lässt und durch deren Betrieb ein Schaden entsteht, ist diese Wallbox nicht ohne Weiteres versichert, kann aber in den Gebäudeversicherungsvertrag des Vermieters eingeschlossen werden. Die Gebäudeversicherungsprämie kann ein Vermieter sowieso nach § 2 Nr. 13 BetrKV (Betriebskostenverordnung) als Betriebskosten auf die Mieter umlegen. Eine anderweitige Vereinbarung über die Gefahrtragung ist vom Versicherungsnehmer nachzuweisen.

▶ **Tipp** Wichtiger ist jedoch, dass nach A.7.6.2.1. auch Carports gesondert in den Versicherungsvertrag eingeschlossen werden müssen.
    Es muss deshalb geprüft werden, ob die Ladeeinrichtung als solche und die Schäden, die aus dem Betrieb entstehen, versichert sind.

8.4.3 Besteht eine Mitteilungspflicht der Errichtung der Wallbox an den Versicherer?

Eine Wallbox oder eine Ladestation stellt eine Gefahrerhöhung für den Versicherer und muss ihm nach § 23 Abs. 1 VVG (Versicherungsvertragsgesetz) mitgeteilt werden, was ggf. zu einer höheren Versicherungsprämie führen kann. Das Risiko resultiert zum einen aus den hohen elektrischen Strömen, die planmäßig durch die Ladeeinrichtung fließen, aber auch durch den Verkehr der Elektrofahrzeuge, die für sich schadensgeneigt sind, sowie aus dem Umstand, dass Elektrofahrzeuge stundenlang ohne Aufsicht und der Möglichkeit der Unterbrechung eines Schadensverlaufes laden.

Eine Gefahrerhöhung liegt vor, wenn nach Abgabe der Vertragserklärung des Versicherungsnehmers die tatsächlich vorhandenen Umstände so verändert werden, dass der Eintritt des Versicherungsfalles oder eine Vergrößerung des Schadens oder die ungerechtfertigte Inanspruchnahme des Versicherers wahrscheinlicher wird. Eine Gefahrerhöhung ist eine vom Status quo bei Antragstellung auf den Versicherungsschutz abweichende, auf eine gewisse Dauer angelegte Änderung der tatsächlichen gefahrerheblichen Umstände, die eine Erhöhung der Möglichkeit einer Risikoverwirklichung in Bezug auf den Schadens-

8.4 Ladepunkte am und im Gebäude – Risikoerhöhung und Versicherungsschutz

eintritt, die Vergrößerung des Schadens und/oder eine ungerechtfertigte Inanspruchnahme des Versicherers darstellt und vom Versicherer aufgrund der ihm vom Versicherungsnehmer angegebenen gefahrerheblichen Umstände nicht in die Risiko- und Prämienkalkulation einbezogen werden konnte.[56]

Nach Teil B.3.2.1.2 kann eine Gefahrerhöhung insbesondere – aber nicht nur – vorliegen, wenn sich ein gefahrerheblicher Umstand ändert, nach dem der Versicherer vor Vertragsschluss gefragt hat.

Nach Abgabe der Vertragserklärung darf der Versicherungsnehmer ohne vorherige Zustimmung gemäß § 23 Abs. 1 VVG i. V. m. B.3.2.2.1 keine Gefahrerhöhung vornehmen oder deren Vornahme durch einen Dritten, also etwa den Mieter des Gebäudevermieters, gestatten. Erkennt der Versicherungsnehmer nachträglich, dass er ohne vorherige Zustimmung des Versicherers eine Gefahrerhöhung vorgenommen oder gestattet hat, so muss er diese dem Versicherer nach § 23 Abs. 2 VVG i. V. m. B.3.2.2 unverzüglich anzeigen.

▸ Die Errichtung und der Betrieb einer Wallbox oder Ladestation stellt eine Gefahrerhöhung dar und muss dem Gebäude- und Grundstücksversicherer angezeigt werden.

Der Versicherer kann nach der Mitteilung den Vertrag kündigen oder die Prämie nach § 25 Abs. 1 VVG erhöhen.

Derzeit ist noch nicht eindeutig ersichtlich, wie Versicherer mit dem Risiko der Installation am Gebäude umgehen. Während sich auf dem Grundstück im Freien bei ordnungsgemäßer Installation das Risiko kaum erhöht, stellt die Installation in einer Tiefgarage, am oder im Gebäude mit Nachteilen beim Feuerlöschen und Rettung wohl eine Gefahrerhöhung dar, insbesondere, wenn mehrere Ladepunkte etwa in WEG-Anlagen installiert werden. Deshalb kann nur geraten werden, die Gefahrerhöhung vorsorglich anzuzeigen. Ob der Versicherer dann der Ansicht ist, die Prämie erhöhen zu müssen, ist eine andere Sache, und der Versicherungsnehmer kann sich dagegen durch Kündigung wehren. Der Markt wird zeigen, wie er auf das Massenphänomen Elektromobilität und Home-Charging reagiert.

Die Versicherer ihrerseits müssten sich in Zukunft schützen, indem sie das Vorhandensein einer Ladeeinrichtung in ihren Fragenkatalog zur Bewertung des Grundstücks- und Gebäuderisikos aufnehmen.

Tritt nach einer Gefahrerhöhung der Versicherungsfall ein, so ist der Versicherer gemäß § 26 Abs. 1 VVG i. V. m. B.3.2.5.1 nicht zur Versicherungsleistung verpflichtet, wenn der Versicherungsnehmer seine Pflichten nach B 3.2.2.1 vorsätzlich verletzt hat – also die Installation und den Betrieb von Ladestation oder Wallbox verschwiegen hat. Verletzt der Versicherungsnehmer diese Pflichten grob fahrlässig, so ist der Versicherer berechtigt,

---

[56] BGH NJW- RR 1999, 900.

seine Leistung in dem Verhältnis zu kürzen, das der Schwere des Verschuldens des Versicherungsnehmers entspricht. Das Nichtvorliegen einer groben Fahrlässigkeit hat der Versicherungsnehmer zu beweisen (B.3.2.5.1).

Nach einer Gefahrerhöhung nach B.3.2.2.2 und B.3.2.2.3 ist der Versicherer für einen Versicherungsfall, der später als einen Monat nach dem Zeitpunkt eintritt, zu dem die Anzeige dem Versicherer hätte zugegangen sein müssen, leistungsfrei, wenn der Versicherungsnehmer seine Anzeigepflicht vorsätzlich verletzt hat.

Die Leistungspflicht des Versicherers bleibt bestehen, wenn ihm die Gefahrerhöhung zu dem Zeitpunkt, zu dem ihm die Anzeige hätte zugegangen sein müssen, bekannt war, z. B. durch die Kenntnis des Außendienstes des Versicherers. Dies muss nicht unbedingt durch eine Mitteilung an den Versicherer erfolgen. Der Nachweis, dass eine Ladeeinrichtung überhaupt eine Gefahrerhöhung darstellt, obliegt dem Versicherer.[57]

8.4.4 Obliegenheiten des Versicherungsnehmers

Unabhängig von der Gefahrerhöhungsmitteilung durch den Versicherungsnehmer muss die Errichtung einer Ladeeinrichtung natürlich fachlich und technisch ordnungsgemäß erfolgen, damit gerade kein Schaden eintritt.

Vertraglich vereinbarte Obliegenheiten, die der Versicherungsnehmer vor Eintritt des Versicherungsfalles zu erfüllen hat, sind nach B.3.3.1.1 folgerichtig:

- die Einhaltung aller gesetzlichen, behördlichen sowie vertraglich vereinbarten Sicherheitsvorschriften;
- die Einhaltung aller sonstigen vertraglich vereinbarten Obliegenheiten.

Es verbietet sich also von selbst, dass die Installation der Ladeeinrichtung durch Heimwerker oder Laien vorgenommen wird, denn die Brandrisiken sind viel zu groß, wenn unbedacht Fehler erfolgen oder das falsche ungeeignete Installationsmaterial gewählt wird.

Wer die staatliche Förderung der Installation der 11-kW-Wallboxen in Anspruch nehmen will (vgl. Kap. 14), muss folgerichtig sämtliche Einbaumaßnahmen durch Fachunternehmen vornehmen lassen. Insbesondere die Errichtung und Inbetriebnahme der Ladestation muss durch ein Installationsunternehmen erfolgen. Das Merkblatt des BMVI[58]

---

[57] Vgl. Römer/Langheid, Kommentar VVG, Beck München 2. Aufl. 2003, §§ 23–25 RNr. 30.
[58] Ladestationen für Elektroautos – Wohngebäude, Zuschuss für den Kauf und Anschluss von Ladestationen, kfw.de, https://www.kfw.de/inlandsfoerderung/Privatpersonen/Bestehende-Immobilie/F%C3%B6rderprodukte/Ladestationen-f%C3%BCr-Elektroautos-Wohngeb%C3%A4ude-(440)/, letzter Aufruf 29.12.2020.

8.4 Ladepunkte am und im Gebäude – Risikoerhöhung und Versicherungsschutz

verweist gesondert auf die Voraussetzung des § 13 NAV (Netzanschlussverordnung), wonach die Arbeiten außer durch den Netzbetreiber nur durch ein in ein Installateurverzeichnis eines Netzbetreibers eingetragenes Installationsunternehmen durchgeführt werden dürfen.

Sonstige Obliegenheiten sind Verhaltensnormen, die jeder Versicherungsnehmer beachten muss, z. B. die Gefahrstandsobliegenheiten der §§ 23 ff. VVG.

▶ Bei der Errichtung und dem Betrieb einer Wallbox oder Ladestation müssen alle Sicherheitsvorschriften eingehalten werden. Andernfalls wird im Schadensfall der Gebäude- und Grundstücksversicherer von der Versicherungsleistung frei oder kann diese kürzen.

Bei Verletzung dieser Obliegenheiten kann der Versicherer den Vertrag nach § 28 Abs. 1 i.V. § 6 Abs. 1 VVG kündigen, aber vor allem wird er im Fall vorsätzlicher Obliegenheitspflichtverletzung nach B.3.3.3.1 von der Verpflichtung zur Leistung frei, und kann bei grob fahrlässiger Pflichtverletzung seine Leistungen kürzen.

Da eine kleine Wallbox bei Fehlfunktion wie ein Wasserkocher[59] oder Wäschetrockner[60] das ganze Haus in Mitleidenschaft ziehen kann, benötigt man als Grundstückseigentümer unbedingt einen Gebäudeversicherungsvertrag und muss ggf. die Vorgaben des Versicherers uneingeschränkt einhalten. Aber auch die Sachversicherung der v. g. Wasserkocher und Wäschetrockner ist ein Massengeschäft und durch die Versicherungswirtschaft offensichtlich beherrschbar. Allerdings kocht der Wasserkocher nur wenige Minuten, das Elektrofahrzeug lädt über viele Stunden an der Wallbox und das i. d. R. ohne Aufsicht.

Für die Versicherung der Schäden aus dem Betrieb von Ladepunkten wird die Versicherungswirtschaft eine Antwort finden, teilweise haben sich schon Spezialisten etabliert.[61]

---

[59] Brandgefahr bei Wasserkochern, wasserkocher-test.de, https://www.wasserkocher-tests.de/brandgefahr-bei-wasserkochern/, letzter Aufruf 29.12.2020.
[60] Brandgefahr durch Wäschetrockner, br.de vom 20.09.2016, https://www.br.de/br-fernsehen/sendungen/mehrwert/waeschetrockner-brandgefahr-100.html, letzter Aufruf 29.12.2020.
[61] Schützen Sie Ihre Ladestation, emover.com, https://www.emover24.com/ladestation-versicherung/, letzter Aufruf 30.12.2020.

Betrieb von Ladepunkten – Schadensbilder und Prävention

9

Der Betrieb von Ladepunkten, insbesondere für das öffentliche Laden für jedermann, eröffnet viele Schadensszenarien, denen zum Schutz des Elektrofahrzeugs, der Elektroladestation, des Nutzers und der Allgemeinheit vorgebeugt werden kann und muss, gerade weil große Ströme beim Laden fließen. Denn wer einen Ladepunkt betreibt, hat nach allgemeiner Meinung auch eine Verkehrssicherungspflicht, d. h., dass dort sicher und unfallfrei geparkt und das Fahrzeug geladen werden kann.

Deshalb wird empfohlen, bei der Errichtung und dem Betrieb von Ladepunkten Folgendes zu beachten:

9.1 Anfahrschutz für Ladepunkte

Ein Anfahrschutz ist geboten, wenn der Ladepunkt nicht anderweitig, etwa durch eine Bordkante, gegen die Anfahrt durch ein einparkendes Elektrofahrzeug gesichert ist (Abb. 9.1). Dadurch wird verhindert, dass der einparkende Pkw gegen die Ladesäule fährt und diese beschädigt. Denn das Fahren des Elektrofahrzeugs an einen Ladepunkt erfolgt wegen der geringeren Reichweite des Fahrzeuges viel öfter als an eine normale konventionelle Tankstelle. Die Ladefrequenz steigt deutlich!

Dass der Anfahrschutz (Abb. 9.2) wirklich nötig ist, zeigen die Schadensbilder an bestehenden Ladestationen und beschädigten Pollern. Die Poller (Abb. 9.3) selbst sollten höher sein als eine Motorhaube bzw. beim Rückwärtsanfahren die Heckscheibe, damit diese durch Fahrzeugscheiben auch erkannt werden. Außerdem sollten sie eine Signalfarbe aufweisen (Abb. 9.4).

Abb. 9.1 Anfahrschutz durch Aufstellen des Ladepunktes auf Fußweg, Essen Innenstadt, 02/2020

Abb. 9.2 Anfahrschutz durch Betonsockel, Ostseepark Sievershagen/Rostock, 02/2020

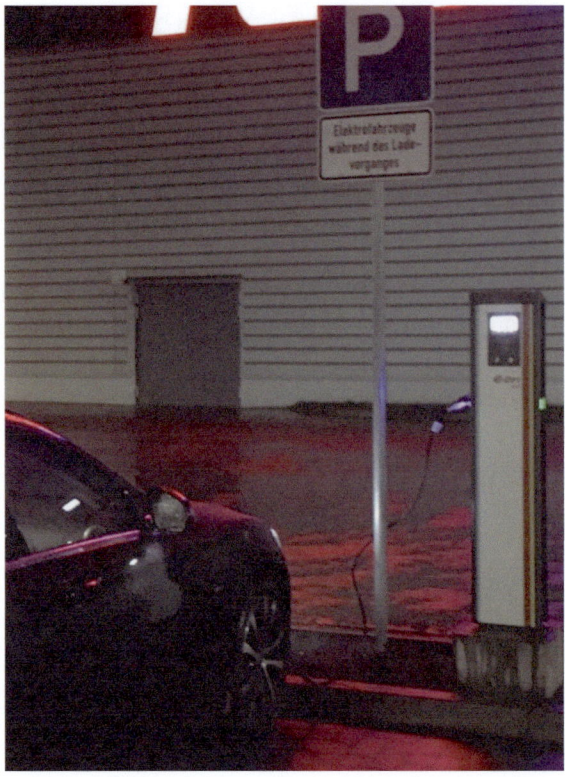

9.1 Anfahrschutz für Ladepunkte

Abb. 9.3 Anfahrschutz durch Poller, Brunswick/Georgia, 03/2020

Abb. 9.4 Anfahrschutz durch Begrenzer/Poller Kaarst farbig markiert 03/2019 und Domplatz, Erfurt, grau, 07/2018

9.2 Gefahrenquelle angeschlagenes Kabel

Die Installation eines angeschlagenen Kabels an der Ladestation ist jedenfalls für AC-Laden mit Typ-2-Steckern keine Pflicht und eher selten anzutreffen. Jedoch stellt ein fest am Ladepunkt angeschlagenes Kabel einerseits einen Komfort dar, weil beim Elektrofahrzeug nicht das dortige Kabel aufwendig aus dem Kofferraum geholt werden muss (Abb. 9.5). Gerade bei öffentlich zugänglichen Ladepunkten wird dann vermieden, dass die Steckerkupplung an der Ladestation durch das Ein- und Ausstecken im Massenbetrieb beschädigt wird.

9.2.1 Stolperfalle angeschlagenes Kabel

Allerdings hängen im Zweifel einige Meter Ladekabel an der Ladesäule, die eine Stolperfalle darstellen können.

Abb. 9.5 Angeschlagene Kabel für Typ 2 AC, CCS + CHAdeMO, Barth 11/2020

9.2 Gefahrenquelle angeschlagenes Kabel 179

Es bietet sich als Gegenmaßnahme eine Kabelisolierung in Signalfarbe an. Außerdem sollte das angeschlagene Kabel nicht überlang sein. Im Zweifel muss der Elektrofahrzeugfahrer sein Fahrzeug rückwärts an den Ladepunkt heranführen.

9.2.1.1 Abgeschnittenes Ladekabel

Leider kommt es wiederholt vor, dass angeschlagene Ladekabel durch Vandalismus beschädigt und abgeschnitten werden,[1] wohl um die verarbeiteten Metalle über den Schrotthandel zu Geld zu machen. Der Schaden ist enorm, sowohl für den Betreiber des Ladepunktes als auch für die Elektrofahrzeugfahrer, welche die noch überschaubare Zahl von Ladepunkten nicht nutzen können.

Dabei scheinen AC-Ladekabel weniger gefährdet, weil der Materialeinsatz und damit Schrotterlös gering ist. Die DC-Ladekabel sind dagegen wesentlich materialintensiver.

▶ Dem kann der Betreiber an den prädestinierten und gefährdeten Standorten nur entgehen, indem er z. B. gegen den Komfort kein angeschlagenes Kabel installiert, soweit das möglich ist, oder durch passive Maßnahmen, etwa Beleuchtung oder Kameraüberwachung[2] den Schutz vor Vandalismus erreicht.

9.2.2 Ausplatzen des Ladesteckers

Als Fluch der guten Tat stellt es sich heraus, wenn Nutzer des angeschlagenen Kabels den Ladestecker, statt ihn in die Arretierung der Ladesäule zu hängen, schlichtweg auf den Boden werfen. Dann kann Schmutz und Feuchtigkeit in den Ladestecker eindringen. Viel schlimmer aber ist der Schaden durch das oftmals ausgeschlagene und damit irreparabel beschädigte Steckergehäuse. Gerade bei tiefen Temperaturen wird das Plastik des Ladesteckers spröde und durch das Aufschlagen auf dem Boden zerstört.

Es wirft – schon aus Sicherheitsgründen – auch niemand die Zapfpistole einer Tanksäule auf den Boden.

Bei angeschlagenem Kabel sind robuste Materialien gefragt. In der Praxis wurden deswegen ursprünglich installierte angeschlagene Kabel wieder zurückgebaut, weil manche Ladekunden damit nicht umgehen konnten oder wollten.

9.2.3 Überfahren des Ladekabels

Angeschlagene Kabel sind aus gutem Grund oft nicht so lang, dass bei einem Ladebuchsenanschluss am Heck des Fahrzeugs vorwärts eingeparkt werden kann. Aber je nach

---

[1] https://efahrer.chip.de/news/ladesaeulen-vandalismus-jetzt-wehren-sich-die-elektroautofahrer_101186, letzter Aufruf 20.10.2020.
[2] VDI 2166 Ziffer 7.14.

Abb 9.6 Verwendung eines eigenen Fahrzeugladekabels, das eine benachbarte Parkbucht behindern kann 02/2020

Länge des angeschlagenen Kabels muss deshalb darauf geachtet werden, dass die Steckerkupplung nicht in einer solchen Lage an der Ladestation hängt, dass es vom anfahrenden Elektrofahrzeug überfahren und damit beschädigt wird.

Gemäß Ziffer 6.1. der Förderrichtlinie Ladeinfrastruktur für Elektrofahrzeuge in Deutschland[3] wird ausdrücklich ein angeschlagenes Kabel für jeden Ladepunkt empfohlen. Für das angeschlagene Kabel bietet sich zur Erhöhung der Wahrnehmbarkeit auch im Dunkeln gut sichtbare Farbe, z. B. gelb an, teilweise wird auch ein blaues Ladekabel verwendet.

Da das eigene Elektrofahrzeug-Ladekabel gerade bei Heckanschlüssen am Elektrofahrzeug parallel längsseits vorbei zum frontseitigen Ladepunkt gelegt werden muss, besteht die Gefahr, dass das benachbarte Fahrzeug über das Ladekabel fährt und es entweder blockiert oder beschädigt (Abb. 9.6).

---

[3] Förderrichtlinie Ladeinfrastruktur für Elektrofahrzeuge, https://www.bmvi.de/SharedDocs/DE/Anlage/G/konsolidierte-foerderrichtlinie-lis-29-06-2017.pdf?__blob=publication/file, letzter Aufruf 29.12.2020.

9.3 Ladeparkplatzbreite

Beim Elektrofahrzeug muss das Ladekabel parallel zu Fahrzeug (Abb. 9.7) oder, beim rückwärtigen Einparken, hinter dem Fahrzeug zum Ladepunkt geführt werden. Deshalb empfiehlt sich, die Parkplätze etwas breiter zu gestalten als normale Parkplätze (Abb. 9.8). Auch kann das Ladekabel durch externe Faktoren verrutschen und könnte folglich bei schmaler Parkplatzbreite in eine benachbarte Parkbucht ragen und diese zumindest blockieren.

Auch muss berücksichtigt werden, dass bei manchen Elektrofahrzeugen die Öffnung der Ladesteckerbuchse dann vom Fahrzeug seitlich weg in den Park- bzw. Verkehrsraum ragt und deshalb mehr Platz nötig und geboten ist.

Für die derzeitigen Elektrofahrzeuge, die einerseits in den Markt drängen und deren Abmessungen oder Extras andererseits für die anderen Marktteilnehmer noch unbekannt sind, wird sich noch die eine oder andere Besonderheit oder Gefahrenquelle für nach vorn, hinten (vgl. Abb. 9.9) oder seitwärts ragende Kabel, Stecker oder Abdeckungen und Blen-

Abb. 9.7 Etwas breitere, öffentlich zugängliche Ladestation, Malchow, 09/2020

Abb. 9.8 Unterwegs-Laden Großmarkt, Kabel parallel zum Fahrzeug in Parkbucht, Düsseldorf 07/2020

Abb. 9.9 Unterwegs-Laden, nach hinten ragendes Ladekabel, Essen, 11/2020

Abb. 9.10 Beschädigte Typ-2-Stecker-Kupplung (rechts), Ladesäule Hauptbahnhof Düsseldorf 02/2020

den herausstellen. Deshalb sollte an Ladepunkten immer auf diese Besonderheiten geachtet werden, z. B. größerer Abstand beim Ein- und Ausparken oder seitwärts passieren. Das Gleiche gilt für die Länge der Parkplätze beim Parken am Straßenrand. Denn es muss immer vor oder hinter dem Elektrofahrzeug noch ein Ladekabel zum Ladepunkt geführt werden.

9.4 Ver- und Entriegelung der Ladebuchse

Während faktisch bei DC-Ladepunkten immer ein Kabel angeschlagen ist, ist dies in der bisherigen Marktbeobachtung bei AC-Ladepunkten eher selten anzutreffen. Dann wird der Ladekunde sein Kabel sowohl am Auto als auch am Ladepunkt anstecken. Hier entsteht eine Schadengeneigtheit, wenn die Ladestation oder das Elektrofahrzeug nach dem Laden nicht entriegelt und der (Typ-2-) AC-Stecker aus dem Ladepunkt „gewürgt" wird. Das Resultat an der Ladesäule ist dann, dass das Fahrzeugkabel dort nicht mehr angeschlossen werden kann und der Ladepunkt ausfällt (Abb. 9.10).

Das Gleiche passiert natürlich auch am Auto. Neben dem gebotenen Feingefühl beim Lösen der Steckverbindung gibt es i. d. R. auch Entriegelungsanzeigen am Elektrofahrzeug (vgl. Abb. 9.11).

Abb. 9.11 Optische Anzeige entriegeltes Ladekabel an der Fahrzeug-Ladebuchse Düsseldorf 07/2020

9.5 Beschädigter Fahrzeug-Ladebuchsenverschluss

Gerade wenn im öffentlichen Verkehrsraum geladen wird, besteht eine Gefahrgeneigtheit, dass die Verschlussblende am Elektrofahrzeug, hinter der sich die Ladebuchse befindet, sehr weit hinter oder neben dem Fahrzeug öffnet (Abb. 9.12) und dadurch Dritte, etwa bei Passieren zwischen zwei Fahrzeugen, dort anstoßen können. Das passiert manchmal, wenn Passanten zwischen den an der Ladestation geparkten Elektrofahrzeugen entlanglaufen. Dann besteht sogar die Gefahr, dass diese Blende beschädigt oder abgerissen wird.

Während der Verkehr mit einem abstehenden Außenspiegel des Fahrzeugs immer rechnen muss, dürften viele Verkehrsteilnehmer mit den geöffneten Ladebuchsen hinter oder neben dem Auto nicht rechnen. Außerdem besteht an der konventionellen Tankstelle keine Gefahr durch Passanten, das Tanken dauert nur wenige Minuten und der Fahrer ist

9.6 Stolperfalle Fahrzeug-Ladekabel

Abb. 9.12 Geöffnete Seitenblende an Ladebuchse; 07/2020

i. d. R. auch am Einfüllstützen selbst tätig. Währenddessen steht das Elektrofahrzeug bei Aufladen die ganze Zeit allein. Das erhöht das Schadensrisiko.

9.6 Stolperfalle Fahrzeug-Ladekabel

Da das Ladekabel von der Anschlussbuchse am Fahrzeug zum Ladepunkt geführt werden muss, besteht Stolpergefahr: Ein Passant könnte über das am Boden liegende Kabel fallen. Deshalb muss der Elektrofahrzeugfahrer das Kabel auf den Parkplätzen sorgfältig seitlich am Fahrzeug vorbeiführen.

Eigentlich sollte die Automobilindustrie die Ladekabel mit einer Signalfarbe versehen, damit sie von Passanten wahrgenommen werden können. Gerade auf Großparkplätzen ist es nicht ungewöhnlich, dass zwischen den Parkreihen durchgegangen wird oder sogar durchgegangen werden muss, um zum eigenen Fahrzeug zu gelangen.

Die Situation wird dann fast schon bizarr, wenn der Elektrofahrzeugfahrer, etwa weil sein Ladekabel zum Erreichen der Anschlussbuchse an der Ladesäule zu kurz

Abb. 9.13 Über Motorhaube zur Ladestation geführtes Ladekabel, Fritzlar 10/2020

ist, das Kabel über Spiegel und Motorhaube direkt zur Ladesäule führen muss (Abb. 9.13). Außerdem könnte es den Lack auf der Motorhaube beschädigen. Nicht jeder Passant ist darauf gefasst, in Brusthöhe vom Elektrofahrzeug zur Ladesäule mit einem „Kabelsalat" zu rechnen – selbst wenn das Ladekabel in gelber Signalfarbe gekennzeichnet ist.

Eleganter sind Kabellösungen mit einem Spiralkabel, das sich mit der benötigten Kabellänge anpasst. Allerdings sind diese i. d. R. kürzer als die Fahrzeuglänge, d. h. 5 m, sodass manche Fahrzeuge rückwärts an den Ladepunkt heranfahren müssen (Abb. 9.14).

Abb. 9.14 Spiralkabelführung zum Ladepunkt, Erfurt 01/2021

9.7 Zugang zur Ladeeinrichtung

Je nachdem, wo sich am Fahrzeug die Ladebuchse befindet und wie lang das Ladekabel ist, besteht die Neigung, rückwärts an die Ladeeinrichtung heranzufahren, um Kabelbeschädigungen oder Stolperfallen zu vermeiden. Das ist kein Problem, solange sich rückwärts wie in jede andere Parkbucht einfahren lässt, also 90° zur Straße bzw. Hauptführung. Ggf. muss bei der Planung der Lokation der Ladeeinrichtung diese Sondersituation berücksichtigt werden.

Für konventionelle Antriebe spielt es keine Rolle, das Fahrzeug steht vorwärts genauso gut in der Parkbucht. Problematischer stellt es sich dar, wenn das Elektrofahrzeug rückwärts in die Parkbucht fahren muss, um an die Ladestation zu gelangen und dann 135° gegen die Hauptfahrrichtung auf den Parkplatz fahren muss (Abb. 9.15).

Abb. 9.15 Rückwärtseinfahren zum Laden entgegen der Parkrichtung, 09/2020

Es kann also nur gehofft werden, dass es irgendwann auch standardisierte Installationsorte der Ladebuchsen am Fahrzeug gibt. An konventionellen Fahrzeugen hat sich hinten rechts und teilweise hinten links durchgesetzt, was aber durch die Anordnung des Tanks bedingt ist. Am Elektrofahrzeug ist es eigentlich egal, wo sich die Batterie befindet, die Ladebuchse könnte an jeder Fahrzeugseite angebracht werden. Da wegen des Rechtsfahrgebots und Rechtsparkgebots die Fahrzeuge am rechten Fahrbahnrand geladen werden sollten, müsste eigentlich aus Sicherheitsgründen früher oder später auch ein einheitlicher Standard, wo sich am Fahrzeug die Ladebuchse befindet, gefunden werden.

9.8 Erdleitungsschäden an der Strom- und Datenkabelzuführung

Mit den in Verkehrslage günstig und gut für Kunden zu erreichenden öffentlich oder beschränkt öffentlich zugänglichen Ladepunkten entsteht eine latente Schadensquelle bei Tiefbauarbeiten. Denn von der Trafostation oder anderen Stromverteilpunkten müssen Stromkabel zu den Ladepunkten verlaufen. Deshalb besteht mit dem Ausbau der Ladeinfrastruktur eine gesteigerte Erkundigungspflicht bei Tiefbauarbeiten jeder Art an Straßen, Wegen und Parkplätzen, weil dort immer mit Ladepunkten und zuführenden Erdkabeln zu rechnen ist. Bis zum Jahr 2030 sollen eine Mio. öffentlich zugänglicher

9.8 Erdleitungsschäden an der Strom- und Datenkabelzuführung

Elektrofahrzeug-Ladepunkte in Deutschland zur Verfügung stehen.[4] Das sind sehr viele neue Erdverkabelungen an Straßen, Wegen, und Plätzen.

Die uneingeschränkte Erkundigungspflicht gilt sowohl für öffentliche Verkehrswege als auch nicht öffentliche Verkehrswege.[5]

Da an nicht öffentlichen Verkehrswegen die uneingeschränkte Auskunftspflicht für Tiefbauarbeiten nur besteht, wenn Anhaltspunkte für das Vorhandensein von Erdleitungen existieren, sollten die Leitungswege und -dokumentationen auch dem Stromnetzbetreiber und den Baubehörden mitgeteilt werden. Denn mindestens dort muss sich vor Beginn von Tiefbauarbeiten erkundigt werden.

Wenn schuldhaft ein solches Stromkabel für eine Ladestation beschädigt wird, bekommt der CPO zwar seinen Sachschaden ersetzt, und soweit er ihn beweisen kann, den entgangenen Gewinn.[6] Für den Elektrofahrzeugfahrer geht der Zugang zu einer Ladestation verloren, und wenn im Zweifel sein Fahrzeug stehen bleiben muss, weil es nicht geladen werden kann, ist dieser reine Vermögensschaden ebenfalls nicht ersatzfähig.[7]

---

[4] BMU Klimaschutzprogramm 2030, https://www.bmu.de/fileadmin/Daten_BMU/Pools/Broschueren/klimaschutzprogramm_2030_bf.pdf, S. 78, letzter Aufruf 28.12.2020.
[5] Schulze, Erdleitungsschäden: Schadensersatzansprüche der Versorgungsunternehmen sowie deren Kunden, EW Medien und Kongresse 2. Aufl. 2011, S. 14 ff, 22 ff.
[6] OLG Köln, Urteil vom 09.05.2007 BauR 2009, 1188.
[7] Schulze, Erdleitungsschäden: Schadensersatzansprüche der Versorgungsunternehmen sowie deren Kunden, EW Medien und Kongresse 2. Aufl. 2011, S. 144 f.

Rechtspflicht zum Aufbau von Ladepunkten 10

Bisher gibt es keine Rechtspflicht zum Aufbau von Ladepunkten in Deutschland, abgesehen von der HessGaV für Garagen. Diese Pflicht soll jedoch mit dem GEIG (Gebäude-Elektromobilitätsinfrastrukturgesetz), dessen Verabschiedung schon mehrmals aufgeschoben wurde, angekündigt.

10.1 EU-Gebäude-Gesamtenergieeffizienz-Richtlinie 2018/844 EPBD[1]

Bereits seit 2018 sieht die Gebäude-Gesamtenergieeffizienz-Richtlinie (EPBD, Energy Performance of Buildings Directive) die Verpflichtung der Mitgliedsstaaten vor, Regelungen zur verpflichtenden Installation von Elektrofahrzeug-Ladepunkten, sowohl für den Neubau und größere Renovierungen als auch für Bestandsimmobilien zu erlassen.

Die EPBD ist nur für die Mitgliedsstaaten verbindlich, nicht für die individuellen Rechtssubjekte. Dazu müssen die Mitgliedsstaaten noch entsprechendes nationales Recht erlassen. Die Mitgliedsstaaten dürfen die Anforderungen nicht unterschreiten, können jedoch eigene härtere und umfassendere Regeln erlassen.

Die EU-Verpflichtung ist in ein Maßnahmenpaket zur Erhöhung der Gebäudeenergieeffizienz eingebettet. Sie betrifft zuerst Nichtwohngebäude, aber auch Wohngebäude.

In Deutschland sind nach § 3 Nr. 33 GEG (Gebäudeenergiegesetz) als Wohngebäude solche Gebäude definiert, die nach ihrer Zweckbestimmung überwiegend dem Wohnen

---

[1] RICHTLINIE (EU) 2018/844 DES EUROPÄISCHEN PARLAMENTS UND DES RATES vom 30. 05.2018 zur Änderung der Richtlinie 2010/31/EU über die Gesamtenergieeffizienz von Gebäuden und der Richtlinie 2012/27/EU über Energieeffizienz (ABl. L 156/75)

dienen, einschließlich Wohn-, Alten- und Pflegeheimen sowie ähnlichen Einrichtungen. Im Umkehrschluss nach § 3 Nr. 23 GEG sind Nichtwohngebäude diejenigen Gebäude, die nicht unter Nr. 33 fallen.

10.2 Errichtungspflicht im Neubau und größere Renovierung

Nichtwohngebäude
Nach Art. 8 Abs. 2 der EPBD müssen alle neu errichteten Nichtwohngebäude und diejenigen Nichtwohngebäude, die einer größeren Renovierung unterzogen werden, wenn das Gebäude über mehr als zehn Stellplätze verfügt,

- über mindestens einen Ladepunkt sowie
- für mindestens jeden fünften Stellplatz die Leitungsinfrastruktur, nämlich die Schutzrohre für Elektrokabel, verfügen, um die spätere Errichtung von Ladepunkten für Elektrofahrzeuge zu ermöglichen.

Diese Verpflichtung besteht bei größeren Renovierungen allerdings nur insofern, dass

- sich der Parkplatz innerhalb des Gebäudes befindet und die Renovierungsmaßnahmen bei größeren Renovierungen den Parkplatz oder die elektrische Infrastruktur des Gebäudes umfassen, oder
- der Parkplatz an das Gebäude angrenzt und die Renovierungsmaßnahmen bei größeren Renovierungen den Parkplatz oder die elektrische Infrastruktur des Parkplatzes umfassen.

Während sich ein Neubau semantisch ohne Weiteres erfassen lässt, bleibt zunächst offen, wie größere Renovierungen zu definieren sind. Dazu ist in Art. 2 Nr. 10 i. V. m. Erwägung (16) der EPBD einerseits geregelt, dass eine „größere Renovierung" die Renovierung eines Gebäudes ist, bei der

- die Gesamtkosten der Renovierung der Gebäudehülle oder der gebäudetechnischen Systeme 25 % des Gebäudewerts – den Wert des Grundstücks, auf dem das Gebäude errichtet wurde, nicht mitgerechnet – übersteigen oder
- mehr als 25 % der Oberfläche der Gebäudehülle einer Renovierung unterzogen werden.

Die Mitgliedstaaten können entscheiden, welche Alternative sie anwenden. Entscheidet sich nach Erwägung 16 ein Mitgliedstaat für die Definition auf der Grundlage des Gebäudewerts, so könnten Werte wie der Versicherungswert oder der jeweils aktuelle Wert auf der Grundlage der Neuerrichtungskosten herangezogen werden, jedoch unter Ausschluss des Werts des Grundstücks, auf dem sich das Gebäude befindet.

Wohngebäude

In Bezug auf neue Wohngebäude und Wohngebäude mit mehr als zehn Stellplätzen, die einer größeren Renovierung unterzogen werden, müssen nach Art. 8 Abs. 5 EPBD für jeden Stellplatz die Leitungsinfrastruktur, d. h. Schutzrohre für Elektrokabel installiert werden, um die spätere Errichtung von Ladepunkten für Elektrofahrzeuge zu ermöglich.

Voraussetzung ist nach Art. 8 Abs. 5 lit. a) EPBD,

- dass sich der Parkplatz innerhalb des Wohngebäudes befindet und die Renovierungsmaßnahmen bei der größeren Renovierung den Parkplatz oder die elektrische Infrastruktur des Gebäudes erfassen oder nach lit. b)
- der Parkplatz an das Gebäude angrenzt und die die Renovierungsmaßnahmen bei der größeren Renovierung den Parkplatz oder die elektrische Infrastruktur des Gebäudes erfassen.

In Nichtwohngebäuden müssen beim Neubau und größerer Renovierung ein Ladepunkt und Schutzrohre installiert werden, für Wohngebäude besteht nur die Schutzrohrerrichtungspflicht. Bei beiden Gebäudekategorien müssen mindestens zehn Stellplätze gegeben sein.

10.3 Verpflichtung für Bestandsgebäude ohne Renovierung

Nach Art. 8 Abs. 3 EPBD haben die Mitgliedsstaaten die Anforderungen für den Einbau einer Mindestanzahl von Ladepunkten für alle Nichtwohngebäude mit mehr als zwanzig Stellplätzen bis zum 01.01.2025 festzulegen. Dies bedeutet, dass mindestens ein Ladepunkt je Nichtwohngebäude – nicht jedoch für Wohngebäude – mit mehr als zwanzig Stellplätzen bis 31.12.2024 errichtet werden muss. Die Mitgliedsstaaten können darüber hinausgehen.

10.4 Ausnahmen

Die Mitgliedsstaaten können nach Art. 8 Abs. 4 EPBD beschließen, die Anforderungen an Gebäude, die sich im Eigentum von KMU (Kleine und mittlere Unternehmen) im Sinne der Definition in Titel I des Anhangs der Empfehlung 2003/361/EG der Kommission[2] befinden und von ihnen genutzt werden, nicht festzulegen oder anzuwenden. KMU können in der Umsetzung der EPBD somit von den Verpflichtungen befreit werden.

---

[2] Empfehlung der Kommission vom 06.05.2003 betreffend die Definition der Kleinstunternehmen sowie der kleinen und mittleren Unternehmen K(2003) 1422 vom 20.05.2003 S. 36–41 (ABl. L 124)

Die Mitgliedstaaten dürfen außerdem beschließen, diese Installationspflicht für bestimmte Gebäudekategorien nicht anzuwenden, wenn:

1. gem. Abs. 2 und 5 die Baugenehmigungsanträge oder entsprechende Anträge bis zum 10.03.2021 eingereicht wurden.
   Da die Planungen für Gebäude oft Jahre im Voraus erfolgen und wegen der Ladepunkte eine ggf. aufwendige Umplanung erfolgen muss, erfolgt die Dispensmöglichkeit, wenn die Anträge bis 10.03.2021 bei der Genehmigungsbehörde eingereicht wurden. Dieses Datum ist nicht willkürlich gewählt, sondern folgt aus Art. 3 der EPBD. Denn danach sind die Mitgliedstaaten verpflichtet, die Rechts- und Verwaltungsvorschriften in Kraft zu setzen, die erforderlich sind, um dieser Richtlinie bis zum 10.03.2020 nachzukommen. Die Gebäude- und Grundstückseigentümer hätten danach mindestens ein Jahr Vertrauensschutz. Allerdings haben, soweit ersichtlich, nur Frankreich und Ungarn, diese Regelung zeitlich korrekt umgesetzt. Jedenfalls ist Deutschland der Umsetzungspflicht nicht nachgekommen, und am 10.03.2020 waren die Corona-Pandemie und die wirtschaftlichen Auswirkungen noch nicht so präsent wie sie es dann im Laufe von 2020 wurden.
2. die erforderliche Leitungsinfrastruktur von isolierten Kleinstnetzen abhängig wäre oder die Gebäude in Gebieten in äußerster Randlage im Sinne von Art. 349 AEUV[3] liegen, wenn diese zu erheblichen Problemen für den Betrieb des lokalen Energiesystems führen und die Stabilität des lokalen Netzes bedrohen würde. Relevant sind also isolierte Kleinstnetze ohne Zugang zum Netz der allgemeinen Versorgung in benachteiligten Randlagen der EU, was nur in Einzelfällen möglich ist. Aber auch in diesem Fall muss hinzukommen, dass durch den Ladepunkt die Netzstabilität bedroht würde. Es handelt sich also um absolute Ausnahmen.
3. die Kosten für die Lade- und Leitungsinstallationen 7 % der Gesamtkosten der größeren Renovierung des Gebäudes übersteigen. Dieser Fall kann sehr leicht eintreten, denn neben dem Ladepunkt kommen die Kosten für die Schutzrohre der Elektrokabel, ggf. Ladelastmanagementinfrastruktur bei Neubau und größeren Renovierungen als Kostenposition hinzu. Für einen Ladepunkt ist dessen Ausstattung die Variable, aber die Schutzrohre für jeden fünften Stellplatz können gerade bei Parkhäusern sehr hohe spezifische Kosten verursachen.
4. ein öffentliches Gebäude gemäß der Umsetzung der Richtlinie 2014/94/EU[4] über Maßnahmen zum Aufbau einer Infrastruktur über alternative Kraftstoffe bereits vergleichbaren Anforderungen unterliegt. Mit dieser Richtlinie wurde ein gemeinsamer Rahmen für Maßnahmen zum Aufbau einer Infrastruktur für alternative Kraftstoffe, ins-

---

[3] Artikel 349 des Vertrags über die Arbeitsweise der Europäischen Union (AEUV) i. d. F. vom 26.10.2012 (ABl. C 326/49)
[4] RICHTLINIE 2014/94/EU DES EUROPÄISCHEN PARLAMENTS UND DES RATES vom 22.12.2014 über den Aufbau der Infrastruktur für alternative Kraftstoffe (ABl. L 307/1)

besondere Elektromobilität, CNG und LNG geschaffen, um die Abhängigkeit vom Erdöl und die Umweltbelastung durch den Verkehr zu verringern. Die öffentlichen Gebäude sollen also nicht doppelt reguliert werden.

10.5 Umsetzung in Deutschland – das Gebäude-Elektromobilitätsinfrastruktur-Gesetz (GEIG)[5]

Die EPBD-Regelungen zur Ladeinfrastruktur sollten bis zum 10.03.2020 umgesetzt werden, was jedoch u. a. in Deutschland nicht erfolgt ist. Nach langen Diskussion wurde vom Bundestag im März 2021 das GEIG erlassen und der Entwurf der Bundesregierung, der im Wesentlichen der EBPD folgte,[6] angepasst.

Das GEIG sieht folgende Eckpunkte vor:

1. Keine Geltung für KMU, diese erhalten keine Verpflichtungen zum Aufbau von Ladepunkten und Ladeinfrastruktur.
2. Beachtung der gesetzlichen Mindestanforderungen bei der Errichtung des Ladepunktes an den Aufbau und Betrieb von Ladepunkten. Es gilt mindestens die LSV von Gesetzes wegen.
3. Anwendung der Mitteilungspflicht an den Netzbetreiber nach § 19 Abs. 2 NAV, wobei diese Rechtspflicht sich per se aus der NAV ergibt.
4. Für neue Wohngebäude mit mehr als fünf Stellplätzen innerhalb des Gebäudes oder an das Gebäude angrenzende Stellplätze besteht die Verpflichtung, dass jeder Stellplatz mit der Leitungsinfrastruktur für die Elektromobilität ausgestattet ist.
5. Neue Nichtwohngebäude mit mehr als sechs Stellplätzen innerhalb des Gebäudes oder an das Gebäude angrenzende Stellplätze mit Verpflichtung, dass jeder dritte Stellplatz mit der Leitungsinfrastruktur für die Elektromobilität ausgestattet ist und mindestens ein Ladepunkt errichtet wird.
6. Bestehende Wohngebäude mit mehr als zehn Stellplätzen bei einer größeren Renovierung, welche den Parkplatz oder die elektrische Infrastruktur des Gebäudes umfasst, muss jeder Stellplatz mit einer Leitungsinfrastruktur für die Elektromobilität ausgestattet sein.
7. Bestehende Nichtwohngebäude mit mehr als zehn Stellplätzen bei einer größeren Renovierung, welche den Parkplatz oder die elektrische Infrastruktur des Gebäudes um-

---

[5] GEIG, Gebäude-Elektromobilitätsinfrastruktur-Gesetz vom 18.03.2021 (BGBl. I S. 354)

[6] Entwurf eines Gesetzes zum Aufbau einer gebäudeintegrierten Lade- und Leitungsinfrastruktur für die Elektromobilität (Gebäude-Elektromobilitätsinfrastruktur-Gesetz – GEIG vom 30.01.2020, https://www.bmwi.de/Redaktion/DE/Downloads/Gesetz/referentenentwurf-gebaeude-elektromobilitaetsinfrastruktur-gesetz.pdf?__blob=publicationFile&v=4, letzter Aufruf vom 29.12.2020

fasst, muss jeder fünfte Stellplatz mit der Leitungsinfrastruktur für die Elektromobilität ausgestattet und mindestens ein Ladepunkt errichtet werden.
8. Bestehende Nichtwohngebäude mit mehr als 20 Stellplätzen innerhalb des Gebäudes oder an das Gebäude angrenzende Stellplätze müssen ab dem 01.01.2025 mit einem Ladepunkt errichtet sein.
9. Gemischt genutzte Gebäude sind getrennt als Nichtwohngebäudeteil und Wohngebäudeteil zu betrachten.
10. Eine größere Renovierung ist eine Gebäuderenovierung, bei der mehr als 25 % der Oberfläche der Gebäudehülle der Renovierung unterzogen werden.
11. Bei Bestandsgebäuden jeder Art entfällt die Errichtungspflicht, wenn die Kosten für die Lade- und Ladeinfrastruktur mehr als 7 % der Gesamtkosten der größeren Renovierung überschreiten.
12. Verstöße gegen die Errichtungspflicht werden als Ordnungswidrigkeit mit einer Geldbuße bis zu 10.000 € geahndet.

Die Leitungsinfrastruktur nach der Legaldefinition des § 4 GEIG umfasst getrennte Installationsrohre für Elektro- und Datenleitungen sowie den erforderlichen Raum für den Zählerplatz, um die Berücksichtigung künftiger ladepunktbedingt zu installierender Zähler und Sicherungen zu ermöglichen. Die verwendeten Installationsrohre müssen den einschlägigen elektro-, bau- und datentechnischen Vorschriften genügen, insbesondere müssen sie bis zur Nutzung reversibel und luftdicht verschlossen, druck- und schlagfest sowie temperaturbeständig sein. Die Umsetzung kann durch Leerrohre, Kabelschutzrohre, Bodeninstallationssysteme oder vergleichbare Maßnahmen erfolgen.

Hintergrundinformationen
Soweit ersichtlich, wollten Teile der Regierungskoalition deutlich über die Verpflichtungen aus EPBD und dem GEIG-Entwurf hinausgehen, was dazu führte, dass Entscheider mehr als zwölf Monate nicht wussten, was sie als Ladeinfrastruktur implementieren sollen. Gegenwärtig ist mit Ladepunkten an Gebäuden keine Wirtschaftlichkeit erreichbar. Wenn deutlich mehr Ladepunkte implementiert werden sollen, kann die Grenze von 7 % der Renovierungskosten schnell erreicht sein. Wesentlich höhere Eingriffe und die Verpflichtung zu wirtschaftlich sinnlosen, d. h. auch in vielen Jahren nicht zu amortisierenden Investitionen kann zu einer Verfassungswidrigkeit des GEIG führen.

Dabei dürfte eine graduelle Erhöhung der Installationspflicht von Ladepunkten beim Neubau weniger problematisch sein, denn diese Kosten und Maßnahmen der Installation können von vornherein geplant werden. Problematisch sind die Bestandsgebäude, weil hier in eine bestehende Infrastruktur eingegriffen wird. Wenn von Gesetzes wegen eine höhere Anzahl von Ladepunkten gefordert wird, verursacht dies nicht nur Kosten, sondern kann auch dazu führen, dass wegen der Limitierungen der NSHV oder sogar des vorgelagerten Stromnetzes nur Ladepunkte geringer Leistung errichtet werden können. In 2023 soll eine Revision des GEIG erfolgen.

Die Bundesregierung beziffert den Erfüllungsaufwand für Neubauten und bei größeren Renovierungen mit nur 38,7 Mio. € jährlich und für die Umstellung durch die Errichtung von einem Ladepunkt in Nichtwohngebäuden mit mehr als 20 Stellplätzen ab 2025 mit 739 Mio. €.

Die Investitionskosten inklusive der laufenden Kosten für einen Ladepunkt im Bestandsgebäude werden dabei aus dem Mittelwert der Kosten einer Wallbox und einer einfachen Ladesäule mit 5553 € veranschlagt. Für 70 % der Fälle werden Wallboxen und für 30 % einfache Ladesäulen kalkuliert.

Die Zahl der Nichtwohngebäude von Organisationen, Kirchen etc. wird mit 9603 Gebäuden und der Wirtschaft mit 111.974 Gebäuden veranschlagt, die jeweils mehr als 20 Parkplätze haben und deshalb bis 01.01.2025 einen Ladepunkt errichten müssen.

Soweit ersichtlich bestand bisher gesellschaftlicher Konsens, die EPBD in nationales Recht umzusetzen, auch wenn die Kritik geäußert wurde, dass eine flächendeckende Installation von Ladepunkten ab 2025 nicht an den Rollout von Elektrofahrzeugen geknüpft ist und möglicherweise Ladepunkte installiert werden, die nie genutzt werden. Allerdings wird mit den Minimumanforderungen der EPBD wenigstens das Henne-Ei-Prinzip gelöst, denn wenn auch in den entlegenen Gebieten Deutschlands Ladepunkte vorhanden sind, besteht die Chance, dass sich dort auch Elektromobilität durchsetzt und Bewohner, Mitarbeiter oder Kunden sich ein Elektrofahrzeug kaufen. Allerdings schreibt das GEIG nicht vor, dass die Ladepunkte öffentlich oder halböffentlich zugänglich sein müssen. Auch könnten sich Grundstückseigentümer aus Kostengründen darauf einlassen, dass ein Ladepunkt geringer Leistung mit 3,7 kW errichtet wird, der eigentlich völlig nutzlos und für das Stromladen eines BEV ungeeignet ist. Es wäre besser, in angemessene Qualität und Andienung für das öffentliche Laden investieren zu lassen.

▶ **Tipp** In den großen Ballungszentren wiederum, wo Elektromobilität im städtischen Verkehr schon jetzt sichtbar ist, könnte sich ein Elektrolademarkt etablieren, der das GEIG quasi obsolet macht, weil an Nichtwohngebäuden, etwa Handelsstandorten, mehrere Ladepunkte höherer Leistung oder Schnellladepunkte errichtet werden.[7]
Märkte warten nicht auf Juristen!

Hintergrundinformationen
Aber die Enttäuschung wäre groß, wenn Eigentümer von Nichtwohngebäuden mit großem Parkplatz derzeit schon die Verpflichtungen aus dem GEIG für 2025 deutlich überschreiten,[8] und z. B. vier Ladepunkte oder Super Fast Charger mit 150 kW errichten, wo viele Elektrofahrzeugfahrer schnellladen können, und dann der Gesetzgeber mit dem GEIG in der Revision deutlich mehr als den einen Ladepunkt fordert und über die EPBD hinausgeht. Dann stellt sich ein solches Engagement ggf. als Fluch der guten Tat dar, und bis dahin entwickelte Erfolgsgeschichten zum Ausbau von Ladeinfrastruktur bedürften dann einer wesentlich teureren Nachrüstung.
Der Markt benötigt Ladeleistung und Klasse statt Masse, nicht nur und vor allem nicht ausschließlich eine hohe Anzahl von Ladepunkten.

---

[7] Einfach überall elektrisierend: 400 E-Ladesäulen an Lidl-Filialen bis März 2020, lidl.de 11.03.2019, https://unternehmen.lidl.de/pressreleases/190311_e-ladesaeulen, letzter Aufruf 29.12.2020
[8] Strom tanken bei Lidl: Erste Supercharger in Betrieb
Größtes E-Ladenetz im Lebensmitteleinzelhandel wird weiter ausgebaut, lidl.de vom 13.10.2020, https://unternehmen.lidl.de/pressreleases/2020/201013_supercharger, letzter Aufruf 29.12.2020

Die Rechtspflicht zur Errichtung der Elektroladepunkte und Leitungsinfrastruktur richtet sich an den Eigentümer bei Bestandsgebäuden (§§ 8, 9, 10 Abs. 1) und an den Errichter (§§ 6, 7). Diese haben den Aufbau sicherzustellen. Diese werden von Gesetzes wegen in ein Geschäft gedrängt, dass i. d. R. nicht deren Haupttätigkeit ist. Die Eigentümer von Gebäuden, sowohl Wohngebäuden und Nichtwohngebäuden und dazugehörigen Parkplätzen, beziehen oftmals Einnahmen aus Vermietung und Verpachtung. Wenn sie in das Geschäft des Ladestromverkaufs gedrängt werden, riskieren sie die Möglichkeit der sog. gewerbesteuerlichen Kürzung. Auch deshalb liegt ein eigener Betrieb der Ladepunkte nicht nahe.

Von daher wäre das GEIG auch eine Chance für Betreibermodelle:

Der Eigentümer eines Gebäudes mit mehr als 5 bzw. 6 Parkplätzen bei Neubauten (§§ 6, 7) und mehr als 10 bzw. 20 Parkplätzen bei Bestandgebäuden (§§ 9, 10) hat nur die Pflicht, „dafür zu sorgen", dass die Ladeinfrastruktur errichtet wird. Er muss diese nicht selbst errichten. Jedenfalls Eigentümer, die große Parkplätze haben und vorhalten, verfügen über den Zugang zu vielen potenziellen Kunden, etwa Besucher von Krankenhäusern, Einkaufszentren oder Parkhäusern. Jene Eigentümer müssen einerseits nur jemanden finden, also einen CPO, der bereit und in der Lage ist, in geeignete Ladeinfrastruktur zu investieren und diese zu betreiben. Der CPO kann wiederum selbst oder über einen EMP die Ladepunkte betreiben und Fahrstrom an die Kunden mit einem Elektrofahrzeug verkaufen.

Auch wenn derzeit mit dem Beginn des Markthochlaufs noch eine Rechtspflicht zur Errichtung der Ladepunkte besteht, kann dieses derzeitige Erschwernis in einigen Jahren, wenn die Elektromobilität jedenfalls an den Hot-Spot-Standorten boomt, zu einem Geschäftsmodell werden. Aus der jetzigen Beschwer kann sich dann ein Wettbewerb um die Bewirtschaftung von Ladeplätzen und Parkplatzbewirtschaftungskonzessionen entwickeln und die Gebäude- und Grundstückseigentümer wiederum Mieteinnahmen aus der Vermietung von Parkplatzflächen für den Betrieb der Ladepunkte generieren. In der Markthochlaufphase wiederum können Risikoteilungsmodelle Anwendung finden, z. B. dass der CPO das Risiko des Investments in den Ladepunkt übernimmt während der Eigentümer den Fahrstrom für den CPO unentgeltlich bereitstellt oder sich um die Bewerbung der Ladepunkte bei der potenziellen Kundschaft kümmert.

Der Ladestrom am Ladepunkt 11

Wer sein Fahrzeug mit einer eigenen Ladeeinrichtung laden oder Strom für Elektrofahrzeuge bereitstellen und ggf. verkaufen möchte, muss sich Ladestrom, wie bei jeder anderen Anwendung, am Markt beschaffen.

Im Jahr 2030 werden in Deutschland ca. 30 Mrd. kWh Strom verladen werden,[1] davon je nach Entwicklung der Art der Ladeinfrastruktur

- ca. 10 Mrd. kWh an öffentlich zugänglichen Ladepunkten im On-the-Way-Charging,
- ca. 12 Mrd. kWh an privaten Stellplätzen am Wohnort im Home-Charging und
- ca. 8 Mrd. kWh am Arbeitsplatz (Workplace-Charging).[2]

Da derzeit jährlich ca. 500 Mrd. kWh Strom über alle Nutzergruppen verbraucht werden (Abb. 11.1), bedeutet dies, dass künftig mehr als 5 % des gesamten deutschen Strombedarfs für die Elektrifizierung des Verkehrssektors benötigt werden. Derzeit werden ca. 12 Mrd. kWh Strom für den Verkehrssektor benötigt, dieser steigt dann unter Berücksichtigung des Ladestrombedarfs von 30 Mrd. kWh auf mindestens 42 Mrd. kWh jährlich, wobei die Beträge dazu dann aus dem Anteil der Haushalte, derzeit ca. 129 Mrd. kWh plus 12 Mrd. kWh aus Elektromobilität, der Industrie, derzeit ca. 227 Mrd. kWh plus 8 Mrd. kWh aus Elektromobilität und Gewerbe, Handel, Dienstleistungen (GHD) derzeit

---

[1] Nationale Leitstelle Ladeinfrastruktur, MVI-Ladeinfrastruktur nach 2025/2030: Szenarien für den Markthochlauf von 2020, https://www.now-gmbh.de/wp-content/uploads/2020/11/Studie_Ladeinfrastruktur-nach-2025-2.pdf, Seite 5

[2] Nationale Leitstelle Ladeinfrastruktur, MVI-Ladeinfrastruktur nach 2025/2030: Szenarien für den Markthochlauf von 2020, https://www.now-gmbh.de/wp-content/uploads/2020/11/Studie_Ladeinfrastruktur-nach-2025-2.pdf, Seite 4, 68

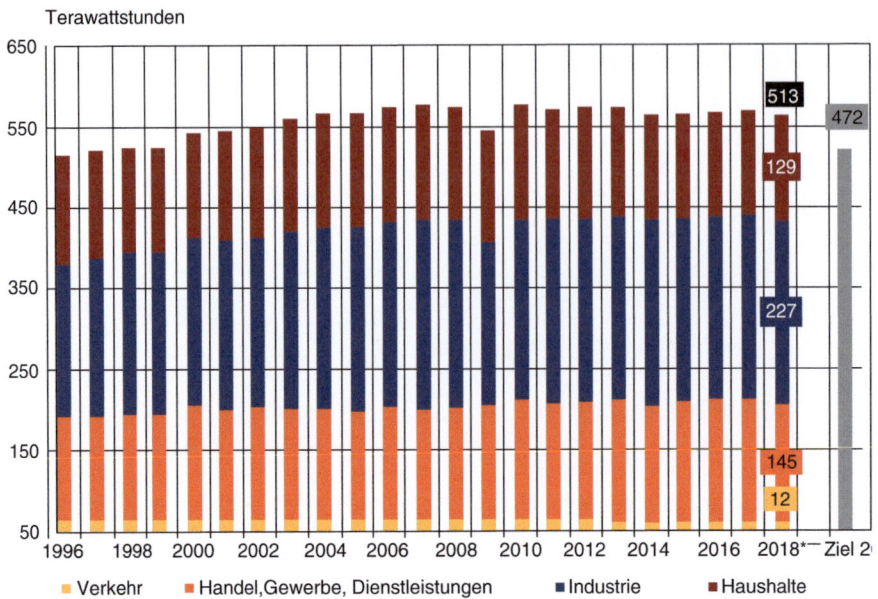

Abb. 11.1 Entwicklung des Stromverbrauchs in Deutschland, (Umweltbundesamt, 2020) (Quelle: Umweltbundesamt, Stromverbrauch vom 12.11.2020, https://www.umweltbundesamt.de/daten/energie/stromverbrauch, letzter Aufruf 29.12.2020)

ca. 145 Mrd. kWh plus 2,7 Mrd. kWh für Laden an Kundenparkplätzen kommen.[3] Natürlich betrifft der Bereich GHD auch Arbeitgeber, sodass sich die 8 Mrd. kWh für Stromladen beim Arbeitgeber (Workplace-Charging) letztlich mehrheitlich auf die Verbrauchergruppen GHD und Industrie aufteilen.

Gleichzeitig soll der Gesamtstromverbrauch um 41 Mrd. kWh von 513 Mrd. kWh in 2018 auf 472 Mrd. kWh in 2030 sinken. Der Mehrverbrauch durch die Elektrifizierung der Mobilität muss also überkompensiert und ebenfalls in anderen Sektoren eingespart werden, um dieses Ziel zu erfüllen.

Die Elektromobilität und auch die sonstige Elektrifizierung des Verkehrs- und Transportsektors wird also zu einer deutlichen Verschiebung des Stromverbrauchs führen und kann nur durch Energieeffizienz kompensiert werden. Da auch andere Bereiche neben dem Verkehr, etwa Wärme, dekarbonisiert werden müssen, wird Strom als Energie an Bedeutung und damit auch an Preissensibilität gewinnen.

Die prognostizierten 30 Mrd. kWh Ladestrombedarf in 2030 bedeuten allein für den Strom nach derzeitigen Preisen jährliche Kosten von ca. 6 Mrd. €. Diese dürfen nicht dem

---

[3] Nationale Leitstelle Ladeinfrastruktur, MVI-Ladeinfrastruktur nach 2025/2030: Szenarien für den Markthochlauf von 2020, https://www.now-gmbh.de/wp-content/uploads/2020/11/Studie_Ladeinfrastruktur-nach-2025-2.pdf, Seite 4, 68

Zufall überlassen werden, sondern die Energiebeschaffung erfordert sowohl privat als auch im Unternehmen die gebotene Aufmerksamkeit, Vorausschau und Professionalität.[4]

11.1 Strombeschaffung für den Ladepunkt

11.1.1 Home-Charging und Strompreis

Zu-Hause-Laden ist eine der billigsten Lademöglichkeiten, natürlich vorausgesetzt, es gibt eine Lademöglichkeit an der Steckdose oder die Errichtung einer Wallbox als Eigentümer oder Mieter oder sonstiger Nutzer. Obwohl der Haushaltsstrom in Deutschland zwar teuer ist, er kostete 2019 im Grundtarif durchschnittlich 31,94 ct/kWh,[5] dürfte – vernachlässigt man die Anschaffungskosten der Wallbox – zu Hause das Home-Charging sogar deutlich billiger sein als das On-the-Way-Charging/Unterwegs-Laden. Denn wenn die Wallbox auch aus Gründen des Komforts und der Operabilität des eigenen Elektrofahrzeugs angeschafft ist, sind diese Anschaffungs- und Installationskosten somit Sowiesokosten.[6] Der Hausanschluss als solcher ist ebenfalls vorhanden und benötigt keine Extrakosten.

Wenn daheim in der Garage oder Garageneinfahrt auch über viele Stunden hinweg die gleiche Energiemenge geladen werden kann, wie in kurzer Zeit bei Schnellladern, dann lassen sich beim Home-Charging die eigenen Stromkosten von ca. 30 ct/kWh schnell gegen die Ladekosten On-the-Way von durchschnittlich über 40 ct/kWh optimieren.[7] Auch scheinen derzeit die „Ladeschnäppchen", also billiges oder kostenloses Laden mit höherer Ladenachfrage immer seltener zu werden,[8] denn kein Anbieter kann auf Dauer Strom ohne Zusatznutzen verschenken oder als Untereinstandspreis abgeben.

▶ **Tipp** Bei einem angenommenen Verbrauch von 25 kWh/100 km und 10.000 km Fahrtleistung p.a. würde sich das Zu-Hause-Laden bei einer Preisdifferenz von 10 ct/kWh gegenüber dem Unterwegs-Laden sogar auf 250 €/Jahr beziffern lassen.

---

[4] Vgl. Bränzel/Engelmann/Geilhausen/Schulze, Energiemanagement, Springer Vieweg 2. Aufl. 2019, S. 143 ff.

[5] Strompreise für Haushaltskunden in Deutschland in den Jahren 2009 bis 2019, statista.de vom 22.12.2020, https://de.statista.com/statistik/daten/studie/154908/umfrage/strompreise-fuer-haushaltskunden-seit-2006/, letzter Aufruf 29.12.2020

[6] Vgl. Begriff Sowiesokosten, Palandt BGB § 635 RNr. 7

[7] Elektroauto-Kosten: So viel kostet das Laden eines E-Autos, efahrer.chip.de vom 10.07.2019, https://efahrer.chip.de/e-wissen/e-auto-kosten-so-viel-kostet-das-laden-eines-elektroautos_10946, letzter Aufruf 29.12.2020

[8] Preisschock an der Ladesäule , Oberhessische Presse vom 20.10.2020, https://www.op-marburg.de/Marburg/Preisschock-an-der-Ladesaeule-Lade-Strom-der-Stadtwerke-Marburg-nun-um-70-Prozent-teurer, letzter Aufruf 29.12.2020

$$2500\,\text{kWh Jahresverbrauch EV} \times 0{,}10\,\text{€/kWh Preisdifferenz} = 250\,\text{€ p.a.}$$

Dann sind die Anschaffungskosten für die Wallbox in spätestens 4 Jahren amortisiert, bei höherem Ladestrombezug entsprechend eher.

Da das Unterwegs-Laden oftmals eher über 50 ct/kWh kostet, insbesondere wenn hohe Ladeleistungen beim Destination-Charging abgerufen werden, um in kurzer Zeit möglichst viel Strom in die Fahrzeugbatterie einzuspeichern, beträgt die Kostendifferenz unter der Prämisse, dass nur 50 % unterwegs geladen werden:

$$1250\,\text{kWh Jahresverbrauch EV} \times 0{,}20\,\text{€/kWh Preisdifferenz} = 250\,\text{€ p.a.}$$

Das Home-Charging freut dann auch den jeweiligen Stromlieferanten zu Hause, da bei dem angenommenen Verbrauch an der heimischen Wallbox von 1250 kWh der Stromverbrauch des 3-Personen-Haushalts[9] um mehr als 50 % steigt.

Je nach Vertragsdauer ist der Strompreis beim Energielieferanten zu Hause auch stabil, und ändert sich nicht nahezu stündlich wie an der konventionellen Tankstelle mit den Launen von Politik und Börsen, sodass man sich für Benzin oder Diesel entweder dem Spiel des zeitlichen Zufalls des Tankens oder der nervigen Optimierung über Tank-Apps[10] aussetzen muss.

Insgesamt sind die Stromkosten in Deutschland für Haushalte (Abb. 11.2) unter den G20-Ländern die höchsten – und das mit großem Abstand.[11] Auch gemessen an der durchschnittlichen Pro-Kopf-Wirtschaftsleistung werden in Deutschland 1,2 % des Einkommens für Strom ausgegeben – mehr als doppelt so viel wie z. B. in Schweden oder den Niederlanden. Dann wäre es auch nicht verwunderlich, wenn in Schweden oder den Niederlanden die Umstellung von Verbrennern auf Elektromobilität aus schlichten Lade-Kostengründen zügiger vonstattengeht als in Deutschland. Denn umgekehrt zeigt jeder Besuch in den beiden Ländern und der Blick an die Tanksäule, dass der konventionelle Treibstoff viel teurer ist als in Deutschland. Das Auseinandergehen von billigem Strom und teurem konventionellen Treibstoff geben dort die Richtung vor.[12] Trotzdem rechtfertigt allein der Verweis auf hohe Haushaltsstromkosten nicht, dass an den öffentlichen Ladepunkten für Unterwegs-Laden nicht nur vereinzelt über 50 ct/kWh verlangt werden.

---

[9] Durchschnittlicher Stromverbrauch in Deutschland und Europa in Zahlen, stromvergleich.de, https://www.stromvergleich.de/durchschnittlicher-stromverbrauch, letzter Aufruf 29.12.2020

[10] Vgl. z.B. clever tanken https://www.clever-tanken.de/

[11] Deutsche zahlen weltweit fast die höchsten Strompreise, Spiegel vom 18.09.2020, https://www.spiegel.de/wirtschaft/strompreis-deutsche-zahlen-weltweit-fast-die-hoechsten-preise-a-855acda7-44b8-4995-be8e-5c58e4ae2e84, letzter Aufruf 29.12.2020

[12] Vgl. Bräuninger/Teuber, Die steuerliche Belastung von Benzin und Diesel, Kurzstudie Kuni 2017, Seite 13, https://www.mew-verband.de/themen/stellungnahmen/kurzstudie-die-steuerliche-belastung-von-benzin-und-diesel-fakten-und-analysen, letzter Aufruf 29.12.2020

11.1 Strombeschaffung für den Ladepunkt

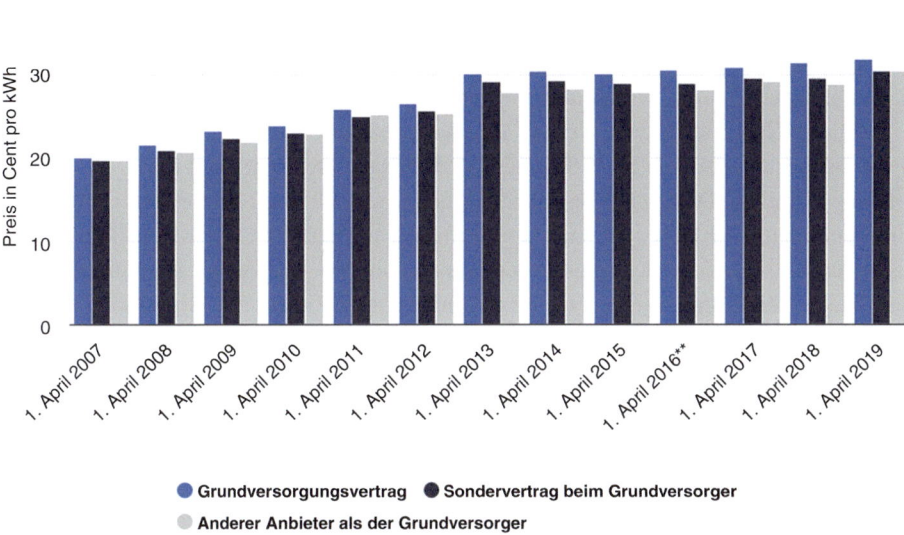

Abb. 11.2 Strompreisentwicklung Haushaltsstrom 2006–2019, statista.de (Quelle: Strompreise* für Haushaltskunden in Deutschland in den Jahren 2009 bis 2019, statista.de vom 22.12.2020, https://de.statista.com/statistik/daten/studie/154908/umfrage/strompreise-fuer-haushaltskunden-seit-2006/, letzter Aufruf 29.12.2020)

Das Zu-Hause-Laden wird sich durchsetzen, weil einerseits nachts das Elektrofahrzeug genug Zeit zum Laden hat und nicht im Weg steht bzw. einen öffentlichen Ladepunkt blockiert und es sich gegenüber dem Unterwegs-Laden um eine kostengünstigere, wenn auch länger dauernde Ladelösung handelt. Das ist außerdem gut für die Batterie, unter Umständen für die Stromnetzauslastung, vor allem aber für das eigene Kostenmanagement.

> **Merke**
> Das Home-Charging/Zu-Hause-Laden ist eine der kostengünstigsten Lademöglichkeiten und ganz überwiegend günstiger als Unterwegs-Laden.

11.1.2 Stromvertrag gegenüber Grundversorgung und Kostenoptimierung

Normalerweise sollten Haushalte einen konkreten Sonderstromvertrag mit einem Stromlieferanten ihrer Wahl abgeschlossen haben, in dem u. a. der Strompreis vereinbart ist. Das ist aber nur für ca. 20 Mio. Haushalte in Deutschland der Fall, während immerhin mehr als

23,1 Mio. Haushalte in Deutschland über einen teureren Grundversorgungsvertrag[13] vom grundzuständigen Stromversorger beliefert werden.[14] Jener Grundversorger ist nach § 36 Abs. 2 EnWG das jeweilige Energieversorgungsunternehmen, das die meisten Haushaltskunden in einem Netzgebiet der allgemeinen Versorgung beliefert.

Auch der Grundversorgungsvertrag ist ein Strombezugsvertrag des Haushaltskunden, allerdings nach § 2 Abs. 3 Nr. 5 StromGVV (Stromgrundversorgungsverordnung) zu allgemeinen Preisen. Diese sind bis zu 30 % höher als die Sonderkundenpreise mit dem Stromlieferanten der Wahl.[15] Ursache für die höheren Kosten ist u. a., dass sich der Grundversorger die Kunden nicht aussuchen kann, sondern jedermann in seinem grundzuständigen Versorgungsgebiet zu versorgen hat, d. h. auch das Bonitätsrisiko trägt. Außerdem haben die Grundversorgungsvertragskunden kurze Kündigungsfristen. Sie sind somit kein verlässlicher planbarer Stromabsatz und unterliegen theoretisch einer hohen Fluktuation und Risiken aus Sicht des Grundversorgers. Außerdem sollen noch zwei Drittel der Stromkunden den Strom vom ortsansässigen Lieferanten beziehen.[16] Wenn dieser auch preiswettbewerblich akzeptabel ist, spricht nichts dagegen.

Aber spätestens wenn ein Elektrofahrzeug zum Haushalt gehört und auch zu Hause geladen werden kann, der Stromverbrauch damit deutlich steigt, muss aus Kostengründen ein Stromliefervertrag im Wettbewerb abgeschlossen werden. Dieser kann über übliche Vertriebsportale und -plattformen[17] online vereinbart werden. Keinesfalls sollte in der teuren Grundversorgung der Strom dann auch noch für das Zu-Hause-Laden bezogen werden.

Da bei dem Ladestrombezug zu Hause der Stromverbrauch deutlich steigt, ist auch der Hebel und die Bereitschaft, regelmäßig die Preiswettbewerbsfähigkeit des Vertragslieferanten zu prüfen und ggf. den Lieferanten zu wechseln, wesentlich höher.

Derzeit bestehen nur sehr wenige Angebote im Haushaltsstrombereich, abgesehen von etwaigen Nachtstromverträgen, welche zum Aufladen von Elektrofahrzeugen mit Nachtstrom durch reduzierte Commodity- und Netzentgelte motivieren. Jedoch werden mit der

---

[13] Anzahl der belieferten Letztverbraucher über die Strom-Grundversorgung, statista.de vom 30.10.2020, https://de.statista.com/statistik/daten/studie/168309/umfrage/anzahl-der-belieferten-stromkunden-ueber-die-grundversorgung/, letzter Aufruf 29.12.2020;

Stromkunden: Raus aus teurem Grundtarif, ntv.de vom 12.11.2020, https://www.n-tv.de/ratgeber/Stromkunden-Raus-aus-teurem-Grundtarif-article22163948.html, letzter Aufruf 29.12.2020

[14] Vgl. Bundesnetzagentur, Grundversorgung, https://www.bundesnetzagentur.de/DE/Sachgebiete/ElektrizitaetundGas/Verbraucher/Vertragsarten/Grundversorgung/Grundversorgung_node.html, letzter Aufruf 29.12.2020

[15] Strom-Grundversorgung: Sind die Kosten zu hoch?, kostencheck.de, https://kostencheck.de/strom-grundversorgung-kosten, letzter Aufruf 29.12.2020; https://www.deutschlandfunk.de/strom-und-gaspreise-teure-grundversorgung.697.de.html?dram:article_id=412981, letzter Aufruf 08.11.2020

[16] Teure Grundversorgung, deutschlandfunk.de vom 14.03.2018, https://www.zeit.de/news/2020-09/08/geplante-datenbank-ueber-strom-und-gaskunden-loest-kritik-aus?utm_referrer=https%3A%2F%2Fwww.bing.com%2F, letzter Aufruf 29.12.2020

[17] Vgl. u. a. Verivox, www.verivox.de; Check24 www.check24.de; Preisvergleich www.preisvergleich.de

Häufigkeit von Home-Charging die vor einigen Jahren noch anzutreffenden Hochtarif-Niedertarif-Verträge eine Renaissance erfahren können. So brachte z. B. Greenpeace Energy zwei separate Tarife in Stromverträgen für Elektrofahrzeuge auf den Markt,[18] die insbesondere für den Elektroautostrom durch gesonderte Netzentgelte bei separater Zählung und Messung sehr günstig sind. Spezielle Ökostrom-Ladetarife werden sich auch noch im Markt abbilden.[19]

Zwar sollen (zu) viele Energielieferanten mittlerweile sogar mit Datenbanken arbeiten, in denen der Vertragswechsel der Kunden nach Häufigkeit gespeichert und ausgewertet wird, um solchen Kunden dann keinen neuen Stromvertrag anzubieten.[20] Das sollte aber keineswegs entmutigen, eine regelmäßige Wettbewerbsprüfung des Stromliefervertrages vorzunehmen. Der Betrieb einer solchen Datenbank dürfte datenschutzrechtlich – da die Daten gegen den Kunden genutzt werden – nicht zulässig sein und kartellrechtlich nach §§ 1, 18ff. GWB (Gesetz gegen Wettbewerbsbeschränkungen) einen Marktmachtmissbrauch darstellen, der verboten ist.

> **Merke**
> Für das Home-Charging/Zu-Hause-Laden wird empfohlen, einen Stromliefervertrag im Wettbewerb abzuschließen und aus Kostengründen unbedingt eine Grundversorgung zu vermeiden.

11.1.3 Ladestrom-Beschaffung durch Unternehmen – Workplace-Charging

Ladestrom wird im Unternehmen wie jeder andere Strom beschafft und i. d. R. über den bestehenden Netzanschluss bezogen. Gewerbliche Kunden, die keine Leistungsmessung benötigen, weil sie nur 100.000 kWh Stromjahresverbrauch und einen Niederspannungsanschluss haben, werden energiewirtschaftlich wie Haushaltskunden behandelt und nach § 17 Abs. 6 StromNEV über Standardlastprofile abgebildet. Es werden somit nur ein Arbeitspreis/kWh und ein Grundpreis abgerechnet. Wenn der Stromverbrauch jedoch durch den Ladestromverbrauch deutlich steigt und 100.000 kWh Jahresverbrauch überschritten werden, können sich besonders die Netznutzungsentgelte deutlich erhöhen. Denn

---

[18] Greenpeace Mobilstrom, https://www.greenpeace-energy.de/privatkunden/mobilstrom.html, letzter Aufruf 29.12.2020

[19] Polarstern: Öko-Ladetarife für alternative Antriebe sind Mangelware, strommagazin.de vom 30.07.2020, https://www.strom-magazin.de/strommarkt/polarstern-oeko-ladetarife-fuer-alternative-antriebe-sind-mangelware_222992.html?utm_source=nl_strom-magazin&utm_medium=email-marketing&utm_campaign=2020-08-05, letzter Aufruf 29.12.2020

[20] Energiekunden müssen ihre Daten schützen, deutschlandfunk.de vom 09.09.2020, https://www.deutschlandfunk.de/kritik-an-datenbanken-fuer-energieversorger-energiekunden.697.de.html?dram:article_id=483835, letzter Aufruf 29.12.2020

Ladestrom verursacht regelmäßig eine hohe Leistung, z. B. 11 kW, wird aber nur an wenigen Stunden des Jahres in Anspruch genommen.

Bis zu 100.000 kWh Jahresverbrauch wird der normale Arbeitspreis in ct/kWh wie bei Haushaltskunden bezahlt. Es ändert sich lediglich die Anzahl der kWh.

▶ **Tipp** Wenn z. B. arbeitstäglich über Nacht zwei Elektrotransporter mit jeweils 50 kWh geladen werden, um dann am Tag Transporte vornehmen zu können, sind schnell bisher gewohnte Jahresverbräuche überschritten.

$$2\,EV \times 50\,kWh\,\text{arbeitstäglich} \times 225\,\text{Arbeitstage/Jahr}^{23} = 22.500\,kW/Jahr$$

Wenn die 100.000 kWh überschritten sind, ist ein Arbeits- und Leistungsentgelt für die Netzentgelte zu entrichten. Am Arbeitspreis ändert sich insgesamt nichts gegenüber Haushaltskunden. Jede verbrauchte kWh bemisst sich nach dem vereinbarten Strompreis.

Allerdings kann nach einer Lastgangmessung vom Netzbetreiber und vom Lieferanten der Leistungspreis gemäß § 2 Abs. 4 StromNEV nach dem höchsten Leistungswert im Verlauf eines Jahres bemessen werden.[21] Wenn ein Unternehmen durch den Betrieb von Ladepunkten für das Aufladen der eigenen Elektrofahrzeuge im Unternehmen eine Lastspitze erhält, z. B. indem zum Zeitpunkt der höchsten für den Produktionsprozess benötigen elektrischen Leistung innerhalb eines Jahres auch die Ladepunkte die Batterien aufladen, dann kann dies zu hohen Netzentgelten im laufenden Jahr und auch zu hohen Commodity-Preisen in der Zukunft führen, natürlich abhängig von der jeweiligen Beschaffungspolitik. Dann kann sich eine Dynamik in den zu entrichtenden Netzentgelten ergeben.

Überblick
Werden z. B. 2 × 22 kW, also 44 kW Ladeleistung zufällig zum Zeitpunkt der höchsten Produktionslast bezogen, führt dies z. B. zu Netzkostenerhöhungen beim Leistungspreis:

Netzkostenerhöhung Ladepunkt 2×22 kW,

$2\,EV \times 50\,kWh\,\text{arbeitstäglich} = 22.500\,kWh / Jahr$

Beispiel: Niederspannungsanschluss mit Leistungsmessung,
SWE-Netz, vorläufiges Preisblatt 2021[1]
Leistungspreis 146,72 €/kW, Arbeitspreis 1,44 ct/kWh, über 2500 Benutzungsstunden
Leistungspreis 9.46 €/kW, Arbeitspreis 6,93 ct/kWh, unter 2500 Benutzungsstunden

---

[21] Bränzel/Engelmann/Geilhausen/Schulze, Energiemanagement, Springer Vieweg, 2. Aufl. 2019, S. 115, 116

11.1 Strombeschaffung für den Ladepunkt

> [1]SWE Netz GmbH, https://www.swe-netz.de/pb/site/netz/get/documents_E-1406212565/netz/documents/stromnetz/netzentgelte_strom/ab_2021/Strom_Preisblatt_2021_vorlaeufig.pdf, letzter Aufruf 18.10.2020
>
> über 2500 Benutzungsstunden; Mehrkosten aus Netzentgelten = 6779 €!
>
> Leistungspreis $2 \times 22\,kW \times 146{,}72\,€\,/\,kW = 6455{,}68\,€$
>
> Arbeitspreis $22.500\,kWh \times 1{,}44\,ct\,/\,kWh = 324{,}00\,€$
>
> unter 2500 Benutzungsstunden; Mehrkosten aus Netzentgelten = 1975 €!
>
> Leistungspreis $2 \times 22\,kW \times 9{,}46\,€\,/\,kW = 416{,}24\,€$
>
> Arbeitspreis $22.500\,kWh \times 6{,}93\,ct\,/\,kWh = 1559{,}25\,€$
>
> Allerdings sind das Extremannahmen, die mit einem Ladelastmanagement (vgl. Kap. 7) ohne Weiteres vermieden werden können und aus Kostengründen müssen.

Da jedoch die spezifischen Stromkosten von Unternehmen je kWh ganz überwiegend geringer und je nach leistungsgemessener Spannungsebene sogar wesentlich günstiger sind als die Haushaltsstrompreise, dürften die Ladestrompreise für Workplace-Charging auch für jene Unternehmen, die keine Privilegierungen für Unternehmen des produzierenden Gewerbes bei der Stromsteuer, für energieintensive Unternehmen bei der EEG-Umlage oder Sondernetzentgelte nach § 19 StromNEV in Anspruch nehmen können, ebenso die günstigsten sein.

Im Vergleich zu den On-the-way-Ladepreisen von über 40 ct/kWh dürften sich mit entsprechenden individuellen Abweichungen bei dem jeweiligen Erfolg der Commodity-Beschaffung und der Art der Netznutzung nach Benutzungsstundenanzahl und Spannungsebene Preisunterschiede von ca. 20 ct/kWh bei Mittelspannung und 15 ct/kWh bei Niederspannung zugunsten des Workplace-Chargings einstellen. Deswegen sollten Dienstelektrofahrzeuge uneingeschränkt im Unternehmen geladen werden.

Wenn sich durch den Betrieb von Ladepunkten im Unternehmen das Lastprofil ändert, indem zu Peak-Zeiten mehr Leistung bezogen wird, dann kann sich der reine Commodity-Preis für die Zukunft durch einen Strukturnachteil erhöhen. Denn Peak-Strom, d. h. Strombezug wochentags von 08:00 bis 20:00 Uhr,[22] ist deutlich teurer als Base-Strom, also kontinuierlicher Strombezug täglich von 00:00–24:00 Uhr.

Wenn es dann sogar möglich wäre, das Aufladen der Elektrofahrzeuge im Unternehmen in Off-Peak-Zeiten zu verlagern, also außerhalb des Zeitraums an Wochentagen von 08:00–20:00 Uhr, dann kann sich sogar umgekehrt ein Strukturvorteil ergeben. Der

---

[22] Bränzel/Engelmann/Geilhausen/Schulze, Energiemanagement, Springer Vieweg 2. Aufl. 2019, S. 143

Commodity-Preis kann sich sogar für den gesamten Strombezug des Unternehmens verringern, wenn der Base-Anteil also der Strom, der jeden Tag von 00:00-24:00 Uhr bezogen wird, steigt.

Wichtig ist eben nur, dass das Unternehmen flexibel genug sein kann, das Aufladen in solche Zeiten zu verlagern, und zwar entweder durch

- organisatorische Maßnahmen oder
- Ladelastmanagement.

Organisatorische Maßnahmen sind u. a. die Anordnung und Einhaltung bestimmter Ladezeiten oder umgekehrt, das Ein- oder Abschalten bestimmter Verbraucher, wenn die Dienstfahrzeuge im Unternehmen geladen werden.

11.1.4 Strombeschaffung für Ladestrom bei eigenem Netzanschluss

Wenn ein eigener Netzanschluss besteht, also der Ladepunkt bzw. mehrere Ladepunkte mit der Zweckbestimmung des Ladestromverkaufs, z. B. bei Destination- oder Opportunity-Charging, betrieben werden, dann muss für diesen Zählpunkt gemäß § 2 Nr. 14 StromNZV (Stromnetzzugangsverordnung) ein eigener Netzzugangsvertrag und ein Stromvertrag abgeschlossen werden.

Da aus Sicht des Stromlieferanten, der Betreiber des Ladepunktes der Letztverbraucher nach § 14 StromNZV ist, auch wenn der Strom dann am Ladepunkt vom Elektrofahrzeugfahrer erworben wird, ist der Betreiber des Ladepunktes einerseits der Netznutzer und andererseits der Strombezieher. Deshalb ist es derzeit nicht ohne Weiteres möglich, dass der Elektrofahrzeugfahrer mit einem eigenen Ladestrombezugsvertrag den Ladestrom immer an jedem Ladepunkt beziehen kann. Dafür sind jeweils Abreden zwischen seinem Fahrstromlieferanten und dem Betreiber des Ladepunktes erforderlich.

Die Höchstlast für die Netznutzung ist durch die angeschlossenen Ladepunkte vorgegeben. Für mehrere Ladepunkte drängt sich das Lastmanagement bei zeitgleichem Laden natürlich auf. Die Netzentgelte variieren leicht in den verschiedenen Netzebenen. Es erscheint derzeit auch nahezu ausgeschlossen, dass unter der gegebenen Elektrofahrzeugdichte eine Ladestation mehr als 2500 Benutzungsstunden erreicht, sodass die steileren Netzentgelte mit unter 2500 Benutzungsstunden Anwendung finden.

Dies berechnet sich nach der Formel:

Stromverbrauch p.a. / Höchstleistung im Jahr = Benutzungsstunden

z. B. 8000 kWh / 11 kW Ladepunkt = 727 Bh

Auch wenn für die Commodity-Beschaffung zwischen den einzelnen Betreibern durch Beschaffungsmethode und Risikostrategie Abweichungen und graduelle Vorteile erreicht

11.1 Strombeschaffung für den Ladepunkt

Kalkulation Strombeschaffungskosten Cal21
eigener Netzanschluss, fiktive Annahmen Verbrauch und Commodity!

SWE Netz vorläufiges Preisblatt ab 01.01.2021	Arbeitspreis in ct/kWh	Leistungspreis in €/kW
MS <2.500 Bh	6,34	9,20
MS> 2.500 Bh	0,59	153,03
NS <2.500 Bh	6,93	9,46
NS >2.500 Bh	1,44	146,73

Beispiel:	Ladepunkt 2 x 22 kW				Ladepunkt 150 kW			
	300 Tage, 2 h	300 Tage, 3 h	300 Tage 6 h	365 Tage 8 h	300 Tage, 2 h	300 Tage, 3 h	300 Tage 6 h	365 Tage 8 h
Ladestromverkauf in kWh p.a.	26.400	39.600	79.200	128.480	90.000	135.000	270.000	438.000
Spannungsebene	NS	NS	NS	NS	MS	MS	MS	MS
Benutzungsstunden	600	900	1800	2920	600	900	1800	2920
Arbeitspreis Netz	1.830	2.744	5.489	1.850	5706	8.559	17.118	2.584
Leistungspreis Netz	416	416	416	6.456	1380	1.380	1.380	22.955
Netzentgelte gesamt	2.246	3.161	5.905	8.306	7.086	9.939	18.498	25.539
EEG-Umlage (6,5 ct/kWh)	1.716	2.574	5.148	8.351	5.850	8.775	17.550	28.470
§ 19 StromNEV-Umlage (0,432 ct/kWh)	114	171	342	555	389	583	1.166	1.892
AblaV-Umlage (0,009 ct/kWh)	2	4	7	12	8	12	24	39
KWK-Umlage (0,395 ct/kWh)	104	156	313	507	356	533	1.067	1.730
Stromsteuer (2,05 ct/kWh)	541	812	1.624	2.634	1.845	2.768	5.535	8.979
Konzessionsabgabe (0,11 ct/kWh)	29	44	87	141	99	149	297	482
HKN Grünstrom (0,2 ct/kWh)	53	79	158	257	180	270	540	876
Commodity (5,0 ct/kWh)	1.320	1.980	3.960	6.424	4.500	6.750	13.500	21.900
Gesamtstromkosten in € p.a.	6.126	8.980	17.544	27.188	20.312	29.779	58.177	89.907
Lade-Strompreis ct/kWh netto	23	23	22	21	23	22	22	21
Lade-Strompreis ct/kWh brutto	**28**	**27**	**26**	**25**	**27**	**26**	**26**	**24**

Abb. 11.3 Fiktives Beispiel einer Beschaffungskostenberechnung

werden können,[23] sind bei allen Betreibern die gesetzlichen Umlagen und Abgaben, d. h. EEG- Umlage, KWK-Umlage (Kraft-Wärme-Kopplungs-Umlage), Offshore-Umlage, AbLaV-Umlage (Abschaltbare-Lasten-Verordnungs-Umlage), § 19 StromNEV-Umlage sowie Stromsteuer und die regulierten Netznutzungsentgelte nicht verhandelbar und daher gleich. Ausnahmen sind im gesetzlichen Rahmen i. d. R. auf energieintensive Unternehmen beschränkt.

Ende November 2020 betrug der Base-Preis Cal21 = ca. 43 €/MWh und der Peak-Preis Cal21 = ca. 52 €/MWh, die übrigens bis Ende 2020 sehr deutlich angestiegen sind, sodass Commodity-Kosten für 2021 von ca. 5 ct/kWh entstehen können, was jedoch keinesfalls günstiger ist als der Base-Preis.

Je nach Anschlussebene und vor allen Dingen Nutzungsdauer durch die Elektrofahrzeugfahrer ergeben sich für den Betreiber der Ladestation und Verkäufer des Ladestroms reine Strom-Beschaffungskosten von ca. 25 ct/kWh brutto. Je mehr Ladestrom verkauft werden kann, umso geringer werden die reinen Beschaffungskosten des CPO. Abb. 11.3 zeigt ein fiktives Beispiel einer Beschaffungskostenberechnung.

Auch wenn es derzeit völlig unrealistisch erscheint, dass Ladepunkte täglich acht Stunden in Betrieb sind und mit Volllast Strom durch die Elektrofahrzeugnutzer bezogen wird,

---

[23] Bränzel/Engelmann/Geilhausen/Schulze, Energiemanagement, Springer Vieweg 2. Aufl. 2019, S. 142 ff.

so ist der Unterschied zum eher realistischen Fall, dass an 300 Tagen im Jahr für zwei Stunden die Höchstlast in Anspruch genommen wird, mit 2–3 ct/kWh marginal.

Szenarien gehen derzeit davon aus, dass in 2030, also zu einem Zeitpunkt, zu dem mancher Ladepunkt bereits technisch erneuert werden muss, an Ladepunkten

- an Kundenparkplätzen täglich nur 33 kWh,
- im Straßenraum, d. h. Straßenrand oder Parkplätze, nur 28 kWh und
- an Lade-Hubs innerorts, die mit 150 kW und mehr Leistung laden können, nur 200 kWh täglich geladen werden.[24]

Im Durchschnitt dürfte also die Benutzung der Ladepunkte an drei Stunden täglich die Regel sein. Die Abweichungen unter den verschiedenen Szenarien sind im Übrigen nicht wesentlich.

Da ein Ladepunktbetreiber neben den Strombeschaffungskosten noch die Anschaffung/Abschreibung, Wartung und Instandsetzung, ggf. Miete, Abrechnung, Wagnis und Forderungsausfall, tatsächliche oder kalkulatorische Zinsen, spätere Rückbauverpflichtungen und Unternehmerlohn in den Verkaufspreisen zu kalkulieren hat, wird deutlich, dass die hohen On-the-Way/Unterwegs-Ladekosten kein Monopolpreis sind, sondern der Energiekostenstruktur in Deutschland geschuldet sind. Da ein Ladepunktbetreiber keinerlei Privilegien, etwa als Unternehmen des produzierenden Gewerbes geltend machen kann, wird sich hieran auch in Zukunft nichts ändern.

11.2 Strompreisentwicklung in der Zukunft

11.2.1 Kurzfristige Strompreisentwicklung

Die Strompreise setzen sich zu 25 % aus der Commodity *Strom* und der Rest aus gesetzlich festgesetzten, wie die Stromsteuer, oder regulierten Kosten, wie Netzentgelten, EEG-, KWK-, StromNEV, AbLaV- und Offshore-Umlage zusammen.[25]

Strompreise steigen (siehe Abb. 11.4), auch wenn die EEG-Umlage – jedenfalls für die Jahre 2021 und 2022 – mit 6,5 ct/kWh bzw. 6,0 ct/kWh gedeckelt bleibt und somit um mindestens 0,5 ct/kWh sinken soll, indem nach § 3 Abs. 3 Nr. 3a EEV die zur Stabilisierung notwendigen Mittel aus dem Bundeshaushalt zur Verfügung gestellt werden. Hierbei sind nach § 3 Abs. 3a EEV wiederum die Ansätze aus der Planung des Bundeshaushaltes für das nächste Kalenderjahr gemäß § 29 BHO (Bundeshaushaltsordnung) zu berück-

---

[24] Nationale Leitstelle Ladeinfrastruktur, MVI-Ladeinfrastruktur nach 2025/2030: Szenarien für den Markthochlauf von 2020, https://www.now-gmbh.de/wp-content/uploads/2020/11/Studie_Ladeinfrastruktur-nach-2025-2.pdf, Seite 69, letzter Aufruf 30.12.2020

[25] Bränzel/Engelmann/Geilhausen/Schulze, Energiemanagement, Springer Vieweg 2. Aufl. 2019, S. 142

11.2 Strompreisentwicklung in der Zukunft

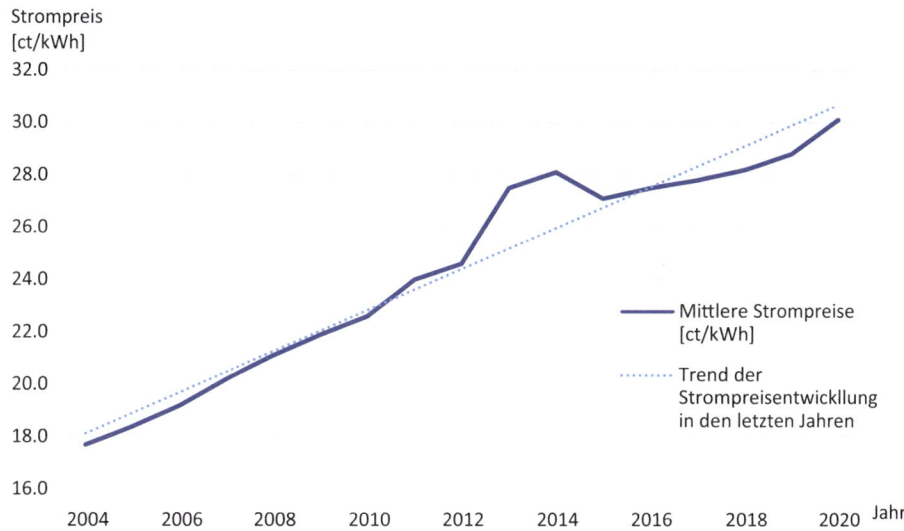

Abb. 11.4 Strompreisentwicklung Haushalt Deutschland seit 2004, Datengrundlage Verivox (Quelle: Verivox Verbraucherpreisindex Strom, verivox.de, https://www.verivox.de/strom/verbraucherpreisindex/, letzter Aufruf 30.12.2020)

sichtigen. Es steigen aber durch den Netzausbau, der zur Einbindung der dezentralen erneuerbaren Energien unbedingt geboten ist, die Netzentgelte notwendig an.

Hintergrundinformationen
Um Elektromobilität auch preislich einigermaßen attraktiv zu machen, müssten wenigstens bestimmte Strompreisbestandteile, etwa die Stromsteuer von 2,05 ct/kWh oder die EEG-Umlage für Ladestrom komplett entfallen.

Ebenso bietet es sich an, um in der Struktur der Strompreisbestandteile in Deutschland zu bleiben, dass Ladestrom mindestens wie ein energieintensives Unternehmen des produzierenden Gewerbes behandelt wird.

Es ist nicht verlässlich belastbar, wie sich die EEG-Umlage in 2023 ff. entwickeln wird. Hätte der Gesetzgeber die EEG-Umlage nicht auf 6,5 ct/kWh in 2021 gestützt, wäre diese auf 9,65 ct/kWh angestiegen,[26] nach anderer Berechnung sogar auf 9,75 ct/kWh.[27]

Insgesamt haben sich die für das Home-Charging relevanten Haushaltsstrompreise derzeit von der Kostenentwicklung entkoppelt haben. So soll ein Haushalt mit 3500 kWh Verbrauch im Jahr 2018 durchschnittlich 1071 € für Strom bezahlt haben, der bei gleichem

---

[26] EEG-Umlage sinkt 2021 leicht, tagesschau.de vom 15.10.2020, https://www.tagesschau.de/wirtschaft/strompreis-111.html, letzter Aufruf 30.12.2020

[27] EEG-Umlage 2021 steigt voraussichtlich trotz BEHG-Zuschuss, enplify.de vom 20.04.2020, https://www.enplify.de/blog/enplify-kurzanalyse-zur-eeg-umlage-2021-2023?ref=%2Fblog%3Ftags%255B0%255D%3D32%233, letzter Aufruf 30.12.2020

Verbrauch in 2020 auf 1175 € angestiegen ist. Dabei sollen sich die wesentlichen Kostenblöcke Steuern, Abgaben und Umlagen, Netzentgelte und die Commodity *Strom* im gleichen Zeitraum für diese konkreten Konstellation nur um 6 € verändert haben, die Rechnungsbeträge sind aber um 104 € angestiegen.[28] Spätestens die Anschaffung eines Elektrofahrzeugs und Home-Charging sollten Anlass sein, den Stromvertrag im Wettbewerb zu überprüfen.

11.2.2 Leistungspreis für Haushalte?

Da beispielsweise mit 7,4 kW Anschlussleistung ein Elektrofahrzeug an der heimischen Ladestation genauso viel Leistung bezieht wie die ganzen sonstigen Stromverbraucher in der Wohnung oder des Einfamilienhauses, und jedenfalls derzeit für Haushaltsstrom nach § 17 Abs. 6 StromNEV keine Leistungspreise in den Netzentgelten erhoben werden, wird der massenhafte Strombezug für Elektrofahrzeuge z. B. in Einfamilienhaussiedlungen durch Home-Charging zu hohen Netzbelastungen und Folgeinvestitionen des Netzbetreibers führen. Diese bedingen dann auf lange Sicht netzseitig höhere Strompreise, die aber derzeit sozialisiert werden: Haushaltsstromanschlüsse zahlen neben einem Grundpreis nur für den Verbrauch, nicht für die bezogene Leistung.

Denn für Haushaltsanschlüsse bis 100.000 kWh Strombezug pro Jahr dürfen nach § 17 Abs. 6 Satz 1 StromNEV bei Zählerstandsgangmessung oder einer anderen Form der Arbeitsmessung – also der normalen Eintarifzähler – anstelle des Leistungs- und des Arbeitspreises nur ein Arbeitspreis in ct/kWh angesetzt und abgerechnet werden. Wenn sich das ändert, könnte dies zu höheren Netzentgelten führen, natürlich nur unter der Voraussetzung der Änderung der StromNEV, sodass auch Leistungspreise verlangt werden dürfen.

> ▶ Soweit ersichtlich wird mit dem SteuVerG-Entwurf die Grenze der 100.000 kWh Jahresverbrauch sukzessive auf 10.000 kWh gesenkt, sodass sich derzeit für typische Haushaltsstromkunden, die i. d. R. deutlich unter 10.000 kWh Jahresstromverbrauch aufweisen, nichts ändert.

Da Wallboxen in der Zukunft erheblichen Einfluss auf die Netze haben werden, ähnlich wie Photovoltaikanlagen auf Wohnhäusern, die in die Netze einspeisen, erscheint es aufgrund der Kostengerechtigkeit der Netzentgelte angezeigt, diese Ausnahme, nämlich dass bei Haushaltskunden nur Arbeitspreise für Netzentgelte abgerechnet werden, aufzuheben. Die notwendigen Messkosten werden mit intelligenten Zählern nicht über denjenigen normaler Haushaltsanschlüsse liegen, und damit könnte sich zumindest der Netzentgeltanteil an den Stromkosten bei hoher Netzinanspruchnahme deutlich steigern. Für die nächsten

---

[28] Überzogene Strompreise – jetzt handeln!, ntv.de vom 13.12.2020, https://www.n-tv.de/ratgeber/Uberzogene-Strompreise-jetzt-handeln-article22227943.html, letzter Aufruf 30.12.2020

Jahre dürften die Haushaltsstrompreise insgesamt mehr oder weniger stabil bleiben, sofern nicht Sonderereignisse eintreten, wie z. B. aus dem Fukushima- Unglück resultierende Commodityanstieg, der in 2012 zu höheren Haushaltsstrompreisen führte.

11.3 Flexible Preise

Mit zunehmender Sichtbarkeit und häufigeren Ladevorgängen der Elektrofahrzeuge wird einerseits der Stromverbrauch absolut zunehmen, es sei denn durch Energieeffizienz wird der Stromverbrauch in Deutschland von 500.000 GWh stabilisiert. Letzteres ist zwar geplant, aber wie dies umgesetzt werden soll, ist derzeit eine große Unbekannte.

Mit dem Kernkraftausstieg in 2022 und dem beginnenden Kohleausstieg bis 2038 wird die gesicherte Stromproduktion nachhaltig durch erneuerbare Energieträger erfolgen müssen. Wind und Photovoltaik haben den Nachteil, dass sie fluktuierend sind, also teilweise ein Unterangebot und teilweise ein Überangebot existiert. Deshalb muss belohnt werden, wenn sich das Ladeverhalten an der Verfügbarkeit von Strom anpasst, dies erfordert flexible Strompreise.

Dies wird wohl neue Produkte der Stromlieferanten in den Markt bringen, etwa

- eine Preisdegression bei einer bestimmten Abnahmemenge,
- eine Preis-Zeitzonen-Berücksichtigung, dass Elektrofahrzeuge üblicherweise nachts geladen werden – weil in bestimmten Zeitzonen mit Stromproduktionsüberschuss die Elektrofahrzeuge die Stromnetzbelastung ausgleichen können.

Umgekehrt können dynamische Preissignale dann wirksam genutzt werden. Wenn das Elektrofahrzeug morgens um 07.00 Uhr vollgeladen sein muss und sechs Stunden Ladezeit hat, können je nach Netzzustand und auch Strombereitstellung z. B. durch billigen Windstromüberschuss zu bestimmten Nachtstunden solche Preissignale automatisiert dazu führen, dass der Stromprovider oder der Netzbetreiber der Wallbox mitteilt, wann das Elektrofahrzeug geladen wird. Das Elektrofahrzeug bzw. die intelligente Wallbox benötigt nur eine Information, wann es vollgeladen sein soll. Außerdem muss ein Elektrofahrzeug auch nicht jeden Tag vollständig aufgeladen sein.

Wenn also das Elektrofahrzeug gegen 18.00 Uhr nach der Arbeit zu Hause in der Garage geladen wird – obwohl gerade eine hohe Netzlast besteht, weil eben Geschäfte noch offen haben, die Produktion in den Industriestandorten noch läuft und alle Haushalte mehr oder weniger viel Strom verbrauchen – dann kommt der Netzbetreiber in Zugzwang für Redispatch-Maßnahmen und muss ggf. Netzmaßnahmen treffen.

Das Fahrzeug kann auch künftig um 18.00 Uhr an die Wallbox angeschlossen werden, aber der Lieferant entscheidet automatisiert, dass der Ladevorgang z. B. erst um Mitternacht beginnt, weil andere Verbraucher vom Netz gehen, Geschäfte und Restaurants geschlossen haben, oder weil durch eine windige Nacht Strom im Überschuss bereitsteht. Der Netzbetreiber kann sogar umgekehrt bidirektional das Elektrofahrzeug entladen, den Strom in das Netz übernehmen und zu einem späteren Zeitpunkt die Batterie des Fahrzeugs neu aufladen. Die Motivation für den Elektrofahrzeugfahrer, hier in intelligente Zähler und eine intelligente Wallbox und mit dem Stromnetz kommunizierende Systeme zu investieren, sind flexible Tarife.

▶ Die Netzdienlichkeit wird künftig honoriert werden, und das dürfte schneller der Fall sein als viele denken.

Auch mit den entsprechenden Rechtsvorschriften nach § 14a EnWG kann bald gerechnet werden.

Der Treiber ist der Umstand, dass Elektrofahrzeuge beim Zu-Hause-Laden künftig genauso viel Strom verbrauchen, wie der ganze dazugehörige Haushalt, nur in kürzerer Zeit und mit wesentlich mehr Leistung.

Derzeit sind deshalb die Änderungen des § 14a EnWG mit dem SteuVerG-Entwurf in Vorbereitung.[29] Diese betreffen insbesondere Regelungen zur Spitzenglättung bei Betreibern steuerbarer Verbrauchseinrichtungen, die Ausgestaltung netzseitiger Steuerung von flexiblen Verbrauchseinrichtungen, z. B. intelligenten Wallboxen, Anreize für Flexibilität und für die Öffnung der Netze für Prosumer. Prosumer sind Kunden, die sowohl Strom in das Netz abgeben – z. B. den Überschuss einer Photovoltaikanlage – als auch aus dem Stromnetz beziehen, also den nicht eigenerzeugten Anteil am Gesamtstromverbrauch.

Die Netzentgelte werden stärker an der Kostenverursachungsgerechtigkeit orientiert. Für steuerbare Verbrauchseinrichtungen in der Niederspannung kann nach § 17a StromNEV-Entwurf ein Arbeits- und Leistungsentgelt sowie ein Grundpreis angeboten werden. Die Netznutzer können eine bedingte, also flexible, und unbedingte Bestellleistung erhalten. Die bedingte Bestellleistung soll höchstens 20 % des unbedingten Bestellleistungspreises kosten. Für Kleinverbraucher bis 10.000 kWh Jahresverbrauch, also Haushalten, gelten dann Vereinfachungen. Flexibilität im Abnahmeverhalten wird künftig auch in der Niederspannung und im Kleinverbrauchsbereich durch günstigere Netzentgelte honoriert, was wiederum Netzausbaukosten, die auf alle Netzkunden umgelegt werden würden, reduziert.

Die Vergünstigung der Netzentgelte für leistungsflexible Letztverbraucher wird auf 1,5 ct/kWh bzw. ca. 20 % geschätzt. Hinzu kommen Vorteile bei der Strombeschaffung, sodass für Haushalte mit 2000 kWh steuerbaren Jahresverbrauch Vorteile von 120 €

---

[29] BMWi RefE SteuVerG vom 22.12.2020, https://www.bmwi.de/Redaktion/DE/Downloads/Gesetz/gesetz-zur-zuegigen-und-sicheren-integration-steuerbarer-verbrauchseinrichtungen-in-die-verteilernetze.pdf?__blob=publicationFile&v=6, letzter Aufruf 10.01.2021

erreicht werden können, welchen aber ca. 80 € Mehrkosten für eine notwendige intelligente Messeinrichtung gegenüberstehen[30]

11.4 Fahrstrom aus erneuerbarer Energie

11.4.1 Fahrstrom aus der eigenen Photovoltaikanlage

Der Strom aus der eigenen Photovoltaikanlage auf dem Dach des Einfamilienhauses muss nach Möglichkeit auch dezentral eigenverbraucht werden. Das entlastet die Stromnetze, in die sonst der Photovoltaikstrom eingespeist werden würde. Auch aus Amortisationsgründen ist der Eigenverbrauch des eigenerzeugten Photovoltaikstroms viel profitabler als eine etwaige Einspeisung. Denn wenn statt der Einspeisevergütung von ca. 9 ct/kWh[31] der andernfalls für das Laden erforderliche Fremdstrombezug von ca. 32 ct/kWh substituiert wird, liegt der Vorteil auf der Hand – das Zu-Hause-Laden aus der Photovoltaikanlage spart kalkulatorisch 23 ct/kWh.

Natürlich variiert der Vorteil je nach Größe der Photovoltaikanlage und Lage bzw. Sonneneinstrahlung, wenn statt Einspeisung in das öffentliche Netz der Strom tagsüber zeitgleich für das Laden des Elektrofahrzeugs genutzt werden kann.

> **Beispiel**
> Photovoltaikanlage 7 kWp Nennleistung, Eigenerzeugung 6300 kWh p.a.
>   Einspeisung und Eigenverbrauch Haushalt: 60 %,
>   Verwendung von 50-%-Anteil der bisherigen Netzeinspeisung für Laden EV
>
> 1260 kWh Laden EV statt Einspeisung $\times$ 0,23 €/kWh Preisdifferenz = 289 € p.a.
>
> Mit den 1260 kWh lassen sich bei einem unterstellten Verbrauch eines größeren Elektrofahrzeugs von 25 kWh/100 km schon wieder gut 5000 km elektrisch, klimaneutral und „home made" fahren.

---

[30] BMWi RefE SteuVerG vom 22.12.2020, S. 25 https://www.bmwi.de/Redaktion/DE/Downloads/Gesetz/gesetz-zur-zuegigen-und-sicheren-integration-steuerbarer-verbrauchseinrichtungen-in-die-verteilernetze.pdf?__blob=publicationFile&v=6, letzter Aufruf 10.01.2021

[31] Einspeisevergütung 2020 aktuell, rechnerphotovoltaik.de, https://www.rechnerphotovoltaik.de/photovoltaik/foerderung-steuern/einspeiseverguetung, letzter Aufruf 31.12.2020

Aus Gründen der Wirtschaftlichkeit sollte der Photovoltaikstrom auf dem eigenen Dach dazu genutzt werden, dass möglichst viel Strom in die eigene Elektrofahrzeugbatterie als eine Form des Eigenverbrauchs eingespeist wird.

Dazu könnte sich sogar die Erweiterung einer bestehenden auf den Haushaltsverbrauch optimierten Photovoltaikanlage auf bis zu 10 kWp Nennleistung lohnen. Wichtig ist jedoch, die 10 kWp bzw. 10.000 kWh Photovoltaikstromerzeugung p.a. nicht zu überschreiten, damit keine EEG-Umlage-Zahlungspflicht entsteht. Nach § 61a Nr. 4 Satz 1 EEG besteht keine Pflicht zur Zahlung der EEG-Umlage bei Eigenversorgungen, wenn Strom aus Stromerzeugungsanlagen mit einer installierten Leistung von höchstens 10 kW erzeugt wird, für höchstens 10.000 kWh selbst verbrauchten Strom pro Kalenderjahr. Dies gilt ab der Inbetriebnahme der Stromerzeugungsanlage für die Dauer von 20 Kalenderjahren zuzüglich des Inbetriebnahmejahres. Voraussetzung bleibt natürlich, dass es sich um eine Eigenversorgung handelt, also das eigene Auto geladen wird.

11.4.2 Grünstrombezug für Fahrstrom

Viele Ladepunktbetreiber offerieren offensiv, dass an der Ladesäule nur Ökostrom abgegeben wird (Abb. 11.5). Denn entscheidend für den Umweltschutz – einer der Hauptgründe für den Umstieg auf Elektromobilität, weg von konventionellen Verbrennungs-

Abb. 11.5 Ladepunkt Stadtwerke Stralsund, 100 % Ökostrom, 10/2020

11.4 Fahrstrom aus erneuerbarer Energie

motoren – ist die Reduktion von CO_2 und den anderen Klimagasen, wie NO_x sowie von Feinstaub. Dieser entscheidende Vorteil kann nur dann generiert werden, wenn auch die Stromerzeugung des Fahrstroms aus erneuerbaren Quellen kommt.[32]

So ganz sicher, welche Stromqualität am Ladepunkt angeboten wird, kann man sich jedoch nicht immer sein, weil es keine rechtliche Definition von Öko- oder Grünstrom gibt.[33] Grundsätzlich ist Öko- oder Grünstrom jedoch aus erneuerbaren Energien, in Deutschland oder im Ausland nach Menge produziert worden.

Soweit allerdings ein Ladepunkt öffentlich gefördert worden ist (vgl. Kap. 14), ist Voraussetzung für die staatliche Zuwendung für Ladeinfrastruktur, dass der Ladestrom

- aus erneuerbaren Energien oder
- aus vor Ort eigenerzeugtem regenerativen Strom stammt.

Auch wenn in beiden Alternativen verschiedene Begriffe verwendet werden, nämlich *erneuerbare* Energien einerseits und *regenerativer* Strom andererseits, so handelt es sich um die gleichen Voraussetzungen.

Erneuerbare Energien sind in § 3 Nr. 21 EEG legal definiert als Strom aus

- Wasserkraft einschließlich der Wellen-, Gezeiten-, Salzgradienten- und Strömungsenergie,
- Windenergie,
- solare Strahlungsenergie,
- Geothermie,
- Energie aus Biomasse einschließlich Biogas, Biomethan, Deponiegas und Klärgas sowie aus dem biologisch abbaubaren Anteil von Abfällen aus Haushalten und Industrie.

Die zweite Alternative „aus vor Ort eigenerzeugtem regenerativen Strom" erscheint einfach, der Strom muss vor Ort selbst produziert und verwendet werden. Eine Zeitgleichheit zwischen Erzeugung und Verbrauch ist nicht gefordert. Da in der Förderrichtlinie des Bundes „z. B. Strom aus Photovoltaikanlagen"[34] erwähnt ist, wird deutlich, dass es sich um Mengengleichheit handeln muss, denn Photovoltaikstrom kann abgesehen von der Speicherung, z.B. in einer Batterie, eben nur während entsprechender Sonneneinstrahlung produziert werden. Es muss aber so viel Eigenerzeugung sein, dass der in der Ladestation

---

[32] Kohlestrom und E-Mobilität Kurzschluss im „grünen" Autostecker, ntv.de vom 25.10.2020, https://www.n-tv.de/wirtschaft/Kurzschluss-im-gruenen-Autostecker-article22118719.html, letzter Aufruf 30.12.2020

[33] Bränzel/Engelmann/Geilhausen/Schulze, Energiemanagement, Springer Vieweg 2. Aufl. 2019, S. 183

[34] BMVI Ziffer 6.3. Förderrichtlinie Ladeinfrastruktur für Elektrofahrzeuge in Deutschland vom 13. Februar 2017 mit Änderung vom 28. Juni 2017, https://www.bav.bund.de/SharedDocs/Downloads/DE/LIS/Foerderrichtlinie.pdf?__blob=publicationFile&v=1, letzter Aufruf vom 30.12.2020

abgegebene Strom in Menge produziert wird und das über den Zeitraum von sechs Jahren. Diese Forderung und Verknüpfung der Verwendung erneuerbaren Stroms mit der Förderung erscheint auch sachgerecht. Denn würde lediglich die fossile Verbrennung von Treibstoff im konventionellen Fahrzeug gegen Fahrstrom getauscht, der aus der fossilen Verbrennung, z. B. von Braukohle, gewonnen wird, wäre insgesamt kein Klimaschutz erreicht. Wenn schon staatliche Förderungen erfolgen, will man damit auch eine indirekte Lenkungswirkung erreichen, nämlich, dass am Ort oder im Strommarkt der Zubau erneuerbarer Energien gefördert wird.

Der Strom aus erneuerbaren Energien muss für die 1. Alternative über einen zertifizierten Grünstromliefervertrag nachgewiesen werden, für den bei Nutzung entsprechend Herkunftsnachweise beim Herkunftsnachweisregister des Umweltbundesamtes entwertet werden. Unklar bleibt, was ein zertifizierter Grünstromliefervertrag ist, aber es ist davon auszugehen, dass der Liefervertrag mit Grünstromzertifikaten versehen sein muss.

Gemäß § 3 Nr. 29 EEG ist ein „Herkunftsnachweis" ein elektronisches Dokument, das ausschließlich dazu dient, gegenüber einem Letztverbraucher im Rahmen der Stromkennzeichnung nach § 42 Abs. 1 Nr. 1 EnWG nachzuweisen, dass ein bestimmter Anteil oder eine bestimmte Menge des Stroms aus erneuerbaren Energien erzeugt wurde. Die Herkunftsnachweise wiederum werden nach § 12 ff. der HkRNDV (Herkunfts- und Regionalnachweis-Durchführungsverordnung) den Erzeugungsanlagenbetreibern durch das Umweltbundesamt ausgestellt und verwaltet. Wer eine Förderung für Ladesäulen in Anspruch nehmen will, muss also einen Liefervertrag für Grünstrom abschließen, der durch entwertete Herkunftsnachweise nach der HkRNDV in der Qualität belegt ist.

Die Grünstromqualität gibt es allerdings nicht umsonst, d. h., der Betreiber muss den Grünstromvertrag nachweisen und dessen Lieferant folglich die Herkunftsnachweise eindecken. Daraus haben verschiedene Anbieter Ökostromproduktezertifikate entwickelt,[35] z. B. auch bestimmte Verpflichtungen zum Zubau von erneuerbaren Energieanlagen zertifiziert, sodass dem Grünstrombezug auch eine Lenkungswirkung zukommt.

Je nach Qualität des Grünstroms, etwa aus Wasserkraft, Wind oder Photovoltaikanlagen, oder abhängig nach dem Anlagenalter der Erzeugungsanlagen muss mit Mehrkosten für Grünstrom von 0,2 ct/kWh gerechnet werden.

11.5 Augen auf beim Laden mit EEG-Strom

Ökologisch und auch energieökonomisch sehr sinnvoll ist es, wenn der benötigte Strom für das Laden des Elektrofahrzeugs weder die Netze belastet noch aus fossilen Brennstoffen hergestellt wird, die wiederum CO_2 und andere Klimagase verursachen – also am besten an der Ladestation hergestellt und ggf. in Batterien gespeichert wird.

---

[35] Bränzel/Engelmann/Geilhausen/Schulze, Energiemanagement, Springer Vieweg 2. Aufl. 2019, S. 186–189

11.5 Augen auf beim Laden mit EEG-Strom

Gerade in städtischen Lagen wäre z. B. die Herstellung des Ladestroms mit Photovoltaikanlagen sinnvoll. Anstatt den Photovoltaikstrom seinerseits in die Netze zu speisen, wird er direkt in die Batterie des Elektrofahrzeugs geladen. Der Ladestrom wird dezentral erzeugt und auch dezentral verbraucht.

Eine oft zu hörende Kritik an Elektrofahrzeugen ist, dass der Strom doch sowieso in Kohlekraftwerken hergestellt werde und es am Ende egal sei, ob fossile Kraftstoffe als Diesel oder Benzin genutzt oder ob Kohle in Strom umgewandelt wird und dann noch über viele Kilometer Fernleitungen mit Übertragungsverlusten zur Ladestation geleitet und mit hohen Strömen in die Batterie gespeichert werden muss.

Die Kritik ist aber nicht überzeugend, jedenfalls dann nicht, wenn mit dem Markthochlauf der Elektrofahrzeuge auch ein Hochlauf der erneuerbaren zeitgleichen Energieerzeugung erfolgt, zumal derzeit schon mehr als 40 % des Stroms in Deutschland aus erneuerbaren Energieträgern stammt.[36] Das gesetzgeberische Ziel nach § 1 Abs. 2 EEG, den Anteil des aus erneuerbaren Energien erzeugten Stroms am Bruttostromverbrauch auf 40–45 % bis zum Jahr 2025, sodann 55–60 % bis zum Jahr 2035 und mindestens 80 % bis 2050 zu steigern, erscheint ohne Weiteres machbar. Deshalb wäre es sinnvoll, wenn der Ladestrom zeitgleich aus Photovoltaikanlagen, Windrädern oder anderen Anlagen zur Produktion erneuerbarer Energien erzeugt und vor Ort verbraucht werden kann, z. B. durch eine Photovoltaikanlage auf einem Warenhaus, einer Produktionshalle, einem Einkaufszentrum oder einem Bürogebäude.

Die Sache hat jedoch einen Haken, wenn die Photovoltaikanlagen der Eigenstromproduktion des Betreibers und dem Laden von Elektrofahrzeugen Dritter, z. B. Kunden, Mitarbeitern und Gästen dienen – denn derzeit fällt bei der Bedienung Dritter die volle EEG-Umlage (auf den eigenerzeugten Photovoltaikstrom) an (vgl. Abschn. 11.5.4).

11.5.1 Grundsatz: volle EEG-Umlage

Grundsätzlich muss jeder Netznutzer für verbrauchten Strom die EEG-Umlage bezahlen, die sich 2020 auf 6,756 ct/kWh und in 2021 auf 6,5 ct/kWh,[37] sodann in 2022 auf max. 6,0 ct/kWh beziffert. Das gilt auch für den selbst produzierten Eigenstrom.

Nach § 61 EEG sind die Netzbetreiber berechtigt und verpflichtet, die EEG-Umlage von Letztverbrauchern zu verlangen für

- die Eigenversorgung und
- sonstigen Verbrauch von Strom, der nicht von einem Elektrizitätsversorgungsunternehmen geliefert wird.

---

[36] Umweltbundesamt, Erneuerbare Energien in Zahlen vom 13.10.2020, https://www.umweltbundesamt.de/themen/klima-energie/erneuerbare-energien/erneuerbare-energien-in-zahlen#uberblick, letzter Aufruf 30.12.2020

[37] EEG-Umlage, netztransparenz.de, https://www.netztransparenz.de/EEG/EEG-Umlagen-Uebersicht, letzter Aufruf 04.01.2021

Der Anspruch nach § 61 Abs. 1 entfällt oder verringert sich nach den §§ 61a bis 61g und 61l EEG. Die §§ 61i und 63 sowie § 8d des KWKG (Kraft-Wärme-Kopplungs-Gesetz) bleiben unberührt. Die EEG-Umlage ist vom Betreiber der Ladesäule an den Netzbetreiber zu entrichten.

> **Merke**
> Der Ladestrompreis enthält grundsätzlich die volle EEG-Umlage.

Hintergrundinformationen
Da Elektromobilität eigentlich Teil der Lösung der Umweltprobleme sein soll, indem die Verstromung der Mobilität und des Transportsektors politisch und rechtlich gefördert wird, ist das nicht logisch:
Derjenige, der weg von fossilen Kraftstoffen auf Strom umsteigt, zahlt so viel EEG wie jedermann. Eigentlich müsste für Elektrofahrzeug-Ladestrom umgekehrt die EEG-Umlage entfallen, was diesen Strom spürbar billiger und im Leistungswettbewerb gegen Diesel und Benzin attraktiver machen würde. Umso mehr könnte man eigentlich davon ausgehen, dass die Bereitstellung von eigenerzeugtem erneuerbaren Strom an der Ladesäule wenigstens die EEG-Umlage entfallen lässt. Dem ist aber nicht so.

11.5.2 Vollständige Reduktion auf null für Stromerzeugung bis 10 kWp Nennleistung

Nach § 61a Nr. 4 EEG entfällt die EEG-Umlagepflicht bei Eigenversorgungen vollständig, wenn Strom aus Stromerzeugungsanlagen mit einer installierten Leistung von höchstens 10 kW erzeugt wird, jedoch für höchstens 10.000 kWh selbstverbrauchten Strom pro Kalenderjahr. Dies bedeutet, Aufladen des eigenen Elektrofahrzeugs am Haus bei Home-Charging ist EEG-umlagefrei – wenn die eigene Photovoltaikanlage maximal 10 kWp erzeugt und nicht mehr als 10.000 kWh im Jahr.

▶ Wird jedoch nicht das eigene Elektrofahrzeug am Wohnhaus geladen, sondern das Fahrzeug eines Dritten, würde folglich die volle EEG-Umlage für diesen in die Fahrzeugbatterie eingespeicherten Strom anfallen, denn es handelt sich nicht mehr um Eigenverbrauch. Soweit ersichtlich, werden diese Fälle als geringfügige Bagatellen behandelt.

Nach § 62a EEG sind geringfügige Stromverbräuche Dritter, d. h. einer anderen Person, als Fiktion den Stromverbräuchen des eigenerzeugenden Letztverbrauchers zuzurechnen, wenn sie

1. geringfügig sind,
2. üblicherweise und im konkreten Fall nicht gesondert abgerechnet werden und

3. in den Räumlichkeiten, auf dem Grundstück oder dem Betriebsgelände des Letztverbrauchers und im Fall einer gewerblichen Nutzung zur Erbringung einer Leistung der anderen Person gegenüber dem Letztverbraucher oder des Letztverbrauchers gegenüber der anderen Person stattfinden.

Wenn ein Nachbar oder Verwandter während eines Besuchs sein Elektrofahrzeug lädt, wird dies als geringfügig zu erachten sein, aber natürlich auch nicht gesondert abgerechnet und wohl auch auf dem Grundstück des Eigenerzeugers erfolgen.

Im Regelfall sind jedenfalls Stromverbräuche oberhalb des Verbrauchs eines gewöhnlichen Haushaltskunden mit ca. 3500 kWh Jahresstromverbrauch keine geringfügigen Stromverbräuche i. S. der Bagatellregelung.[38] Eine gelegentliche Lademöglichkeit eines Gastes an einer Außensteckdose, wäre also als Ausnahme noch nicht EEG-schädlich.

Dies gilt nach § 61 Nr. 2 2. Halbsatz EEG ab der Inbetriebnahme der Stromerzeugungsanlage für die Dauer von 20 Kalenderjahren zuzüglich des Inbetriebnahmejahres. Wenn diese Zeit abgelaufen ist, ist auch für den Eigenverbrauch dieser Kleinanlagen eine – auf 40 % reduzierte – EEG-Umlage zu entrichten.

11.5.3 Ausnahme: 40 % EEG-Umlage für Eigenstromerzeugung

Für alle Erzeugungsanlagen über 10 kWp oder 10.000 kWh Jahresproduktion verringert sich nach § 61b EEG die EEG-Umlage in einem Kalenderjahr auf 40 % für Strom, der zur Eigenversorgung genutzt wird, wenn in dem Kalenderjahr in der Anlage ausschließlich erneuerbare Energien (oder Grubengas) eingesetzt worden sind.

Eine „Anlage" ist in § 3 Nr.1 EEG jede Einrichtung zur Erzeugung von Strom aus erneuerbaren Energien oder aus Grubengas, wobei im Fall von Solaranlagen jedes Modul eine eigenständige Anlage ist. Als Anlage gelten auch Einrichtungen, die zwischengespeicherte Energie, die ausschließlich aus erneuerbaren Energien oder Grubengas stammt, aufnehmen und in elektrische Energie umwandeln, also Batterien.

Für eigenerzeugten Photovoltaikstrom, der auch eigenverbraucht wird, also im eigenen Haus, Büro- oder Industriegebäude oder Warenhaus z. B. für das Laden der eigenen Elektrofahrzeuge des Betreibers der Photovoltaikanlage verbraucht wird, reduziert sich die EEG-Umlage auf 40 % des jeweiligen Betrages, in 2020 statt 6,756 ct/kWh auf nur 2,702 ct/kWh und in 2021 von 6,5 ct/kWh auf nur 2,6 ct/kWh. Das führt dazu, dass der Strom aus der eigenen Photovoltaikanlage viel billiger produziert werden kann als es der Netzbezug ermöglicht.

---

[38] Bundesnetzagentur, Leitfaden zum Messen und Schätzen bei EEG-Umlagepflichten vom 08.10.2020, https://www.bundesnetzagentur.de/SharedDocs/Downloads/DE/Sachgebiete/Energie/Unternehmen_Institutionen/ErneuerbareEnergien/Hinweispapiere/Messen_Schaetzen.pdf?__blob=publicationFile&v=2, S. 45, letzter Aufruf 30.12.2020

Im Fall von Eigenproduktion *und* Eigenverbrauch fallen im Gegensatz zum Netzbezug neben den nicht zu zahlenden 60 % der EEG-Umlage auch alle anderen Netzpositionen, wie Netzentgelte, Konzessionsabgabe, Offshore-Umlage und KWK-Umlage weg – weil der Ladestrom nicht den Umweg über die öffentlichen Netze machen musste, sondern direkt von der PV-Anlage in die Fahrzeugbatterie fließt. Eine Eigenversorgung setzt nach § 5 Nr. 12 EEG voraus, dass der Eigenversorger, der die Stromerzeugungsanlage, z. B. Photovoltaik oder Windrad, betreibt, den selbst erzeugten Strom als natürliche oder juristische Person selbst verbraucht. Eine „Zurechnung" fremden Stromverbrauchs als eigenen Letztverbrauch ist danach ausgeschlossen. Das gilt auch für den Fall, dass der Betreiber der Stromerzeugungsanlage und der Letztverbraucher des erzeugten Stroms zu demselben Unternehmen gehören.[39]

Ein Eigenversorger erfüllt somit stets zugleich die Begriffsdefinition des Letztverbrauchers gemäß § 5 Nr. 24 EEG. Im Unterschied zu dem EnWG-Letztverbraucherbegriff in § 3 Nr. 25 EnWG stellt das EEG ausdrücklich nur auf den Verbrauch und nicht zudem auf einen Kauf zum Zwecke des Verbrauchs ab.

Ob der letztverbrauchte Strom von der Person gekauft, ihr unentgeltlich („Stromschenkung") oder im Rahmen eines anderen Schuldverhältnisses (z. B. Miete, Pacht, Leasing) überlassen wird, oder ob die Person den Strom selbst erzeugt, ist insoweit für die Eigenschaft als Letztverbraucher unerheblich.

> **Merke**
> Wenn personengleich der dezentral erzeugte erneuerbare Strom im betreibereigenen Elektrofahrzeug verbraucht wird, kann die EEG-Umlage auf 40 % privilegiert gesenkt werden.

Nach dem allgemeinen Kriterium zur Bestimmung des Letztverbrauchers ist im Regelfall der Halter als Betreiber des Elektrofahrzeugs und somit als Letztverbraucher des zum Laden verbrauchten Stroms anzusehen. Wird EEG-Strom aus Eigenerzeugung in ein Betriebsfahrzeug geladen, ist es rechtlicher Eigenstromverbrauch, wird er in ein Mitarbeiterfahrzeug, ein Gästefahrzeug oder ein Fahrzeug eines anderen Konzernunternehmens geladen, ist es dagegen Weiterleitung an Dritte.[40]

---

[39] Bundesnetzagentur, Leitfaden zur Eigenversorgung Juni 2016, https://www.bundesnetzagentur.de/SharedDocs/Downloads/DE/Sachgebiete/Energie/Unternehmen_Institutionen/ErneuerbareEnergien/Eigenversorgung/Finaler_Leitfaden.pdf?__blob=publicationFile&v=2, S. 30, letzter Aufruf 30.12.2020

[40] Bundesnetzagentur, Leitfaden zum Messen und Schätzen bei EEG-Umlagepflichten vom 08.10.2020, https://www.bundesnetzagentur.de/SharedDocs/Downloads/DE/Sachgebiete/Energie/Unternehmen_Institutionen/ErneuerbareEnergien/Hinweispapiere/Messen_Schaetzen.pdf?__blob=publicationFile&v=2, S. 31, letzter Aufruf 30.12.2020

11.5.4 Kein Eigenverbrauch bei Aufladen von Kunden- und Mitarbeiterfahrzeugen

Das ändert sich jedoch, wenn der eigenerzeugte Photovoltaikstrom nicht personengleich eigenverbraucht wird, sondern an Kunden und Mitarbeiter, also Dritte, zum Aufladen eines Elektrofahrzeugs abgegeben wird. Denn dann ist gerade keine Personenidentität von Erzeugung und Verbrauch gegeben, sodass die volle EEG-Umlage anfällt.

Die Stromverbräuche durch das regelmäßige und nicht nur gelegentliche Laden von Elektrofahrzeugen am Ladepunkt könnten jedoch viele tausend kWh/Jahr betragen und sind schon per se nicht mehr geringfügig.[41]

Wenn eine 22 kW Ladestation nur von zwei Kunden täglich für eine Stunde genutzt wird, beträgt der Stromverbrauch bereits ca. 16.000 kWh/Jahr.

$$2\,\text{Pkw} \times 22\,\text{kW} \times 1\,\text{h} \times 365\,\text{Tage} = 16.060\,\text{kWh}$$

Deshalb geht die Bundesnetzagentur beim wiederholten Laden von Elektromobilen Dritter, z. B. durch Nutzer eines öffentlichen Ladepunktes, Supermarkt-, Hotel- oder Restaurantkunden auf dem Kundenparkplatz (Unterwegs-Laden) oder Mitarbeiter beim Laden ihrer Privatfahrzeuge auf dem Firmengelände (Workplace-Charging) oder Mieter bzw. Nachbarn eines Hauses oder Quartiers (Home-Charging), davon aus, dass es sich im Regelfall nicht um geringfügige Strommengen handelt, die dem Eigenerzeuger zugerechnet werden können.[42]

In Konstellationen, in welchen Strom zum Laden von Elektrofahrzeugen Dritter nicht nur in gelegentlichen Einzelfällen, sondern regelmäßig zur Verfügung gestellt wird, handelt es sich somit in aller Regel um nicht geringfügige Drittverbräuche. Wird in Abhängigkeit davon, ob der Dritte Strom zum Laden verbraucht oder wie viel Strom er verbraucht, ein eigenes Entgelt erhoben oder diese Leistung im Rahmen einer anderweitigen schuldrechtlichen Beziehung, z. B. durch eine erhöhte Parkgebühr verrechnet, scheidet bereits aufgrund der Abrechnung eine Zurechnung im konkreten Fall aus. Es darf wegen der notwendigen Amortisation der Kosten für die Ladestation und des Ladestroms als Regel davon ausgegangen werden, dass üblicherweise der Ladestrom abgerechnet und verkauft und gerade nicht verschenkt, d. h. unentgeltlich abgegeben wird. Deshalb ist wohl zwingend davon auszugehen, dass eine Zurechnung des an Dritte abgegebenen Ladestroms, egal ob entgeltlich oder unentgeltlich, nicht dem eigenerzeugenden Letztverbraucher zugerechnet werden kann. In diesem Fall muss trotz eigenerzeugten Stroms die volle EEG-Umlage gezahlt werden.

---

[41] BT-Drs. 19/5523, S. 83

[42] Bundesnetzagentur Leitfaden zum Messen und Schätzen bei EEG-Umlagepflichten vom 08.10.2020, https://www.bundesnetzagentur.de/SharedDocs/Downloads/DE/Sachgebiete/Energie/Unternehmen_Institutionen/ErneuerbareEnergien/Hinweispapiere/Messen_Schaetzen.pdf?__blob=publicationFile&v=2, S. 52, letzter Aufruf 31.12.2020

> **Merke**
> Beim Aufladen von Kunden- und Mitarbeiter- oder sonstigen Dritt-Elektrofahrzeugen mit eigenerzeugtem Strom fällt die volle EEG-Umlage an.

Deshalb müsste z. B. eine Kfz-Werkstatt, welche das Kundenfahrzeug mit Strom aus der eigenen Photovoltaikanlage oder dem Klein-BHKW auflädt, die volle EEG-Umlage entrichten, auch wenn dieser Strom als Service gratis und unentgeltlich abgegeben wird und in der Gesamtkalkulation untergeht, etwa wie der Service der Reinigung des Fahrzeugs.

11.5.5 Abgrenzung Eigenverbrauch und Fremdverbrauch

Abgrenzung durch Messung
Wenn aus einer Photovoltaikanlage ein Eigenverbrauch und ein Fremdverbrauch gegeben sind, weil z. B. unternehmenseigene und Kundenfahrzeuge geladen werden, muss zwingend eine Abgrenzung erfolgen.

Der Ladestrom am Ladepunkt, auch der etwa unentgeltlich oder entgeltlich abgegebene Ladestrom, muss dann gemäß § 62b EEG gemessen werden. Danach sind Strommengen, für die die volle oder anteilige EEG-Umlage zu zahlen ist, durch mess- und eichrechtskonforme Messeinrichtungen zu erfassen. Sofern für eigenverbrauchte Strommengen nur eine anteilige (oder ggf. keine) EEG-Umlage zu zahlen sind, sind diese Strommengen von den Strommengen, die einer Pflicht zur Zahlung der EEG-Umlage in anderer Höhe unterliegen, durch mess- und eichrechtskonforme Messeinrichtungen abzugrenzen.

Am Ladepunkt muss also eine Viertelstunden-Leistungsmessung installiert werden, die den eichrechtlichen Bestimmungen genügt. Damit wird der Ladestrom aus der Photovoltaikanlage einerseits und sodann der an Dritte abgegebene Ladestrom andererseits separiert. Dann wiederum muss separat erfasst werden, welcher Ladestrom an dem Ladepunkt vom erzeugereigenen Elektrofahrzeug und welcher vom Kundenfahrzeug bezogen worden ist.[43]

▶ **Tipp** Der Einbau einer Viertelstunden-Leistungsmessung mit regelmäßiger Eichung ist technisch i.d.R. ohne Weiteres möglich, aber kostenintensiv.
Auch muss eine Eichung der Zähler nach § 34 MessEV i. V. m. Anlage 7, Nr. 6.6., alle acht Jahre erneuert werden. Die Kosten können sich auf ca. 1000 € pro Jahr beziffern.

---

[43] Bundesnetzagentur, Leitfaden zum Messen und Schätzen bei EEG-Umlagepflichten vom 08.10.2020, https://www.bundesnetzagentur.de/SharedDocs/Downloads/DE/Sachgebiete/Energie/Unternehmen_Institutionen/ErneuerbareEnergien/Hinweispapiere/Messen_Schaetzen.pdf?__blob=publicationFile&v=2, S. 20, letzter Aufruf 30.12.2020

Allerdings gibt es bei einer solchen Messung dann auch keine Diskussionen mit dem Netzbetreiber mehr, die Messung ist eindeutig! Solange die Messung funktioniert und die Zähler geeicht sind, ist der Nachweis des Fremdverbrauchs gesichert.

Übergangsregelung bis 31.12.2020 und Verlängerung
Für Strommengen, die nach dem 31.12.2017 und vor dem 01.01.2022 verbraucht werden, kann gemäß § 104 Abs. 10 EEG im Fall fehlender mess- und eichrechtskonformer Messeinrichtungen abweichend von § 62b Abs. 1 EEG und unbeschadet von § 62b Abs. 2 bis 6 die Erfassung und Abgrenzung von Strommengen durch eine Schätzung in entsprechender Anwendung von § 62b Abs. 3 bis 5 EEG erfolgen.

Für Strommengen, die im Rahmen der Endabrechnung für das Kalenderjahr 2020 abgegrenzt werden, gilt dies nur, wenn eine Erklärung vorgelegt wird, mit der dargelegt wird, wie ab dem 01.01.2022 sichergestellt ist, dass § 62b EEG eingehalten wird. Das klappt also nur, wenn dem Netzbetreiber in der Abrechnung mitgeteilt wird, dass 2022 gesetzeskonform die EEG-Umlage für jedweden Ladestrom und andere Abgrenzungen vorgenommen werden.

Der Netzbetreiber, der zur Erhebung der EEG-Umlage berechtigt ist, kann verlangen, dass die nach § 104 Abs. 10 Satz 2 EEG erforderliche Darlegung bei Vorlage durch einen Wirtschaftsprüfer, eine Wirtschaftsprüfungsgesellschaft, einen genossenschaftlichen Prüfungsverband, einen vereidigten Buchprüfer oder eine Buchprüfungsgesellschaft geprüft wird. Das macht die Sache tendenziell teuer und die im Grundsatz benötigte Messung wohl günstiger.

Da die Vorstellungen des Gesetzgebers zur Messung einerseits und zur Zurechnung andererseits den Ladestrom weiter verteuern, die Installation von Anlagen zur Produktion erneuerbarer Energie hemmen und der Elektromobilität gerade in den Mischfällen, also Laden am Arbeitsplatz, EEG-Strom für Ladestrom am Warenhaus oder Hotel, abträglich sind, wird darum gerungen, diese Übergangsregelung zu verlängern.[44] Die Frist ist ursprünglich schon 2021 ausgelaufen, wurde aber nochmals und wohl auch letztmalig um ein Jahr verlängert. Eine generelle Entfristung wäre tunlich, um der Elektromobilität und dem Laden mit eigenerzeugtem erneuerbaren Strom am Ladestandort zum Durchbruch zu verhelfen.

Abgrenzung durch Schätzung
Einer Abgrenzung von Strommengen durch mess- und eichrechtskonforme Messeinrichtungen bedarf es gemäß § 62b Abs. 2 EEG abweichend von § 62b Abs. 1 S. 2 EEG nicht, wenn

1. für die gesamte Strommenge der innerhalb dieser Strommenge geltende höchste EEG-Umlagesatz geltend gemacht wird (Das ist gerade dann nicht einschlägig, wenn der Eigenstromverbrauch des Eigenerzeugers für Elektrofahrzeuge privilegiert werden soll.) oder
2. die Abgrenzung technisch unmöglich bzw. mit unvertretbarem Aufwand verbunden ist und

---
[44] Gemeinsame Stellungnahme des VEA und des DIHK zum EEG 2021, https://www.vea.de/fileadmin/user_upload/Gemeinsame_SN_EEG_Novelle_2020_VEA_DIHK_17.09.2020.pdf, letzter Aufruf 31.12.2020

3. auch eine Abrechnung nach Nr. 1 aufgrund der Menge des privilegierten Stroms, für den in Ermangelung der Abgrenzung der innerhalb dieser Strommenge geltende höchste EEG-Umlagesatz anzuwenden wäre, nicht wirtschaftlich zumutbar ist.

Eine Messung wird technisch immer möglich sein. Eine Leistungsmessung kostet jährlich ca. 1000 €. Das ist für den Betreiber bei derzeitiger üblicher Ladefrequenz eines Ladepunktes zwar unwirtschaftlich, aber deswegen trotzdem zumutbar. Die Kosten des Zählers, der Messung und Eichung und ggf. Wartung sind zu berücksichtigen.

In den Fällen von § 62b Abs. 2 Nr. 2 EEG sind die jeweiligen Strommengen durch eine Schätzung abzugrenzen. Diese Schätzung hat in sachgerechter und in einer für einen nicht sachverständigen Dritten jederzeit nachvollziehbaren und nachprüfbaren Weise zu erfolgen. In der Schätzung muss sichergestellt werden, dass auf die gesamte Strommenge nicht weniger EEG-Umlage gezahlt wird als im Fall einer Abgrenzung durch mess- und eichrechtskonforme Messeinrichtungen.

Das bedeutet schlichtweg, dass, um den übrigen Eigenverbrauch einer Photovoltaikanlage nicht mit der Verpflichtung zur vollen EEG-Umlage zu infizieren, der Ladestrom eines Ladepunktes abgezogen werden muss.

Diese Anforderung ist insbesondere erfüllt, wenn bei den jeweils voneinander abzugrenzenden Strommengen mit unterschiedlicher EEG-Umlagehöhe zur Bestimmung der Strommenge, für die im Vergleich der höchste EEG-Umlagesatz anzuwenden ist, und die maximale Leistungsaufnahme der betreffenden Stromverbrauchseinrichtung mit der Summe der vollen Zeitstunden des jeweiligen Kalenderjahres multipliziert wird.

Da Photovoltaikanlagen nur bei Sonne produzieren, müssen die Zeiten, in denen mehr als 22 kW maximale Ladeleistung produziert wird, multipliziert werden.

▶ Die Schätzung sollte vermieden werden, eine Abgrenzung des Ladestroms durch eine Messung wird dringend empfohlen.

Meldung der Schätzung an Netzbetreiber
Sodann wird es sehr bürokratisch, was die Verwendung eigenerzeugten Photovoltaikstroms zum Elektrofahrzeugladen Dritter noch unsicherer und unattraktiver macht:

Erfolgt eine Schätzung nach § 62b Abs. 3 EEG, muss die Endabrechnung an den Netzbetreiber nach § 74 Abs. 2 oder § 74a Abs. 2 EEG um die folgenden Angaben ergänzt werden:

1. Angabe, ob und welche Strommengen im Wege einer Schätzung abgegrenzt wurden;
2. Höhe des EEG-Umlagesatzes, der für diese Strommengen jeweils zu zahlen ist;
3. Art, maximale Leistungsaufnahme und Anzahl der Ladepunkte, an welchen die nach Nr. 1 geschätzten Strommengen verbraucht wurden;
4. die Betreiber der nach Nr. 3 anzugebenden Ladepunkte;
5. in den Fällen des § 62b Abs. 2 Nr. 2 eine nachvollziehbare Begründung, weshalb die messtechnische Abgrenzung technisch unmöglich oder mit unvertretbarem Aufwand verbunden ist;

11.5 Augen auf beim Laden mit EEG-Strom

6. Darlegung der Methode der Schätzung, die umfassende Angaben enthält, wie im Sinne des Abs. 3 Satz 3 sichergestellt wird, dass aufgrund der Schätzung auf die gesamte Strommenge nicht weniger EEG-Umlage gezahlt wird als im Fall einer Abgrenzung durch mess- und eichrechtskonforme Messeinrichtungen.

Spätestens jetzt wird klar, dass die Installation einer Viertelstundenmessung nur dringend empfohlen werden kann, denn andernfalls tritt man für die EEG-Umlagen-Optimierung eine große administrative Lawine los.

Es gilt zu verhindern, dass die gesamte erneuerbare Eigenerzeugung durch nicht vorhandene oder fehlerhafte Messungen und Abgrenzungen mit der vollen EEG-Umlage infiziert wird. Der Netzbetreiber wird auch erst nach der Lieferperiode und dann nach Abgabe der Endabrechnung nach §§ 74, 74a EEG auf den Eigenerzeuger zukommen, und möglicherweise mit der Mitteilung, dass die Schätzung nicht anerkannt wird.

> **Überblick**
> Es ergibt einen Unterschied, ob in unserem Beispiel die volle oder die ermäßigte EEG-Umlage bezahlt werden muss.
>
> Der am Beispiel kalkulierte Jahresverbrauch von 16.000 kWh × 4,054 ct/kWh reduziert die EEG-Umlage auf 648,64 €. Damit sind die Messkosten schon wieder fast amortisiert.
>
> $16.000 \text{ kWh Fahrstrom} \times \text{Ermäßigung EEG} - \text{Umlage } 4,054 \text{ ct/kWh} = 648,64 \text{ €/Jahr}$

Sind die nach § 62b Abs. 4 Satz 1 Nr. 3 und 4 EEG zu tätigenden Angaben nach den Umständen des Einzelfalls mit unvertretbarem Aufwand verbunden oder unmöglich, genügt insoweit die nachvollziehbare Begründung dieser Umstände, verbunden mit hinreichenden Angaben zur Plausibilisierung der angegebenen Strommengen. Die Netzbetreiber können auf eine Übermittlung der Angaben und im Rahmen der Mitteilung nach § 74 Abs. 2 oder § 74a Abs. 2 verzichten; eine Nacherhebung bleibt unbenommen. Das ist gefährlich.

Hintergrundinformationen
Ausschließlich für die Zwecke des Antragsverfahrens nach den §§ 63 bis 69a sind die Abs. 1 bis 5 sowie § 62a und § 104 Abs. 10 EEG für den zu erbringenden Nachweis der selbstverbrauchten Strommengen mit der Maßgabe entsprechend anzuwenden, dass

1. nach Abs. 1 Satz 2 auch durch den Antragsteller selbstverbrauchte Strommengen von an Dritte weitergeleiteten Strommengen abzugrenzen sind,
2. es nach Abs. 2 Nr. 1 keiner Abgrenzung bedarf, wenn die gesamte Strommenge vom Antragsteller nicht als Selbstverbrauch geltend gemacht wird,
3. die Angaben nach Abs. 4 gegenüber der BAFA zu tätigen sind und

4. eine Schätzung nach § 104 Abs. 10 EEG nicht unter der Bedingung der Einhaltung von § 62b und auch für Strommengen erfolgen kann, die nach dem 31.12.2016 oder im Fall von vom Kalenderjahr abweichenden Geschäftsjahren in dem letzten abgeschlossenen Geschäftsjahr vor der Antragstellung verbraucht wurden.

Wurde eine nach § 62b Abs. 3 EEG erfolgte Schätzung aufgrund von § 75 Satz 2 EEG geprüft, muss im Antragsverfahren nach den §§ 63 bis 69a für die Bescheinigung nach § 64 Abs. 3 Nr. 1 lit. c) Doppelbst. bb) EEG keine erneute Prüfung dieser Schätzung durch einen Wirtschaftsprüfer, eine Wirtschaftsprüfungsgesellschaft, einen genossenschaftlichen Prüfungsverband, einen vereidigten Buchprüfer oder eine Buchprüfungsgesellschaft vorgenommen werden.

Das heißt, dass neben einem notwendigen EEG-Studium der Betrieb einer Ladesäule bei Eigenproduktion durch eine Photovoltaik- oder andere Anlage, die zu einer EEG-Privilegierung führt, immer eine registrierende Leistungsmessung installiert werden muss und in einer komplexen EEG-Meldung an den Netzbetreiber belegt werden muss, ob erzeugter EEG-Strom zeitgleich eigenverbraucht oder in der Ladestation verbraucht wurde.

Beim Ladestromverbrauch müsste dann unterschieden werden, ob es sich um das eigene Fahrzeug des Eigenerzeugers handelt oder dritte fremde Elektrofahrzeuge. Für diese dritten Fahrzeuge muss für den Strombedarf aus der Eigenerzeugungsanlage die volle EEG-Umlage bezahlt werden. Das macht diesen Ladestrom somit um ca. 4,05 ct/kWh netto teurer, weil statt 40 % EEG-Umlage im Zweifelsfall nun die volle EEG-Umlage bezahlt werden muss.

> **Merke**
> Bei Abgabe von EEG-Eigenstrom an Dritte unbedingt vorher eine registrierende Leistungsmessung installieren und die Fremdabgabe des EEG-Stroms an Netzbetreiber zur vollen EEG-Umlage anmelden.

Für 2021 wäre die EEG-Umlage von in 2020 6,765 ct/kWh auf mindestens 8,6 ct/kWh gestiegen,[45] teilweise auf über 9 ct/kWh sogar prognostiziert, wobei mit dem Konjunkturpaket erreicht wurde, dass sich für 2021 die EEG-Umlage auf 6,5 ct/kWh und für 2022 auf maximal 6,0 ct/kWh beschränkt. Je teurer die EEG-Umlage, umso attraktiver wäre natürlich die Substitution des Ladestroms durch eigenerzeugten Strom.

---

[45] Verivox: Stromkosten drohen 2021 zu steigen, strommagazin.de vom 02.06.2020, https://www.strom-magazin.de/strommarkt/verivox-stromkosten-drohen-2021-zu-steigen_222597.html?utm_source=nl_strom-magazin&utm_medium=emailmarketing&utm_campaign=2020-06-03, letzter Aufruf 30.12.2020

11.5 Augen auf beim Laden mit EEG-Strom

Dadurch, dass regenerativ erzeugter dezentraler Ladestrom mit der vollen EEG-Umlage belastet bleibt, bedeutet dies faktisch, dass das Fahren mit solch dezentral erzeugtem Grünstrom so teuer ist wie mit zentral erzeugtem Kohlestrom. Da hilft zunächst auch die Zuversicht der Bundesregierung nicht weiter, dass der klimapolitische Nutzen der Elektromobilität umso größer ist, je höher der Anteil an Energie aus regenerativen Quellen an der Stromversorgung der Fahrzeuge ist.[46]

---

[46] Masterplan Ladeinfrastruktur der Bundesregierung , Seite 4, https://www.bmvi.de/SharedDocs/DE/Anlage/G/masterplan-ladeinfrastruktur.pdf?__blob=publicationFile, letzter Aufruf 30.12.2020

12 Ladestrompreise, Ladestromvertrag, App und Services

12.1 Gratisladen

Gewöhnlich wird je nach Vertriebsmodell von gewerblichen Ladeinfrastrukturbetreibern eine Vergütung für den Ladestrom verlangt. Schließlich wird mit dem Strom und der Bereitstellung der Ladeinfrastruktur einiges geboten, das einer Gegenleistung bedarf.

In der Anfangszeit der Elektromobilität war das Laden als Service oftmals gratis, weil es nur wenige Elektrofahrzeuge und keine Abrechnungssoftware gab, bzw. diese sehr teuer war.. Der Standort war gesichert und solange keine Elektrofahrzeuge in ausreichender Zahl geladen haben, wäre die Abrechnung teurer gewesen als der abgegebene Ladestrom. Ein Anspruch auf Gratisladen besteht natürlich nicht. Rechtlich stellt das Gratisladen eine Schenkung dar.

Insbesondere im Handel wird der Strom aus Elektroladesäulen teilweise noch kostenlos abgegeben[1] und die Ladeinfrastruktur zur Kundenbindung und Verlängerung der Verweildauer unentgeltlich zur Verfügung gestellt.[2] Der Kunde wird motiviert, genau zu jenem Supermarkt oder Einkaufscenter zu fahren, weil bei Shopping & Charge das

---

[1] Linsenbarth, Bezahlverfahren für E-Ladesäulen, Stoes + Shops 02+03/2020, S. 38;
Tegut… Markt Marburg- Cappel erhält Blauen Engel, https://www.tegut.com/presse/artikel/tegut-markt-marburg-cappel-erhaelt-blauen-engel.html, letzter Aufruf 02.12.2020;
E- Tankstelle mit cleveren Ideen für ein nachhaltiges Zuhause, ikea.de vom 01.12.2016, https://ikea-unternehmensblog.de/article/2016/e-tankstelle-mit-cleveren-ideen-fuer-ein-nachhaltiges-zuhause, letzter Aufruf 30.12.2020.

[2] Ab März: Alle Ikea-Einrichtungshäuser mit Elektroauto-Ladestation, ecomento.de vom 01.03.2019, https://ecomento.de/2019/03/01/ab-maerz-kostenlose-elektroauto-ladestation-ikea-deutschland/, letzter Aufruf 30.12.2020.

© Der/die Autor(en), exklusiv lizenziert durch Springer Fachmedien Wiesbaden GmbH, ein Teil von Springer Nature 2022
O. Schulze, *Elektromobilität – ein Ratgeber für Entscheider, Errichter, Betreiber und Nutzer*, https://doi.org/10.1007/978-3-658-32611-1_12

Elektrofahrzeug nebenbei während der Erledigung der Einkäufe aufgeladen werden kann. Wenn dies noch unentgeltlich während der 15–30 Minuten Verweildauer im Supermarkt erfolgt, ist dies für den Kunden ein Vorteil. Für das Handelsunternehmen wird die Rechnung aufgehen, wenn der Elektrofahrzeugführer des Öfteren am Markt vorbeikommt oder länger im Markt verweilt. Der Vorteil des Kunden ist selbst bei AC-Laden mit 7 kW nicht unerheblich, z. B.

$$\text{Ladezeit } 0,5\,h \times 7,4\,kWh \text{ Leistung} \times 0,25\,€/kWh \text{ Strompreis} = \underline{0,87\,€}$$

Hintergrundinformationen
Gratisladen im Handel bedeutet, dass Nichtkunden – also wenn sie nicht Besucher des relevanten Fachgeschäfts sind – dort auch nicht laden und die Ladesäule dann für Kunden blockieren dürfen. Letztlich entscheidet dies der Anbieter i. d. R. durch Nutzungsbedingungen, in die der Kunde beim Laden konkludent einwilligt.

Immer wieder tauchen bei Betreibern von Fachgeschäften bizarre Geschichten auf, dass z. B. schon vor Geschäftsbeginn ein Fahrzeug an der Ladesäule geparkt ist, das erst am Nachmittag nach sechs Stunden Öffnungszeit weggefahren wird. Dabei handelt es sich offenbar nicht um einen Kunden! In solchen Fällen wird durch Nichtkunden unberechtigt Strom gezogen und der Parkplatz blockiert. Das ist Missbrauch, stellt objektiv sogar eine Straftat der Stromunterschlagung dar und wird als rücksichtsloses Verhalten des Elektrofahrzeugfahrers dafür sorgen, dass über kurz oder lang unentgeltliches Laden entweder wegfällt oder über eine Sonderautorisierung am Ladepunkt beschränkt wird.

Ein Energiemanager eines Handelsunternehmens berichtete über einen Fall an einem Supermarkt, dass das Gratisladen nach Ende der Ladenöffnungszeiten entfällt und die Ladesäule nun komplett abgeschaltet wird. Anlass war, dass sich abends nach Ladenschluss immer das gleiche BEV auf den Kundenparkplatz stellte und der Besitzer dann am frühen Morgen wohl zur Arbeit fuhr. Die Mehrkosten bezifferten sich schnell auf >1000 € Stromkosten.

In der Zukunft werden die Lademöglichkeiten für Kunden über Loyalitätsmodelle oder vergünstigte Stromabgabepreise gegenüber dem Ladestrommarkt zu einer Lenkungswirkung für Elektroautofahrer führen.

12.2 Laden gegen Entgelt – Entgeltkalkulation

Wie jedes andere Produkt sollte sich der Preis des Ladens im Wettbewerb bilden. Für den Kunden zählen Verfügbarkeit, Kapazität, Lage und natürlich auch Bedienerfreundlichkeit sowie letztlich der Ladepreis.

---

[3] Bundesnetzagentur will einheitliche Stromtankstellen, finanznachrichten.de vom 19.06.2020, https://www.finanznachrichten.de/nachrichten-2020-06/49966164-bundesnetzagentur-will-einheitliche-stromtankstellen-003.htm, letzter Aufruf 30.12.2020.

12.2 Laden gegen Entgelt – Entgeltkalkulation

Für den Betreiber zählt die Amortisation der Errichtungskosten und der Verbrauchskosten, also die eigene Strombeschaffung, Wartung und Instandhaltung.[3] Mischmodelle, also Rabatte für Stammkunden, für Viellader, aber auch eine zeitbasierte Komponente, damit die Ladesäule nicht über den Ladeprozess hinaus durch das Elektrofahrzeug blockiert wird, sind denkbar, vorhanden und werden sich im Markt abbilden. Auch die Bundesregierung geht derzeit von einer Wirtschaftlichkeitslücke sowie der Notwendigkeit staatlicher Förderung aus.[4]

Teilweise wird ein Tarifdschungel der Ladestrompreise kritisiert. Allerdings ist es wettbewerbstypisch, dass je nach eigener Kostensituation, Kundenzielgruppe und Auslastung der Ladepunkte verschiedene und variable Preismodelle der verschiedensten Anbieter möglich sind. Die Ladestrompreise müssen nur für den Kunden transparent sein, damit er weiß, worauf er sich einlässt. Ein Tarifdschungel spricht eher für eine Wettbewerbsintensität als dagegen.

Für die Ladestromkosten an (öffentlich zugänglichen) Ladepunkten sind die folgenden wesentlichen Kostenblöcke zu kalkulieren:

- Strombeschaffung (vgl. Kap. 11), die grob mit 25 ct/kWh veranschlagt werden müssen.
- Betriebskosten, insbesondere für
  - Wartung, Instandhaltung und Instandsetzung des Ladepunktes.
  - Es müssen regelmäßige Überprüfungen des Ladepunktes erfolgen. Eine Reparatur durch technischen Ausfall, Fehlbedienung und leider auch nach Vandalismus verursacht hohe Kosten, die im Zweifel über dem Ladestrompreis solidarisiert werden.
  - Kosten für den Abrechnungsprozess und Backend-Anbindung;
    Damit an den Ladestationen die Ladevorgänge freigeschaltet und ferngewartet werden oder in einem Support-Fall darauf zugegriffen werden kann, sind diese über das Internet mit Backend-Systemen verbunden.
    Diese Backendsysteme, an welche die Ladestationen angebunden sind, müssen ebenfalls programmiert, betrieben und ggf. weiterentwickelt werden. Hinzu kommen noch Support-Dienstleistungen.
    Die Ladepunkte müssen 24/7 funktionieren, sodass ein Supportcenter bei Fragen und Problemen entsprechend rund um die Uhr erreichbar sein muss.
    Vorstellbar ist ein technischer Defekt, etwa dass sich das Ladekabel nicht von der Ladesäule lösen lässt. In diesem Fall wäre das Elektrofahrzeug dort blockiert oder muss das teure Kabel liegen lassen. Für diesen Fall müssen dann Fernzugriffsmöglichkeiten vorgehalten und als Betriebskosten auch berücksichtigt werden.
  - Eichung und Messung (vgl. Kap. 6).
  - ggf. Reinigung, Außenanlagenpflege, Winterdienst und andere Leistungen, insbesondere, um der Verkehrssicherungspflicht des CPO zu genügen.

---

[4] BT- Drs. 18/11295, S. 5.

- Anschaffungskosten, die sich in dem Aufwand für Abschreibung widerspiegeln, die gemeinsam mit den Betriebskosten grob auf 0,2 €/kWh beziffert werden müssen (vgl. Kap. 3).
- ggf. Forderungsmanagement, kalkulatorische Zinsen, unternehmerisches Wagnis und Risiko.

Daran wird auch schnell ersichtlich, dass öffentlich zugängliche Ladepunkte den Ladestrom deutlich teurer als zu üblichen Strombeschaffungskosten verkaufen müssen. Um auch nur ansatzweise kostendeckend zu wirtschaften, sind Ladestromkosten von ca. 0,5 €/kWh derzeit nachvollziehbar. In Sondersituationen können diese sogar darüber hinausgehen.

Die Ladestromaufwendungen werden sich für den Betreiber also erst amortisieren, wenn möglichst viele kWh Ladestrom abgegeben werden können, also eine hohe Auslastung eines Ladepunktes im Zuge des Markthochlaufs der Elektromobilität besteht.

Neben den Strombeschaffungskosten sind die Anschaffungskosten und daher die Abschreibungsaufwendungen, d. h. der Werteverzehr, der sich kalkulatorisch nach der betriebsüblichen Nutzungsdauer richtet[5], die maßgeblichen Ladestromkostenpositionen. Wer günstig die Ladestation errichtet und auch noch günstig Strom beziehen kann, ist klar im Vorteil!

Hintergrundinformationen
In den amtlichen AFA-Tabellen Nr. 3.1.2. ist für Ladeeinrichtungen (Gleichrichter, Ladeaggregate, Notstromaggregate, Stromgeneratoren) eine AFA-Abschreibungsdauer von 19 Jahren angegeben,[6] allerdings unter der Überschrift Stromerzeugung. Darunter sind Batterien und Notstromaggregate zu subsumieren. Ein Ladepunkt, der viele Stunden täglich von verschiedenen Anwendern genutzt wird, wo gerade die Stecker und Buchsen hohem Verschleiß unterliegen, hat eine objektive Nutzungsdauer von wohl nicht mehr als acht Jahren. Dafür spricht auch, dass z. B. in den Subventionsregeln[7] eine Mindestbetriebsdauer einer Ladesäule von sechs Jahren nach Ziffer 6.2. der Förderrichtlinie Ladeinfrastruktur verlangt wird. Dem Verlauten nach will das BMF prüfen, inwieweit einheitliche Kriterien für die Festlegung der betriebsgewöhnlichen Nutzungsdauer für Ladeinfrastruktur anzulegen sind und ggf. die AFA-Tabelle ergänzen.[8] Aber es ist derzeit eindeutig so, dass es keine einheitlichen Abschreibungsdauern für Ladepunkte gibt.

---

[5] BMF AFA-Tabellen, https://www.bundesfinanzministerium.de/Web/DE/Themen/Steuern/Steuerverwaltungu-Steuerrecht/Betriebspruefung/AfA_Tabellen/afa_tabellen.html, letzter Aufruf 30.12.2020.

[6] Vgl. auch Amtliche Afa-Tabelle: Aktuelle Abschreibungstabelle mit Nutzungsdauer, betriebsaufgabe.de, https://www.betriebsausgabe.de/afa-tabelle/, letzter Aufruf 30.12.2020.

[7] Förderrichtlinie Ladeinfrastruktur für Elektrofahrzeuge in Deutschland vom 13. Februar 2017, https://www.bmvi.de/SharedDocs/DE/Artikel/G/foerderrichtlinie-ladeinfrastruktur-elektrofahrzeuge.html, letzter Aufruf 30.12.2020.

[8] Masterplan Ladeinfrastruktur der Bundesregierung, Seite 11, https://www.bmvi.de/SharedDocs/DE/Anlage/G/masterplan-ladeinfrastruktur.pdf?__blob=publicationFile, letzter Aufruf 30.12.2020.

Diese gesamten Kosten fallen beim CPO für die Errichtung und den Betrieb einer Ladeinrichtung an. Die Errichtungskosten können teilweise staatlich gefördert werden.

Hinzu kommen noch die Kosten des EMP, je nach Rolle, insbesondere für die Fahrstrombeschaffung, aber i. d. R. für Vertrieb, Lade-App, Softwareentwicklungen, Abrechnung und Forderungsmanagement.

12.3 Die Rollen der Marktakteure Charge Point Operator (CPO) und Electro Mobility Provider (EMP) im Fahrstromladeprozess

Wie bei den Smartphone- und Telefontarifen gibt es auch bei der Ladeinfrastruktur Netzbetreiber bzw. Ladepunktbetreiber, die CPO (Charge Point Operators) sowie die Serviceprovider, die EMP (Electro Mobility Providers) (Abb. 12.1).

Die CPO stellen die Ladestationen und -netze zur Verfügung und sorgen dafür, dass die Ladepunkte technisch funktionieren. Sie kümmern sich also um die Technik.

Die EMP stellen die Software, Lade- und Suche-Apps und Abrechnungsverfahren zur Verfügung, damit die einzelnen Ladepunkte vom Elektrofahrzeugfahrer auch gefunden, sodann am Ladepunkt freigeschalten und der bezogene Strom abgerechnet werden kann.

Die Elektrofahrzeugfahrer können einen Vertrag mit einem Fahrstromanbieter abschließen, der entweder als EMP im Markt agiert oder sich seinerseits eines EMP bedient. Somit können Elektrofahrzeugführer an den im Verbund des EMP integrierten Ladepunkten entweder immer zum mit dem EMP vereinbarten Strompreis oder, sofern nicht möglich, wenigstens zum Strompreis des CPO laden.

Der Ladestromvertrag kommt dann, wenn kein anderer Fahrstromanbieter gebunden ist, mit dem EMP zustande, denn dieser eröffnet aus Sicht und Perspektive des Elektro-

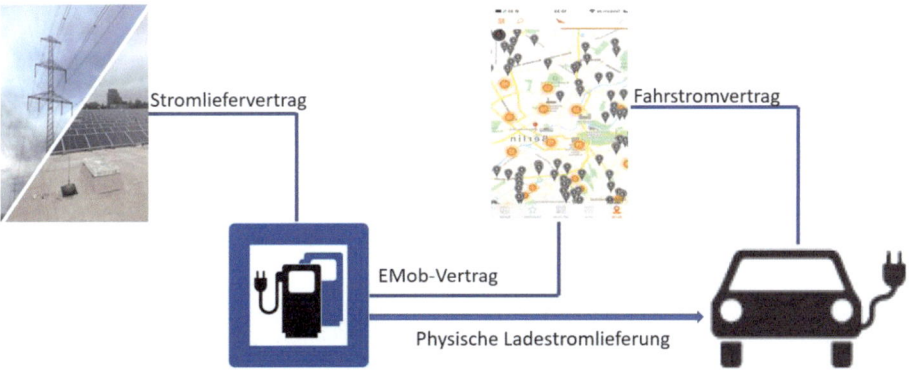

Abb. 12.1 Rollenverteilung im Fahrstomladeprozess

fahrzeugführers den Zugang zur Ladesäule, rechnet ab und kassiert den Ladestrompreis vom Elektrofahrzeugfahrer.

Je nachdem, mit welchen CPOs der EMP einen Vertrag geschlossen hat, kann an diesen Ladestationen vom Elektrofahrzeugfahrer, der seinerseits mit einem oder mehreren EMPs einen Fahrstromvertrag geschlossen hat, geladen werden. Dieser Vorgang wird als eRoaming bezeichnet, der Elektrofahrzeugfahrer kann an unterschiedlichen Ladepunkten verschiedener CPO andocken und zu den EMP-Bedingungen laden.

EMPs bündeln verschiedene Ladestationen unterschiedlicher CPOs, sodass der Elektroautofahrer nicht mit jedem einzelnen CPO einen Vertrag abschließen muss. Manche CPOs wären dazu auch nicht in der Lage oder wollen gar keine direkte Endkundenbeziehung.

Es gibt allerdings auch CPOs, die selbst zusätzlich als EMP agieren und nicht nur den Zugang zu ihren eigenen Ladestationen bereitstellen, sondern auch den Zugang zu den Ladestationen anderer CPOs.

Außerdem gibt es noch CPOs, welche den Zugang für ihre eigenen Ladestationen exklusiv wollen und zu ihren Ladestationen für andere EMPs nicht erlauben. Mit den EMPs schließt dann der Elektroautofahrer einen Vertrag. In diesem Vertrag ist geregelt, wo er laden kann und wie viel das Laden generell oder an der jeweiligen Ladestation kostet.

Ferner ist auffällig, dass bei Benutzung des EMP, etwa mit dessen Lade-App, an manchen Ladesäulen, die über den EMP gebündelt sind, oft höhere oder zumindest andere Ladestrompreise erhoben werden, als wenn über das punktuelle Laden geladen wird.[9]

Zum Beispiel wird vom CPO mit transparenter Preisinformation an dem Ladepunkt ein Betrag von 0,40 €/kWh erhoben, vom EMP dagegen 0,37 € Startgebühr, sodann 0,41 €/kWh Ladestromentgelt und weitere 0,032 € Gebühr je Verbindungsminute.

Ein Bündelungseffekt besteht entweder nicht oder wird nicht an den Kunden weitergegeben. Der EMP rechnet also seine Aufwendungen zuzüglich der Kosten des CPO an den Fahrzeugführer ab, sodass er damit auch offensichtlich der Vertragspartner ist.

Eigentlich müsste immer das punktuelle Laden teurer sein, weil der CPO keine stabile Kalkulationsgrundlage für den Ladebedarf hat und auch den gesamten Abrechnungsprozess selbst managen muss.

In Abb. 12.2 ist ChargeIT[10] auf der App als EMP erkennbar, der CPO ist an der Ladesäule, wo auch Ad hoc geladen werden kann, ein lokaler bzw. regionaler Energieversorger. Es lässt sich je nach Konstellation zwischen Laden beim EMP und Ad-hoc-Laden beim CPO springen, wenn es auf den letzten Cent ankommt. Allerdings ist das sehr mühsig und man darf als Elektrofahrzeugfahrer die Übersicht nicht verlieren, wenn am Monatsende die Abrechnung kommt.

Der Elektrofahrzeugfahrer schließt mit einem oder mehreren EMP seiner Wahl einen Vertrag zum Laden von Elektrofahrzeugen ab. Dieser muss folglich einen Zuschlag ver-

---

[9] „Kostenfalle" Ladesäule – bei E-Autos Vorausplanung nötig, sueddeutsche.de vom 04.09.2020, https://www.sueddeutsche.de/wirtschaft/energie-kostenfalle-ladesaeule-bei-e-autos-vorausplanung-noetig-dpa.urn-newsml-dpa-com-20090101-200904-99-426324, letzter Aufruf 01.01.2021.

[10] Chargeit.de, https://www.chargeit-mobility.com/, letzter Aufruf 01.01.2021.

12.4 Heterogenität der E-Ladesäulenpreise und Preismodelle

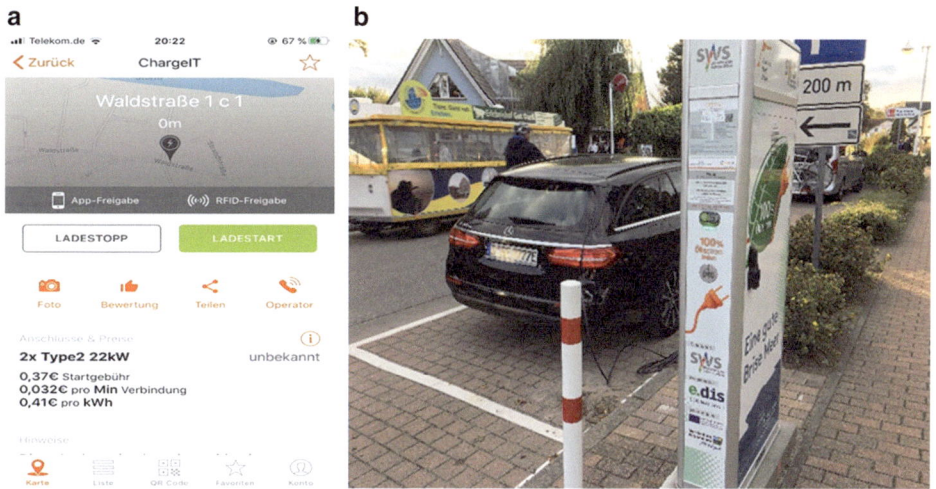

Abb. 12.2 Screenshot Plugsurfing/LeasePlan-App „LeasePlan Charging" Ladestrompreis Lade-App (a) vs. punktuelles Laden an Ladepunkt (b) 09/2020

langen, also entweder einen höheren Arbeitspreis in ct/kWh oder eben die aufgeführten Kombinationen mit Startpreis, der gewissermaßen das Entgelt seiner Services ist oder dem Minutenpreis neben dem Arbeitspreis. Möglich wäre auch ein monatlicher Grundpreis.

Ist ein EMP gleichzeitig CPO, dann hat er weitere Möglichkeiten zur Optimierung seiner Ladestromkunden, da er für andere EMPs, die an seiner Ladestation laden wollen, höhere Preise verlangen kann und damit seine eigenen EMP-Preise optimieren kann. Hier sind letztendlich die unterschiedlichsten Varianten denkbar und auch im Markt vorhanden, was zu einer Vielfalt und ggf. Undurchsichtigkeit führt. Deshalb ist die Preistransparenz so wichtig.

Die EMPs haben jedoch in den beschriebenen Varianten meistens einfache Ladestrompreise, die vor allem stabil sind und nicht den stochastischen Preisveränderungen an herkömmlichen Tankstellen folgen. Der CPO wiederum kauft den Strom wie bei jedem anderen Strombezugsvertrag bei einem Stromlieferanten, sofern er nicht selbst ein solcher ist (vgl. Kap. 11).

12.4 Heterogenität der E-Ladesäulenpreise und Preismodelle

Grundsätzlich sind die Kosten für Ladestrom sehr heterogen und können nach Feststellung im Ladestrommarkt zwischen 29 und 89 ct/kWh schwanken.[11] Sehr große Ladeleistungsklassen, wo High Power Charger >150 kW Ladeleistung bereitstehen, erreichen sogar Stromkosten von bis zu 1 €/kWh.

---

[11] Stromtankstellen in Deutschland: Status Quo und Trends, strom-magazin.de vom 23.06.2020, https://www.strom-magazin.de/strommarkt/stromtankstellen-in-deutschland-status-quo-und-trends_222738.html?utm_source=nl_strom-magazin&utm_medium=emailmarketing&utm_campaign=2020-06-24, letzter Aufruf 01.01.2021.

Die Kostenmodelle variieren nach Modell und absoluter Höhe. Der Elektrofahrzeugfahrer möchte eigentlich nur Strom kaufen, allerdings gibt es einen großen Unterschied in der Qualität, nämlich der Ladeleistung. Höhere Ladeleistung ermöglicht das Laden in kürzerer Ladezeit, und das ist oft geldwert.

Angetroffen werden:

- Arbeitspreis in ct/kWh, was aus Elektrofahrersicht sehr transparent ist, denn am Ende sollen die kWh auch in die Batterie eingespeichert werden,
- Flatrate, also einem fixen Preis pro Ladung bzw. Ladevorgang. Je mehr Strom in die Batterie geladen werden kann, umso billiger wird die spezifische kWh.

Das Beispiel 1 in Abb. 12.3a lädt zum DC-Laden ein. In diesem Beispiel wird für AC-Laden Typ 2 ein Preis von 0,40 €/kWh verlangt. Während dies einen üblichen Preis darstellt, ist der Preis für DC wirklich günstig. Für DC-Laden mit immerhin 50 kW Leistung wird eine Flatrate angeboten, pro Ladevorgang 9,74 €. Wer 40 kWh in sein BEV laden

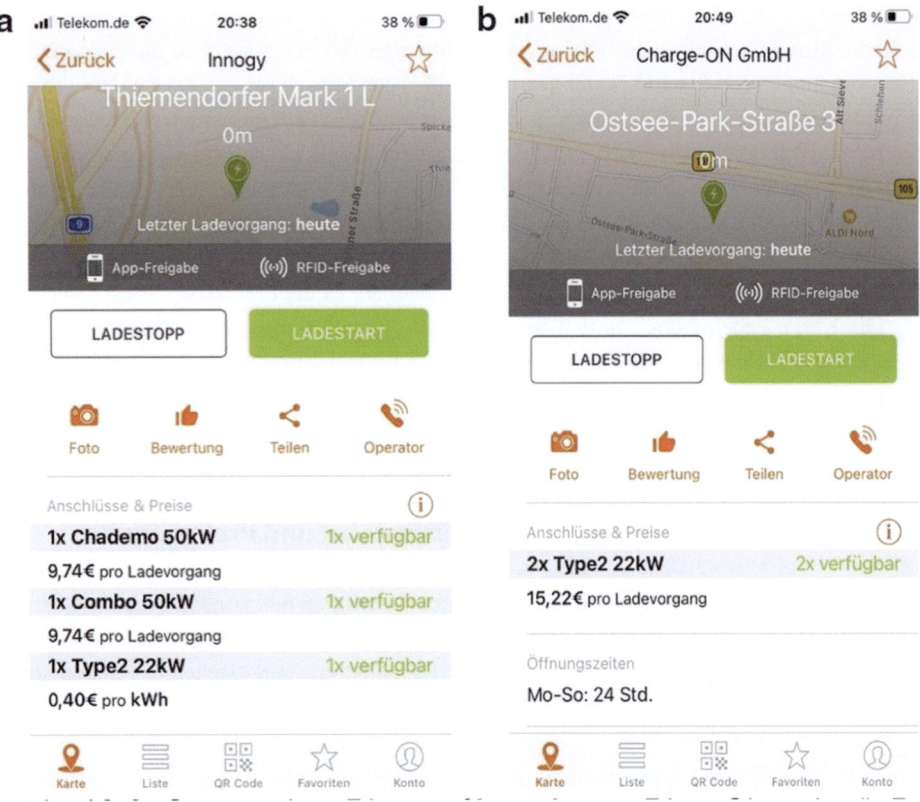

Abb. 12.3 Screenshot Plugsurfing/LeasePlan-App „LeasePlan Charging", Beispiel 1 (a) und Beispiel 2 (b)

12.4 Heterogenität der E-Ladesäulenpreise und Preismodelle

muss und kann, ist mit 0,24 ct/kWh sehr gut bedient, und wer noch mehr Strom einspeichern kann, wird glücklich sein.

$$9{,}74\,€ \text{ Flatrate DC} / 40\,\text{kWh} = \mathbf{0{,}24\,€/kWh}$$

Am Beispiel 2 in Abb. 12.3b wird das 22-kW-AC-Laden mit 15,22 € pro Ladevorgang bepreist. Für PhEV ist das unerschwinglich, wenn lediglich 10 kWh in die leere Batterie eingespeist werden, das macht immerhin 1,52 €/kWh.

> Für BEV muss eine Verweildauer von weit über zwei Stunden, am besten drei Stunden oder mehr gegeben sein, damit das Laden auch wirtschaftlich wird. Bei 60 kWh in knapp drei Stunden kostet der Strom dann nur 25 ct/kWh. 15,22 € Flatrate DC/60 kWh = 0,25 €/kWh

▶ Bei einer Flatrate sollte man zuvor wissen, wie viel Strom in die Batterie eingespeichert und wie lange das Elektrofahrzeug an der Ladestation verweilen kann. Nur dann geht die Kostenrechnung auf.

Weiterhin sind sehr heterogene Preismodelle anzutreffen, etwa:

- Grund- oder Startpreis
  als zusätzliches Preiselement, das die Wirkung erzielt, möglichst viel Strom zu ziehen. Denn der Grund- oder Startpreis ist unabhängig von der Anzahl der bezogenen kWh. Je mehr kWh Ladestrom bezogen werden, umso günstiger wird der Durchschnittspreis.
- Zeitkomponente, d. h. zusätzlicher Minutenpreis.
  Indem die Verweilzeit Geld kostet, wird erreicht, dass das Fahrzeug nach Beendigung des Ladens nicht die Ladesäule blockiert. Es wird neben dem bezogenen Strom auch nach Standzeit am Ladepunkt abgerechnet, was dazu führt, dass insbesondere nach Beendigung des Ladens der Provider ein Entgelt für das schlichte Besetzhalten des Ladepunktes verlangen kann. Denn ein nächstes Elektrofahrzeug kann nicht laden, sodass statt des potenziellen Ladestromverkaufs dann ein „Parkentgelt" kassiert wird.

Am Beispiel 3 in Abb. 12.4a wird ein Ladestrompreis von 0,41 €/kWh angeboten, dazu noch Minutenpreis von 0,032 €/kWh, sodass PhEV, die z. B. nur 7 kW Leistungsaufnahme ermöglichen, teuer geladen werden. Hinzu kommt die Kombination mit einem Startpreis von 0,37 €. Dann werden aus dem auf dem ersten Blick akzeptablen Strompreis von 0,41 €/kWh sehr schnell 0,74 €/kWh.

$$60\,\text{min} \times 0{,}032\,€/\text{min} + 7\,\text{kW} \times 0{,}41\,€/\text{kWh} + 0{,}37\,€ = 5{,}16\,€/7\,\text{kWh} = \mathbf{0{,}74\,€/kWh}$$

Ein BEV mit 22 kW Leistungsaufnahme hat in einer Stunde zwar 22 kWh geladen und kann ca. 100 km fahren, hat dafür aber immerhin noch 0,51 €/kWh zu zahlen.

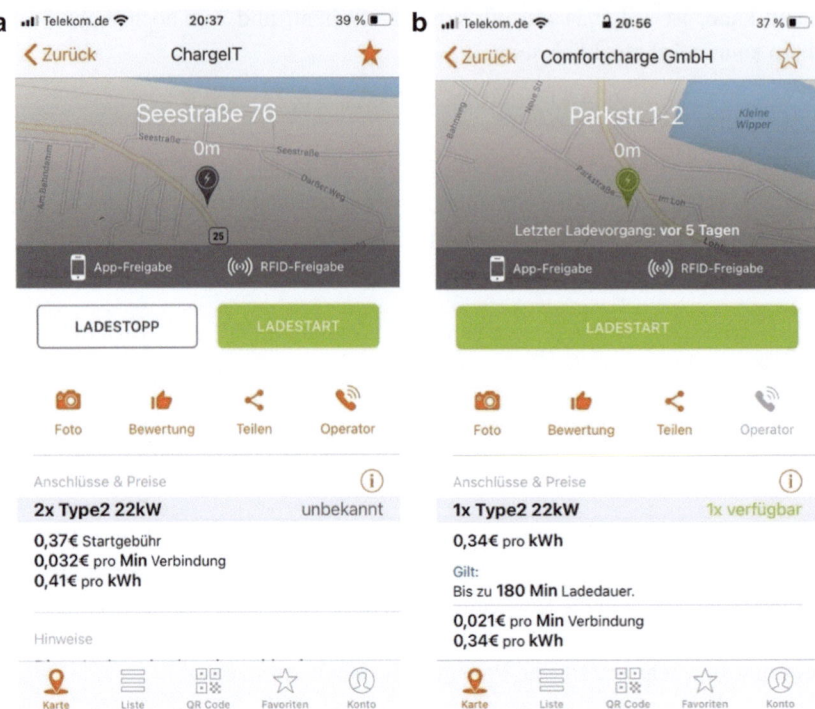

Abb. 12.4 Screenshot Plugsurfing/LeasePlan-App „LeasePlan Charging", Beispiel 3 (a) und Beispiel 4 (b)

$$60\,\text{min} \times 0{,}032\,\text{€/min} + 22\,\text{kW} \times 0{,}41\,\text{€/kWh} + 0{,}37\,\text{€} = 11{,}31\,\text{€}/22\,\text{kWh} = \mathbf{0{,}51\,€/kWh}$$

Deshalb gilt wie gerade beim Ladestrom: Besser vor dem Laden nachrechnen, als nachher überrascht zu werden.

Am Beispiel 4 aus Abb. 12.4b ist ein günstiger AC-Ladepreis von 0,34 €/kWh angeboten. Nur wenn jemand z. B. seinen PhEV, der bei 7 kW Leistungsaufnahme nur 10 kWh in ca. 1,5 Stunden laden kann, für den Stadtbummel vier Stunden an der Ladestation stehen lässt und den Ladepunkt für andere Elektrofahrzeugfahrer blockiert, wird mit einer Zeitkomponente von moderat scheinenden 0,021 €/min ab der 181. Minute bedacht. Wer nicht auf die Uhr schaut und statt max. 180 min eben 4 Stunden parkt, erhöht seinen Strompreis von 0,34 €/kWh auf 0,47 €/kWh.

Es gibt aber auch eine andere Sicht: Die 4. Stunde kann der Elektrofahrzeugfahrer für die 1,26 € Mehrkosten der Zeitkomponente anstatt der sonst wohl anfallenden Parkgebühr an anderer Stelle einsparen (60 min × 0,021 €/min = 1,26 €).

$$10\,\text{kWh} \times 0{,}34\,\text{€/kWh} + 60\,\text{min} \times 0{,}021\,\text{€/min} = 4{,}66\,\text{€}/10\,\text{kWh} = \mathbf{0{,}47\,€/kWh}$$

12.4 Heterogenität der E-Ladesäulenpreise und Preismodelle

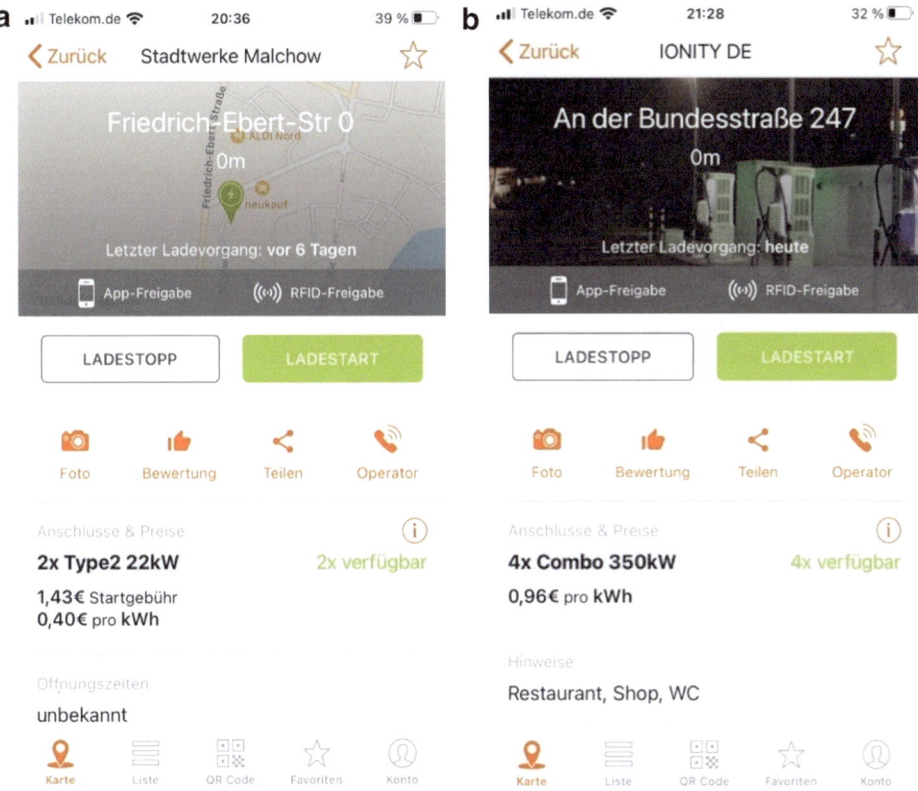

Abb. 12.5 Screenshot Plugsurfing/LeasePlan-App „LeasePlan Charging", Beispiel 5 (a) und Beispiel 6 (b)

Das Beispiel 5 aus Abb. 12.5a kombiniert eine hohe Startgebühr von 1,43 € mit einem moderateren Ladestrompreis von 0,40 €/kWh. Belohnt wird, wer viel Strom an der Ladesäule bezieht. Sehr teuer hingegen wird es für denjenigen, der nur kurz zum Einkaufen, etwa 30 Minuten das PhEV bei 7 kW Leistungsaufnahme mit 3,5 kWh aufladen kann.

$$3,5\,\text{kWh} \times 0,40\,\text{€/kWh} + 1,43\,\text{€} = 2,83\,\text{€}/3,5\,\text{kWh} = \mathbf{0,82\,\text{€/kWh}}$$

Wer dagegen ein BEV zwei Stunden mit 22 kW laden kann, merkt den Startpreis kaum.

$$2 \times 22\,\text{kWh} \times 0,40\,\text{€/kWh} + 1,43\,\text{€} = 19,03\,\text{€}/44\,\text{kWh} = \mathbf{0,43\,\text{€/kWh}}$$

Zunächst sehr teuer erscheint das Beispiel 6 aus Abb. 12.5b, aber wer den High Power Charger mit 350 kW Leistung in Anspruch nimmt, hat eine große Batterie und kann in wenigen Minuten sehr viel Strom aufnehmen. Die hohe Leistung führt zu extrem kurzen Ladezeiten, was derzeit einen Preiszuschlag implementiert. Diese hohe Leistung wird z. B. aus einer Pufferspeicherbatterie zur Verfügung gestellt.

Im, Beispiel wäre dann ein stolzer Ladepreis von 0,96 €/kWh zu entrichten. Dies führt bei einem Stromverbrauch von 25 kWh/100 km zu Verbrauchskosten von 24 €/100 km.

Jedenfalls aus dieser Perspektive erscheint Elektromobilität purer Luxus, und es kann zu Recht die Frage gestellt werden, ob man in dem Fall, wenn ultrakurze Tankzeiten wirklich so wichtig sind, nicht einen konventionellen Antrieb nimmt. Allerdings erfordern HPC große Investitionssummen, die derzeit nur auf wenige BEV, die HPC überhaupt nutzen können, umgelegt werden müssen. Deshalb ist so wichtig, dass der Bund mit dem SchnellLG diese Aufgabe der Errichtung der HPC in der Hochlaufphase der Elektromobilität übernimmt (vgl. Kap. 8).

Außer in dem Fall, dass der Ladestrom in ct/kWh verkauft wird und die Kosten somit spezifisch gleichbleiben, gilt als Faustregel:
Je kürzer die Ladezeit, desto höher der spezifische Preis.

12.5 Preistransparenz am Ladepunkt

Da die Ladestrompreise aus den verschiedensten Gründen sehr heterogen sind, ist die Preistransparenz vor Ladebeginn sehr wichtig. Denn niemand möchte böse Preisüberraschungen erleben.

Während nach § 8 Abs. 1 PAngV (Preisangabenverordnung) an Tankstellen die Kraftstoffpreise so auszuzeichnen sind, dass sie für den auf der Straße heranfahrenden Kraftfahrer und auf Bundesautobahnen für den in den Tankstellenbereich einfahrenden Kraftfahrer deutlich lesbar und natürlich auch rechtlich bindend sind, wird dies für öffentlich zugängliche Elektrotankstellen schon deutlich weicher.

Doch auch an der Elektroladesäule gilt, dass derjenige, der Verbrauchern gemäß § 13 BGB nach § 1 Abs. 1 Satz 1 PAngV gewerbs- oder geschäftsmäßig oder wer ihnen regelmäßig in sonstiger Weise Waren oder Leistungen anbietet oder als Anbieter von Waren oder Leistungen gegenüber Verbrauchern unter Angabe von Preisen wirbt, die Preise anzugeben hat, die einschließlich der Umsatzsteuer und sonstiger Preisbestandteile zu zahlen sind (Gesamtpreise) [12] Soweit es der allgemeinen Verkehrsauffassung entspricht, sind auch die Verkaufs- oder Leistungseinheit und die Gütebezeichnung anzugeben, auf die sich die Preise beziehen.

Dies ergibt sich auch aus Art. 2 lit.a) der EU-Preisangaben-Richtlinie[13] 98/6/EG, wonach der „Verkaufspreis" der Endpreis für eine Produkteinheit oder eine bestimmte Erzeugnismenge ist, der die Umsatzsteuer und alle sonstigen Steuern einschließt. Dieser ist nach Art. 3 der Richtlinie 98/6/EG anzugeben.

---

[12] LG Essen, Urteil vom 29.08.2019, Az: 43 O 145/18.
[13] *Richtlinie 98/6 EG des Europäischen Parlaments und des Rates vom 16.02.1998 über den Schutz der Verbraucher bei der Angabe der Preise der ihnen angebotenen Erzeugnisse, (ABl. L 080 vom 18/03/1998 S. 0027 – 0031).*

12.5 Preistransparenz am Ladepunkt

Der Verkaufspreis im Sinne der Art. 2 a), 3 Preisangaben-Richtlinie 98/6/EG umfasst neben den Steuern alle sonstigen Preisbestandteile. Darunter sind alle unvermeidbaren und vorhersehbaren Bestandteile des Preises zu verstehen, die obligatorisch vom Verbraucher zu tragen sind und die eine Gegenleistung in Geld für den Erwerb des betreffenden Erzeugnisses bilden.[14]

Die Preise müssen also in der Gesamtheit der Bestandteile entweder an dem Ladepunkt angegeben sein, etwa am Display, sonstig auf der Ladesäule, was beim punktuellen Ad-hoc-Laden evident ist oder in der Lade-App, welche den Ladevorgang freischaltet und den Stromfluss – zu den jeweiligen in der App ersichtlichen Bedingungen – in Gang setzt.

Deshalb besteht die Pflicht des CPO oder EMP, schlichtweg desjenigen, mit dem der Ladestromvertrag für den Ladepunkt geschlossen wurde, dass alle Preisbestandteile vor dem Ladebeginn transparent ohne versteckte Bestandteile durch den Vertragspartner des Elektrofahrzeugführers bekannt gegeben und auch wahrgenommen werden können.

Dadurch, dass jeder Elektrofahrzeugfahrer quasi andere Preise an einer Ladestation von seinem EMP angeboten bekommen kann, kann je nachdem, mit welchem EMP er einen Vertrag geschlossen hat, jedoch höchstens der Ad-hoc-Ladepreis an der Ladestation angezeigt werden. Für diesen Preis bietet der Ladesäulenbetreiber den Fahrstrom für jedermann an.

Es gibt aber weitere Möglichkeiten
Ad-hoc-Ladevorgänge können über den Dienst Hubject intercharge direct[15] direkt an der Ladestation über Scannen des QR-Codes gestartet werden. Ruft man diesen QR-Code ab, dann wird der Preis angezeigt und der Elektrofahrzeugfahrer kann über Eingabe seiner Kreditkartendaten oder oftmals auch PayPal bezahlen und den Ladevorgang dadurch starten.

Eine weitere Möglichkeit besteht darin, dass eine SMS für das Ingangsetzen des Bezahlprozesses an den Provider versandt wird und damit Bezahldienste aktiviert werden (Abb. 12.6).

---

[14] LG Essen, Urteil vom 29.08.2019, Az: 43 O 145/18.
[15] Intercharge Direkt / Hubject, hubject.com, https://www.hubject.com/intercharge-direct/, letzter Aufruf 01.01.2021.

Abb. 12.6 Ladepunkt mit SMS-Bepreisung Sömmerda 10/2020

12.6 Fahrstromvertrag

Für den Elektrofahrzeugfahrer erscheint es immer am einfachsten, er weiß von vornherein, wie hoch sein Ladestrompreis ist, wenn er einen Ladepunkt des Netzwerkes des EMP anfährt. Das stellt sich als entscheidender Vorteil gegenüber konventionellen Tankstellen heraus, wo regional und zu den verschiedenen Tageszeiten die Diesel- und Benzinpreise deutlich volatil sind. Der Fahrstrompreis ist für den Vertragszeitraum stabil.

Man muss auch nicht herumrechnen, wie hoch der spezifische Ladestrompreis am Ladepunkt des jeweiligen Anbieters ist, insbesondere, wenn der Startpreis und eine Zeitkomponente enthalten sind, oder aus Kostengründen eine bestimmte günstige Ladesäule anfahren.

Für den Elektrofahrzeugfahrer gibt es Möglichkeiten, für das On-the-Way-Charging an den öffentlich zugänglichen Ladesäulen einen Fahrstromvertrag abzuschließen, sodass der Anbieter, ein EMP, in seinem Netzwerk an jedem zugelassenen Ladepunkt den Strom zu den vereinbarten Konditionen dem Elektrofahrzeugfahrer bereitstellen kann. Einfach und günstig ist etwa ADAC e-charge, mit dem 100.000 Ladepunkte in Europa im Netzwerk erreichbar sind und für ADAC-Mitglieder in Partnerschaft mit einem EMP der Ladestrom deutschlandweit für 29 ct/kWh AC-Laden und 39 ct/kWh DC-Laden angeboten wird.[16]

---

[16] ADAC e-Charge – jetzt in 3 neuen Ländern!, adac.de, Stand 31.12.2020, https://www.adac.de/services/e-angebote/adac-e-charge/, letzter Aufruf 03.01.2021.

Wenn AC- und DC-Laden in zwei Tarifen möglich ist, muss auch nicht weiter differenziert werden, weil ein Startgeld oder Mitgliedschaftsentgelt im Verbund entfällt.

Es gibt außerdem die Möglichkeit, einen Kombistromtarif für das Home-Charging und das On-the-Way-Charging abzuschließen. Ausschlaggebend ist je nach persönlichem Ladeverhalten, welche Tarifmöglichkeiten und Ladekartenanbieter zur Verfügung stehen.[17] Hier werden sich in der nächsten Zeit viele neue Anbieter etablieren. Ein Kombitarif für zu Hause – den Haushaltstrom und das Home-Charging – und das Unterwegs-Laden wird z. B. von Lichtblick angeboten. Der deutschlandweite Fahrstrompreis beträgt ebenfalls 29 ct/kWh für AC- und 39 ct/kWh für DC-Laden, während der Zu-Hause-Strompreis nach der jeweiligen Lokation separat bepreist wird.[18]

▸ Ein Ladetarif von lediglich 39 ct/kWh erscheint in Anbetracht der Gestehungskosten gerade für DC-Schnellladestationen sehr fair.[19]

Bei der Auswahl des Fahrstromvertrags sind insbesondere zwei Kriterien wichtig:
Der Fahrstrombedarf, der abhängig von der Jahresfahrleistung ist, und mit welcher Leistung geladen werden kann und soll.

12.7 Abrechnungsverfahren

Gängige Abrechnungsmöglichkeiten sind

- Bargeld
- RFID-Ladekarten
- Webbasierte Lade-App
- Plug & Charge durch automatisierte Prozesse

Bargeldanwendungen, soweit überhaupt noch möglich, etwa in einem Hotel, wenn das Laden als Nebenleistung wie normales Parken abgerechnet wird, sind sehr selten anzutreffen, insbesondere viel zu aufwendig im Handling. Für punktuelles Laden ist geregelt, dass die Abrechnung nach § 4 Satz 2 Nr. 1 LSV entweder mit Bargeld in unmittelbarer Nähe des Ladepunktes, oder nach Nr. 2 durch ein gängiges kartenbasiertes Zahlungssystem bzw. Zahlungsverfahren oder ein gängiges webbasiertes System erfolgt.

---

[17] Autostromtarif gesucht – Experten geben Tipps, strom-magazin.de vom 09.12.2020, https://www.strom-magazin.de/ratgeber/experten-interview-autostromtarif-tipps, letzter Aufruf 03.01.2021.
[18] Lichtblick Fahrstrom, https://www.lichtblick.de/checkout/?ort=3742_Zingst&plz=18374&strom=4400&vpCode=Fahrstrom, letzter Aufruf 03.01.2021.
[19] Vgl. 39 ct/kWh 75 kW DC CCS; Schnell-Ladestationen für Thüringer Globus-Märkte, TEAG vom 23.12.2020, https://www.thueringerenergie.de/Ueber_uns/Mediathek/Presse/Presse_15742, letzter Aufruf vom 31.01.2021.

Derzeit oft anzutreffen sind deshalb betreiberabhängige RFID-Karten, mit denen der Ladepunkt freigeschalten und abgerechnet wird. Aufgrund der Hacker-Problematik und des Aufwands für die Karteninfrastruktur wird diese Bezahlform keine Zukunft haben.[20]

Mitunter wird ein Ladekartenvertrag angeboten, sodass über diese Ladekarte und nur über die in dem Netzwerk des Ladekartenproviders angeschlossenen Ladepunkte getankt werden kann. Allerdings gibt es Provider, die mit ihren Ladekarten immerhin bis zu 100.000 Ladepunkte abbilden können,[21] auch im Ausland. Es gibt auch Modelle, in welchen die Anbieter nur Ladekarten ausgeben, womit nur die eigenen Ladestationen bedient werden können.

Für Unternehmen werden die Abrechnungen durch Tankkartenbetreibersysteme angeboten, wie bei jeder herkömmlichen Tankkarte an der konventionellen Tankstelle ebenfalls.[22] Das Freischalten der Tanksäule zum Laden und der Bezahlvorgang erfordern digitale Lösungen, die von verschiedenen Anbietern ermöglicht werden. Es erfolgt eine Abrechnung unabhängig vom Ladepunktbetreiber. Der Elektrofahrzeugfahrer erhält dann nicht viele Abrechnungen aus verschiedenen Ladepunkten, sondern eine Abrechnung am Monatsende. Die Tankkarte ist damit die Eintrittskarte in die Authentifizierung und Autorisierung des Inhabers, um an den zugelassenen Ladepunkten Strom zu laden.

▶ Nicht typisch für Elektromobilität, sondern für alle Anwendungen, ist ein Vorteil der Ladekarten, dass es auch funktioniert, wenn kein Smartphone vorhanden ist, etwa weil keine Verbindung zum Netz zustande kommt, es schlichtweg nicht funktioniert oder irgendwo vergessen worden ist.

Eine andere und wohl zukunftsweisende Möglichkeit sind Lade-Apps auf dem Smartphone, welche den QR-Code auf der Ladesäule scannen oder die Ladesäule über Geo-Daten identifizieren, und der Fahrer bzw. Inhaber der App. meldet sich beim Betreiber der Ladeinfrastruktur an. Die Bezahlung über Smartphone-Apps oder Webseiten sei in der Praxis oft unkomfortabel oder unzuverlässig und meist deutlich teurer als bei einem Vertrag.[23] Soweit es die Anwendung von Apps angeht, beobachten das allerdings viele Marktteilnehmer verschieden.[24] Denn die Bezahlung direkt über die App wird bei jeder Onlinebestellung und Bezahlung via Kreditkarte oder Zahlungssysteme wie Paypal angewendet, sodass es keinen rationalen Grund gibt, warum dies beim Ladestrombezug anders sein soll.

---

[20] Linsenbarth, Bezahlverfahren für E-Ladesäulen, Stores + Shops 02–03 2020 S. 39.

[21] Z. B. Maingau-Energie.de, https://www.maingau-energie.de/flotte, letzter Aufruf 01.01.2020.

[22] Vgl. Saal/Wolter, CSR als Wertschöpfungs- und Vernetzungsfaktor im digitalen Zeitalter am Beispiel der DKV MOBILITY SERVICES GROUP in Hildebrandt/Landhäuser, CSR und Digitalisierung, Springer Gabler 2017, S. 409, 415.

[23] „Kostenfalle" Ladesäule – bei E-Autos Vorausplanung nötig, boersen-news.de vom 04.09.2020, https://www.boersennews.de/nachrichten/artikel/-kostenfalle-lades-ule-bei-e-autos-vorausplanung-n-tig/2511955/, letzter Aufruf 01.01.2021.

[24] ADAC e-Charge – jetzt in 3 neuen Ländern, adac.de, https://www.adac.de/services/e-angebote/adac-e-charge/, letzter Aufruf 01.01.2021.

Ein weiteres Bezahlverfahren ist Plug & Charge. Hier sind die Authentifizierungszertifikate direkt in die Fahrzeugelektronik integriert. Die sichere Authentifizierung und Autorisierung des Elektrofahrzeugs, die intelligente Ladesteuerung sowie die Abrechnung erfolgen automatisch.[25]

Der vollständig barrierefreie Zugang, dass jedes Fahrzeug an jeder Ladesäule und mit jedem Stromanbieter seiner Wahl tanken kann, ist bisher nicht möglich. Derzeit existiert kein einheitliches Bezahlsystem, und je nach Reichweite des eigenen vertraglich gebundenen Providers einerseits und der Komplexität des Bezahlsystems andererseits kann entweder nicht getankt oder nicht bezahlt werden. Deshalb wird eine gesetzliche Regelung für ein einheitliches Bezahlsystem an Ladesäulen von der Bundesregierung auf den Weg gebracht.[26] Am Ende muss der Ladeprozess inklusive Abrechnung bequemer und deutlich schneller sein als die Fahrt zur herkömmlichen Tankstelle, um der Elektromobilität zum Durchbruch zu helfen.

12.8 Identifizierung und Erreichbarkeit der Ladepunkte

Wer über eine Lade-App verfügt, bekommt automatisch die im Netzwerk angeschlossenen Ladepunkte angezeigt. Die Ladepunkte sind in erster Linie über jene Lade-**Apps** oder den Angaben des Navigationssystems der Elektrofahrzeuge zu finden. In einigen sehr modernen Fahrzeugnavigationssystemen kann der nächste Ladepunkt mit der Restreichweite des Fahrzeugs verknüpft werden. Der schnelle Zubau von öffentlich zugänglichen Ladepunkten wird dazu führen, dass Updates sehr häufig notwendig sind.

▶ **Tipp** Für die Tankstellensuche eignen sich Dienste wie smarttanken.de[27] oder e-tankstellen-finder.com[28], die App PlugShare[29] oder clevertanken.de.[30]
  Die Anwendungen funktionieren ähnlich: Auf einer zoombaren Karte sind alle registrierten Tankstellen eingezeichnet mit unterschiedlich ausführlichen Angaben zur Lokation, Anschlüssen, Leistung und Bezahlmöglichkeiten.

---

[25] Linsenbarth, Bezahlverfahren für E-Ladesäulen, Stores + Shops, 02–03 2020 S. 39.
[26] 4. Spitzengespräch der Konzertierten Aktion Mobilität – „Transformation unterstützen, Wertschöpfungsketten stärken" vom 17.11.2020, https://www.bundesregierung.de/breg-de/aktuelles/pressemitteilungen/4-spitzengespraech-der-konzertierten-aktion-mobilitaet-transformation-unterstuetzen-wertschoepfungsketten-staerken—1815818, letzter Aufruf 01.01.2021.
[27] Smart tanken, https://www.smarttanken.de, letzter Aufruf 03.01.2021.
[28] KELAG, https://e-tankstellen-finder.com/dc/de/elektrotankstellen?, letzter Aufruf 03.01.2020.
[29] Plugshare, PlugShare – EV Charging Station Map – Find a place to charge your car!, letzter Aufruf 03.01.2020.
[30] InfoRoad, https://www.clever-tanken, letzter Aufruf 03.01.2021.

Für den mobilen Einsatz eignen sich Smartphone-Apps, die es in großer Zahl für iPhone und Android-Geräte gibt. Die ebenfalls kostenlose EnBW mobility+-App[31] ermöglicht die Suche nach 100.000 Ladepunkten der EnBW und deren Roaming-Partner.

Je nach Qualität und Reichweite greifen die Apps auf einen großen Datenpool von bis zu 300.000 Ladepunkten weltweit zurück. Elektroautofahrer können Bewertungen abgeben und teilweise andere Elektroautofahrer per Chat kontaktieren. Die Apps verfügen regelmäßig über einen Routenplaner.

Zudem gibt es tagesaktuelle Übersichten wie das **Ladesäulenregister** der BNetzA[32] und des BDEW[33] (Bundesverband der Energie- und Wasserwirtschaft e. V.), wo über Filter auch der passende Ladesäulentyp gefunden werden kann.

Doch aufgepasst, auch bei den Lade-Apps und Elektrotankstellensuch-Apps kann es Ungenauigkeiten geben, z. B.

- Ladepunkt befindet sich nicht im öffentlichen Raum und ist nicht zugänglich. Dieser Zustand besteht wiederholt bei manchen Ladepunkten von Autohäusern.
- Ladepunkt existiert nicht oder nicht mehr, ist aber noch in der App in den Stammdaten enthalten, und man fährt zu einer Phantomladesäule.
- Ladepunkt ist nicht in Betrieb.

Wie bei jeder Telefonzelle oder anderen technischen Einrichtungen können technische Defekte auftreten, der Ladepunkt ist also nicht arbeitsfähig und geschlossen. Damit muss gerade bei der Vielzahl der Ladepunkte einerseits und der häufig robusten Inanspruchnahme gerechnet werden. Allerdings wäre es dann wichtig, dass die jeweilige App solche Daten auch zügig aktualisiert und sichtbar macht, sofern der OPC oder EMP diese Angaben auch dynamisch zur Verfügung stellt. Ärgerlich ist es dann, wenn man mit fast leerer Batterie an der ersehnten Ladesäule anfährt, diese aber – ohne entsprechende Information in der App – außer Betrieb ist (Abb. 12.7). Für die Provider ist das aber genauso ärgerlich, weil sie keinen Ladestrom verkaufen können.

---

[31] EnBW mobility+, https://www.enbw.com/elektromobilitaet/produkte/mobilityplus-app/uebersicht, letzter Aufruf 03.01.2021.

[32] Bundesnetzagentur, Ladesäulenkarte, https://www.bundesnetzagentur.de/DE/Sachgebiete/ElektrizitaetundGas/Unternehmen_Institutionen/HandelundVertrieb/Ladesaeulenkarte/Karte/Ladesaeulenkarte-node.html, letzter Aufruf 03.01.2021;

[33] E-Tankstellen in Ihrer Nähe – das Ladesäulenverzeichnis des BDEW, bdew.de, https://ladesaeulenregister.de/, letzter Aufruf 03.01.2021.

Abb. 12.7 Ladesäule Oberhof außer Betrieb, 09/2020

12.9 Mit dem Elektrofahrzeug durch Europa

Wer mit einem Elektrofahrzeug in andere EU-Länder fahren möchte, stellt sich die gleichen Fragen wie in Deutschland: Sind genug Ladepunkte vorhanden, können diese für das Laden des eigenen Fahrzeugs genutzt werden, und wie hoch sind die Fahrstromkosten?

Sämtliche EU-Länder stehen vor den gleichen Herausforderungen, nämlich einerseits zu den EU-Klimaschutzzielen beizutragen, eigene Beiträge zu generieren und Mobilität zu gewährleisten, auch Elektromobilität. Dazu gehört eine öffentlich zugängliche Ladeinfrastruktur. Deshalb ist die EPBD in allen EU-Ländern in nationales Recht umzusetzen und für Neubauten sofort und für Bestandsgebäude ab 2025 die Verpflichtung zur Errichtung der Ladepunkte zu regeln. Dies spricht dafür, dass ab 2025 an jedem Gebäude mit einem Parkplatz mit mehr als 20 Stellplätzen ein Ladepunkt vorhanden sein wird. Soweit ersichtlich gehen einige Länder sogar über die Mindestanforderungen hinaus.

In mehr oder weniger allen großen Städten der EU gibt es mittlerweile öffentlich zugängliche Ladepunkte.[34] In Skandinavien, Österreich[35] oder den Benelux-Staaten ist die Ladenetzdichte oftmals noch höher als in Deutschland. In der EU gibt es derzeit 170.000 öffentliche Ladepunkte, davon 75 % in Frankreich, Großbritannien, Deutschland und Niederlande. In den Niederlanden existiert je 450 Einwohner ein Ladepunkt und damit hat das Land die höchste Ladepunktdichte.[36]

In Frankreich sollen 2021 bis zu 100.000 öffentlich zugängliche Ladepunkte vorhanden sein.[37] Außerdem sollen ab 2025 an jedem Parkplatz mit mehr als 20 Stellplätzen mindestens 5 % der Stellplätze mit Ladeinfrastruktur[38] ausgestattet sein, also wesentlich mehr, als die EPBD vorschreibt. In Ungarn soll eine Installationspflicht auf 2 % der Parkplätze bestehen.

Da die Ladeinfrastruktur üblicherweise mit dem Markthochlauf der Elektrofahrzeuge wächst, kann sie in ländlichen Teilen Ost- und Südeuropas noch wirklich dünn sein. Aber dies ist in manchen Gebieten Deutschlands auch nicht anders.

Natürlich sollte man sich vor längeren Touren erkundigen, ob sich in der Stadt, am Ferienort oder Hotel der Wahl im Ausland ein Ladepunkt befindet, um keine bösen Überraschungen zu erleben und liegenzubleiben.[39] Hierfür gibt es viele Elektroladesäulen-Suchmaschinen, die auch aus Deutschland vernetzt sind.[40]

Wichtig ist dann auch, ob diese Ladepunkte für Ad-hoc-Laden, die verwendete Ladekarte oder noch besser über die eigene Lade-App zugänglich sind. Mit den üblichen Suchmaschinen oder der Lade-App lässt sich ohne Weiteres ermitteln, ob die vom Provider der Lade-App zugänglich gemachte Ladestation auch nutzbar ist.

Teilweise wird empfohlen, sich unbedingt für den Fall aller Fälle einen Adapter mitzunehmen,[41] um notfalls im Irgendwo an der Steckdose das Elektrofahrzeug nachzuladen.

---

[34] Stromtankstellen Europa, z. B. goingelectric.de, https://www.goingelectric.de/stromtankstellen/, letzter Aufruf 10.01.2021;

Ladeinfrastruktur in Europa: Norwegen und Niederlande haben die Nase vorn, e-mobilitaet.online vom 21.11.2017, https://emobilitaet.online/news/ladeinfrastruktur/4209-ladeinfrastruktur-in-europa-norwegen-und-niederlande-haben-die-nase-vorn, letzter Aufruf 10.01.2021.

[35] Smatrics.com, https://smatrics.com/ladenetz, letzter Aufruf 10.01.2021.

[36] Elektroauto: Riesige Lücken im Ladenetz, t-online vom 12.11.2020, https://www.t-online.de/auto/elektromobilitaet/id_88925672/elektroauto-riesige-luecken-im-ladenetz.html, letzter Aufruf 10.01.2021.

[37] Frankreich will Ladepunkte bis Ende 2021 mehr als verdreifachen, gtai.de vom 12.11.2020, https://www.gtai.de/gtai-de/trade/branchen/branchenbericht/frankreich/frankreich-will-ladepunkte-bis-ende-2021-mehr-als-verdreifachen-577882, letzter Aufruf 10.01.2021.

[38] Code de l'énergie Art.64 L111-3-5, Chapitre VII, infrastructure de recharge de véhicules électricques.

[39] Familie fährt im Elektroauto nach Frankreich: Ladehölle ruiniert ihren Urlaub, efahrer.com vom 27.12.2020, https://efahrer.chip.de/news/familie-faehrt-im-e-auto-nach-frankreich-ladehoelle-ruiniert-ihren-urlaub_102873, letzter Aufruf 10.01.2021.

[40] Has-to-be.com, https://has-to-be.com/de/ueber-uns/ueber-has-to-be, letzter Aufruf 10.01.2021.

[41] Laden im Ausland mit dem E-Auto, efahrer.de, https://efahrer.chip.de/laden/laden-im-ausland-mit-dem-e-auto, letzter Aufruf 10.01.2021.

Dekarbonisierung der Mineralölwirtschaft durch Elektromobilität 13

13.1 Treibhausgasminderungspflichten der Mineralölunternehmen durch CO_2 Zertifikate aus Fahrstrom

Aus § 37a BImSchG (Bundes-Immissionsschutzgesetz) besteht für denjenigen, der gewerbsmäßig oder im Rahmen wirtschaftlicher Unternehmungen nach § 2 Abs. 1 Nr. 1 und 4 EnergieStG (Energiesteuergesetz) zu versteuernde Otto- oder Dieselkraftstoffe in Verkehr bringt, die Rechtspflicht, sicherzustellen, dass für die gesamte im Lauf eines Kalenderjahres von ihm in Verkehr gebrachte Menge Kraftstoffs die Vorgaben der Abs. 3 und 4 eingehalten werden.

Nach § 37a Abs. 4 BImSchG haben Verpflichtete – also die Mineralölunternehmen, die i.d.R. auch die Tankstellen betreiben – seit dem Jahr 2015 sicherzustellen, dass die Treibhausgasemissionen der von ihnen in Verkehr gebrachten fossilen Otto- und fossilen Dieselkraftstoffe zuzüglich der Treibhausgasemissionen der von ihnen in Verkehr gebrachten Biokraftstoffe um einen festgelegten Prozentsatz gegenüber einem Referenzwert gemindert werden.

Die Höhe des Prozentsatzes beträgt nach § 37a Abs. 5 Satz 1 BImSchG

- 3,5 % ab dem Jahr 2015,
- 4 % ab dem Jahr 2017,
- 6 % ab dem Jahr 2020 und
- soll ab dem Jahr 2026 auf 7,25 % erhöht werden[1].

---

[1] RefE der Bundesregierung vom 22.09.2020 eines Gesetzes zur Weiterentwicklung der Treibhausgasminderungs-Quote, https://www.bmu.de/fileadmin/Daten_BMU/Download_PDF/Glaeserne_Gesetze/19._Lp/thg_aenderung_gesetz/Entwurf/thg_aenderung_gesetz_refe_bf.pdf, letzter Aufruf 03.01.2021.

© Der/die Autor(en), exklusiv lizenziert durch Springer Fachmedien Wiesbaden GmbH, ein Teil von Springer Nature 2022
O. Schulze, *Elektromobilität – ein Ratgeber für Entscheider, Errichter, Betreiber und Nutzer*, https://doi.org/10.1007/978-3-658-32611-1_13

Den Mineralölunternehmen werden somit Treibhausgasminderungsquoten auferlegt. Der Anteil der erneuerbaren Energien am Endenergieverbrauch des Verkehrssektors soll zudem bis 2030 auf 14 % steigen.[2]

Die Verpflichtungen können

1. durch Inverkehrbringen von Biokraftstoff, der fossilem Otto- oder fossilem Dieselkraftstoff beigemischt wurde,
2. durch Inverkehrbringen reinen Biokraftstoffs und
3. durch Inverkehrbringen von Biokraftstoff, der fossilem Erdgaskraftstoff zugemischt wurde, erfüllt werden.

Darüber hinaus kann auch elektrischer Strom zur Verwendung in Straßenfahrzeugen zur Erfüllung dieser Verpflichtungen eingesetzt werden, sofern eine Rechtsverordnung der Bundesregierung nach § 37d Abs. 2 Satz 1 Nr. 11 BImSchG dies zulässt und gegenüber der zuständigen Stelle nachgewiesen wird, dass dieser Fahrstrom ordnungsgemäß gemessen und überwacht wurde. Das ist der Ansatz für die Dekarbonisierung der Mineralölwirtschaft durch die Einführung und Vervollkommnung der Elektromobilität.

Wenn die Mineralölunternehmen ihre Treibhausgasminderungsquoten nicht schaffen, sind die Fehlmengen derzeit nach § 37c Abs. 2 Satz 5 i.V. m. § 37a Abs. 4 BImSchG mit einer Abgabe von 0,47 €/kg CO_2-Äquivalent beaufschlagt. Dies soll auf 0,60 €/kg steigen.[3]

Hintergrundinformationen
Nach § 5 Abs. 1 38. BImSchV (38. Bundesimmissionsschutzverordnung) kann elektrischer Strom, der im Verpflichtungsjahr von Letztverbrauchern nachweislich zur Verwendung in Straßenfahrzeugen mit Elektroantrieb – das sind nach § 2 Abs. 2 38. BImSchV sowohl BEV als auch PhEV – aus dem Netz entnommen wurde, auf die Erfüllung der Verpflichtung der Mineralölunternehmen zur Minderung der Treibhausgasemissionen angerechnet werden.

Dabei sind in der 38. BImSchV die Berechnungswege geregelt, wie aus kWh Fahrstrom aus dem allgemeinen Strommix oder aus erneuerbarer Energie die Treibhausgasemissionen berechnet werden. Nach § 5 Abs. 2 werden die Treibhausgasemissionen des elektrischen Stroms durch Multiplikation der energetischen Menge des zur Verwendung in den Straßenfahrzeugen mit Elektroantrieb entnommenen Stroms mit dem Wert für die durchschnittlichen Treibhausgasemissionen pro Energieeinheit des Stroms in Deutschland, den das UBA (Umweltbundesamt) bekannt gibt, und dem Anpassungsfaktor für die Antriebseffizienz nach Anlage 3 ermittelt.

In jener Anlage 3 ist der Anpassungswert für Verbrennungsmotoren 1,0, d. h. keine Anpassung, und für Elektrofahrzeuge und FCEV jeweils 0,4. Für 2020 wurde der Wert der durchschnittlichen

---

[2] RICHTLINIE (EU) 2018/2001 DES EUROPÄISCHEN PARLAMENTS UND DES RATES vom 11.12.2018 zur Förderung der Nutzung von Energie aus erneuerbaren Quellen, (ABl. L 328/82).
[3] RefE der Bundesregierung vom 22.09.2020 eines Gesetzes zur Weiterentwicklung der Treibhausgasminderungs-Quote, https://www.bmu.de/fileadmin/Daten_BMU/Download_PDF/Glaeserne_Gesetze/19._Lp/thg_aenderung_gesetz/Entwurf/thg_aenderung_gesetz_refe_bf.pdf,S.9, 21, letzter Aufruf 03.01.2021.

13.1 Treibhausgasminderungspflichten der Mineralölunternehmen durch ...

Treibhausgasemissionen pro Energieeinheit des Stroms in Deutschland mit 153 kg CO_2-Äquivalent/ GJ angegeben[4], bzw. 550 g CO_2/kWh vom UBA (Umweltbundesamt) ermittelt.

Der Stromanbieter eines Ladepunktes führt nach § 6 für jedes Verpflichtungsjahr Aufzeichnungen über die einzelnen öffentlich zugänglichen Ladepunkte unter Angabe

1. des genauen Standortes, an dem sich der Ladepunkt befindet,
2. der energetischen Menge des zur Verwendung in Straßenfahrzeugen mit Elektroantrieb (BEV und PhEV) entnommenen Stroms und
3. des Zeitraums, in dem die Strommenge entnommen wurde, sofern der Zeitraum nicht das gesamte Verpflichtungsjahr umfasst.

Die Anrechnung von Strom, der nicht über öffentlich zugängliche Ladepunkte entnommen wurde, auf die Erfüllung der Verpflichtung zur Minderung der Treibhausgasemissionen ist nach § 7 der 38. BImSchV nur dann möglich, sofern dieser Strom für BEV genutzt wurde und ein Schätzwert nach Abs. 3 bekannt gegeben wurde. Damit kann auch für den Verbrauch an der privaten Wallbox durch BEV vom Stromanbieter eine Treibhausgasminderung generiert werden – was wiederum zu Zusatzerlösen eines EMP und umgekehrt im Markt zu einer Reduktion der Ladestromkosten führen kann (vgl. Abschn. 13.2).

Dazu muss der Stromanbieter die Aufzeichnungen über seine Stromkunden führen, auf die nachweislich ein BEV zugelassen ist. Als Nachweis gilt eine vom Stromkunden als Kopie vorgelegte Zulassungsbescheinigung Teil I des BEV. Nach § 7 Abs. 3 gibt das UBA den Schätzwert der anrechenbaren energetischen Menge elektrischen Stroms für ein BEV im Bundesanzeiger bekannt. Der Schätzwert basiert auf aktuellen Daten über den durchschnittlichen Stromverbrauch von BEV in Deutschland. Dieser beträgt derzeit 1943 kWh,[5] also hochgerechnet max. 10.000 km Jahresstrecke eines BEV.

Die energetische Menge des im jeweiligen Verpflichtungsjahr anrechenbaren elektrischen Stroms ergibt sich durch die Multiplikation der Zahl der BEV, die zu den Kunden des Stromanbieters gerechnet werden, mit dem Schätzwert.

$$100\,\text{BEV} \times 1.943\,\text{kWh} = 194.300\,\text{kWh}$$

---

[4] UBA, Bekanntmachung nach § 5 Abs. 3 der VO zur Festlegung weiterer Bestimmungen zur Treibhausgasminderung bei Kraftstoffen vom 01.10.2019, BAnz AT vom 30.10.2019, https://www.umweltbundesamt.de/sites/default/files/medien/376/dokumente/bekanntmachung_nach_ss_5_absatz_3_der_verordnung_zur_festlegung_weiterer_bestimmungen_zur_treibhausgasminderung_bei_kraftstoffen_2019_10.pdf, letzter Aufruf 03.01.2021.

[5] UBA, Bekanntmachung des Schätzwertes der anrechenbaren energetischen Menge elektrischen Stroms für ein reines Batterieelektrofahrzeug gemäß § 7 Absatz 3 der Verordnung zur Festlegung weiterer Bestimmungen zur Treibhausgasminderung bei Kraftstoffen (38. BImSchV) vom 21.12.2017 BAnz AT vom 29.12.2017, https://www.umweltbundesamt.de/sites/default/files/medien/376/dokumente/bekanntmachung_des_schaetzwertes_der_anrechenbaren_energetischen_menge_elektrischen_stroms_fuer_ein_reines_batterieelektrofahrzeug.pdf, letzter Aufruf 03.01.2021.

Der Stromanbieter teilt dann dem UBA die energetischen Mengen des elektrischen Stroms, der nach § 6 zur Verwendung in Elektrofahrzeugen (BEV und PhEV) an öffentlich zugänglichen Ladepunkten und nach § 7 zur Verwendung BEV im jeweiligen Verpflichtungsjahr entnommen wurde, bis zum 28.02. des Folgejahres mit.

Der Stromanbieter erhält eine Bescheinigung über die mitgeteilte energetische Menge elektrischen Stroms und die errechneten Treibhausgasemissionen in kg CO_2-Äquivalent und kann dann diese als CO_2-Minderungsrechte an die Mineralölunternehmen veräußern[6] bzw. korrekter: Jedes Mineralölunternehmen kann seine Verpflichtung zur Einsparung von Treibhausgasen auf einen Dritten, hier den Stromanbieter, nach § 37a Abs. 6 BImSchG i.V.m. § 5 Abs. 1 38. BImSchV übertragen, der dafür natürlich ein Entgelt erhält.

Dadurch werden die Treibhausgasminderungsquoten aus dem Stromverkauf für Elektrofahrzeuge handelbar und führen zu Zusatzerlösen der Stromanbieter. Das sind nach § 2 Abs. 1 38. BImSchV die Energieversorgungsunternehmen, die Strom nach § 3 Nr. 18 EnWG an Letztverbraucher liefern. Letztverbraucher sind nach § 3 Nr. 25 EnWG natürliche oder juristische Personen, die Energie für den eigenen Verbrauch kaufen; auch der Strombezug der Ladepunkte für Elektromobile steht dem Letztverbrauch im Sinne des EnWG und den aufgrund des EnWG erlassenen Verordnungen gleich.

Der Wert dieser Minderungsrechte wird derzeit immerhin mit 1,0 bis 1,5 ct/kWh Fahrstrom gehandelt, was zu einem verteilbaren Marktvolumen für Minderungsrechte aus Fahrstrom von 200 Mio. € bis 500 Mio. € jährlich führt.[7] Andere Marktteilnehmer gehen sogar von einem Erlös von 2–4 ct/kWh aus, sodass die Erlöse aus dem Handel mit den CO_2-Zertifikaten, die aus dem Fahrstromverbrauch von PhEV und BEV generiert werden, in Deutschland auf mehr als 1 Mrd. € jährlich zu beziffern sind.[8]

Das könnte jedenfalls derzeit in der beginnenden Elektromobilität ein Zusatztreiber für den Ausbau von Elektroladeinfrastruktur sein: Je mehr Fahrstrom in Deutschland verkauft wird, umso eher sind die Treibhausgasminderungsquoten der Mineralölunternehmen erreicht.

---

[6] UBA, Vollzug 38. BImSchV: Anrechnung von Strom für Elektrofahrzeuge, https://www.umweltbundesamt.de/themen/verkehr-laerm/kraft-betriebsstoffe/vollzug-38-bimschv-anrechnung-von--strom-fuer#mehr-zur-antragstellung, letzter Aufruf vom 03.01.2021.

[7] LichtBlick Aktuell: Treibhausgas-Minderungsquoten für Treibstoffe vom 01.12.2020, https://www.lichtblick.de/presse/lichtblick-aktuell-treibhausgas-minderungsquoten-fuer-treibstoffe, letzter Aufruf 03.01.2021.

[8] THG-Quote: Hoffnung auf Zusatzerlöse für Fahrstrom auf breiter Basis, electrive.net vom 19.10.2020, https://www.electrive.net/2020/10/19/thg-quote-hoffnung-auf-zusatzerloese-fuer-fahrstrom-auf-breiter-basis, letzter Aufruf 03.01.2021.

13.2 Zusatzerlöse und Vorteile für CPO und BEV

Durch die Erhöhung der Treibhausgasminderungsquoten für die Mineralölunternehmen können zunächst Ladestationsbetreiber mit ihrem Stromanbieter für die Generierung der CO_2-Zertifikate beim UBA entsprechende Abreden treffen, nämlich den Fahrstrom erfassen und an den Stromanbieter melden, den diese wiederum in CO_2-Zertifikate beim UBA umwandeln und an die Mineralölunternehmen verkaufen.

Im Markt werden derzeit ca. 0,12 bis 0,2 €/kWh als Zusatzerlös allein für den Ladestationsbetreiber in den Raum gestellt.[9] Durch einen Stromabsatz an einer Ladestation von 10.000 kWh können somit mindestens 1200 € pro Jahr zusätzlich erlöst werden, wenn der Prozess in der Kette vom CPO bis zum UBA abgestimmt ist. Damit kann ggf. die Wirtschaftlichkeit von öffentlich zugänglichen Ladepunkten hergestellt werden. Bei öffentlich zugänglichen Ladepunkten ist dafür jede kWh nutzbar, die BEV oder PhEV an Fahrstrom laden. Der Vorteil der CO_2-Zertifikate bleibt normalerweise beim Stromanbieter von Gesetzes wegen, wenn der Ladepunktbetreiber nicht seine Erlösbeteiligung mit diesem Stromanbieter als Abrede erreicht.

> **Überblick**
> Grundsätzlich ist das für nicht öffentlich zugängliche Ladepunkten nicht anders, nur muss hier der Stromanbieter auf die Daten seines Kunden zugreifen. Dieser kann mit dem Stromanbieter eine Win-Win-Situation schaffen, indem er als Gegenleistung an dem Zertifikatehandelsvorteil partizipiert oder seine Stromlieferungen günstiger erhält.
>
> Da an nicht öffentlich zugänglichen Ladepunkten nur der BEV-Stromverbrauch zählt und dafür der Schätzwert des UBA nach § 7 Abs. 3 38 BImSchV angesetzt wird, wäre bei dem normierten BEV-Jahresverbrauch von 1943 kWh und einem Zusatzerlös jener 0,12 €/kWh somit ein Betrag von über 200 € für BEV-Fahrer mit der häuslichen Wallbox oder am Ladepunkt der betrieblichen BEV-Dienstwagenflotten, die im Workplace-Charging geladen werden, erzielbar.
>
> Das wäre ein enormer Betrag, denn bei den üblichen Home-Charging-Energiekosten von ca. 0,3 €/kWh und einem unterstellten BEV-Verbrauch von 20 kWh/100 km können die ersten 3000 km sozusagen unentgeltlich gefahren werden.

---

[9] THG-Quote: Hoffnung auf Zusatzerlöse für Fahrstrom auf breiter Basis, electrive.net vom 19.10.2020, https://www.electrive.net/2020/10/19/thg-quote-hoffnung-auf-zusatzerloese-fuer-fahrstrom-auf-breiter-basis, letzter Aufruf 03.01.2021;

Greentax, Wir machen öffentliche Ladestationen rentabel, https://www.greentrax.de/thg-quotenhandel-fuer-ladestationsbetreiber, letzter Aufruf 03.01.2021.

Hier steht mit der Änderung des § 37a ff. BImSchG der Raum für weitere attraktive Geschäftsmodelle aus jedem Fahrstromverbrauch an öffentlich zugänglichen Ladepunkt oder für BEV am nicht öffentlichen Ladepunkt offen.[10]

13.3 Schnellladepunkte der Mineralölwirtschaft als Dekarbonisierungsmaßnahme

Derzeit prüft die Bundesregierung zur Motivation der Errichtung von Schnellladepunkten an den konventionellen Tankstellen, ob die Errichtung von Schnellladesäulen als Dekarbonisierungsmaßnahme der Mineralölwirtschaft behandelt werden kann[11]. Denn damit könnte die Mineralölwirtschaft einerseits in eigene Ladepunkte investieren, eigene CO_2-Zertifikate für den verkauften Fahrstrom generieren und für den Fall, dass die Errichtung als solche schon als Dekarbonisierungsmaßnahme angerechnet wird, auch den Bedarf am Zukauf der Zertifikate von dritten Stromanbietern reduzieren.

Auch das muss eher kurzfristig im § 37a ff. BImSchG umgesetzt werden, damit die Mineralölwirtschaft einen guten Grund hat, in den Ausbau der eigenen Ladeinfrastruktur zu investieren.

Bevor Zahlungen für die Beschaffung der Treibhausgasreduktionszertifikate für Fahrstrom von dritten Anbietern erfolgen, muss die Mineralölwirtschaft doch ein vitales Interesse haben, die Elektrofahrzeugfahrer am Tankstellenstandort – zum Zwecke des Ladens – zu halten und auch das Zusatzgeschäft im Tankshop für die Verweildauer anzubieten. Denn jeder BEV-Fahrer, und tendenziell auch PhEV-Fahrer, ist ein Kunde weniger für die traditionelle Mineralölwirtschaft.

Wenn im Jahr 2030 ca. 14 Mio. Elektrofahrzeuge in Deutschland zugelassen sind, würde dies ca. 20 % weniger Kunden für die Mineralölwirtschaft und Tankstellenbetreiber bedeuten, wenn nicht neue Geschäftsmodelle etwa mit dem Betrieb von Schnellladesäulen aus Eigeninteresse entwickelt werden.[12]

---

[10] THG-Quote: Hoffnung auf Zusatzerlöse für Fahrstrom auf breiter Basis, electrive.net vom 19.10.2020, https://www.electrive.net/2020/10/19/thg-quote-hoffnung-auf-zusatzerloese-fuer-fahrstrom-auf-breiter-basis, letzter Aufruf 03.01.2021.

[11] Ladesäulen neben Zapfsäulen, welt.de vom 05.06.2020, https://www.welt.de/motor/news/article209005807/Tankstellen-muessen-Strom-verkaufen-Ladesaeulen-neben-Zapfsaeulen.html, letzter Aufruf 03.01.2021.

[12] Tankstellen mit Ladesäule und Lufttaxi, wiwo.de vom 28.11.2018, https://www.wiwo.de/unternehmen/dienstleister/blick-ins-jahr-2040-tankstellen-mit-ladesaeule-und-lufttaxi/23692082.html, letzter Aufruf 03.01.2021.

14 Förderung, Subventionen und Rabatt-Aktionen

Zur Einführung von Elektromobilität, der Sichtbarkeit und positiven Erlebbarkeit, der kurzfristigen Reduktion der verkehrs- und transportbedingten Emissionen, sowohl CO_2 als auch NO_x und Feinstaub, zur Vermeidung von behördlichen Fahrverboten, und auch zum Erreichen einer kritischen Masse im Straßenverkehr, werden sowohl die Errichtung von Ladeinfrastruktur als auch die Anschaffung von Elektrofahrzeugen sehr aufwendig von Bund und Ländern schon seit einigen Jahren durch Zuschüsse, unabhängig von daneben bestehenden steuerlichen Vorteilen, gefördert. Damit werden sowohl der Rollout der Elektrofahrzeuge und der Ladeinfrastruktur angeschoben als auch das Henne-Ei-Prinzip durchstoßen.

▶ Steuerliche Vorteile kann nur derjenige erhalten, der sonst auch Steuern zahlt. Zuschüsse kann aber jedermann erhalten, der die definierten Voraussetzungen erfüllt!

14.1 Förderung von öffentlich zugänglicher Ladeinfrastruktur

14.1.1 Ladepunkte und Zubehör

Da die Errichtung von Ladeinfrastruktur zum Aufladen von Elektrofahrzeugen sehr kostenintensiv ist, und in Ermangelung ausreichender Elektrofahrzeuge auf Jahre der Betrieb solcher Ladesäulen nicht kostendeckend, geschweige denn profitabel sein wird, werden sowohl von der Bundesregierung als auch von den Bundesländern separate Förderrichtlinien aufgesetzt, z. B. die Förderrichtlinie des BMVI (Bundesministerium für Verkehr und digitale Infrastruktur) Ladeinfrastruktur für Elektrofahrzeuge in Deutschland vom

13.02.2017.[1] Die Errichter erhalten dann einen nicht rückzahlbaren Zuschuss auf die Kapitalkosten.

Damit aus diesem technologischen und regulatorischen Wandel eine umweltfreundliche Mobilität resultieren kann, müssen flankierende wirtschaftspolitische Rahmenbedingungen gesetzt werden. Für den Markthochlauf der Elektrofahrzeuge ist es erforderlich, ausreichende Ladeinfrastruktur bereitzustellen, um so die Anschaffung und den Betrieb von Elektrofahrzeugen in den verschiedensten Anwendungsfällen, gewerblich und privat, attraktiv werden zu lassen.

Der Fahrzeughochlauf bedarf einem quantitativ wie qualitativ bedarfsgerechten Auf- und Ausbau von zukunftsfähiger Ladeinfrastruktur. Der Aufbau eines bedarfsgerechten, flächendeckenden und nutzerfreundlichen Netzes an Ladeinfrastruktur für Elektrofahrzeuge ist eine der entscheidenden Bedingungen für den Erfolg der Elektromobilität.

Dass die Elektrofahrzeug-Zulassung, sowohl BEV als auch insbesondere die PhEV derzeit besonders hochdrehen und der Trend anhalten wird, ist Beleg für die solide Förderung und sollte niemanden überraschen; allein im September 2020 wurden in Deutschland 21.188 Elektro-Pkw (Anteil 8,0 %, gegenüber August 2019 + 260,3 %) sowie 54.036 Hybridfahrzeuge (20,4 %, +185,2 %), darunter 20.127 PhEV (7,6 %, +463,5 %) und somit 33.909 normale Hybridfahrzeuge.[2] Der durchschnittliche CO_2-Ausstoß ging im September 2020 um 13,4 % zurück und lag bei 134,3 g/km.

Gemessen an der Gesamtzahl aller Kraftfahrzeuge bedeuten die absolut noch geringen Zulassungszahlen von Elektrofahrzeugen[3] für (potenzielle) Ladeinfrastrukturbetreiber ein Auslastungsrisiko und stellen damit ein wirtschaftliches Hemmnis dar. Andererseits wird die Zurückhaltung beim Kauf von Elektrofahrzeugen wiederum überwiegend mit der noch fehlenden Ladeinfrastruktur (und Reichweite der Batteriespeicher) begründet (vgl. Kap. 2 und 8).

Es handelt sich um ein klassisches Henne-Ei-Dilemma:

Ohne ausreichende und verlässliche und bezahlbare Ladeinfrastruktur gibt es keinen Grund, sich ein Elektrofahrzeug anzuschaffen, aber der Errichter und Betreiber von Ladeinfrastruktur wird so lange mit der Errichtung zögern, bis er einigermaßen Gewissheit hat, dass auch genug Elektrofahrzeuge zum Laden kommen.

Der Aufbau von Ladeinfrastruktur ist in der nun begonnenen Phase des Markthochlaufs betriebswirtschaftlich derzeit ganz überwiegend nicht darstellbar. Die Bundesregierung hat deshalb die Förderrichtlinie erlassen, der bereits sechs Förderaufrufe gefolgt sind,

---

[1] BMVI, Förderrichtlinie Ladeinfrastruktur für Elektrofahrzeug vom 13.02.2017, https://www.bmvi.de/SharedDocs/DE/Artikel/G/foerderrichtlinie-ladeinfrastruktur-elektrofahrzeuge.html, letzter Aufruf 03.01.2021.

[2] KBA, Pressemitteilung Nr.23/2020-Fahrzeugzulassungen im September 2020 vom 05.10.2020, https://www.kba.de/DE/Presse/Pressemitteilungen/2020/Fahrzeugzulassungen/pm23_2020_n_09_20_pm_komplett.html?nn=2562684, letzter Aufruf 03.01.2021.

[3] Per 01.01.2020 = 136.600 Elektrofahrzeuge; Anzahl der Elektroautos in Deutschland von 2006 bis 2020, https://de.statista.com/statistik/daten/studie/265995/umfrage/anzahl-der-elektroautos-in-deutschland/, letzter Aufruf 03.01.2021.

14.1 Förderung von öffentlich zugänglicher Ladeinfrastruktur

am 22.06.2020.[4] Ziel dieses Förderprogramms ist es, dass sich in den kommenden Jahren zwischen Anbietern von Ladeinfrastruktur ein funktionierender, breiter Wettbewerb etabliert; eine lokale marktdominierende Stellung eines Unternehmens wird dadurch verhindert. Zu diesem Zweck, muss in jedem neuen Förderaufruf bei der räumlich übergreifenden Verteilung der Ladeinfrastruktur die bereits vorhandene Ladeinfrastruktur berücksichtigt werden, um einen wirksamen Wettbewerb im gesamten Bundesgebiet sicherzustellen.

Die Förderrichtlinie fördert

1. die Errichtung öffentlich zugänglicher Ladepunkte,
2. den dazugehörigen Netzanschluss des Ladestandortes und
3. die Montage der Ladestation.

Der Netzanschluss ist die technische Verbindung des Ladestandortes an das Nieder- oder Mittelspannungsnetz sowie das Telekommunikationsnetz. Die Förderrichtlinie unterscheidet zwischen Normalladestationen, solche bis 22 kW und Schnellladestationen, solche über 22 kW Leistung. Es erfolgt keine Differenzierung, ob AC- oder DC-Ladepunkte errichtet werden.

Mit dem Nachweis eines zusätzlichen Mehrwertes kann auch die Aufrüstung oder Ersatzbeschaffung bestehender Ladeinfrastruktur für Standorte, die vor Inkrafttreten der Förderrichtlinie betrieben wurden, förderfähig sein. Ein solcher zusätzlicher Mehrwert liegt vor, wenn die bestehende Ladeinfrastruktur zur Erfüllung der Mindestanforderungen der LSV verbessert oder die Leistungsfähigkeit der Ladesäule erhöht und verbessert wird. Dadurch wird die Dauer des Ladevorgangs auf das nach dem jeweiligen Stand der Technik erforderliche Maß reduziert, oder es erfolgt eine Ertüchtigung des Authentifizierungsprozesses am Ladepunkt.

Die Zuwendung wird als nicht rückzahlbarer Zuschuss gewährt, also ein Investitionszuschuss, wobei die Zuwendung im Wege von Ausschreibungen erfolgt, bei der das zentrale Kriterium der Zuwendung die geringsten Förderkosten je kW Ladeleistung ist.

Die Förderhöchstsätze betragen maximal 60 % der Kapitalkosten

oder 3000 € je Normalladepunkt
oder 12.000 € je Schnellladepunkt kleiner 100 kW
bzw. 30.000 € je Schellladepunkt ab 100 kW Ladeleistung
und 5000 € für den Anschluss an das Niederspannungsnetz
oder 50.000 € für den Anschluss an das Mittelspannungsnetz.

---

[4] https://www.bmvi.de/SharedDocs/DE/Anlage/G/sechster-foerderaufruf-lis.pdf?__blob=publicationFile, letzter Aufruf 03.01.2021.

In jedem Förderaufruf werden jeweils gesonderte Schwerpunkte gesetzt, welche Ladeinfrastruktur gefördert wird. Beispielsweise werden teilweise gerade keine Ladepunkte gefördert, die nicht 24/7 rund um die Uhr zugänglich und nutzbar sind.

14.1.2 Fördervoraussetzungen

Allein mit dem Willen zur Errichtung eines Ladepunktes ist es für den Antragsteller einer Förderung nicht getan.

Die Ladeinfrastruktur muss über einen offenen Standard an ein IT-Backend, also OPCC-Online-Anbindung der Ladeinfrastruktur, angebunden sein und die Remotefähigkeit der Ladeinfrastruktur gewährleisten. Deshalb wird auch die Telekommunikationsanbindung gefördert. Das bedeutet, dass der Betreiber des Ladepunktes einen Fernzugriff auf den Ladepunkt, etwa im Störungsfall, für eine Fernwartung oder Fernfreischaltung hat, der i. d. R. wiederum über eine Datenbank und Server erreichbar ist. Wenn z. B. die Ladebuchse nicht entriegelt und das Ladekabel nicht entfernt werden kann, muss im Zweifelsfall der Betreiber über einen Fernzugriff die Arretierung lösen.

Eine weitere, aber in der Praxis ganz wesentliche Voraussetzung für die Förderung ist, dass mittels Roaming für alle Kunden sicherzustellen ist,

- dass Vertragskunden von anderen Anbietern von Fahrstrom und zusätzlichen Servicedienstleistungen den jeweiligen Standort auffinden,
- den dynamischen Belegungsstatus einsehen,
- Ladevorgänge starten und beenden und
- Ladevorgänge bezahlen können.

Dies ist wichtig, um die Interoperabilität der Elektromobilität zwischen den verschiedenen Akteuren, Anbietern und vor allem Elektrofahrzeugnutzern zu erhöhen, damit von jeder gängigen App der Ladepunkt aufgefunden werden kann, was manchmal abenteuerlich ist – etwa, wenn sich ein Ladepunkt hinter einem Zaun oder einer Schranke befindet.

Die Belegung einer Ladesäule ist dann ärgerlich, wenn diese extra zum Laden angefahren wird – mit der Information sucht man sich eine freie Ladesäule oder eine andere Zeit aus, wenn der Ladepunkt wieder frei ist. Schließlich muss das Laden von jeder gängigen App, d. h. Anbieter von Fahrstrom und Serviceleistungen, per Smartphone gestartet, unterbrochen, beendet und eine elektronische Zahlung ausgelöst werden können.

Geförderte Ladeinfrastruktur muss den Vorgaben des Mess- und Eichrechts entsprechen. Es erscheint als eine Selbstverständlichkeit, dass der von dem Ladepunkt abgegebene Fahrstrom auch korrekt durch geeichte Zähler gemessen und danach abgerechnet wird. Allerdings gibt es hinsichtlich der bestehenden DC-Ladeinfrastruktur einige Übergangsregelungen. Für die geförderte Infrastruktur müssen die mess- und eichrechtlichen Vorschriften uneingeschränkt eingehalten werden (vgl. Kap. 6).

Der geförderte Betreiber ist verpflichtet, die Ladeinfrastruktur für die Dauer von sechs Jahren zu betreiben. Der Nachweis erfolgt dabei über die Registrierung bei In- und Außerbetriebnahme der Ladeinfrastruktur bei der BNetzA nach § 5 LSV. Auch diese Regelung ist folgerichtig, damit der Betreiber nicht nur einen Ladepunkt errichtet, sondern auch der Allgemeinheit dauerhaft zur Verfügung stellt. Risiken ergeben sich für den Betreiber, wenn er z. B. einen Supermarkt betreibt und den Standort an einen neuen Betreiber verkauft. Dann muss er entweder den Ladepunkt weiter betreiben oder riskiert den Verlust der Förderung.

Weitere Voraussetzung ist, dass der Zugang 24/7 ermöglicht werden soll, andernfalls beträgt die Förderquote 50 %. Mindestens muss die Zugänglichkeit werktags für 12 Stunden gewährleistet sein, also 12/6 an den Tagen Montag bis Samstag.

Die Bewilligungsbehörde ist die Bundesanstalt für Verwaltungsdienstleistungen.

Die Laufzeit des Vorhabens bis zur Inbetriebnahme soll nicht länger als 12 Monate betragen. Außerdem besteht die Pflicht, halbjährlich Bericht an die Nationale Organisation Wasserstoff- und Brennstoffzellentechnologie GmbH (NOW) zu übermitteln.

Die Länder können das Bundesprogramm ergänzen und eigene Landesprogramme einführen, z. B. für eine besondere gewerbliche Förderung. Dabei darf die Förderung insgesamt 20 % des Förderungsbedarfs der Bundesrichtlinie nicht übersteigen.

Die Richtlinie trat nach Ziffer 10 der Richtlinie am 31.12.2020 außer Kraft. Eine neue ähnliche Richtlinie mit spezifischer Förderung bestimmter Ladepunkte etwa in unterpräsentierten Regionen sollte geprüft werden. Auch wenn das GEIG bis 2025 noch viele Ladepunkte auf den Weg bringt, werden weiße Flecken auf der Ladesäulenkarte in Deutschland bleiben.

14.1.3 Fördervoraussetzung: erneuerbare Energie

Voraussetzung für die Zuwendung für Ladeinfrastruktur ist, dass der Ladestrom

- aus erneuerbaren Energien oder
- aus vor Ort eigenerzeugtem regenerativen Strom stammt.

Auch wenn in beiden Alternativen verschiedene Begriffe verwendet werden, nämlich *erneuerbare* Energien einerseits und *regenerativer* Strom andererseits, so handelt es sich um die gleichen Voraussetzungen, wie sich aus der Überschrift zu Ziffer 6.3 „Strom aus erneuerbaren Energien" ergibt.

Erneuerbare Energien sind in § 3 Nr. 21 EEG legal definiert als Strom aus

- Wasserkraft einschließlich der Wellen-, Gezeiten-, Salzgradienten- und Strömungsenergie,
- Windenergie,
- solare Strahlungsenergie,
- Geothermie,
- Energie aus Biomasse einschließlich Biogas, Biomethan, Deponiegas und Klärgas sowie aus dem biologisch abbaubaren Anteil von Abfällen aus Haushalten und Industrie.

Die zweite Alternative erscheint einfach, der Strom muss vor Ort selbst produziert und verwendet werden. Eine Zeitgleichheit ist nicht gefordert.

Da in der Förderrichtlinie des Bundes „z. B. Strom aus Photovoltaikanlagen" erwähnt ist, wird deutlich, dass es sich um Mengengleichheit handeln muss, denn Photovoltaikstrom kann abgesehen von der Speicherung z. B. in einer Batterie eben nur während entsprechender Sonneneinstrahlung produziert werden. Es muss aber so viel Eigenerzeugung sein, dass der in der Ladestation abgegebene Strom in Menge produziert wird und das über den Zeitraum von sechs Jahren.

Diese Forderung und Verknüpfung der Verwendung erneuerbaren Stroms mit der Förderung erscheint auch sachgerecht. Denn wenn lediglich die fossile Verbrennung von Treibstoff im konventionellen Fahrzeug gegen Fahrstrom, der aus der fossilen Verbrennung z. B. von Braukohle gewonnen wird, getauscht wird, wird insgesamt kein Klimaschutz erreicht.

Der Strom aus erneuerbaren Energien muss für die 1. Alternative über einen zertifizierten Grünstromliefervertrag nachgewiesen werden, für den bei Nutzung entsprechend Herkunftsnachweise beim Herkunftsnachweisregister des Umweltbundesamtes entwertet werden. Unklar bleibt, was ein zertifizierter Grünstromliefervertrag ist, aber es ist davon auszugehen, dass der Liefervertrag mit Grünstromzertifikaten versehen sein muss.

Gemäß § 3 Nr. 29 EEG ist ein „Herkunftsnachweis" ein elektronisches Dokument, das ausschließlich dazu dient, gegenüber einem Letztverbraucher im Rahmen der Stromkennzeichnung nach § 42 Abs. 1 Nr. 1 EnWG nachzuweisen, dass ein bestimmter Anteil oder eine bestimmte Menge des Stroms aus erneuerbaren Energien erzeugt wurde.

Die Herkunftsnachweise wiederum werden nach § 12 ff. der HkRNDV den Erzeugungsanlagenbetreibern durch das Umweltbundesamt ausgestellt und verwaltet.

▶ **Tipp** Wer eine Förderung für Ladesäulen in Anspruch nehmen will, muss also einen Liefervertrag für Grünstrom abschließen, der durch entwertete Herkunftsnachweise in der Qualität belegt ist.

Die Dauer des Grünstrombezugs muss parallel zur Haltedauer mindestens sechs Jahre betragen.

14.2 Förderung privater Ladeinfrastruktur

Im Rahmen der verfügbaren Haushaltsmittel von 200 Mio. € wurde mit der Richtlinie des BMVI über den Einsatz von Bundesmitteln im Rahmen des Programms „Ladeinfrastruktur von Wohngebäuden – Investitionszuschuss" vom 06.10.2020[5] eine Förderung von privater Ladeinfrastruktur ermöglicht.

Der Fördergeber reflektiert nach der Präambel der Richtlinie, dass für zahlreiche und auch potenzielle Nutzer von Elektrofahrzeugen neben der öffentlich zugänglichen Ladeinfrastruktur auch die Nutzung einer Ladesäule oder Wallbox im privaten Bereich wesentlich ist, weil gerade bei kurzen Alltagsfahrten das Laden in der eigenen Garage oder auf dem eigenen Stellplatz eine der häufigsten Nutzungen von Ladeinfrastruktur darstellt.

Das Förderprogramm hat das Ziel, den flächendeckenden Aufbau von Ladeinfrastruktur auf den privaten Bereich auszudehnen und diesen zu unterstützen, während bisher die öffentliche Ladeinfrastruktur im Vordergrund stand. Denn 80 % der Ladevorgänge finden im Home-Charging oder Workplace-Charging statt, und jeder private Ladevorgang ist weniger Druck auf die Verfügbarkeit öffentlich zugänglicher Ladepunkte.

14.2.1 Fördervoraussetzungen

Gefördert werden der Erwerb und die Errichtung einer fabrikneuen, nicht öffentlich zugänglichen Ladestation nebst notwendigem Netzanschluss sowie die damit verbundenen notwendigen Nebenarbeiten an Stellplätzen von bestehenden Wohngebäuden in Deutschland. Neue Wohngebäude werden insoweit nicht gefördert, denn für jene ergibt sich die Pflicht zur Errichtung einer Ladeeinrichtung aus dem GEIG.

Gefördert werden die Vorhaben von Privatpersonen, Wohnungseigentümergemeinschaften, Wohnungsunternehmen, Wohnungsgenossenschaften und Bauträgern bei der Errichtung der Ladeeinrichtungen von selbst genutzten oder vermieteten Wohngebäuden. Umgekehrt werden ausdrücklich keine Anträge von kommunalen Gebietskörperschaften, rechtlich unselbstständigen Eigenbetrieben von kommunalen Gebietskörperschaften, Gemeindeverbänden, Zweckverbänden und Kirchen gefördert. Ebenfalls nicht gefördert wird die Ladeinfrastruktur an Ferienhäusern und -wohnungen sowie Wochenendhäusern.

Da nur Vorhaben in selbst genutzten oder vermieteten Wohngebäuden gefördert werden, können folglich Mieter in gemieteten Wohngebäuden ebenfalls Anträge auf einen Zuschuss stellen. Da es der Gesetzgeber gerade mit dem neuen § 554 BGB Mietern ermöglicht, die Zustimmung des Vermieters zur Errichtung einer Ladestation zu verlangen, kann der Mieter folgerichtig für die Errichtung ebenfalls die Förderung erhalten. In die-

---

[5] BMVI, Bekanntmachung der Richtlinie über den Einsatz von Bundesmitteln im Rahmen des Programms „Ladeinfrastruktur an Wohngebäuden – Investitionszuschuss" vom 06.10.2020, https://www.bmvi.de/SharedDocs/DE/Anlage/G/richtlinie-private-ladeinfrastruktur.pdf?__blob=publicationFile, letzter Aufruf 03.01.2021.

sem Fall ist die Zustimmungserklärung des Vermieters bei der Förderantragsstellung mit einzureichen.

Da die Zustimmung dann nicht erteilt werden muss, wenn der Vermieter oder die Wohnungseigentumsgemeinschaft des Vermieters ihrerseits eine Ladestation errichtet, hat es der Vermieter immer selbst in der Hand, handlungsfähig zu bleiben.

▶ Förderfähig sind nur Ladestationen, die an Stellplätzen eines Wohngebäudes errichtet und ausschließlich zum Aufladen von eigenen bzw. selbst genutzten Elektrofahrzeugen genutzt werden. Damit soll erreicht werden, dass die Ladeinfrastruktur dauerhaft und regelmäßig genutzt wird.

Die Förderung erfolgt durch einen Investitionszuschuss, der pauschal 900 € pro Ladepunkt beträgt. Wenn für die Errichtung der Ladestation geringere Kosten anfallen, wird keine Förderung gewährt, sie entfällt. Andernfalls beträgt sie immer 900 €. Bei einem Fördervolumen von 200 Mio. € werden immerhin 222.222 Ladepunkte gefördert.

Checkliste

In der Ermittlung der Gesamtkosten können folgend Kosten berücksichtigt werden:

- Anschaffung der Ladestation/Wallbox,
- Energiemanagementsystem und Ladelastmanagementsystem zur Steuerung von Ladestationen,
- Netzanschluss,
- notwendige Elektroinstallationsarbeiten, d. h. Erd- und Kabelarbeiten,
- notwendige technische und bauliche Maßnahmen am Netzanschlusspunkt und am Gebäude, z. B. extra genannt auch bauliche Veränderungen zur Umsetzung von Vorgaben des MsBG oder zur Teilnahme an einem Flexibilitätsmechanismus beziehungsweise Umsetzung eines gemeinsamen Lademanagements oder von stromnetzdienlichen Maßnahmen nach § 14a EnWG,
- notwendige Ertüchtigungs- und Modernisierungsmaßnahmen der Hauselektrik sowie der Telekommunikationsanbindung der Ladestation. ◀

Die Ladestation, die gefördert wird, kann einen oder mehrere Ladepunkte mit einer Ladeleistung von genau 11 kW/Ladepunkt aufweisen. Damit ist zum einen gesichert, dass BEV mit üblichen Batteriekapazitäten von 50 kWh bis 100 kWh auch über Nacht aufgeladen werden können und nicht kleine Wallboxleistungen hoch subventioniert werden, die in wenigen Jahren, wenn die BEV den Straßenverkehr als Elektroantriebe dominieren, niemand mehr benötigt. Umgekehrt werden auch keine größeren Ladeleistungen gefördert, da für Leistungen über 11 kW nach § 19 Abs. 2 Satz 3 NAV die Zustimmung des Netzbetreibers für die Errichtung erforderlich wäre.

Aus dem Förderumfang ergibt sich, dass schon jetzt darauf gedrungen wird, intelligente Ladestation zu unterstützen, während einfache Wallboxen schon wegen der Mindestinvestition von 900 € nicht unterstützt werden.

Der Zuschuss wird bei der KfW beantragt, die Details sind in einem gesonderten Merkblatt der KfW aufgeschrieben.[6]

Wie bei jedem Förderantrag darf nicht vor Erhalt der Antragsbestätigung von der KfW mit dem Bau begonnen werden, dafür muss aber nicht auf die Förderentscheidung gewartet werden. Der KfW sind elektronisch die Rechnungen der Fachunternehmen einzureichen; Eigenleistungen werden also nicht berücksichtigt. Allerdings spielt das kaum eine Rolle, weil sowieso nur 900 € pauschal je Ladepunkt vergütet werden.

Es werden im Merkblatt auch nicht irgendwelche Ladestationen gefördert, sondern nur jene, die die technischen Anforderungen erfüllten. Sämtliche Einbaumaßnahmen sind durch Fachunternehmen vorzunehmen, insbesondere muss die Errichtung und Inbetriebnahme der Ladestation durch ein Installationsunternehmen erfolgen. Nach § 13 Abs. 2 Satz 2 NAV dürfen die Arbeiten außer durch den Netzbetreiber nur durch ein in ein Installateurverzeichnis eines Netzbetreibers eingetragenes Installationsunternehmen durchgeführt werden – das Merkblatt verweist gesondert auf diese Voraussetzung des § 13 NAV.

Es können Anträge auf Förderung von mehreren Ladepunkten gestellt werden. Mit der entsprechenden Änderung von WEG und § 554 BGB dürften nunmehr viele Vermieter aufgefordert sein, mit einer Förderung der KfW von diesen 900 € pro Ladepunkt an den Wohnhäusern oder Wohnungseigentumsanlagen Ladepunkte zu errichten.

Die geförderte Ladestation hat eine Haltefrist von nur einem Jahr ab Inbetriebnahme. Die KfW kann folglich den Zuschuss zurückfordern, wenn eine Ladestation binnen eines Jahres nach der Inbetriebnahme veräußert wird.

14.2.2 Fördervoraussetzung: erneuerbare Energie

Eine wesentliche Voraussetzung für die Förderung der Ladeinfrastruktur ist, dass der für den Ladevorgang erforderliche Strom aus erneuerbaren Energien kommt. Dieser kann über einen entsprechenden Stromliefervertrag oder aus Eigenerzeugung am Ort bezogen werden.

Diese sonst ohne Einschränkungen begrüßenswerte Nebenpflicht, nämlich Förderung gegen Ladestrom aus erneuerbarer Energie, birgt Konfliktstoff. Die Förderrichtlinie für die Ladestationen an Wohngebäuden ist an die Eigentümer gerichtet. Bei Selbstnutzung der Ladestation durch den Eigentümer geht die Regelung auf, er muss dann Grünstrom einkaufen. Aber wenn die Ladestation auf einem Stellplatz errichtet wird, der zu einer Miet-

---

[6] KfW, Merkblatt Ladestationen für Elektroautos - Wohngebäude; https://www.bmvi.de/SharedDocs/DE/Anlage/G/ladestationen-elektroautos-wohngebaeude.pdf?__blob=publicationFile, letzter Aufruf 03.01.2021.

wohnung gehört und ggf. sogar in der Niederspannungshauptverteilung mit dem Zähler einer Mietwohnung verbunden ist, dann ist der Vermieter gar nicht in der Lage, dem Mieter vorzuschreiben, dass er Grünstrom zu beziehen hat.

Im Zweifel wird in einem Wohnungsunternehmen oder einer Wohnungseigentumsgemeinschaft nicht der Fördernehmer die Ladesäule und den Strom daraus beziehen, sondern der oder die Mieter.

Der Ladestrom ist nicht über Betriebskosten des Mietvertrages sozialisier- und abrechenbar. Denn nach § 1 Abs. 1 BetrKV sind Betriebskosten diejenigen Kosten, die dem Eigentümer oder Erbbauberechtigten durch das Eigentum oder Erbbaurecht am Grundstück oder durch den bestimmungsmäßigen Gebrauch des Gebäudes, der Nebengebäude, Anlagen, Einrichtungen und des Grundstücks laufend entstehen. Dazu gehören z. B. Betriebsstrom für die Aufzüge in § 2 Nr. 7 BetrKV oder die Beleuchtung in Nr. 11 BetrKV, aber keinesfalls der Ladestrom, der übrigens bei täglicher Nutzung mit dem Stromverbrauch der Miets- oder Eigentumswohnung mithalten können wird. Diese Regelung birgt Konfliktpotenzial im Mieter-Vermieter-Verhältnis. Es bleibt abzuwarten, wie der Abruf der Förderung in der Vermieterbranche angenommen wird.

Im Merkblatt wird die Verlegung von Leerrohren für die zukünftige Verlegung eines Glasfaserkabels angeregt. Dem kann nur zugeraten werden, damit nicht in wenigen Jahren die nächste Investition erforderlich wird, etwa die Ladestation oder Wallbox „intelligent" zu machen.

▶ **Tipp** Die KfW-Förderung ist nicht mit anderen Förderungen kombinierbar. Das ist ausdrücklich verboten.
Auch kann der Antragsteller keine Steuerprivilegierung für Handwerkerleistungen nach § 35a Abs. 3 EStG geltend machen.

Die Förderrichtlinie für private Ladeeinrichtungen trat am 01.11.2020 in Kraft und gilt bis zum 31.12.2023.

14.3 Förderung von Ladeinfrastruktur für Gewerbetreibende

Ein Förderprogramm für Ladeinfrastruktur in Unternehmen für Dienstfahrzeuge und Mitarbeiterfahrzeuge gibt es auf Bundesebene bisher nicht, dafür in einigen Landesprogrammen.

Im Programm „Ladeinfrastruktur von Wohngebäuden – Investitionszuschuss" vom 06.10.2020[7] ist jedoch in der Präambel, letzter Satz, angekündigt, dass in 2021 auch ein

---

[7] Bekanntmachung der Richtlinie über den Einsatz von Bundesmitteln im Rahmen des Programms „Ladeinfrastruktur an Wohngebäuden – Investitionszuschuss" vom 06.10.2020. https://www.bmvi.de/SharedDocs/DE/Anlage/G/richtlinie-private-ladeinfrastruktur.pdf?__blob=publicationFile, letzter Aufruf 03.01.2021.

Programm zur Förderung von Ladeinfrastruktur für Gewerbetreibende, d. h. in Unternehmen aber auch Behörden erlassen werden soll.

14.4 Förderrichtlinien der Länder

Um den Ausbau der Ladeinfrastruktur voranzutreiben und einen Beitrag zum Klimaschutz zu leisten, gibt es auch separate Förderungen der einzelnen Bundesländer. Diese ergänzen, teilweise erweitern sie die Bundesförderung für bestimmte Anwendungen oder bestimmte Adressaten.

Zum Beispiel hat das bevölkerungsreichste Bundesland NRW eine Förderrichtlinie Emissionsarme Mobilität[8] erlassen. Diese sieht die Anhebung des Förderhöchstsatzes um 1500 € pro intelligentem Ladepunkt vor. Befristet bis zum 30.11.2020 wurde zudem die Förderquote für andere Ladepunkte um 10 % Punkte und die Förderhöchstgrenze um 1000 € pro Ladepunkt erhöht. Es gibt einen zusätzlichen Bonus von 500 € für die Installation von Ladeinfrastruktur, wenn diese mit Strom aus einer neu errichteten Erneuerbare-Energien-Anlage versorgt wird, in der Praxis zuvörderst über eine Photovoltaikanlage. Wer diesen Strom zudem in einem fest installierten Batteriespeicher zwischenlagert, um tagsüber den Strom aus Photovoltaik einzuspeisen und auch nachts laden zu können, erhält einen weiteren Zuschuss von 200 €/kWh Speicherkapazität.

▶ Ebenfalls befristet erhöht wird die Förderung für Elektrolastenräder. Das sind zwar keine Elektrofahrzeuge, aber uneingeschränkt wie andere Fahrräder und Hybridfahrzeuge Bestandteil der Verkehrswende. So können Gewerbetreibende 40 % der zuwendungsfähigen Ausgaben bis zu 3500 € erhalten, Kommunen bis zu 70 %.

Von den 35 Mio. €, die NRW in 2020 in emissionsarme Mobilität investiert, sollen etwa 25 Mio. € in Ladesäulen und Wallboxen fließen. In vielen anderen Bundesländern sind ähnliche Förderprogramme für die Ladeinfrastruktur und z. B. hinsichtlich der Lastenräder als Sonderelement der Elektromobilität aufgestellt worden. Teilweise werden wissenschaftliche Projekte, Pilot- und Demonstrationsprojekte oder Vorhaben der Elektromobilität, die den kommerziellen Einsatz neuer Techniken und Verfahren in beispielhafter Form unter Beweis stellen sollen, gefördert.[9]

---

[8] Energieagentur NRW, Richtlinie über die Gewährung von Zuwendungen aus progres.nrw – Programmbereich Emissionsarme Mobilität – Runderlass des Ministeriums für Wirtschaft, Innovation, Digitalisierung und Energie vom 15.06.2020, https://www.energieagentur.nrw/foerderung/progres.nrw/foerderprogramme_elektromobilitaet, letzter Aufruf 03.01.2021.

[9] Hessisches Ministerium für Wirtschaft, Energie, Verkehr und Wohnen, Grundsätze zur Förderung der Elektromobilität in Hessen, https://wirtschaft.hessen.de/verkehr/elektromobilitaet/foerderung-der-elektromobilitaet-hessen, letzter Aufruf 03.01.2021.

14.5 Förderung Anschaffung Elektrofahrzeuge

Im Zusammenhang mit dem COVID19-Konjunkturpaket 2020 der Bundesregierung wird für die Förderung des Absatzes von Elektrofahrzeugen ein weiterer Anreiz durch die Auslobung einer Kaufprämie von 9000 € für reine Elektrofahrzeuge, also BEV, und bis zu 6750 € für PhEV gesetzt.[10] Dazu wurde vom BMWi die Richtlinie zur Förderung des Absatzes von elektrisch betriebenen Fahrzeugen (Umweltbonus) vom 25.06.2020 bekanntgemacht,[11] die mittlerweile schon durch die Richtlinie vom 21.10.2020 revidiert worden ist.[12]

Insgesamt gibt es bereits seit Mitte 2016 ein Förderprogramm, zunächst z. B. für BEV einen Zuschuss von 2000 € vom Bund und 2000 € vom Hersteller, sodann 3000 € von beiden und nunmehr einen befristeten Innovationszuschuss von weiteren 3000 € vom Bund. Bisher sind mehr als 200.000 Förderanträge beschieden worden, davon ca. zwei Drittel für BEV, ein Drittel für PhEV und etwas mehr als 100 Förderungen für FCEV.[13]

Ziel ist es, eine Million Elektrofahrzeuge im Markthochlauf zu erreichen, ein Ziel, das übrigens ursprünglich von der Bundesregierung schon 2020 erreicht werden sollte.

14.5.1 Neufahrzeugförderung

Die Eckpunkte für die Förderung von neuen Elektrofahrzeugen in Deutschland sind:

- Förderfähig sind in Deutschland zugelassene Elektrofahrzeuge, egal welcher Typ und Marke, egal, wo sie im EU-Ausland erworben wurden.
- Antragsberechtigt sind Privatpersonen, Unternehmen, Stiftungen, Körperschaften und Vereine, auf die ein Elektrofahrzeug als Käufer oder Leasingnehmer zugelassen wird, es sei denn, dass über deren Vermögen ein Insolvenzverfahren beantragt oder eröffnet worden ist.

---

[10] Höhere Kaufprämie für E-Autos kann rückwirkend beantragt werden, strom-magazin vom 17.07.2020, https://www.strom-magazin.de/strommarkt/hoehere-kaufpraemie-fuer-e-autos-kann-rueckwirkend-beantragt-werden_222827.html?utm_source=nl_strom-magazin&utm_medium=emailmarketing&utm_campaign=2020-07-08, letzter Aufruf 03.01.2020.

[11] Bundesministerium für Wirtschaft und Energie Bekanntmachung der Richtlinie zur Förderung des Absatzes von elektrisch betriebenen Fahrzeugen (Umweltbonus) vom 13.02.2020, BAnz 18.02.2020, https://www.bmwi.de/Redaktion/DE/Downloads/B/bekanntmachung-der-richtlinie-zur-foerderung-absatzes-von-elektrisch-betriebenen-fahrzeugen.pdf?__blob=publicationFile&v=4, letzter Aufruf 03.01.2021.

[12] BMWi Richtlinie zur Förderung des Absatzes von elektrisch betriebenen Fahrzeugen (Umweltbonus) vom 21.10.2020, BAnz 05.11.2020, https://www.bafa.de/SharedDocs/Downloads/DE/Energie/emob_merkblatt_2020_1021.pdf?__blob=publicationFile&v=4, letzter Aufruf 03.01.2021.

[13] Renault verschärft Rabattschlacht, ntv.de vom 09.06.2020, https://www.n-tv.de/wirtschaft/Renault-verschaerft-Rabattschlacht-article21834971.html, letzter Aufruf 03.01.2021.

14.5 Förderung Anschaffung Elektrofahrzeuge

- Die Definition des elektrisch betriebenen Fahrzeuges folgt hier § 2 Abs. 1 EMoG. Nach Ziffer 3.1. der Richtlinie wird auf § 2 EMoG verwiesen, wonach BEV, FCEV und PhEV förderfähig sind.
- Für PhEV gilt jedoch eine Einschränkung, denn die Reichweite des Elektrobetriebs muss bei Anschaffung
  - bis 31.12.2021 mindestens 40 km,
  - ab dem 01.01.2022 mindestens 60 km und
  - ab dem 01.01.2025 mindestens 80 km betragen.

Das Fördererfordernis von 60 km ist jetzt bereits auf den 01.01.2022 vorgezogen worden.[14] Damit ist bewusst eingebaut worden, dass PhEV eine größere rein elektrische Reichweite mit dem technischen Fortschritt haben müssen, um die Förderfähigkeit generell zu erhalten. Diese Hybridlösung aus konventionellem und elektrischem Antrieb ist somit eine Brücke; kurze Strecken, i. d. R. in der Stadt, werden ohne lokale Emissionen elektrisch und Langstrecke mit dem konventionellen Benzin- oder Dieselantrieb zurückgelegt. Schon jetzt erreichen Hybride teilweise bis zu 100 km elektrische Reichweite.[15]

Da die Zukunft jedoch der rein elektrische Antrieb ist, ist auch verständlich, dass ein BEV großzügiger gefördert wird als ein PhEV. Auch gibt es in Teilen der Fachwelt einen Vorbehalt gegen die Förderung von PhEV, denn diese werden – so die nicht ganz unberechtigte Kritik[16] – nur zu einem geringen untergeordneten Teil elektrisch gefahren. Aber ob das am Fahrer liegt oder eher an der noch nicht geschlossenen Ladeinfrastruktur und z. T. erheblich höheren Ladestrompreisen gegenüber dem konventionellen Antrieb, wird die Zeit zeigen.

---

[14] Vgl. 4. Spitzengespräch der Konzertierten Aktion „Elektromobilität" - Transformation unterstützen, Wertschöpfungsketten stärken vom 17.11.2020, https://www.bundesregierung.de/breg-de/aktuelles/pressemitteilungen/4-spitzengespraech-der-konzertierten-aktion-mobilitaet-transformation-unterstuetzen-wertschoepfungsketten-staerken—1815818, letzter Aufruf 03.01.2021;
BMWi Richtlinie zur Förderung des Absatzes von elektrisch betriebenen Fahrzeugen (Umweltbonus) vom 21.10.2020, BAnz 05.11.2020, Seite 2, https://www.bafa.de/SharedDocs/Downloads/DE/Energie/emob_merkblatt_2020_1021.pdf?__blob=publicationFile&v=4, letzter Aufruf 03.01.2021.

[15] Hoch auf dem Hybrid – der Mercedes GLE 350de 4Matic im Handelsblatt-Autotest, handelsblatt.de vom 11.11.2020, https://www.handelsblatt.com/auto/test-technik/plug-in-hybrid-suv-hoch-auf-dem-hybrid-der-mercedes-gle-350de-4matic-im-handelsblatt-autotest/26582200.html, letzter Aufruf 03.01.2021.

[16] Plug-in-Hybrid: Mogelpackung oder Umweltfreund?, adac.de vom 29.05.2020, https://presse.adac.de/meldungen/adac-ev/technik/plug-in-hybrid-mogelpackung-oder-umweltfreund.html, letzter Aufruf 03.01.2021.

Fördervoraussetzung ist nach Ziffer 3.3., dass sich das begünstigende Elektrofahrzeugmodell auf der Liste der BAFA[17] befinden muss, mit der sich die Autohersteller zu einer Beteiligung an der Finanzierung des Umweltbonus verpflichten.

Weitere Voraussetzung ist eine Haltedauer von sechs Monaten auf den Antragsteller. Er darf also das Elektrofahrzeug nicht vorher verkaufen oder verschenken oder aus sonstigen Gründen auf einen neuen Halter übergehen.

Weitere Voraussetzung ist außerdem für den Bezug des Bundesanteils der Förderung, dass der Nettolistenpreis maximal 65.000 € beträgt. Der Nettolistenpreis wird ebenfalls von der BAFA aufgelistet. Echte Luxusfahrzeuge werden also nicht gefördert.Dieser Umweltbonus führt zu Rekorden an Antragstellungen und Elektrofahrzeugzulassungen: bis Oktober 2020 wurden bereits 153.746 Förderanträge gestellt.[18]

14.5.2 Gebrauchtwagenförderung

Ein Hemmnis der Integration von Elektrofahrzeugen in Leasing- oder Firmenflotten ist die Unsicherheit der Verwertung und damit der relativ niedrige Wiederverkaufswert. Dieser führt gerade bei einem Leasingfahrzeug zu höheren Leasingraten, welche auch den Werteverzehr widerspiegeln, und macht daher solche Fahrzeuge weniger attraktiv.

Nach Ziffer 3.3. der Förderrichtlinie werden daher auch Gebrauchtfahrzeuge im Fall der zweiten Zulassung gefördert, wenn

1. im Fall der zweiten Zulassung im Inland die Erstzulassung in der EU nach dem 04.11.2019 erfolgte;
2. im Fall der zweiten Zulassung das Elektrofahrzeug erst maximal zwölf Monate erstzugelassen war;
3. eine maximale Laufleistung von 15.000 km bei der Zweitzulassung aufweist;
4. nachweislich noch nicht durch den Umweltbonus oder vergleichbare staatliche Förderung in einem anderen EU-Staat gefördert worden ist.

14.5.3 Sonstige Förderung

Nach Ziffer 3.4 der Richtlinie i. V. m. Ziffer 2.1. ist auch der Erwerb eines AVAS (Acoustic Vehicle Alerting System), welches mittels eines Schallzeichens Fußgänger und andere

---

[17] BAFA, Liste der förderfähigen Elektrofahrzeuge, Stand 18.12.2020, https://www.bafa.de/SharedDocs/Downloads/DE/Energie/emob_liste_foerderfaehige_fahrzeuge.pdf?__blob=publicationFile&v=122, letzter Aufruf 03.01.2021.

[18] Rekord bei Anträgen auf E-Auto-Kaufprämie, handelsblatt.de vom 12.11.2020, https://www.handelsblatt.com/politik/deutschland/elektromobilitaet-rekord-bei-antraegen-auf-e-auto-kaufpraemie/26612416.html, letzter Aufruf 03.01.2021.

14.5 Förderung Anschaffung Elektrofahrzeuge

Verkehrsteilnehmer auf die Anwesenheit eines Elektrofahrzeugs aufmerksam macht, förderbar.
 Voraussetzung ist:

1. Einbau zum Zeitpunkt des Erwerbs serienmäßig vom Hersteller oder durch eine autorisierte Werkstatt in ein gemäß der Förderrichtlinie zu förderndes Elektrofahrzeug;
2. Vorliegen einer Allgemeinen Betriebserlaubnis für das AVAS oder Teil einer Typengenehmigung.

14.5.4 Höhe der Förderung

Die Förderung erfolgt durch einen Umweltbonus und eine Innovationsprämie. Die Antragstellung erscheint teilweise wegen vieler Fördervoraussetzungen komplex. In der Praxis ist die Antragstellung jedoch Teil der Services und ggf. Kaufpreisabwicklung jedes Elektrofahrzeug-Neuwagenverkäufers. Denn mit dem Umweltbonus soll der Absatz von Elektrofahrzeugen in Deutschland gefördert werden!
 Die Fördergrenze ist der Nettolistenpreis nach Ziffer 4 i. V. m. Ziffer 3.3. der Richtlinie von 65.000 €. Der Fördergeber geht davon aus, dass es bei Fahrzeugen von über 65.000 € Nettolistenpreis auf die Förderung nicht mehr für die Absatzförderung ankommt und deshalb verloren wäre. Solche Fahrzeuge werden aus anderen Gründen gekauft.
 Der Umweltbonus wird hälftig von den Automobilherstellern und durch einen Bundeszuschuss nach Ziffer 4 der Richtlinie erbracht. Deshalb ist die Korrelation zu Ziffer 3.3. Anstrich der Richtlinie so wichtig, weil nur Fahrzeugmodelle begünstigt sind, die sich auf der BAFA-Liste befinden, mit der sich die Hersteller zu einer Beteiligung an der Finanzierung des Umweltbonus verpflichten. Verpflichten sich Hersteller eben nicht, werden diese nicht auf die BAFA-Liste gesetzt und es erfolgt auch kein Umweltbonus.
 Neufahrzeuge, die nach dem 03.06.2020 bis zum 31.12.2021 erstmalig zugelassen wurden oder Gebrauchtfahrzeuge, die nach dem 04.11.2019 erstzugelassen und nach dem 03.06.2020 bis zum 31.12.2021 zweitzugelassen wurden, erhielten eine Innovationsprämie, bei der der Bundesanteil verdoppelt wurde.
 Nach Ziffer 4 beträgt der Bundesanteil an dem nicht zurückzahlbaren Zuschuss für ein BEV oder Brennstoffzellenfahrzeug mit einem Nettolistenpreis bis 40.000 € 3000 € und bei einem Nettolistenpreis über 40.000 € 2500 €. In dem Zeitraum bis 31.12.2021 wurde vom Bund somit ein Betrag von 6000 € bzw. 5000 € bezuschusst.
 Bei einem PhEV mit Nettolistenpreis bis 40.000 € beträgt der Zuschuss 2250 € und von über 40.000 € 1875 €. Die AVAS-Förderung beträgt 100 € pauschal je Fahrzeug. Ein AVAS ist für alle Neuwagen ab 01.07.2021 per sé verpflichtend.

Elektro-Fahrzeug typ	Nettolistenpreis in €	Umweltbonus Bund in €	Innovationsprämie Bund in €	Zuschuss Hersteller in €	Zuschuss gesamt in €
AVAS		100	0	0	**100**
BEV	</= 40.000	3000	3000	3000	**9000**
BEV	> 40.000 </= 65.000	2500	2500	2500	**7500**
PhEV	</= 40.000	2250	2250	2250	**6750**
PhEV	> 40.000 -</= 65.000	1875	1875	1875	**5625**

Auch Leasing von BEV und PhEV werden gefördert:

- Im Fall des Leasings beträgt der nicht rückzahlbare Zuschuss des Bundes für ein BEV oder FCEV mit einem Nettolistenpreis von maximal 40.000 € bei einer Leasingdauer

zwischen 6 und 11 Monaten	750 €,
ab 12 Monaten bis 23 Monate	1500 €,
und über 23 Monate	3000 €;

- für einen Nettolistenpreis über 40.000 € und einer Leasingdauer

zwischen 6 und 11 Monaten	625 €,
ab 12 Monaten bis 23 Monate	1250 €,
und über 23 Monate	2500 €.

- Im Fall des Leasings beträgt der nicht rückzahlbare Zuschuss des Bundes für ein PhEV mit einem Nettolistenpreis von maximal 40.000 Euro bei einer Leasingdauer

zwischen 6 und 11 Monaten	565,50 €,
ab 12 Monaten bis 23 Monate	1125 €,
und über 23 Monate	2250 €;

- für einen Nettolistenpreis über 40.000 € und einer Leasingdauer

zwischen 6 und 11 Monaten	468,75 €,
ab 12 Monaten bis 23 Monate	937,50 €,
und über 23 Monate	1875 €.

Der Eigenanteil des Herstellers am Umweltbonus ist in der Rechnung bzw. im Leasingvertrag zwischen Verkäufer und Antragsteller in Abzug zu bringen.

14.5.5 Sonstige Fördervoraussetzungen

Der Fördergeber hat verschiedene Unterlagen und Wege der Einreichung beschrieben, damit letztlich elektronisch geprüft werden kann, ob die Fördervoraussetzungen gegeben sind. Dazu gehören u. a. der Nachweis von max. 15.000 km Laufleistung für die Zweitzulassung oder die Sonderausstattungen, damit der Nettolistenpreis berechnet werden kann.

> **Tipp** Die Förderrichtlinie tritt am 31.12.2025 außer Kraft.
> Dann muss Elektromobilität auch ohne Zuschuss auskommen und zum normalen Verkehrsgeschehen gehören.

Es gibt ca. 20 % Kaufpreiszuschuss, davon bis zum 31.12.2022 durch den Innovationszuschuss satte 9000 € für BEV, dann weiter bis 31.12.2025 immerhin noch 6000 € für BEV bis zum Nettolistenpreis von 40.000 €.

Hintergrundinformationen
Dies sollte insgesamt dazu führen, dass gerade im Mittelklassesegment die Massenproduktion von Elektrofahrzeugen anläuft, potenzielle Käufer auch monetär für den Kauf eines Elektrofahrzeugs stimuliert werden und die Elektrofahrzeuge aus der Nische zu einem Standardfahrzeug geführt werden.
Jetzt muss die Industrie nur noch aufschließen und auch massen- und alltagstaugliche BEV und PhEV produzieren und vermarkten.

Offensichtlich wird diese Förderung auch angenommen. Nunmehr ist es sogar möglich, dass neben dem Umweltbonus eine weitere öffentliche Förderung beantragt werden kann, also die Förderung sowohl nach den Bundes- als auch nach den Landesprogrammen kumuliert werden darf. Seit dem 16.11.2020 kann der Umweltbonus mit den dort vorhandenen Förderprogrammen für Elektrofahrzeuge der Länder kombiniert werden.[19]

14.5.6 Förderrichtlinien der Länder

Auch die Bundesländer haben teilweise eigene Förderrichtlinien mit einem besonderen Förderzweck aufgesetzt. So hat Nordrhein-Westfalen eine Richtlinie über die Gewährung von Zuwendungen aus progres.nrw (Programmbereich Emissionsarme Mobilität) mit dem Runderlass des Ministeriums für Wirtschaft, Innovation, Digitalisierung und Energie vom 15. Juni 2020 erlassen. Es handelt sich um eine Förderung für den Kauf, das Leasing und

---

[19] Umweltbonus bald mit anderen Förderungen kombinierbar, strom-magazin.de vom 05.11.2020, https://www.strom-magazin.de/strommarkt/umweltbonus-bald-mit-anderen-foerderungen-kombinierbar_223680.html?utm_source=nl_strom-magazin&utm_medium=emailmarketing&utm_campaign=2020-11-11, letzter Aufruf 03.01.2021.

die Langzeitmiete von BEV- und Brennstoffzellennutzfahrzeugen für gewerbliche Nutzer.[20] PhEV werden also nicht gefördert.

Gefördert wird der Erwerb, das Leasing oder die Langzeitmiete von reinen BEV- und Brennstoffzellen-Fahrzeugen nach EMoG als Neu- oder Vorführfahrzeuge der Klassen L6E, L7E, M1, N1 und N2 mit einer zulässigen Gesamtmasse von weniger als 7,5 t, also Nutzfahrzeuge.

Als Neufahrzeuge gelten hierbei Fahrzeuge, die keine Standschäden haben oder hatten und eine maximale Laufleistung von 1000 Kilometern aufweisen. Als Vorführfahrzeuge gelten gewerblich genutzte Fahrzeuge, die einmalig auf einen Neuwagenhändler zugelassen waren und der Besichtigung und Probefahrt durch Endabnehmer dienten, eine maximale Laufleistung von 5000 Kilometern aufweisen und maximal 12 Monate zugelassen sind.

Die Förderhöhe beträgt 8000 € für die Klasse N1 mit einer zulässigen Gesamtmasse ab 2,3 t und die Klasse N2 mit einer zulässigen Gesamtmasse von weniger als 7,5 t. Für Kommunen gilt sogar eine noch attraktivere Förderung: Für BEV beträgt die Förderquote 40 % der zuwendungsfähigen Ausgaben bis zu einer maximalen Förderhöhe von 30.000 €, für Brennstoffzellenfahrzeuge beträgt die Förderquote 60 % der zuwendungsfähigen Ausgaben bis zu einer maximalen Förderhöhe von 60.000 €. Die Förderung für das Leasing und die Langzeitmiete von Fahrzeugen erfolgt als Zuschuss maximal bis zur Höhe der im Leasing- beziehungsweise Mietvertrag festgelegten Anzahlung. Beträgt die Haltedauer weniger als fünf Jahre, verringert sich die maximale Förderhöhe anteilig.

Über die beschafften Fahrzeuge darf nicht vor Ablauf einer Dauer von fünf Jahren verfügt werden. Die Dauer des Leasing- beziehungsweise Mietvertrages sollte mindestens fünf Jahre betragen. Die Mindestlaufzeit des Leasing- oder Mietvertrages beziehungsweise die Mindesthaltedauer beträgt ein Jahr. Damit wird ergänzend zur Förderrichtlinie des Bundes der Fokus auf kleine Nutzfahrzeuge gelegt.

---

[20] Energieagentur NRW, Richtlinie über die Gewährung von Zuwendungen aus progres.nrw – Programmbereich Emissionsarme Mobilität – Runderlass des Ministeriums für Wirtschaft, Innovation, Digitalisierung und Energie vom 15.06.2020, https://www.energieagentur.nrw/foerderung/progres.nrw/foerderprogramme_elektromobilitaet, letzter Aufruf 03.01.2021.

15 Förderung und Steuerprivilegien für Elektrofahrzeuge und Elektroinfrastruktur

Der Gesetzgeber hat und nutzt vielfältige Möglichkeiten, die Anschaffung, den Betrieb und Unterhalt von Elektrofahrzeugen, Elektroladeinfrastruktur oder andere Teile der Elektromobilität, etwa den Fahrstrom, durch Steuervorteile zu stimulieren und auch umgekehrt, den Betrieb von konventionellen Fahrzeugen in Relation unattraktiver zu machen.

15.1 Steuerprivileg aus der Einkommenssteuer

15.1.1 Reduzierter geldwerter Vorteil bei Nutzung von Elektrofahrzeugen

Nach § 6 Nr. 4 Satz 2 ff. EStG ist die private Nutzung eines Kraftfahrzeugs, das zu mehr als 50 % betrieblich genutzt wird, für jeden Kalendermonat mit 1 % des inländischen Listenpreises im Zeitpunkt der Erstzulassung, zuzüglich der Kosten für Sonderausstattung einschließlich Umsatzsteuer, anzusetzen. Für jedes Verbrennerfahrzeug muss also 1 % des Bruttolistenpreises einschließlich der Umsatzsteuer angesetzt werden; insoweit erhöht sich das sonstige zu versteuernde Einkommen eines Dienstwagennutzers.

Im Rahmen der privaten Nutzung von gewerblichen Fahrzeugen mit Antrieb ausschließlich durch Elektromotoren, die ganz oder überwiegend aus mechanischen oder elektrochemischen Energiespeichern oder aus emissionsfrei betriebenen Energiewandlern gespeist werden (BEV), oder von PhEV, ist der Listenpreis dieser Kraftfahrzeuge

grundsätzlich bei Anschaffung vor dem 01.01.2023 um die darin enthaltenen Kosten des Batteriesystems im Zeitpunkt der Erstzulassung des Kraftfahrzeugs: für bis zum 31.12.2013 angeschaffte Kraftfahrzeuge um 500 €/kWh der Batteriekapazität zu mindern. Dieser Betrag mindert sich für in den Folgejahren angeschaffte Kraftfahrzeuge um jährlich 50 €/kWh der Batteriekapazität. Die Minderung der anzusetzenden Kosten pro Kraftfahrzeug beträgt höchstens 10.000 €. Dieser Höchstbetrag mindert sich für in den Folgejahren angeschaffte Kraftfahrzeuge um jährlich 500 € und endet folglich nach 10 Jahren – für Anschaffungen in 2020 wären somit nur noch 150 €/kWh Minderungsbetrag anzusetzen,

oder, was viel attraktiver ist:

1. bei Anschaffung nach dem 31.12.2018 und vor dem 01.01.2022 nur zur Hälfte anzusetzen, also 0,5 % des Bruttolistenpreises oder
2. bei Anschaffung nach dem 31.12.2018 und vor dem 01.01.2031 nur zu einem Viertel anzusetzen, wenn das Kraftfahrzeug gar keine CO_2-Emission je gefahrenen Kilometer hat und der Bruttolistenpreis des Kraftfahrzeugs nicht mehr als 60.000 € beträgt. Damit sind BEV und FCEV nur mit 0,25 % des Bruttolistenpreises anzusetzen, wenn der Bruttolistenpreis kleiner als 60.000 € beträgt,

   oder
3. soweit Nr. 3 nicht anzuwenden ist, weil das Fahrzeug einen Bruttolistenpreis über 60.000 € aufweist, und bei Anschaffung nach dem 31.12.2021 und vor dem 01.01.2025 nur zur Hälfte, d. h. wiederum 0,5 % des Bruttolistenpreises anzusetzen, wenn das Kraftfahrzeug
   a) eine CO_2-Emission von höchstens 50 g/km hat oder
   b) die Reichweite des Fahrzeugs unter ausschließlicher Nutzung der elektrischen Antriebsmaschine mindestens 60 km beträgt oder
4. soweit Nr. 3 nicht anzuwenden ist und bei Anschaffung nach dem 31.12.2024 und vor dem 01.01.2031 nur zur Hälfte, d. h. erneut nur 0,5 % des Bruttolistenpreises, anzusetzen, wenn das Kraftfahrzeug
   a) eine CO_2-Emission von höchstens 50 g/km hat oder
   b) die Reichweite des Fahrzeugs unter ausschließlicher Nutzung der elektrischen Antriebsmaschine mindestens 80 Kilometer beträgt.

Die maßgebliche CO_2-Emission sowie die Reichweite des Kraftfahrzeugs unter ausschließlicher Nutzung der elektrischen Antriebsmaschine ist der Übereinstimmungsbescheinigung nach Anhang IX der Richtlinie 2007/46/EG oder aus der Übereinstimmungsbescheinigung nach Artikel 38 der Verordnung (EU) Nr. 168/2013 zu entnehmen.

Für einen Dienstwagen mit 40.000 € Bruttolistenpreis muss also derjenige, der einen Verbrenner fährt, 400 € monatlich höheres fiktives Einkommen versteuern, der Fahrer eines PhEV nur 200 € und der Fahrer eines BEV nur 100 €.

Natürlich kann sich, je nach persönlicher Steuerlast, das verfügbare Nettoeinkommen um mehr als 100 € pro Monat erhöhen.

Ein extern aufladbares PhEV muss die Voraussetzungen des § 3 Abs. 2 Nr. 1 oder 2 EMobG erfüllen.

Dies bedeutet übereinstimmend, dass das Fahrzeug

1. eine CO_2-Emission von höchstens 50 g/km hat oder
2. dessen Reichweite unter ausschließlicher Nutzung der elektrischen Antriebsmaschine mindestens 40 km beträgt.

> **Merke**
> Für BEV und PhEV (und FCEV) beträgt der geldwerte Vorteil nur 1 % des halben Bruttolistenpreises, somit 0,5 % vom Bruttolistenpreis, bei konventionellen Fahrzeugen dagegen 1 %.

Nach § 8 Abs. 2 Satz 3 EStG muss für jeden Kalendermonat, an dem das Kraftfahrzeug auch für Fahrten zwischen Wohnung und erster Tätigkeitsstätte genutzt wird, der Wert für jeden Kalendermonat um 0,03 % des Listenpreises im Sinne des § 6 Abs. 1 Nr. 4 Satz 2 EStG für jeden Kilometer der Entfernung zwischen Wohnung und erster Tätigkeitsstätte erhöht werden. Für BEV und PhEV ist durch den Verweis auf § 6 somit nur der hälftige Bruttolistenpreis anzusetzen.

Die Nutzung des Kraftfahrzeugs zu einer Familienheimfahrt im Rahmen einer doppelten Haushaltsführung ist mit 0,002 % des Bruttolistenpreises im Sinne des § 6 Abs. 1 Nr. 4 Satz 2 EStG für jeden Kilometer der Entfernung zwischen dem Ort des eigenen Hausstands und dem Beschäftigungsort anzusetzen. Für BEV und PhEV ist nur der hälftige Bruttolistenpreis anzusetzen, somit nur die Hälfte von 0,002 % = 0,001 %.

Somit ist für BEV und PhEV (und FCEV) jeweils nur der halbe Bruttolistenpreis als Bemessungsbasis anzusetzen. Dies ist für Dienstfahrzeuge derzeit das wohl kräftigste Argument, auf ein Elektrofahrzeug umzusteigen – sofern der Arbeitgeber es zulässt und möglich macht.

> **Merke**
> Für BEV und PhEV (und FCEV) beträgt der geldwerte Vorteil für Fahrten zur ersten Tätigkeitsstätte nur 0,03 % des halben Bruttolistenpreises, somit 0,015 %, und bei Familienheimfahrten nur 0,002 % des halben Bruttolistenpreises, somit 0,001 %.

15.1.2 Steuerfrei Strom-Laden von Arbeitnehmer-Elektrofahrzeug

Nach § 3 Nr. 46 EStG ist der zusätzlich zum ohnehin geschuldeten Arbeitslohn vom Arbeitgeber gewährte Vorteil für das elektrische Aufladen eines Elektrofahrzeugs oder Hybridelektrofahrzeugs im Sinne des § 6 Abs. 1 Nr. 4 Satz 2 2. Halbsatz EStG an einer ortsfesten betrieblichen Einrichtung des Arbeitgebers oder eines verbundenen Unternehmens steuerfrei.

Wenn der Arbeitgeber es erlaubt, kann der Arbeitnehmer sein privates Elektrofahrzeug verbilligt oder kostenlos laden. Dieser geldwerte Vorteil ist steuerfrei. Voraussetzung ist, dass es sich um eine ortsfeste betriebliche Einrichtung des Arbeitgebers oder verbundenen Unternehmens handeln muss. Wenn der Mitarbeiter in der Parkgarage des Unternehmens den Strom in sein Privatfahrzeug lädt, zahlt der Arbeitgeber somit für die privaten Anwendungen des Mitarbeiters. Wichtig ist jedoch, dass dieses Gratis-Laden zusätzlich zum geschuldeten Arbeitslohn erfolgt und nicht statt eines – teilweise – geschuldeten Arbeitslohns.

> **Merke**
> Das Stromladen mit dem Mitarbeiterelektrofahrzeug beim Arbeitgeber ist steuerfrei.

15.1.3 Steuerfreie Überlassung betriebliche Ladevorrichtung zur privaten Nutzung

Ebenfalls nach § 3 Nr. 46 EStG ist die zur privaten Nutzung überlassene betriebliche Ladevorrichtung steuerfrei.

Der Arbeitgeber kann dem Mitarbeiter eine Ladevorrichtung überlassen, womit der Mitarbeiter im Home-Charging zu Hause das eigene Elektrofahrzeug lädt. Diese Überlassung ist steuerfrei. Es muss allerdings eine betriebliche Ladevorrichtung bleiben, also in den „Büchern" des Arbeitgebers bleiben und darf nicht an den Mitarbeiter übereignet werden.

Wenn der Arbeitgeber z. B. erreichen möchte, dass der Mitarbeiter seinen Dienstwagen auch zu Hause lädt, um den Weg zum Arbeitsort oder die Geschäftsreise elektrisch zurückzulegen, und der Mitarbeiter mit der Ladevorrichtung auch einen anderen Privat-Pkw laden würde, so wäre diese Überlassung steuerfrei.

> **Merke**
> Die Überlassung einer Ladeeinrichtung des Arbeitgebers an den Mitarbeiter ist steuerfrei.

15.1.4 Steuerbegünstigte Übereignung einer Elektroladestation – Home-Charging durch Arbeitgeber

Nach § 40 Abs. 2 Satz 1 Nr. 6 EStG kann der Arbeitgeber die Lohnsteuer mit einem Pauschsteuersatz von nur 25 % erheben, soweit er seinen Arbeitnehmern zusätzlich zum ohnehin geschuldeten Arbeitslohn unentgeltlich oder verbilligt die Ladevorrichtung für BEV oder PhEV im Sinne des § 6 Abs. 1 Nr. 4 Satz 2 zweiter Halbsatz übereignet. Das Gleiche gilt für Zuschüsse des Arbeitgebers, die zusätzlich zum ohnehin geschuldeten Arbeitslohn zu den Aufwendungen des Arbeitnehmers für den Erwerb und die Nutzung dieser Ladevorrichtung gezahlt werden. Demzufolge tritt nur eine Pauschalversteuerung zugunsten des Mitarbeiters ein.

> **Merke**
> Die Übereignung oder Zuschüsse zum Erwerb und Nutzung einer Ladevorrichtung können zugunsten des Mitarbeiters mit nur 25 % pauschalversteuert werden.

15.1.5 Erstattung privater Stromladekosten für Elektro-Dienstfahrzeuge

Im Fall von Dienstwagen des Arbeitgebers, die dem Mitarbeiter auch zur privaten Nutzung überlassen werden, stellt die Erstattung der vom Arbeitnehmer selbst getragenen Stromkosten einen steuerfreien Auslagenersatz nach § 3 Nr. 50 EStG dar. Natürlich müssen die Ladekosten auch nachgewiesen werden. Beim Home-Charging ist ein solcher Nachweis nur sehr schwierig möglich, weil dann die Außensteckdose oder Wallbox auch einen eigenen Zähler haben muss und Nachweise geführt werden müssen.

Die Finanzverwaltung erlaubt jedoch die Erstattung eines Pauschalbetrages und zwar nur für Pkw

- für den Zeitraum vom 01.01.2017 bis 31.12.2020
  - 20 € monatlich bei Bestehen einer zusätzlichen Lademöglichkeit beim Arbeitgeber für BEV und 10 € für PhEV und
  - 50 € monatlich, wenn keine Lademöglichkeit beim Arbeitgeber besteht für BEV und 25 € für PhEV;
- für den Zeitraum vom 01.01.2021 bis 31.12.2030 leicht erhöht
  - 30 € monatlich bei Bestehen einer zusätzlichen Lademöglichkeit beim Arbeitgeber für BEV und 15 € für PhEV
  - und 70 € monatlich, wenn keine Lademöglichkeit beim Arbeitgeber besteht für BEV und 35 € für PhEV.[1]

Als zusätzliche Lademöglichkeit beim Arbeitgeber gilt jeder zum unentgeltlichen oder verbilligten Aufladen des Dienstwagens geeignete Stromanschluss an einer ortsfesten betrieblichen Einrichtung des lohnsteuerlichen Arbeitgebers oder eines mit dem Arbeitgeber verbundenen Unternehmens. Dem gleichgestellt ist eine dem Arbeitnehmer vom Arbeitgeber unentgeltlich oder verbilligt zur Verfügung gestellte Stromtankkarte zum Aufladen des Dienstwagens bei einem dritten Anbieter.[2]

Durch den pauschalen Auslagenersatz sind sämtliche Kosten des Arbeitnehmers für den Ladestrom abgegolten. Ein zusätzlicher Auslagenersatz der nachgewiesenen tatsächlichen Kosten für den von einem Dritten bezogenen Ladestrom ist daher nicht zulässig. Übersteigen die vom Arbeitnehmer in einem Kalendermonat getragenen Kosten für den von einem Dritten bezogenen Ladestrom die Pauschale, kann der Arbeitgeber auch die anhand von Belegen nachgewiesenen tatsächlichen Kosten als steuerfreien Auslagenersatz nach § 3 Nr. 50 EStG erstatten.

---

[1] BMF- Schreiben (koordinierter Ländererlass) IV C 5 – S-2334/19/10009 :004 vom 29.09.2020, RNr. 23, 24.
[2] BMF, Schreiben (koordinierter Ländererlass) IV C 5 – S-2334/19/10009 :004 vom 29.09.2020, RNr. 25.

Hintergrundinformationen
Zwar werden sich die Finanzbehörden bei der Unterscheidung der Pauschalen für BEV und PhEV etwas gedacht haben, aber das erschließt sich nicht ohne Weiteres. Denn am Ende soll schließlich auch der PhEV möglichst weit elektrisch und nicht mit dem konventionellen Anschluss fahren. Beide sollen die Dienstfahrten im Elektrobetrieb vornehmen. Eine Unterscheidung ergibt deshalb wenig Sinn.

Auch ergibt sich dann konsequenterweise kein tieferer Sinn, warum noch zwischen Lademöglichkeit im Unternehmen oder Nichtbestehen unterschieden wird – es sei denn, die Finanzverwaltung geht auch noch im September 2020 von dem althergebrachten Arbeitsmodell aus, dass Dienstwagenfahrer arbeitstäglich ins Büro bzw. zum Unternehmen fahren und dort Laden, und eben nicht die dienstlichen Fahrten vom Homeoffice aus antreten.

Insgesamt ist es aber eine gute pragmatische Lösung, die Elektrofahrzeugführer zu motivieren, auch zu Hause via Home-Charging den Dienstwagen zu laden, was eine der billigsten und netzfreundlichsten Lademethoden ist.

Mit dem monatlichen Pauschbetrag ab 2021 für BEV von 30 € und PhEV von 15 € für Lademöglichkeiten beim Arbeitgeber lassen sich immerhin im Home-Charging ca. 100 kWh/50 kWh laden, was gut 400/200 km elektrische Reichweite impliziert.

Diese Anhebung des Pauschbetrages war in dem Masterplan Ladeinfrastruktur der Bundesregierung[3] vorgesehen. Da sich die Finanzbehörden jetzt mit der Pauschale schon auf den Zeitraum von 2021 bis 2030 festlegen, ist ein Wille zu einer baldigen Anpassung, etwa an die neuen Mobilitätserfordernisse im Homeoffice und Flex Work einerseits und die steigenden Strompreise andererseits nicht ersichtlich.

15.1.6 Steueroptimierung durch Sonderabschreibung

Für neue Elektronutzfahrzeuge (und elektrisch betriebene Lastenfahrräder) kann nach § 7c Abs. 1 EStG im Jahr der Anschaffung eine Sonderabschreibung in Höhe von 50 % der Anschaffungskosten in Anspruch genommen werden.

Nach Abs. 2 sind Elektronutzfahrzeuge solche Fahrzeuge der EG-Fahrzeugklassen N1, N2 und N3, die

- ausschließlich von Elektromotoren angetrieben werden oder
- ganz oder überwiegend aus mechanischen oder elektrochemischen Energiespeichern oder
- aus emissionsfrei betriebenen Energiewandlern gespeist werden.

---

[3] Masterplan Ladeinfrastruktur der Bundesregierung, S. 11, https://www.bmvi.de/SharedDocs/DE/Anlage/G/masterplan-ladeinfrastruktur.pdf?__blob=publicationFile, letzter Aufruf 03.01.2021.

15.1 Steuerprivileg aus der Einkommenssteuer

Die Kraftfahrzeuge sind in

- zur Personenbeförderung (EG Fahrzeugklasse M),
- zur Güterbeförderung (EG Fahrzeugklasse N) und
- die Anhänger für Kraftfahrzeuge (EG Fahrzeugklasse O),

sowie deren Unterklassen Geländewagen (G) und „mit besonderer Bestimmung", gemäß der EG-Richtlinie 2007/46 i. V. m. mit der VO Nr. 678/2011 klassifiziert.[4]

Kraftfahrzeuge der Klasse N sind dann gegliedert in: N1 = Fahrzeuge zur Güterbeförderung mit einer zulässigen Gesamtmasse bis zu 3,5 t, Klasse N2 = Fahrzeuge zur Güterbeförderung mit einer zulässigen Gesamtmasse von mehr als 3,5 t bis zu 12 t und Klasse N3 Fahrzeuge zur Güterbeförderung mit einer zulässigen Gesamtmasse von mehr als 12 t.

Somit werden Elektronutzfahrzeuge durch die Sonder-AfA steuerlich gefördert und Investitionsanreize gesetzt. Hinzu kommt, dass gerade die Klassen N1 und N2 im Fokus des Konjunkturpaketes der Bundesregierung sind, die mit befristeten Flottenaustauschprogrammen die Elektromobilität – für Fahrzeuge sozialer Dienste im Stadtverkehr sowie „Elektronutzfahrzeuge für Handwerker und kleine und mittlere Unternehmen" fördern möchte.

Hintergrundinformationen
Sonderabschreibungen reduzieren im Jahr der Vornahme die Steuerlast und haben damit einen Liquiditäts- und Zinseffekt zugunsten eines Unternehmens.

Soweit ersichtlich, ist derzeit gerade in der Fahrzeugklasse N1 ein Rollout von Elektrofahrzeugen bei Mercedes mit dem e-Sprinter und Nutzlasten von 900 kg bis 1050 kg in Vorbereitung.[5]

Merke
Für Elektronutzfahrzeuge der Klassen N1, N2 und N3 ist eine Sonderabschreibung im Jahr der Anschaffung von 50 % möglich.

---

[4] RICHTLINIE 2007/46/EG DES EUROPÄISCHEN PARLAMENTS UND DES RATES vom 05.09.2007 zur Schaffung eines Rahmens für die Genehmigung von Kraftfahrzeugen und Kraftfahrzeuganhängern sowie von Systemen, Bauteilen und selbstständigen technischen Einheiten für diese Fahrzeuge (ABl. L 263/1);
VERORDNUNG (EU) Nr. 678/2011 vom 14.07.2011 zur Ersetzung des Anhangs II und zur Änderung der Anhänge IV, IX und XI der Richtlinie 2007/46/EG des Europäischen Parlaments und des Rates zur Schaffung eines Rahmens für die Genehmigung von Kraftfahrzeugen und Kraftfahrzeuganhängern sowie von Systemen, Bauteilen und selbstständigen technischen Einheiten für diese Fahrzeuge (ABL L 185/30).
[5] So fährt der Elektrotransporter mit Stern, auto-motor-und-sport.de vom 18.12.2019, https://www.auto-motor-und-sport.de/elektroauto/mercedes-esprinter-transporter-elektroantrieb-2020-daten-leistung-preis/, letzter Aufruf 03.01.2021.

15.1.7 Optimierung mit Handwerkerbonus für Ladepunktinstallation zu Hause

Wie für jede andere Handwerkerleistung auch kann gemäß § 35a Abs. 3 EStG für die Inanspruchnahme bei Renovierungs-, Erhaltungs- und Modernisierungsmaßnahmen die tarifliche Einkommensteuer auf Antrag um 20 % der Aufwendungen, höchstens jedoch um 1200 €, verringert werden. Wenn die Installation einer Wallbox in der Garageneinfahrt mit Handwerkerleistungen, etwa für die Kabelinstallation und den elektrischen Anschluss verbunden ist, und dafür – nicht etwa für die Anschaffung der Wallbox – 500 € aufgewendet werden, dann können 20 % davon, also 100 € von dem zu versteuernden Einkommen abgesetzt werden.

Natürlich gilt wie für jeden Handwerkerbonus, die Aufwendungen sind nachzuweisen und unbar zu bezahlen, also zu überweisen und nachzuweisen. Wichtig ist jedoch, dass die Förderrichtlinie zur Förderung privater Ladeeinrichtungen den Handwerkerbonus explizit ausschließt. Wer die Förderung erhält, darf die geförderten Aufwendungen nicht nochmals mit dem Handwerkerbonus geltend machen.

> **Merke**
> Für Handwerkerleistungen im Zusammenhang mit der Ladepunktinstallation kann der Handwerkerbonus in Höhe von 20 % der Aufwendungen in Anspruch genommen werden.

15.2 Steuerprivileg aus der Kfz-Steuer

Die Kfz-Steuer ist eine Bundessteuer und bringt jährlich ca. 9 Mrd. € Steuereinnahmen.[6] Es ist schon seit vielen Jahren eine Umweltkomponente in der Höhe der Kfz-Steuer enthalten, die an der EURO-Normeinstufung und dem Hubraum bemessen wird. Derzeit werden Elektrofahrzeuge privilegiert und neue Verbrennungsfahrzeuge umgekehrt mit höherer Kfz-Steuer beaufschlagt.

15.2.1 Steuerbefreiung für BEV

Nach § 3d Abs. 1 KraftStG (Kraftfahrzeugsteuergesetz) ist das Halten von Elektrofahrzeugen im Sinne des § 9 Abs. 2 KraftStG steuerbefreit. Somit findet das KraftStG eine

---

[6] Bundestag beschließt Reform der Kfz-Steuer, t-online vom 01.09.2020, https://www.t-online.de/nachrichten/deutschland/id_88593922/klimaschutz-bundestag-beschliesst-reform-der-kfz-steuer.html, letzter Aufruf 04.01.2021.

eigene Definition, wie in § 7c EStG, wonach nach § 9 Abs. 2 Elektrofahrzeuge solche Fahrzeuge mit Antrieb ausschließlich durch Elektromotoren sind, die ganz oder überwiegend aus mechanischen oder elektrochemischen Energiespeichern oder aus emissionsfrei betriebenen Energiewandlern gespeist werden. Denn die komplette Steuerbefreiung sollen nur reine Elektroantriebe, also BEV, nicht jedoch PhEV erhalten.

Die Steuerbefreiung wird bei erstmaliger Zulassung des Elektrofahrzeugs in der Zeit vom 18.05.2011 bis 31.12.2025 für zehn Jahre, längstens bis zum 31.12.2030 gewährt.

Die Steuerbefreiung nach § 3 d Abs. 1 für BEV wird für jedes Fahrzeug einmal gewährt. Soweit sie bei einem Halterwechsel noch nicht abgelaufen ist, wird sie dem neuen Halter gewährt. Die Zeiten der Außerbetriebsetzung eines BEV und die Zeiten außerhalb des auf einem Saisonkennzeichen angegebenen Betriebszeitraums haben keine Auswirkungen auf die Steuerbefreiung.

Die Steuerbefreiung beginnt an dem Tag, an dem die Zulassungsbehörde die Voraussetzungen als erfüllt feststellt.

Merke
Reine Elektrofahrzeuge sind von der Kfz-Steuer für zehn Jahre, längstens bis 31.12.2030 befreit.

Nach § 9 Abs. 2 KraftStG ermäßigt sich die Kfz-Steuer um 50 % des Betrages, der sich nach § 9 Abs. 1 Nr. 3 oder Nr. 4 lit. a) ergibt, wenn die Zehnjahresfrist abgelaufen ist. Danach zahlen BEV also nur noch die Hälfte der sonst fälligen Kfz-Steuer, die für Pkw und Lkw nach Gewicht in 200-kg-Schritten quantifiziert ist.

15.2.2 Steuerermäßigung für PhEV

Für Fahrzeuge mit Verbrennungsmotor bemisst sich die Kfz-Steuer ab 01.01.2021 deutlicher am Schadstoff-Ausstoß. Je nach Höhe der Emissionen und Hubraum wird sie für ab dem 01.01.2021 zugelassene Fahrzeuge nach § 9 Abs. 1 Nr. 2 lit. c) KraftStG in zwei Komponenten bemessen

- Je 100 cm^3 Hubraum 2 € für Benzin- und 9,50 € für Dieselmotoren,
- stufenweise für jedes Gramm CO_2/km beginnend von dem Schwellwert über 95 g/km von 2,00 € bis zu über 195 g/km von 4,00 €.

Dies bedeutet für ein 2000 cm^3 Diesel-PhEV mit weniger als 95 g CO_2/km Emissionen eine Kfz-Steuer von 190 € jährlich. Für den Benzin-PhEV mit gleichem Hubraum müssen nur 40 € Kfz-Steuer gezahlt werden.

Gem. § 10b Abs. 1 KraftStG wird die Kfz-Steuer für besonders emissionsarme Pkw bis zum Schwellenwert von 95 g CO_2/km für den Zeitraum von fünf Jahren für alle zwischen dem 12.06.2020 und dem 31.12.2024 zugelassenen Fahrzeuge nur für den jährlich 30 € Steuerfreibetrag übersteigenden Betrag erhoben.

Bis 95 g CO_2/km Emissionen fällt nur der Steueranteil auf den Hubraum an, sodass Halter auch nur den über 30 € hinausgehenden Betrag zahlen. Für den v. g. 2000 cm^3 Diesel-PhEV fallen also nur 190 € und für den Benzin-PhEV nur 10 € an. Der Steuervorteil beträgt daher 30 € jährlich.

Das Motiv ist, dass sparsamere und damit umweltverträglichere Fahrzeuge angeschafft werden. Da PhEV immer noch über einen Verbrennungsmotor verfügen, ist der Hebel mit dem Steuerfreibetrag von 30 € nicht so deutlich wie bei BEV. Auf den Lebenszyklus beträgt der Vorteil somit 150 €.

> **Merke**
>
> PhEV mit Emissionen von weniger als 95 g CO_2/km erhalten einen Kfz-Steuerfreibetrag von 30 € jährlich für den Zeitraum von fünf Jahren.

Durchschnittlich verteuert sich die Kfz-Steuer mit der neuen Regelung und Erhöhung der Emissionskomponenten graduell um 15,80 € jährlich; bei vielen Fahrzeugen ändert sich nichts.[7]

15.3 Mautbefreiung für Elektrofahrzeuge

15.3.1 Mautbefreiung für Elektro-Lkw auf Bundesfernstraßen

Gemäß § 1 Abs. 1 BFStrMG (Bundesfernstraßenmautgesetz) werden Fahrzeuge für den Güterkraftverkehr mit einem zulässigen Gesamtgewicht von mehr als 7,5 t bei der Benutzung von Bundesfernstraßen mit einer Maut beaufschlagt. Somit werden schwere Lkw, die überwiegend im Fernverkehr tätig sind, und leichte und mittelschwere Lkw, die in der Verteillogistik eingesetzt werden, mit einer gesonderten Kostenposition belastet. Diese bemisst sich nach § 3 BFStrMG nach der auf mautpflichtigen Straßen zurückgelegten Strecke und einem Mautsatz je Kilometer, der aus je einem Mautteilsatz für

1. die Infrastrukturkosten,
2. die verursachten Luftverschmutzungskosten und
3. die verursachten Lärmbelastungskosten

---

[7] Bundestag beschließt Reform der Kfz-Steuer, t-online vom 01.09.2020, https://www.t-online.de/nachrichten/deutschland/id_88593922/klimaschutz-bundestag-beschliesst-reform-der-kfz-steuer.html, letzter Aufruf 04.01.2021.

15.3 Mautbefreiung für Elektrofahrzeuge

besteht.

Bundesfernstraßen sind gemäß § 1 Abs. 2 FStrG alle Bundesautobahnen und Bundesstraßen einschließlich der Ortsdurchfahrten.

Elektro-Lkw über 7,5 t zulässigem Gesamtgewicht sind derzeit noch eine äußerste Seltenheit, doch die ersten Serientests laufen (vgl. Kap. 2). Hierbei wird es derzeit nicht immer auf eine Wirtschaftlichkeit, sondern eher auf eine Machbarkeit ankommen.

Zur Unterstützung von Elektro-Lkw ist die Maut nach § 1 Abs. 2 Nr. 7 BFStrMG bei Verwendung elektrisch betriebener Fahrzeuge im Sinne des § 2 Nr. 1 des EMoG, d. h. BEV, PhEV und FCEV, nicht zu entrichten. Sie entfällt und zwar zunächst unbeschränkt.

Ob und inwieweit dies den Elektro-Lkw mit zum Durchbruch verhilft, bleibt abzuwarten, zumal leichte und mittelschwere Lkw nur max. 20 % der Fahrtleistungen auf Autobahnen unterwegs sind. Der Kosteneinsparungshebel ist damit eher gering.

Da einerseits gerade zur Vermeidung von Umweltverschmutzungen und Lärmbelastungen im bewohnten Gebiet sowie der Gewichtsherausforderungen der Batterien und somit Reichweitelimitierungen neben Transportern die leichten und mittelschweren Verteiler-Lkw elektrisch fahren sollten, würde die Maut bei zurückzulegenden Bundesfernstraßenstrecken trotz einer Zuordnung in die jeweils günstigste Kategorie für Elektrofahrzeuge ohne diese MAUT-Befreiung immerhin 9,3 ct/km bei leichten Lkw bis 12 t und 12,8 ct/km bei mittelschweren Lkw betragen. Die Mautprivilegierung beträgt somit jene 9,3 ct/km bzw. 12,8 ct/km.

	zulässiges Gesamtgewicht		
	7,5-12 t	12-18 t	40 to >3 Achsen
Infrastrukturkosten	0,08	0,115	0,174
Luftverschmutzungskosten	0,011	0,011	0,011
Lärmbelastungskosten	0,002	0,002	0,002
Gesamt in €/km	**0,093**	**0,128**	**0,187**

Hintergrundinformationen

Derzeit scheint, jedenfalls für schwere Lkw, der Erdgasantrieb, d. h. CNG oder LNG, die deutlich günstigere Transportalternative, da diese keine NO_x, deutlich weniger Feinstaub und weniger CO_2 als Diesel-Lkw verursachen.

Nach § 1 Nr. 8 BFStrMG werden mit Erdgas betriebene Fahrzeuge im Zeitraum vom 01.01.2019 bis zum 31.12.2023 ebenfalls MAUT-privilegiert. Allerdings sind ab dem 01.01.2024 für mit Erdgas betriebenen Lkw die Mautteilsätze für die Infrastrukturkosten nach § 3 Abs. 1 Nr. 1 und die verursachten Lärmbelastungskosten nach § 3 Abs. 1 Nr. 3 zu entrichten, sodass ein Teilprivileg erhalten bleibt.

Merke

Elektro-Lkw sind von der MAUT vollständig befreit, ebenso bis 31.12.2023 Erdgas-Lkw.

15.3.2 Mautbefreiung für Benutzung der Bundesfernstraßen durch Pkw

Derzeit wird generell noch keine Maut bzw. Infrastrukturabgabe für Pkw erhoben, da das InfrAG (Infrastrukturabgabengesetz) noch nicht angewendet werden darf. Wenn und soweit künftig für die Benutzung von Bundesfernstraßen mit Pkw eine Maut eingeführt wird, kann davon ausgegangen werden, dass Elektrofahrzeuge dann auch Maut-befreit werden, wie es beim nicht in Kraft getreten InfrAG (Infrastrukturabgabengesetz) auch vorgesehen war. Grundsätzlich wäre nach § 1 Abs. 1 InfrAG für die Benutzung der Bundesfernstraßen i. S. § 1 FStrG mit

1. Kfz der Klasse M_1, d. h. für die Personenbeförderung ausgelegte und gebaute Kfz mit höchstens acht Sitzplätzen außer dem Fahrersitz oder M_1G, d. h. Geländefahrzeuge, jeweils ohne besondere Zweckbestimmung,[8]
2. Kfz der Klasse M mit besonderer Zweckbestimmung als Wohnmobil,
3. Kfz der Klasse M_1 oder M_1G mit besonderer Zweckbestimmung als beschussgeschütztes Fahrzeug

die Infrastrukturabgabe auf allen Bundesautobahnen und Bundesfernstraßen zu entrichten. Die Höhe der Infrastrukturabgabe bemisst sich nach der Anlage zu § 8 einerseits nach der Unterscheidung in Benzin- oder Dieselmotor und nach der Emissionsklasse.

Für einen 2.0-l-Hubraum-Motor (Euro-6-Benziner) müsste beim Erwerb einer Jahresvignette eine Abgabe von 36 € und für einen Dieselmotor von 96 € entrichtet werden. Für Wohnmobile nach § 1 Abs. 1 Nr. 2 InfrAG beträgt die Pkw-Maut 16 € je 200 kg des zulässigen Gesamtgewichts, also im Zweifel 288 € jährlich.

Nach § 2 Abs. 1 Nr. 10 InfrAG sind Kfz mit einem Antrieb ausschließlich durch Elektromotoren, die ganz oder überwiegend aus mechanischen oder elektrochemischen Energiespeichern, also BEV, oder aus emissionsfrei betriebenen Energiewandlern gespeist werden, also FCEV, von der Pkw-Maut unbefristet befreit. Diese Befreiung gilt jedoch nicht für PhEV, die in dieser Hinsicht ihren konventionellen Hauptantrieben folgen.

Da einerseits Güterkraftfahrzeuge mit einem zulässigen Gesamtgewicht über 7,5 t und andererseits Pkw bis 3,5 t mit Lkw- bzw. mit Pkw-Maut beaufschlagt werden oder hinsichtlich der Pkw mit dem Inkraftsetzen des InfrAG beaufschlagt werden sollen, sind umgekehrt die Transporter bis 7,5 t zulässigem Gesamtgewicht, egal ob konventioneller oder elektrischer Antrieb, in keinem Fall mit der Maut beaufschlagt.

> **Merke**
> BEV und FCEV sind von der Pkw-Maut für die Benutzung von Bundesfernstraßen unbefristet befreit.

---

[8] Vgl. Anhang II Teil A Nr. 1 i. V. m. Nr. 4 der EU-Richtlinie 2007/46/EG vom 05.09.2007 (Abl. L 263 vom 09.10.2007).

15.4 Reduktion der Stromsteuer für Ladestrom

In Deutschland werden alle Stromverbräuche nach § 3 StromStG (Stromsteuergesetz) grundsätzlich mit einem Steuersatz von 20,50 €/MWh besteuert, auch die Stromverbräuche von Elektrofahrzeugen. Die Stromsteuer beträgt ca. 50 % der Commodity Strom bzw. 30 % der EEG-Umlage und ist einer der größten Kostenbestandteile des Stromendpreises für Haushalt-Letztverbraucher.[9]

Eine Stromsteuerbefreiung oder -privilegierung gibt es gemäß § 9 ff. StromStG für alle möglichen Anwendungen, mit einer Ausnahme jedoch: Nicht für den Stromverbrauch von Elektrofahrzeugen, obwohl durch die Kumulierung von Commodity, Netzentgelten, Umlagen, insbesondere die EEG-Umlage, und die Stromsteuer Deutschland mittlerweile die höchsten Strompreise in der EU aufweist und Dänemark als spezifischen Preisführer im Haushaltstrom ablöste.[10] Je günstiger Strom im Verhältnis zum Benzin oder Diesel, umso eher oder deutlicher wird der reine Strombetrieb von Elektrofahrzeugen wirtschaftlich und entweder vom Betreiber der Erzeugungsanlage zum Selbstverbrauch entnommen wird oder von demjenigen, der die Erzeugungsanlage betreibt oder betreiben lässt, an Letztverbraucher geleistet wird, entfällt die Stromsteuer ausnahmsweise nach § 9 Abs. 1 Nr. 3 StromStG. Voraussetzugn ist der räumliche Zusammenhang zwischen Eigenerzeugungsanlage und Selbstverbrauchsanlage.

Lediglich für den Fall, dass der Strom in Anlagen aus erneuerbaren Energieträgern oder in hocheffizienten KWK-Anlagen mit einer elektrischen Nennleistung von jeweils bis zu zwei Megawatt erzeugt wird und entweder vom Betreiber der Erzeugungsanlage als Eigenerzeuger im räumlichen Zusammenhang zu der Anlage zum Selbstverbrauch entnommen wird oder von demjenigen, der die Erzeugungsanlage betreibt oder betreiben lässt, an Letztverbraucher geleistet wird, die den Strom im räumlichen Zusammenhang zu der Anlage entnehmen, entfällt ausnahmsweise nach § 9 Abs. 1 Nr. 3 StromStG die Stromsteuer. Allerdings ist zweifelhaft, ob dadurch der Ladestrom in diesen wenigen Ausnahmefällen billiger wird, denn die Stromsteuerprivilegierung dient eher dazu, die kleineren dezentralen, aber sehr umweltfreundlichen Erzeugungsanlagen bis zwei MW Leistung wettbewerbsfähig zu machen und zu fördern.

Nach § 9 Abs. 2 StromStG sind auch die Stromnutzung für den Verkehr mit Oberleitungsomnibussen oder für den Fahrbetrieb im Schienenbahnverkehr, mit Ausnahme der betriebsinternen Werkverkehre und Bergbahnen, durch einen ermäßigten Steuersatz von 11,42 €/MWh privilegiert, was aber keinem Elektrofahrzeug nutzt.

> **Merke**
> Die Stromsteuer für Ladestrom von 20,50 €/MWh fällt nur dann nicht an, wenn der Ladestrom in Anlagen aus erneuerbaren Energieträgern oder hocheffizienten KWK-Anlagen bis 2 MW Nennleistung erzeugt und vom Betreiber im räumlichen Zusammenhang mit der Anlage zum Selbstverbrauch entnommen wird.

---

[9] Vgl. Bränzel/Engelmann/Geilhausen/Schulze, Energiemanagement, Springer Vieweg 2. Aufl. 2019, S. 137 ff.

[10] STROMPREISE: WAS STROM IN EUROPA KOSTET, https://strom-report.de/strompreise-europa/#strompreise-eu-grafik, letzter Aufruf 04.01.2021.

Hintergrundinformationen

Die Stromsteuer fällt also nicht an, wenn von einer betrieblichen Photovoltaikanlage oder einem Blockheizkraftwerk Strom in die Dienstfahrzeuge geladen wird.

Natürlich bleibt es auch dabei, dass Unternehmen des produzierenden Gewerbes, welche die Stromsteuer für ihre Produktionsprozesse reduzieren können, den stromsteuerreduzierten Strom auch für ihre Dienstwagenflotte verwenden können.

Gerade in der Hochlaufphase der Elektromobilität wäre es zu empfehlen, auch die Verbrauchskosten für elektrisches Fahren gegenüber der konventionellen Mobilität mit Benzin und Diesel zu privilegieren, indem die Stromsteuer für Ladestrom entfällt.

Ein gutes Beispiel ist dagegen die Förderung von Erdgasmobilität, die insbesondere im Schwerverkehr mit schweren und mittelschweren CNG- und LNG-Lkw relevant wird, weil diese sich gegenüber den konventionellen Diesel-Lkw durchsetzen müssen und Elektro-Lkw keine Alternative sind.

Wenigstens bis 2026 wird die Erdgassteuer in Höhe von 31,80 €/MWh gemäß § 3 Abs. 1 Nr. 7 EnergieStG nach § 3 Abs. 2 Nr. 1 gesenkt, und zwar:

bis zum 31.12.2023	auf 13,90 €/MWh,
vom 01.01.2024 bis 31.12.2024	auf 18,38 €/MWh,
vom 01.01.2025 bis 31.12.2025	auf 22,85 €/MWh und
vom 01.01.2026 bis 31.12.2026	auf 27,33 €/MWh.

15.5 EEG-Umlage sinkt bis 2022

Eine sehr indirekte Privilegierung des Ladestroms erfolgt dadurch, dass die EEG-Umlage, die 2020 6,765 ct/kWh[11] betrug, sodann von Gesetzes wegen für 2021 6,5 ct/kWh und für 2022 auf maximal 6,0 ct/kWh.

Ohne diese Deckelung würde die EEG-Umlage in 2021 auf 8,4 ct/kWh steigen[12] und damit den Strompreis sogar wesentlich verteuern. Nunmehr wird er jedenfalls bezüglich der EEG-Umlage tendenziell in 2021 und 2022 sogar leicht billiger und kann somit eine Initialzündung für den Rollout der Elektrofahrzeuge neben anderen Maßnahmen sein.

> **Merke**
>
> Die EEG-Umlage als Strompreisbestandteil wird 2021 auf 6,5 ct/kWh, und 2022 auf maximal 6,0 ct/kWh gedeckelt.

---

[11] BNetzA, EEG-Umlage 2020 beträgt 6,756 ct/kWh, https://www.bundesnetzagentur.de/SharedDocs/Pressemitteilungen/DE/2019/20191015_EEG.html.

[12] https://www.ewi.uni-koeln.de/de/news/corona-eeg-umlage/, letzter Aufruf 04.01.2021.

15.6 Keine Brennstoffemissionszertifikate für Elektrofahrzeuge

Der Gesetzgeber hat zwar den Strom für Elektrofahrzeuge nicht privilegiert, wird aber ab 2021 die Kraftstoffe, also auch das Erdgas und vor allem das im Kostenwettbewerb stehende Diesel und Benzin verteuern.

Nach § 10 BEHG werden die jeweiligen Brenn- und Kraftstoffe ab 2021 beginnend und steigend mit 25 €/t CO_2 beaufschlagt, und zwar werden die zunächst im Dezember 2019 im BEHG erlassenen CO_2-Festkosten erhöht und zwar

2021: von 10 auf 25 €,
2022: von 20 auf 30 €,
2023: von 25 auf 35 €,
2024: von 30 auf 45 €,
2025: von 35 auf 55 €, ab
2026 wird dann eine Preisspanne von 55 bis 65 €/t CO_2 festgelegt.

> **Merke**
> Der Strom für Elektrofahrzeuge wird nicht durch Brennstoffemissionszertifikate verteuert; dagegen alle konventionellen Brenn- und Treibstoffe, wie Erdgas, Benzin oder Diesel, ab 2021 jährlich von 25 €/t CO_2 bis 2025 auf 55 €/t ansteigend.

Preisentwicklung für Brennstoffemissions- und Treibstoffkosten 2021–2025

	Kalenderjahr	2021	2022	2023	2024	2025
	Brennstoff-zertifikatepreis in €/t CO_2	25	30	35	45	55
	Emissionen in kg CO_2/l	Brennstoff- Umlage in ct/l (vor Ust)				
Benzin	2,28	5,7	6,8	8,0	10,3	12,5
Diesel	2,67	6,7	8,0	9,3	12,0	14,7

Dies führt dann zu einer Verteuerung von Benzin ab 2021 um ca. 6 ct/l steigend auf ca. 13 ct/l in 2025; bei Diesel um ca. 7 ct/l in 2021 auf ca. 15 ct/l in 2025.

Der Ladestrom der Elektrofahrzeuge wird dagegen nicht mit der Brennstoffemissionsumlage belastet.

Nachwort 16

16.1 Mein Weg zur Elektromobilität – die Lernkurve

Dienstlich verantworte ich als leitender Energiemanager auch das Mobilitätskonzept meines Unternehmens,[1] der METRO AG. Die Begeisterung für die Elektromobilitätit hat das Unternehmen schon im Jahr 2010 gepackt, 2012 wurden am Campus Düsseldorf bereits die ersten Ladepunkte installiert. 2018 wurde auch die Dienstfahrzeug-Policy revolutioniert, und Elektrofahrzeuge waren je nach persönlicher Anwendung und vor allem je nach Jahresfahrleistung gegenüber Verbrennerfahrzeugen privilegiert. Egal wie, für mich war klar, der nächste Dienstwagen wird ein Elektrofahrzeug, schon aus Gründen der Sichtbarkeit: Der Mitarbeiter, der auch Elektromobilität verantwortet und das Unternehmen etwa in der Initiative Electric Vehicle 100 der Climate Group[2] vertritt, fährt kein Elektrofahrzeug? – Das geht gar nicht.

Die gesetzliche Einführung des Dienstwagensteuerprivilegs für Elektrofahrzeuge in Deutschland beschleunigte die Transformation hin zu elektrifizierten Fahrzeugflotten in 2019. Es gab es immer mehr Mitarbeiter, die mit dem Privat- oder Dienstwagen ins Büro fuhren.

Es sprach sich schnell herum, wo die Reichweitenlimits in der Praxisanwendung waren, wenn Kollegen auf ihrer Fahrt nach Hamburg oder Stuttgart ins Schwitzen kamen: Die Batteriekapazität neigt sich dem Ende, und keine Ladesäule in Sicht oder sie war schon besetzt!

---

[1] Schulze, Mobilität gegen den Klimawandel. Das Mobilitätskonzept der METRO, in Klimawandel in der Wirtschaft, Hrsg. A. Hildebrandt, Springer Gabler 2020, S. 157 ff.
[2] METRO AG, METRO setzt sich für Elektromobilität ein Die METRO AG tritt der Initiative Electric Vehicle 100 (EV100) bei. https://politik.metroag.de/themen/mobilitaet-und-verkehr/metro-setzt-sich-fuer-elektromobilitaet-ein, letzter Aufruf 04.01.2021.

Auf den wachsenden Ladebedarf für Dienstwagen, aber auch für Privat-Pkw-Nutzer hatten wir im unternehmenseigenen Parkhaus auf dem Campus in Düsseldorf mit weiteren 60 Ladepunkten durch Wallboxen[3] mit Trafostation, Infrastruktur und Ausbaureserve reagiert.[4] Dies erforderte einem Investitionsaufwand von ca. 400.000 €. Mittlerweile gibt es 89 Ladepunkte am Campus Düsseldorf, an denen METRO-Beschäftigte kostenfrei laden, und ein weiterer Ausbau ist avisiert und technisch möglich.

Geschäftlich steuerten wir die EPBD EU-Gebäudeeffizienz-Richtlinie (vgl. Kap. 10) ein. Es war klar, dass ab 2025 überall in der EU an den Großmärkten und Parkplätzen Ladepunkte installiert werden müssen. Mittlerweile zählen wir die Ladepunkte und Elektrodienst- und -Lieferfahrzeuge im Unternehmen weltweit als eine Nachhaltigkeits-KPI (Key Performance Indicator),[5] die auf unser Klimaschutzziel einzahlt.

Ebenfalls in 2019 wurde dann für den Rollout der Elektroladepunkte an den Großmärkten weltweit – insbesondere zur Umsetzung der EPBD-EU- Gebäudeeffizienz-Richtlinie – eine internationale Arbeitsgruppe „EV-Charger" eingesetzt, und die Anzahl der mit Ladeinfrastruktur ausgestatteten Großmärkte stieg zügig auf mittlerweile mehr als 500 an. Unser Ziel bei METRO ist es, bis 2030 unseren Kunden und Mitarbeitern mindestens 1000 Ladepunkte anzubieten.

Im Herbst 2019 war es dann für mich soweit: Ich konnte einen Dienstwagen konfigurieren, der wegen meiner Fahrleistungen zunächst aber nur ein PhEV sein konnte. Dabei lernte ich, dass das Typ-2-Ladekabel ein Extra ist und die an kalten Wintertagen lieb gewonnene Standheizung der Vergangenheit angehört.

Ich bin mit meiner Wahl zufrieden, aber ich empfehle, sich ruhig mehr Zeit zu nehmen, das auf die eigenen Bedürfnisse passende Elektrofahrzeug auszuwählen. Es hätte zwar wohl nichts an meiner Entscheidung geändert, aber die Stufe im Kofferraum des PhEV, unter der die Batterie schlummert, hätte ich mir nie so dominant vorgestellt. Spannend wurden die erste Fahrt und die Fragen: Wie weit fährt das PhEV elektrisch? Wie lange dauert das Aufladen wirklich und wie hoch ist der tatsächliche Treibstoffverbrauch?

---

[3] 62 neue Ladestationen für E-Autos auf dem Metro-Campus, rp-online vom 29.05.2019, https://rp-online.de/nrw/staedte/duesseldorf/duesseldorf-62-neue-ladestationen-fuer-e-autos-auf-dem-metro-campus_aid-39105607, letzter Aufruf 04.01.20210.

[4] Metro installiert 62 neue Elektroauto-Ladepunkte in Düsseldorf, ecomento.de vom 31.05.2019, https://ecomento.de/2019/05/31/metro-installiert-62-neue-elektroauto-ladepunkte-in-duesseldorf/, letzter Aufruf 04.01.2021.

[5] Metro setzt sich für Elektromobilität ein, lebensmittelpraxis.de vom 19.09.2017, https://lebensmittelpraxis.de/handel-aktuell/19122-nachhaltigkeit-metro-setzt-sich-fuer-elektromobilitaet-ein.html, letzter Aufruf 04.01.2021.

16.2 Das Elektrofahrzeug – die ersten Kilometer

Eingestellt war ich auf eine lange Wartezeit, aber von der Bestellung im August 2019 bis zur Übergabe im Februar 2020 lagen nur fünf Monate. Während der Einweisung im Parkhaus auf dem METRO-Campus ging es flott durch die Bedienmenüs.

Kaum hatte ich das Fahrzeug übernommen, suchte ich das Ladekabel heraus, schloss es hinten rechts am Auto an, und die Gegenseite landete in der Wallbox.Die ersten Male machte ich das ganz vorsichtig mit höchstem Respekt und prüfte wiederholt, ob das Ladekabel auch wirklich richtig sitzt. Das Display des PhEV und die Wallbox meldeten zurück, dass der Ladeprozess lief – und was für ein Glücksgefühl: Nach Dienstschluss war das Auto voll geladen.

Der Ladeprozess war wirklich einfach: Ladestecker ins Auto, andere Seite in die Wallbox, zur Autorisierung wenige Sekunden die Mitarbeiterkarte vor die Wallbox halten, und das Laden startet, alle Verbindungen stehen, 7 kW Leistung fließen in die PhEV-Batterie.

Kein Neuland ohne Prüfung: Niemand hatte mir erklärt, dass es noch eine kleine mechanische Sicherung gibt, die gelöst werden musste, um den Ladestecker aus der Fahrzeugbuchse zu ziehen. So stand ich da im Parkhaus: mit dem Öffnen des Pkw war auch der Ladestecker hörbar entriegelt, aber er bewegte sich beim Versuch, ihn vom Fahrzeug zu trennen, keinen Millimeter. Mir war aber klar, es kann bei einem Neuwagen nur an mir liegen, dass dieser Stecker nicht vom Auto zu lösen war. Also schaute ich genauer hin, und das Problem war schnell gelöst. Aber hier ist es wie immer: Wenn irgendetwas blockiert, hilft nicht Kraft, sondern der Verstand für die Suche nach der Lösung.

Es ist (m)ein intrinsisches Verhalten, möglichst viel und weit elektrisch zu fahren. Die Mär, dass PhEV-Fahrer das Kabel noch bei der Wartung verpackt im Kofferraum haben und nicht oder kaum elektrisch fahren, kann ich weder bei mir noch im Verhalten von Kolleginnen und Kollegen beobachten.

Erstaunt war ich über das mögliche Beschleunigungsverhalten des PhEV, den leider hohen Diesel-Verbrauch sowie den Fakt, dass Elektromobilität noch nicht ganz in der Automobil- und Zulieferindustrie angekommen ist, denn ich wollte eine Gummischutzmatte in den Kofferraum legen. Aber es gibt (noch) kein Zubehör dafür, denn wegen der Batteriestufe passen die Standardmatten nicht, und so hat man eben Pech gehabt.

Aber weiter: Ich konnte eine Lade-App vom Flottenmanager zum Laden und Bezahlen nutzen, und Anfang Februar 2020 wollte ich in Rostock-Sievershagen das erste Mal Unterwegs-Laden. Ich fuhr am späten Abend zu einem Einkaufspark, an dem die App eine Ladesäule ausgewiesen hatte. Während normale Kunden im Regen schnell vom Auto ins Einkaufscenter flüchteten, holte ich das Ladekabel heraus, eine Seite ins Auto, die andere in die Ladestation, dann den QR-Code am Smartphone einlesen – nicht leicht bei Regen und Dunkelheit – und der Strom floss. Nach 40 Minuten Einkauf hieß es dann den Ladestrom deaktivieren, Kabel einsammeln. Wichtige Erkenntnis: Arbeitshandschuhe mitnehmen, denn das Kabel musste im Regen auf dem Parkplatz herumliegen und war natürlich nun schmutzig und nass. Zurück ging es nun wieder einige Kilometern ausder Batterie.

Die Ernüchterung stellte sich am nächsten Tag ein, denn in der Lade-App ließ sich auch ablesen, dass ich für 40 Minuten und 4,8 kWh Ladevolumen einen Betrag von 15,62 € zu zahlen hatte.

Natürlich habe ich gleich beim Ladepunktbetreiber, der gut in der App adressiert ist, angerufen und reklamiert. Der CPO bat mich, einen Screenshot von der Abrechnung zu senden, was ich tat. Wenige Tage später kam die lapidare Antwort, ich solle mich an meinen Provider wenden, da mit diesem die Ladepreise vereinbart seien.

Die Erkenntnis: Beim Preis für das Laden also genau hinschauen, auch wenn es regnet. Ich hatte alternativlos eine Ladestation mit Flatrate ausgewählt, die auch noch im Juni 2020 15,62 € pro Ladevorgang kostete. Ich hatte also 3,25 €/kWh bezahlt, das war Lehrgeld!

Am Anfang erscheint das Einstecken des Ladekabels und Aktivieren eines Ladepunktes noch kompliziert und zeitraubend, aber das wird ebenso schnell zur Routine wie an der Tankstelle mit der richtigen Fahrzeugseite an die Säule zu fahren und den Tankdeckel zu entriegeln.

Ende Februar 2020, also noch in meiner E-Mobilitäts-Anwendungs-Lernphase, erlebte ich das andere Phänomen. In Essens City waren so viele Ladesäulen vorhanden, dass ich Probleme hatte, die zu identifizieren, die in der App aufgeführt war. Also parkte ich das Elektrofahrzeug, holte das Ladekabel aus dem Kofferraum und wollte es am Ladepunkt anschließen. Dieser aktivierte aber nicht, und ich musste dann erfahren, dass die Ladesäule nicht mit der App angesteuert werden konnte. An der „richtigen" Ladesäule wenige Meter weiter „tankte" ich 56 Minuten – 6,6 kWh für 3,46 €, das machte 0,52 €/kWh. In der App war als Preis eine Ladekomponente von 0,44 €/kWh, und 0,01 € pro Minute Verbindung hinterlegt. Rechnerisch stimmte es, aber der Durchschnittspreis von über 0,5 €/kWh macht das Elektrofahren grundsätzlich nicht attraktiv.

Mit der Zeit bekommt man auch ein Gefühl für die Kosten: In Essen war technisch alles in Ordnung, schnell angeklemmt, während eines Termins wurde geladen. Nach weniger als einer Stunde habe ich das Ladekabel wieder vom Ladepunkt abgebaut und Strom für etwas weniger als 20 km Reichweite getankt. Aber hochgerechnet kostete Fremdladen in diesem Fall ca. 17 €/100 km, dafür kommt man mit dem konventionellen Antrieb im PhEV doppelt so weit.

Übrigens, am Arbeitsplatz tanken (Workplace-Charging) ist am Ende deshalb billiger, weil eine hohe Zeitauslastung der Ladepunkte besteht und natürlich die Strombeschaffungskosten im Unternehmen günstiger sind als zu Hause oder eben beim Unterwegs-Laden (On-the-Way Charging). Beim Arbeitsplatz-Laden kommt selbst der Hybrid an die Wirtschaftlichkeit des Diesels heran (vgl. Kap. 8).

16.3 Resümee nach 60.000 km

Die Entscheidung für meinen ersten Hybridwagen habe ich bis heute nie bereut! Die Höchstgeschwindigkeit, die oftmals angepriesen wird, spielt für mich keine Rolle, aber wenn beim Hybrid der konventionelle und der Elektromotor zusammen agieren, kann es sehr schnell sehr flott werden. Alle Werbeaussagen sind korrekt, werden aber überbewertet.

Da das Elektrofahrzeug auch für die Rekuperation optimiert ist, habe ich ständig das Bedürfnis, möglichst zu „segeln" und das Fahrzeug rollen zu lassen. Ein Elektrofahrzeug erzieht eher zum maßvollen Fahren, immer schön rollen lassen. Wenn es auf der Autobahn bergab geht, und das Elektrofahrzeug durch Rekuperation die Batterie auflädt und dann am Ende zwei bis drei Kilometer Reichweite allein dadurch zur Verfügung stehen können, führt dies oft zum Impuls, statt die Berge herunter zu düsen, sich rollen zu lassen.

12.000 km, also gerade mal 20 % an der Gesamtfahrstrecke, ist mein elektrischer Anteil. Den Zahlen nach bin ich kein gutes Beispiel für den PhEV-Strombetrieb. Aber ich habe gute Gründe:

Für weite Strecken wird der Dieselantrieb genutzt, und das Laden an einem Geschäft oder Parkhaus kann man, vor allem im ländlichen Gebiet, noch vergessen. Dort gibt es keine Ladepunkte, oder eben keine Ladepunkte, die über meine konkrete Lade-App angesteuert werden können. Durch den COVID-19-Lockdown war ich selten im Büro und konnte nicht am Arbeitsplatz laden. In die Überlegungen zur Anschaffung eines E-Autos sollte sinnvollerweise immer einbezogen werden, ob Lademöglichkeiten in der unmittelbaren Nähe bestehen – entweder am Arbeitsplatz oder an den Geschäften, die man ansteuert.

Gerade mit dem PhEV, bei dem immer noch ein konventioneller Antrieb zur Verfügung steht und die Not nicht so groß ist, wenn die Batterie leer ist, ist es zwar ärgerlich, wenn keine Ladestation in der Nähe ist. Aber man fährt einfach nicht die Extrameile zur Suche nach einer Ladestation, man verzichtet lieber.

In meiner Heimatstadt Erfurt, immerhin auch Landeshauptstadt, weist meine App nur drei nutzbare Ladepunkte aus. Ein vierter Ladepunkt wird durch ein Möbelhaus sogar unentgeltlich angeboten. Aber keiner dieser vier Ladepunkte rechtfertigt im Verhältnis Aufwand zum Ergebnis die Extrafahrt dorthin.

Ich suche jede sinnvolle Gelegenheit, das PhEV aufzuladen und ändere mein Verhalten: Nicht der unbedingt direkte Weg ist entscheidend, sondern derjenige, der an einem Ladepunkt vorbeiführt.

Home-Charging aus der 230-V-Schukosteckdose in der häuslichen Einfahrt funktioniert natürlich auch bei mir. Das Unternehmen stellt mir für den Dienstwagen einen steuerlich zulässigen Pauschalbetrag von 15 € pro Monat bereit, damit das PhEV auch zu Hause geladen wird.

Unterwegs, etwa auf der Autobahn zu tanken, ist für das PhEV hingegen nicht realistisch. Das hatte ich mir anders vorgestellt. Denn die Verweildauer ist, jedenfalls bei meinem Fahrprofil, auf einer Raststätte so kurz, dass es sich nicht einmal lohnt, das Kabel anzuschließen. Bei 7 kW Leistungsaufnahme würden bei meinen durchschnittlichen Pausen max. 1 oder 2 kWh geladen werden. Das entspricht einer Reichweite von 5 km – und unterbleibt deswegen.

Jedenfalls mit meiner Lade-App gibt es außerdem nur Zugriff auf Autobahnladepunkte, die verhältnismäßig teuer sind – denn sie sind als große DC-Stationen auf BEV mit hohen Leistungsaufnahmen fokussiert. Das ergibt also weder vom Handling, noch von den Kosten her Sinn, und ich habe die letzten 60.000 km nicht auf einer Autobahnraststätte geladen.

Aber das passt ins allgemeine Lagebild. Auch die Autobahntankstellen verlangen für Diesel und Benzin oft hohe Preise, sodass dort eher nur im Notfall getankt wird (Abb. 16.1). Das Gleiche scheint mir auch für die Autobahnladepunkte zu gelten, wobei natürlich für ein BEV wegen der geringeren Reichweite gegenüber dem konventionellen Fahrzeug viel regelmäßiger ein solcher Notfall eintreten wird.

Mittlerweile führt jede Verabredung bei mir automatisch zum Griff zum Smartphone, um über die Lade-App herauszusuchen, ob sich am Treffpunkt eine Ladestation befindet, und manchmal erwische ich mich dabei, ein Treffen dorthin zu moderieren, wo ich auch während des Treffens laden kann. Zur Wahrheit gehört: E-Mobilität ist aufgrund der Ladeinfrastruktur noch kompliziert. Versteckte Standorte, nicht klar ausgewiesene Standorte, fehlende Standorte. Das frustriert!

Abb. 16.1 BAB A 7 Verwaister Ladepunkt Raststätte Wülferode Ost 07/2020

Und wenn – hurra – ein Ladepunkt endlich gefunden, das Auto abgestellt und das Ladekabel angeschlossen ist und dann die Ladesäule nicht funktioniert, wird auch der größte E-Mobilitäts-Enthusiast nachdenklich, ob dieser Zustand die Zukunft sein soll. Aber aus eigener Erfahrung weiß ich, dass sich die Dinge bewegen, dass sie auch von Dritten vorangetrieben werden, und deswegen gilt auch hier: never give up! Niemals aufgeben.

Es gehört leider zu meiner Wahrnehmung, dass viele in der Lade-App ausgewiesene Ladesäulen einfach nicht funktionieren. Mittlerweile bin ich der Auffassung, wenn nur die Ladesäulen, die nicht funktionieren, aber wenigstens vorhanden sind, repariert würden, hätten wir gefühlt schon 20 % mehr Ladekapazität. Elektrofahrzeugfahrer brauchen gute Nerven, Beharrlichkeit und ein sehr freundliches Gemüt.

Als ich im September 2020 mit dem PhEV nach Prag auf Dienstreise fuhr, fragte ich die Kollegen dort vorher, ob es am Prager Großmarkt auch eine Lademöglichkeit für mich gäbe: neue Normalität für Elektrofahrzeugbesitzer. Mir wurde netterweise ein Ladepunkt, an dem sonst Elektro-Poolfahrzeuge geladen werden, zur Verfügung gestellt. Viel lustiger war allerdings, dass die Kollegen rätselten, ob und wie es möglich sei, von Düsseldorf nach Prag mit dem Elektroauto zu fahren, und wie viele Ladevorgänge man dann wohl benötigt. Damit schaffen die Fragen des „Wie und Ob" und „Für und Wider" der Elektromobilität neue zusätzliche Diskussionsthemen mit den Kollegen jenseits der uns verbindenden Arbeitsthemen.

Natürlich muss man kein Buch schreiben, um letztlich ehrlich zuzugeben, dass der richtige Schritt zur Ressourcen- und Kosteneffizienz durch Elektrofahrzeuge noch kommen muss. Zum vergleichbaren konventionellen Antrieb ein höherer Verbrauch plus die Zusatzkosten für den Stromanteil macht den PhEV jedenfalls nicht zum Spritsparmodell, höchstens zum Steuersparmodell. Ich persönlich habe mir zum Ziel gesetzt, meinen Stromfahranteil zu maximieren. Das gelingt mir dann am besten, wenn ich zum Beispiel das durch meinen Arbeitgeber kostenfrei angebotene Workplace-Charging nutze.

Die Automobil-Industrie hingegen muss es schaffen, zuverlässige Elektrofahrzeug-Reichweiten von 400 km anzubieten und darüber hinaus auch Verantwortung für die Ladeinfrastruktur übernehmen. Dann wird der BEV-Anteil sehr schnell ansteigen. Ich bin auch sicher, dass mit jeder Generation PhEV und BEV durch Innovation und Iteration deren Reichweite deutlich steigen wird – und jeder Kilometer mehr aus der Batterie zählt.

E-Mobilität im Handel nimmt Fahrt auf
03.07.2020

Der Handel wird beim Ausbau der Ladesäulen-Infrastruktur für Elektrofahrzeuge in die Pflicht genommen. Einiges wurde schon auf den Weg gebracht. Sinnvolle Standards könnten unterstützen, damit der Aufbau mehr Fahrt aufnimmt, so Olaf Schulze, Director Energy Management, Metro AG, im Gespräch mit stores+shops.

Wie ist der aktuelle Stand beim Aufbau von Ladestationen in Deutschland bzw. weltweit und was ist zukünftig geplant? Welche Hürden sind zum Beispiel technisch und regulatorisch dabei zu überwinden und welchen Einfluss haben dabei die jüngsten Entwicklungen durch Covid-19?

In Deutschland sind fünf Metro-Stores sowie die Verwaltungsstandorte in Düsseldorf, Saarbrücken und Meckenheim mit Ladestationen ausgestattet, weltweit haben wir 400 Ladepunkte. Der erste Großmarkt war allerdings schon 2012 mit vier Ladepunkten ausgestattet, sechs weitere gab es beim Metro Campus. Von deren Anwendung konnten wir viel lernen. Je nach Marktsituation und auch Marktpartnern haben wir verschiedene Situationen in den Ländern. Portugal und Polen haben an jedem Großmarkt eine Ladestation, Bulgarien hat acht von elf Großmärkten ausgestattet. Bis Ende 2024 wird entsprechend der EU-Gebäudeeffizienz-Richtlinie jeder Großmarkt mindestens einen Ladepunkt haben. Die Hürden, wieso das nicht schneller geht, sind ganz klar: Die Ladeinfrastruktur kostet wirklich viel Geld, dazu haben wir viele technische Limitierungen. An unsere Transformatoren können zum Beispiel nicht ohne weiteres weitere Großverbraucher wie Ladestationen angeschlossen werden. In Düsseldorf, wo wir im Parkhaus mehr als 60 Ladestationen im Jahr 2019 errichtet haben, mussten wir umfangreiche Erd- und Einbindungsarbeiten vornehmen und eine weitere Mittelspannungstrafostation errichten. Covid-19 und die Schließung der Restaurants und Hotels hat den Aufbau der Ladeinfrastruktur nicht beschleunigt. Unsere Gastro-Kunden haben mutmaßlich auch derzeit völlig andere Sorgen, als sich ein Elektrofahrzeug zuzulegen.

Welchen Nutzen sieht Metro über die gesetzliche Verpflichtung hinaus, auf den Parkplätzen Ladestationen zu errichten?

Wir sehen in dem Angebot von Ladeinfrastruktur die Möglichkeit, vor allem unseren Gastro-Kunden einen weiteren Service zu bieten. Diese besuchen uns mehrmals wöchentlich im Großmarkt und können ihr Elektrofahrzeug aufladen. In den großen Städten wird diese Rechnung auch bis 2024 aufgehen. Aber wenn ab 2025 auf jedem Parkplatz mit mehr als 20 Parkplätzen in ganz Deutschland und der EU ein Ladepunkt installiert werden muss, damit die Anzahl der Elektrofahrzeuge hochläuft, dann können wir manchen Kritikern nicht widersprechen, dass der Handel – und natürlich alle anderen Gebäudeeigentümer auch – das Geschäftsmodell der Automobilindustrie finanzieren muss. Was aber bleibt ist: Wir haben Kunden, Parkplätze und sind Partner unserer Kunden. In Deutschland ist es uns bisher nicht gelungen, ausreichend Industrie- und Energiedienstleistungspartner zu binden, die eine Ladeinfrastruktur und Abrechnungssoftware haben und natürlich eine Investitionsbereitschaft zeigen, aus der sich ein Betreibermodell an den Metro-Märkten entwickeln lässt, was in Bulgarien, Portugal oder Polen aber bestens klappt.

Hat sich das Kundenverhalten an Standorten mit Ladestationen in den letzten Jahren verändert und wie werden diese von der Kundschaft angenommen?

Das ist leider noch nicht messbar. Die Elektrofahrzeuge fangen erst an, im Verkehr sichtbar zu werden, natürlich auch gefördert durch steuerliche Vorteile. Aber ich gehe davon aus, dass Kunden künftig erwarten, dass eine Ladestation am Großmarkt vorhanden ist, so wie sie erwarten können, dort sanitäre Einrichtungen und andere Services nutzen zu können. Da Ladestationen sehr teuer sind und der Strom auch, wird Ladestrom auch für Kunden künftig etwas kosten und kann nicht verschenkt werden. Eine Differenzierung wird künftig daher auch über den Ladepreis erfolgen.

Was sollte sich ändern, um den Aufbau der Ladestationen für den Handel einfacher zu gestalten?

Es sollten sinnvolle Standards für E-Mobilität entwickelt werden, also eine möglichst hohe Kompatibilität für Fahrzeuge, Ladeinfrastruktur und Bezahl- beziehungsweise Abrechnungssysteme. Zur Wirtschaftlichkeit von E-Mobilität können flexible Preissignale beitragen, welche gleichzeitig eine netzdienliche Nutzung von Ladeinfrastruktur versprechen würde. Hierzu braucht es geeignete politische Weichenstellungen. Da gerade vom Handel und Handelsimmobilien erwartet werden kann, dass diese künftig noch mehr Photovoltaikstrom erzeugen, der dann mehr oder weniger zeitgleich und dezentral während der Öffnungszeiten in die Autobatterien geladen wird, muss endlich das komplexe und teure Mess- und Meldewesen des EEG entschlackt werden. Eines wird nicht passieren: Das Laden der Elektrofahrzeuge wird sich an den Öffnungs- und Betriebszeiten der Handelsgeschäfte orientieren, nicht umgekehrt. Handel bleibt Handel, und Laden wird ein gern angebotener Service sein, niemals ein Hauptzweck einer Handelsimmobilie.

Interview mit dem EHI European Retail Institute Köln, Juni 2020, abgedruckt in Stores + Shops 06/2020 ©

Fazit

Ich bin ein Elektrofahrzeugfahrer!

Elektromobilität erfordert Toleranz, Akzeptanz, aber auch Neugier und manchmal viel Geduld. Aber es funktioniert!

Elektromobilität wird immer sichtbarer, und ich hoffe inständig, dass alle Hoffnungen auf Umweltfreundlichkeit, aber auch Digitalisierung des Verkehrs, autonomes Fahren und Verbesserung der Verkehrssicherheit erfüllt werden.

Mobilität bleibt Mobilität! Nur etwas anders und hoffentlich etwas besser und immer elektrisch.

Kuriositäten aus dem (Elektro-)Fahreralltag 17

Zeitungs- und Pressemeldungen

Frau vergisst steckende Zapfpistole und reißt Tanksäule aus[1]
Eine Autofahrerin hat nach dem Tanken die noch im Wagen steckende Zapfpistole vergessen. Beim Losfahren riss sie zwei miteinander verbundene Tanksäulen aus der Verankerung. Obwohl die Frau den Schaden bemerkte, fuhr sie weiter. Die Polizei bezifferte den Schaden auf 15.000 €. Auch lief Kraftstoff aus. Die Fahrerin konnte mithilfe einer Überwachungskamera identifiziert werden. Sie musste ihren Führerschein abgeben und muss sich nun wegen Unfallflucht (§ 142 StGB) verantworten.

Anmerkung des Elektrofahrzeugfahrers

Beim Elektroladekabel besteht eine Motorsicherung, sodass nicht losgefahren werden kann, solange der Ladestecker, der der Zapfpistole entspricht, im Auto steckt. Wir vergessen dafür, unser Ladekabel in den Kofferraum zu packen ☺, und Losrollen an einer Neigung schaffen wir auch.
Also Augen auf und Handbremse an beim Laden! ◄

Ladesäule im Nirgendwo
Im beginnenden Ladesäulenzeitalter ist mancher Ladepunkt so versteckt, dass man ihn nur mit Detektivarbeit findet.

---

[1] Frau vergisst steckende Zapfpistole und reißt Tanksäule aus, ntv vom 10.11.2020, https://www.n-tv.de/der_tag/Der-Tag-am-Dienstag-den-10-November-2020-article22158415.html, letzter Aufruf 04.01.2021.

Abb. 17.1 zeigt einen öffentlichen Ladepunkt als Wallbox: Laden geht nur, wenn man in der Einfahrt stehen bleibt und diese blockiert, denn der Stellplatz an der Wallbox gehörte zu einer vermieteten Ferienwohnung.

> **Anmerkung des Elektrofahrzeugfahrers**
>
> Wir fahren auch offroad, und wenn es Ladekabel auf einer Verlängerungsrolle gäbe, kämen wir auf kühne Ideen. ◄

Manchmal machen die Lade-Apps Angaben über öffentlich zugängliche Ladepunkte, die aber eher dazu dienen, dass die Eigentümer Errichtungskosten legitimerweise decken wollen, aber für den frequentierten öffentlichen oder beschränkt öffentlichen Zugang nicht geeignet sind. Diese befinden sich teilweise in nicht öffentlich zugänglichen Parkplätzen oder sind von anderen Fahrzeugen als Parkplatz zugeparkt. So ist dann nicht jedes Unterwegs-Laden geeignet, um unterwegs zu laden.

Abb. 17.1 Nahezu unerreichbarer öffentlicher Ladepunkt in einer Ferienwohnanlage 10/2020

17 Kuriositäten aus dem (Elektro-)Fahreralltag

Nachdem man endlich den versteckten Ladepunkt gefunden hat, kommt es unter Umständen dazu, dass entweder das Kabel nicht lang genug ist, um die Wallbox zu erreichen oder das Elektrofahrzeug schlichtweg in der Einfahrt stehen müsste, um geladen zu werden. Teilweise befinden sich Ladepunkte, die auf den Lade-Apps gezeigt werden, nicht öffentlich zugänglich irgendwo hinter Zäunen (Abb. 17.2 und 17.3) oder in nicht für jedermann zugänglichen Tiefgaragen.

> **Anmerkung des Elektrofahrzeugfahrers**
>
> Das darf aber nicht der ausschlaggebende Grund sein, sich einen Elektro-SUV zuzulegen, nur weil man zum Erreichen der Ladestation ein paar Meter offroad fahren muss. ◄

Elektrofahrer merken vor Begeisterung gar nichts mehr

Ein Elektrofahrzeugfahrer kann sich für eine Fahrt mit 174 km/h bei erlaubten 100 km/h Höchstgeschwindigkeit nicht damit entschuldigen, dass er die Geschwindigkeitsüberschreitung wegen der deutlich geringeren Fahrzeuginnengeräusche nicht bemerkte[2].

Abb. 17.2 Gratisladen mit Stellplatz auf der Wiese, Kremmen 10/2020

---

[2] OLG Zweibrücken, Beschluss vom 05.11.2018 Az: 1 OWi 2 Ss Bs 75/18, DAR 2019, 218 – 174 km/h statt erlaubter 100 km/h.

Abb. 17.3 Screenshot Plugsurfing/LeasePlan-App „LeasePlan Charging" – Ladepunkte Oberhof

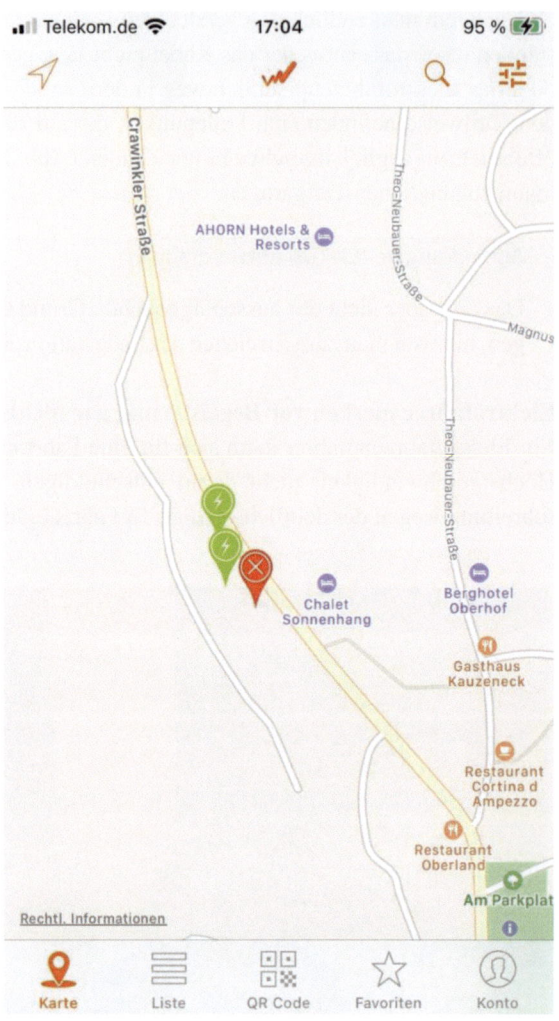

Zum einen steigen mit steigender Geschwindigkeit die Außengeräusche von Reifen und Wind sowie Vibrationen, die im Elektrofahrzeug auch bemerkt werden. Zum anderen ist die Geschwindigkeitsüberschreitung auch durch die schneller vorbeiziehende Umgebung erkennbar.

Anmerkung des Elektrofahrzeugfahrers:

Das klappt allenfalls, wenn man zuvor nachweislich Traktor- oder Panzerfahrer war, weil kein zivilisierter Diesel oder Benziner so laut ist, dass diese Ausrede zieht. War aber ein guter Versuch. Und ganz profan – auch Elektrofahrzeuge haben einen Tacho! ◀

Zuletzt

Wenn der Blitz in ein Elektroauto einschlägt, ist es dann vollgetankt?

Wenn ein Elektroauto in einen Fluss fällt, steht es dann im oder unter Strom?

Wenn ein Elektrofahrer verzweifelt nach einer Ladesäule sucht, weil die Batterie leer ist – wer von beiden hat dann ein Black-out?

Ein Maschinenbauer, ein Kraftwerksingenieur und ein Informatiker sitzen in einem Elektroauto. Das Auto startet nicht. Der Maschinenbauer sagt, der Elektromotor ist kaputt. Der Kraftwerksingenieur erwidert, nein, die Batterie ist leer, kein Strom. Der Informatiker meint, wir müssen einfach nur aus- und wieder einsteigen!

Weiterführende Literatur

Bränzel, Juliane; Engelmann, Dirk; Geilhausen, Marko; Schulze, Olaf; Energiemanagement, Praxisbuch für Fachkräfte, Berater und Manager, Springer Vieweg Wiesbaden, 2. Aufl. 2019

Clinton, Bill; Es gibt viel zu tun, Warum wir kluge Politik für eine starke Wirtschaft brauchen, Börsenmedien Kulmbach, 2012

Gore, Al; Wege zum Gleichgewicht, Ein Marshallplan für die Erde, Fischer Taschenbuch Verlag Frankfurt, 1995

Gore, Al; Eine unbequeme Wahrheit, Die drohende Klimakatastrophe und was wir dagegen tun können, Random House München, 2006

Hildebrandt, Alexandra (Hrsg.), Klimawandel in der Wirtschaft, Warum wir ein Bewusstsein für Dringlichkeit brauchen, Springer Gabler Wiesbaden, 2020

Hildebrandt, Alexandra; Landhäußer, Werner (Hrsg.), CSR und Energiewirtschaft, Springer Gabler Wiesbaden, 2. Aufl. 2019

Hildebrandt, Alexandra; Landhäußer, Werner (Hrsg.), CSR und Digitalisierung, Der digitale Wandel als Chance und Herausforderung für Wirtschaft und Gesellschaft, Springer Gabler Wiesbaden, 2017

Müller, Johannes; Steber, Werner, Hybrid- und Elektroantriebe, Handbuch zur Schulung von Fachkundigen für Arbeiten an HV-eigensicheren Systemen, Hrsg. Akademie des Dt. Kfz-Gewerbes Bonn, 2014

Römer, Wolfgang; Langheid, Theo, Kommentar Versicherungsvertragsgesetz VVG, Beck München, 2. Aufl. 2003

Schäuble, Wolfgang; Wickert, Ulrich; Sapin Michel/Dominique Seux, Anders gemeinsam, Ein deutsch-französisches Gespräch, Hoffmann und Campe, Hamburg 2016

Schellnhuber, Hans Joachim; Selbstverbrennung, Die fatale Dreiecksbeziehung zwischen Klima, Mensch und Kohlenstoff, Bertelsmann München, 2015

Schulze, Olaf; Erdleitungsschäden: Schadensersatzansprüche der Versorgungsunternehmen sowie deren Kunden, EW Medien und Kongresse, Frankfurt, 2. Aufl. 2011

MIX
Papier aus verantwortungsvollen Quellen
Paper from responsible sources
FSC® C105338

If you have any concerns about our products,
you can contact us on
ProductSafety@springernature.com

In case Publisher is established outside the EU,
the EU authorized representative is:
**Springer Nature Customer Service Center GmbH
Europaplatz 3, 69115 Heidelberg, Germany**

Printed by Libri Plureos GmbH
in Hamburg, Germany